中文社会科学引文索引（CSSCI）来源集刊

中国不动产法研究

RESEARCH ON REAL ESTATE LAW OF CHINA Vol.26, 2022 No.2

国土空间治理的法治保障

2022 年第 2 辑・总第 26 辑

刘云生 主编

欧家路 吴昭军 副主编

社会科学文献出版社
SOCIAL SCIENCES ACADEMIC PRESS (CHINA)

中国房地产法律实务研究论坛组织架构

委员会

名誉主席：李开国（西南政法大学教授、博士研究生导师）

朱洪超（第四届、第五届中华全国律师协会副会长）

主　　席：刘　俊（深圳大学特聘教授、博士研究生导师、法学院院长，中国社会法学研究会副会长）

张永岳（上海易居房地产研究院院长、华东师范大学教授）

执行主席：刘云生（广州大学法学院教授、博士研究生导师，民商法学科带头人）

朱　平（瑞威资本董事会主席、总裁）

朱　磊（上海邦信阳中建中汇律师事务所北京分所主任、律师）

陆国飞（上海邦信阳中建中汇律师事务所管理委员会成员、律师）

论坛秘书处

主　　任：刘云生（广州大学法学院教授、博士研究生导师，民商法学科带头人）

副 主 任：洪　流（上海邦信阳中建中汇律师事务所合伙人、律师）

丁祖昱（上海易居房地产研究院副院长）

秘 书 长：欧家路（法学博士）

秘　　书：黄海诺（上海邦信阳中建中汇律师事务所律师）

论坛编辑部

主　　编：刘云生（广州大学法学院教授、博士研究生导师，民商法学科带头人）

论坛编辑：欧家路（法学博士）

吴昭军（法学博士）

卞开星（博士研究生）

黄海诺（上海邦信阳中建中汇律师事务所）

美术编辑：朱毅敏（上海邦信阳中建中汇律师事务所）

中国房地产法律实务研究论坛编辑委员会名单

余能斌

新中国民法典起草人员，中国法学会民法学研究会顾问，武汉大学教授、博士研究生导师。

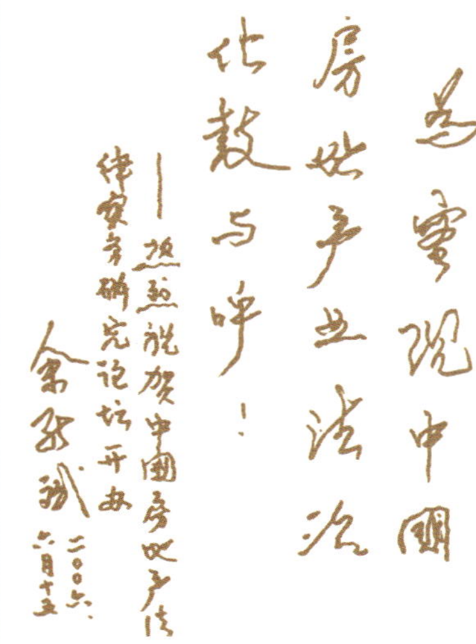

金 平

新中国民法典起草人员，西南政法大学教授。

中国房地产法律实务研究论坛人才荟萃，理论联系实际，运作有方，必为中国房地产事业的发展和法律制度的完善作出巨大贡献。

金平
二〇〇六.六.二二

梁慧星

中国社会科学院研究员，教授、博士研究生导师。

办好中国房地产论坛
完善中国房地产法制

梁慧星
06.6.15

王利明

中国人民大学法学院教授、博士研究生导师，中国法学会民法学研究会会长。

祝《中国房地产法律/实务研究论坛》越办越好！

王利明
2006.6.23
于重庆

有恒产者有恒心，民有恒产则有爱国爱祖国的恒久之心。

孙宪忠

二〇〇六年六月二十四

孙宪忠

中国社会科学院学部委员，教授、博士研究生导师，中国法学会民法学研究会常务副会长。

谨祝论坛——

穿西贯南、融中汇外；

为传统房地产制度之保守，为现代房地产法治之盘头。

陈小君

06.6.13

陈小君

广东外语外贸大学土地法制研究院院长，云山领军学者，教授、博士研究生导师，中国法学会民法学研究会副会长。

以制度理性推动房地产法制完善。

以实践智慧促进房地产经济发展。

王卫国

2006年6月24日

王卫国

中国政法大学教授、博士研究生导师。

为创建有活力、有秩序的中国房地产市场而努力！

——贺中国房地产法律实务研究论坛开办

龙宗智

2006.6.16

龙宗智

著名法学家，原西南政法大学校长，四川大学教授。

卷首语

国土空间治理体系构建与完善是治理体系和治理能力现代化的重要内容，是我国实现向高质量发展转变的必然要求。《中共中央、国务院关于建立国土空间规划体系并监督实施的若干意见》指出："建立国土空间规划体系并监督实施，将主体功能区规划、土地利用规划、城乡规划等空间规划融合为统一的国土空间规划，实现'多规合一'，强化国土空间规划对各专项规划的指导约束作用，是党中央、国务院作出的重大部署。""研究制定国土空间开发保护法，加快国土空间规划相关法律法规建设。""到2035年，全面提升国土空间治理体系和治理能力现代化水平，基本形成生产空间集约高效、生活空间宜居适度、生态空间山清水秀，安全和谐、富有竞争力和可持续发展的国土空间格局。"对此，应加快建立国土空间治理的法律法规，为完善自然资源资产产权制度，强化国土空间规划和用途管控，统筹山水林田湖草系统开发治理，推进生态文明建设提供依据和保障。目前，国土空间规划法、国土空间开发保护法等立法论证工作已经启动，需要理论界和实务界的共同努力、多学科的共同支持。《中国不动产法研究》2022年第2辑（总第26辑）定为"国土空间治理的法治保障"专号，为各位专家同仁提供交流平台，为改革试点实践提供支持。

本辑共设置四个栏目。在主题栏目"国土空间治理的法治保障"中，收录了7篇文章。规划权是各国国土空间规划法以及国土空间规划体系共同的基石，张婷婷在《国土空间规划权的权力配置与体系构建》一文中指出，我国应当建立以"属地+属人"为原则的国土规划权"细化执行"体系，打造以"无形空间"为客体的空间规划权"自主配置"体系，完善以"冲突化解"为目标的规划"动态协调"体系，进而构建一套科学、高效、规范的国土空间规划权力体系。建立国土空间规划体系并监督实施，加快国土空间规划立法是构建空间规划现代治理体系的重要内容。吴胜利在《国土空间规划督察制度的困境与出路》一文中指出，国土空间规划督察作为行政机关的自我克制，在监督国土空间规划编制和实施方面，相较于立法监督和司法监督具有特殊价值，我国未来应适度提升国土空间规划督察制度的地位，扩展督察适用范围，优化督察方式，完善督察程序，强化督察问责。杨昌彪在《类型化视角下国土空间生态治理与修复的规范构造》一文中则指出，国土空间生态治理与修复从政策规划到法律表达，不仅关乎治理与修复工作的规范化，更关乎国家治理能力现代化的转向，该文通过对生态环境损害治理修复方式的类型化区分，提出应建立涵盖生态治理与修复多元主体协同规则、公众参与生态治理与修复规则、国土空间生态环境损害类型识别规则、不同类型生态损害的治理及修复实施规则的完整规范体系。

土地制度是国土空间治理的重要组成部分。肖顺武、张黎明以农村“资源变资产、资金变股金、农民变股东”（简称“三变”改革）为分析背景，探讨我国当前如何保护耕地，在《农村“三变”改革对耕地保护的挑战及制度构造》一文中指出，永久基本农田“非粮化”、过度使用耕地资源以及超标准建设农业设施是“三变”改革进程中有关耕地保护的三类典型问题。对此可以从明确土地经营权用益物权的法律性质、加快推进集体产权制度改革中的标准化建设以及赋予土地督察机构部分执法权三个维度切入，以达至盘活集体资产、发展农村经济和保护耕地三者之间的均衡协调。窦婷婷在《土地违法行政处罚执行问题探析——以耕地保护治理为背景》一文中，则以耕地保护治理为切入点，对我国当前土地违法行政处罚执行中存在的问题，例如缺乏明确执行主体、裁执分离制度供给不足、土地复耕复垦未落到实处等，进行了深入分析。王纯在《新发展理念下我国耕地保护的多元目标统协》中对我国耕地保护政策进行了梳理与剖析，认为在耕地保护的未来制度设计上，应将耕地数量、质量、生态“三位一体”的保护目标与创新、协调、绿色、开放、共享的新发展理念相结合，实现耕地保护与经济发展兼顾、多元目标统协。吴俊廷在《乡土文化视角下宅基地“三权分置”制度建构》一文中指出，宅基地“三权分置”改革不是全面“资本下乡”，而是“适度”放活财产权，提出“所有权—公法债权—用益物权”的“三权”构架，认为分置后的宅基地使用权已剥离人格专属性，无须再设计次级用益物权或物权化债权，回应了当前有关宅基地“三权分置”的学术争议。

本辑设“理论前沿”栏目，对当前的学术前沿与热点问题进行探讨，该栏目收录了 3 篇文章，分别对自然资源特许使用权担保适格性、低楼层业主对电梯加装的容忍义务与牺牲补偿请求权，以及装饰装修工程是否具备折价或者拍卖条件的认定规则等问题作了深入分析。纪力玮在《自然资源特许使用权担保适格性研究——以〈民法典〉第 329 条为基础》一文中，对自然资源特许使用权是什么、能否担保等问题进行了阐述，指出《民法典》第 329 条所确认的用益物权并非均为自然资源特许使用权。具有公权属性的自然资源特许使用权虽然并未完全被民事法律体系接纳，但不能否认其担保适格性。韩富鹏在文中指出，老旧小区加装电梯便利了中高楼层业主出行，但也可能对低楼层业主的采光、通风等造成妨碍。基于对中高楼层业主更高法益的保护，低楼层业主对此负有容忍义务，不能主张排除妨碍、消除危险等防御请求权。同时，应赋予低楼层业主牺牲补偿请求权，以填补其因电梯加装而遭受的损失。张先贵、方世振在文章中指出，我国目前司法实践中就认定装饰装修工程是否具备折价或者拍卖条件存在不同的做法，认为在认定装饰装修工程是否具备折价或者拍卖条件的过程中，应先做“减法”，排除质量不合格的工程、家庭居室装修工程、涉及公共利益的工程与违法工程等不宜折价或者拍卖的情形；然后再做“加法”，将装饰装修工程是否导致建筑增值、发包人是否为建筑所有权人、装饰装修工程是否与建筑物形成紧密附合作为认定装饰装修工程具备折价或者拍卖条件需要综合考量的因素。

“学术争鸣”栏目收录3篇文章，分别对我国让与担保制度的解释、破产中抵押预告登记的效力、未经村民会议决议的农村集体产权交易合同效力的认定等焦点话题作了深入研究，提出了独到见解。张尧在文中指出，《最高人民法院关于适用〈中华人民共和国民法典〉有关担保制度的解释》（法释〔2020〕28号）第68条并未将让与担保的标的物限定为不动产或股权，这本质上是为了缓解中小微企业融资难的局面，信用授受双方可基于自身的融资需求而选择设立担保物权抑或让与担保。让与担保在学理上并无买卖式或让与式的区分，交易架构多表现为“附买回的买卖+租赁”抑或“附买回的买卖+借用”的形式，只要是为了担保债权的实现而将标的物的所有权等权利移转给债权人，都属于让与担保，皆应循担保权的构成对其效力进行解释。胡巧莉在文章中指出，基于抵押预告登记和抵押本登记在公示公信效力、权利顺位效力等方面的功能类似性，即便预购人作为抵押人破产时房地产开发企业尚未办理建筑物所有权首次登记，仍可参照适用加速到期规则，将抵押预告登记拟制为抵押本登记，从而实现优先受偿效果。姜楠在文章中认为，对于未经村民会议决议的农村集体产权交易合同法律效力，不应当一概认定为无效，而是应当进行类型化处理。

《中国不动产法研究》历来十分关注和重视不动产法律实务，力求理论与实务紧密结合，以期为我国不动产法领域的立法司法执法工作提供支持。在本辑的“不动产实务”栏目中，王勤劳在文中指出，非股权式合作开发房地产本质上为合伙开发。因开发名义不同，非股权式合作可分为共同开发型和单方开发型两种类型。共同开发型非股权式合作开发形成的房产，由合作各方共有。单方开发型非股权式合作开发形成的房产，出名开发人为合法建造人并原始取得所有权。隐名开发人与出名开发人约定建成房产归各方共有或分别所有的，只发生债权效力，隐名开发人不能据此直接取得所有权。李洪威对借用资质开发房地产执行异议之诉的裁判规则进行了深入阐述，指出关于借用资质开发房地产，在我国现实中存在纯借用资质型、土地使用权转让型、合作开发型三种模式。根据“房地一致”原则，借名人不能因建造房屋的事实行为取得房屋所有权，仅依据合同关系对出名人享有请求其转让房地产权利的债权，但可依据

《执行异议复议规定》第 28 条排除强制执行。对于登记在被执行人与其配偶二人名下，以及婚后登记在被执行人配偶个人名下的房屋，执行法院是否可以执行，以及如何执行是困扰理论界和实务界的难题。易夕寒在《单方负债型夫妻共有房屋强制执行问题研究》一文中提出，未来我国的民事执行法应赋予执行法官整体处置房屋后执行 50% 变价款的权力，同时赋予被执行人配偶提出异议及异议之诉的权利。叶倩、欧阳国则以新司法解释为分析对象，对建设工程价款优先受偿权行使的困境作了全面探讨，认为在施工工程质量合格的前提下，转包、违法分包及借用资质中满足条件的三类实际施工人在提起代位权诉讼时，有权一并主张工程款优先受偿。

《中国不动产法研究》编辑部

2022 年 8 月 1 日

目录
CONTENTS

不动产实务

编者手记

CONTENTS

Academic Contention

Real Estate Practice

Postscript

国土空间治理的法治保障

国土空间规划权的权力配置与体系构建

张婷婷*

摘　要：规划权是各国国土空间规划法以及国土空间规划体系共同的基石，并且按照“属地原则”进行“央—地”两级规划权配置。然而，各国的国土规划权和空间规划权，分别在“属人”原则以及无形空间规划权能两个方向上，不同程度地超越了规划权的属地化配置。由此导致国土空间规划权配置体系的内部构造发生“一元主义”与“二元主义”的分化，规划权运行方式也产生了“单行体系”与“并行体系”的差异。考虑到我国国土规划和空间规划的不同特征，并借鉴各国国土空间规划权力体系构建的有益经验，我国应当建立以“属地+属人”为原则的国土规划权“细化执行”体系，打造以“无形空间”为客体的空间规划权“自主配置”体系，完善以“冲突化解”为目标的规划动态协调体系，进而构建一套科学、高效、规范的国土空间规划权力体系。

关键词：国土规划；空间规划；权力配置；规划冲突

一　引言

在我国规划法治语境下，“规划权”的概念主要用来描述规划行政主管部门对城乡区域发展进行规划与治理的权力。自十三届全国人大常委会立法规划将“空间规划”纳入第三类立法项目以来，有关国土空间规划权力体系及内部配置的讨论，就成为法学界的研究热点之一。特别是在中共中央、国务院发布《关于建立国土空间规划体系并监督实施的若干意见》之后，我国国土空间规划体系的“多规合一”趋势不断加快，国土空间规划权的体系构造与规范配置也面临全新的挑战。例如，国土规划权和空间规划权的划分、国土空间规划的公权治理与私权治理的区别以及“央—地”两级的规划权限等一系列问题。从世界各国的规划权力体系来看，不同的权力体系将产生完全不同的法治效果，因此我国有必要明晰规划权背后的基本逻辑与体系优劣，从而构建起符合中国国情的国土空间规划权力体系。

国土空间规划权力体系是一个宏大且复杂的议题。本文无力对此开展全面的国别

* 张婷婷，法学博士，中共广东省委党校法学教研部副教授，研究方向为法理学、立法学。

比较，而仅试图从不同国家的规划权力体系中“提取公因式”，[1] 并通过规划要素的规范性分析以及要素之间的联结逻辑加以综合比较，从而对该议题作出一种纯规范主义的讨论——不同国家之间国体、财产制度、土地性质等差异性要素不在本文讨论之列——同时，借助比较分析方法，从国土规划权与空间规划权的差异出发，以求探明国土空间规划权力的内在构造，进而为我国国土空间规划权力体系的配置提供一个全新的模式，即国土规划与空间规划分化下的“央—地”权力合作模式。该模式可以有效破除传统国土空间规划权的“统一/效率”悖论，并打通国土空间“规划”与“开发利用”之间的法治衔接。本文的研究将表明，国土空间规划权的配置，是建立在国土规划与空间规划二分、“央—地”两级协作并治基础之上的，而“央—地”两级规划权的协作互动则决定了国土规划与空间规划的界限以及二者的重合范围。

二　国土空间规划权的逻辑基础及其发展

从各国的法治实践来看，规划权已然构成了各国国土空间规划体系共同的基石，并基于对象差异，分化为国土规划权、空间规划权。这两种权力在国土空间治理实践中表现出一个明显的底层逻辑，就是规划权的属地化（以下简称为“属地原则”）：首先，一个国家的规划权是由该国政府在其主权范围内加以实施的；其次，地方的规划权往往以行政区划为范围来实施，并由该级政府及其部门负责规划的编制、实施和监管；最后，若无特别授权，分属不同行政区划的政府之间不得超越属地范围来开展国土空间规划活动。因此，规划权实施的“属地原则”，构成各国国土空间规划权力体系的基础性原则。而在跨属地的国土空间规划权配置上，各国尚未达成共识。随着各国国土规划与空间规划的不断合并，国土规划权、空间规划权正在从不同方面挑战着规划权的属地化逻辑，并推动了“央—地”两级规划权限和跨行政区划规划权的结构性变革——美国、韩国、日本等国虽然在国土空间规划权力体系上存在明显的差异，但无不映射出上述变革——有鉴于此，当前有必要从国土规划权和空间规划权两个视角，全面理清各国的规划权以何种方式、在何种程度上超越了属地原则。

（一）国土规划权超越属地原则的方式和程度

国土规划是一个复杂的时空概念，它强调人与社会、自然的和谐发展。关于国土规划的最早实践，可以追溯到1898年英国人霍华德所著的《明日的花园城市》。该书提出了“城市与乡村的结合，兼有城市和乡村的优点”的国土规划思想雏形。[2] 这一时期，国土规划主要聚焦于土地资源的规划活动，适用的范围也较小。但受到城市人口

---

① 孟磊、李显冬：《自然资源基本法的起草与构建》，《国家行政学院学报》2018年第4期。

② 参见姚迈新《大伦敦城市规划发展的经验及其对广州的启示探析》，《岭南学刊》2019年第1期。

过度聚集且资源需求剧增的影响，土地、水域、草地等公共资源被无序开发和使用，造成了大量的公共资源浪费。由此，“公地悲剧”理论应运而生。[①] 为了进一步提升国土资源的合理开发和使用，各国及其地方政府开始探索更为积极、范围更广的国土规划，并将其拓展至矿产、林地等物理形态的公共资源中，形成了现代意义上的国土规划。此时，各国关于国土规划的构想散见于不同形式的国家文件（如规划指南、战略规划、国家制定法）中。其中，国家制定法接纳国土规划的方式有两种：一是将国土规划融合进全国的普适性法律；二是由地方政府结合本地的土地特征，制定自己的土地规划法规。自此，国土规划权开始成为国家开展土地规划的一项法定权力。它往往是指在一个主权国家范围内或者某一行政区划范围内，以立法的方式，赋予特定主体根据国土的性质和社会发展需要，对国土资源开发和使用方式作出战略部署的权力。其目标是实现有限国土资源的高效配置。因此，无论是在全国性立法还是地方性立法中，国土规划权均表现出强烈的属地性。

面对国土规划权的不断扩张，各国遭遇到两个法治难题。一是中央立法是否需要精确规定地方层面的国土规划？二是地方层面的国土规划权，是否可以涉及国家所有的资源或者其他行政区域？上述两个问题，无疑都是以属地原则为中心的，但同时也是对国土规划权能否超越属地管理的探索。加勒特·哈丁（Garrit Hardin）对此提出两种解决方案：（1）以私有化转型来消除“公地悲剧”，从而以市场方式来代替国土规划；（2）通过设定许可的方式来推动公共资源与“属人”观念的结合，进而将国土规划同“属地”观念相分离。在实践中，私有化方案没有相关的案例支持，而许可方案则被广泛采用并分化出诸多模式。例如，韩国给予地方政府的规划许可权较少，更多的是由国家按照属地原则开展整体性规划；美国联邦政府则赋予州政府较为宽松的国土规划权；荷兰没有作出严格的“央—地”两级国土规划权限划分。[②] 比较上述实践可知，国土规划权在国家规划和地方规划两个层面上发生了如下变化：属地管辖特性越明显的国家，国土规划权的“属地”特征就越强，“央—地”两级的权限划分就越清晰；相反，国家主权稳定、人员流动性强的国家，国土规划权的“属地”特征就相对较弱，并且会兼顾“属人”特征，由此导致“央—地”两级的权限划分较为宽松。当下，国土规划权的行使除了考虑国土性质、环境因素等自然要素之外，人流、物流、信息流等人文社会要素，正在成为国土规划权行使中的重要影响要素。后者越来越体现为“对人地关系和人际关系的重构”。[③] 因此，人的流动性正在改变国土规划权的

① 参见 Garrett Hardin, “The Tragedy of the Commons,” *Science* 162（1968）：1243-1248。

② 参见严金明、迪力沙提·亚库甫、张东昇《国土空间规划法的立法逻辑与立法框架》，《资源科学》2019 年第 9 期。

③ 郝庆等：《“国土空间”内涵辨析与国土空间规划编制建议》，《自然资源学报》2021 年第 9 期。

“属地”性特征。或许国土规划权在“城乡建设”“林地开发与保护”等传统领域，仍将固守“属地”原则，但为了更好地满足人地关系、人际关系的协调发展，国土规划权的“属地+属人”化转型已经不可避免。

（二）空间规划权超越属地原则的方法和程度

学理上，空间规划概念可以追溯到 1972 年亨利 · 列斐伏尔（Henri Lefebvre）提出的“空间规划”（Laplanification Spatiale）理论。该理论主要适用于“城市规划”的社会学扩展。但进入 21 世纪以来，各国的空间环境与人文环境均发生了重大变化。在人与自然可持续发展的目标推动下，各国在原有的规划体系的基础上，进一步强化了空间规划活动同国家治理行为的紧密结合，使得传统意义上的空间规划逐步发展为一种“空间规划”与“空间治理”的结合体，由此也产生了法律意义上的空间规划权。但与国土规划权不同，空间规划权的对象“不是物质空间本身，是人对各类空间要素的使用。既然是人对空间的使用，也就涉及到人的生产、生活需求，涉及到生产、生活方式的发展以及人对美好生活的追求”。[①] 这样，空间规划权逐步从传统的城市规划、土地利用规划等领域扩展至空间规划领域。[②] 例如，荷兰兰斯塔德地区就将空间规划体系，同国土规划、区域规划和土地利用规划结合在一起，作出了整体性规划；[③] 而德国政府在面对不同行政区划之间的空间规划难题（如环境保护、跨流域治理等）时，直接打破了“属地”原则的桎梏，在空间规划权的基础之上增加了区域规划权，用于协调联邦州与市镇之间的规划需求，避免规划冲突。[④] 自此，现代意义上的空间规划权得以成型。

在空间规划权的行使上，各国严格区分有形空间规划权和无形空间规划权。其中，有形空间规划权同传统土地利用规划权具有较高的重叠度，并严格遵循属地原则。这一点，各国国土空间规划法治实践并无太大差异。主要区别之处在于，有形空间规划权与土地利用规划权之间是否具有包容性？例如，我国就将土地利用规划纳入有形空间规划之下，《土地管理法》第 18 条第 2 款就规定，“已经编制国土空间规划的，不再编制土地利用总体规划和城乡规划”，从而将土地利用规划包容在有形空间规划之下；而南非《空间规划与土地利用管理法》则将“空间规划”和“土地利用管理”相区

① 孙施文等：《空间规划基础理论大讨论》，《城市规划》2022 年第 1 期。

② 参见 D. Shaw，Alex Lord，“ From Land-use to ‘ Spatial Planning ’： Reflections on the Reform of the English Planning System，” *Town Planning Review* 80（2009）：415-436。

③ 参见马永欢等《荷兰兰斯塔德地区空间规划对我国国土规划的启示》，《世界地理研究》2015 年第 1 期。

④ 参见张志强、黄代伟《构筑层次分明、上下协调的空间规划体系——德国经验对我国规划体制改革的启示》，《现代城市研究》2007 年第 6 期。

分，强调两者的独立性。[①] 美国的空间规划权的合法性问题被上升到宪法高度。例如，在欧几里得镇诉安布勒地产公司案（Village of Euclid VS. Ambler Realty Co.）中，政府的空间规划权被认为侵犯了公民的财产权。但美国联邦最高法院最终确认，地方政府基于公共安全的需要，享有将工业区与居住区分开规划的权力，甚至这一权力可以用在高层公寓与独立住宅的分离建设上。[②]

无形空间规划权的发展则远远晚于有形空间规划权，却在各国空间规划权力体系中占有重要地位。例如，有关非物质文化遗产保护规划权、空域规划权、无线电管理规划权等无形空间规划权的形成与发展。上述无形空间规划权一方面拓宽了“属地”原则的原有行政区划范围，并将城镇上空区域涵盖进去；另一方面也延展了“属地”原则的适用种类，将无线电、非物质文化遗产等无形公共资源的规划权也纳入进来。有鉴于此，空间规划权对属地原则的超越，并非完全否定属地原则，而是在传统属地原则的基础上，重新定义了属地的管辖范围和适用种类，从而在整体上革新了空间规划权的法治含义。

（三）国土空间规划权的发展与反思

在以国家主权为边界的国土空间规划权力体系中，“属地原则”构成规划权的逻辑原点。这无论是在国土规划权还是空间规划权上，均得到了强有力的证明。然而，随着社会的快速发展，规划权超越属地原则的事例不断涌现，从而在诸多国家产生了规划权的“属人”原则以及无形空间规划权能。当属地原则不再作为国土空间规划体系的“唯一”划分标准时，“国土”与“空间”的划分也将不再那么必要。传统上的土地利用规划可以被“国土规划”替代，国土空间规划也可以成为主权国家推进空间治理的整体性概念。相比之下，“央—地”两级国土空间规划权的优化配置，就显得意义非凡。虽然中央政府全权统辖国土空间规划权的法治实践并不鲜见（而且在英国颇有成效），但地方层面的国土空间规划权力实践则完全超越了属地原则的限制。因此，地方层面的国土空间规划权限配置就有必要更具能动性、创造性。对此，2020 年 3 月发布的《国务院关于授权和委托用地审批权的决定》就明确赋予省级政府更大的用地自主权，“将国务院可以授权的永久基本农田以外的农用地转为建设用地审批事项授权各省、自治区、直辖市人民政府批准”。而 2020 年 3 月 30 日发布的《中共中央　国务院关于构建更加完善的要素市场化配置体制机制的意见》则提出了“城乡建设用地指标使用应更多由省级政府负责”的国土规划权改革思路。这也意味着，限定中央政府国

① 参见张忠利《迈向国土空间规划框架法——南非〈空间规划与土地利用管理法〉的启示》，《国际城市规划》2021 年第 5 期。

② Village of Euclid v. Ambler Realty Co. -272 U. S. 365，47 S. Ct. 114（1926）.

土空间规划权的属地原则、放松地方政府国土空间规划权的管制，才是当前建构我国国土空间规划权力体系的合理方案。

国土空间规划权的“央—地”两级权力配置问题，本质仍是国土空间规划权的收紧与放松问题。[①] 从全球国土空间规划权力配置的整体态势可以发现，在国土空间规划权力优化配置进程中，“放权”正在成为各主权国家调整“央—地”两级权限的主流趋势，同时兼采国土空间资源的市场化改革。[②] 同时，国土空间规划作为一项重要的公共政策，实质是“公权力持续介入、干预市场，以达到优化发展目的的过程”。[③] 在“放权”过程中，分工明确、权责统一、统一协调又构成现代国土空间规划权力配置体系的核心框架。而中央政府统一调控下的地方规划自主性、特色性、创新性，正在被赋予更为广泛的制度空间。党的十九届三中全会公报就明确提出，要调整优化政府机构职能，合理配置宏观管理部门职能，深入推进简政放权，改革自然资源和生态环境管理体制。对此，有学者提出，在国土空间规划权配置上，中央政府应当“强调战略指引、底线管控、局部聚焦”；地方政府则“关注要素配置、增质提效、权益协调”，并以“区域—要素”为规划对象来理顺央地事权关系。[④] 考虑到空间规划同空间治理的深度结合，我国的国土空间规划权的权力结构还应当突出上下级规划主体之间的监管关系、政府与社会之间的协同治理关系以及政府与市场之间的功能分工关系，以此打造出一个权力配置合理、规划能力互补、社会广泛参与的现代化国土空间规划权力配置模式。

三 国土空间规划权的权力配置及其比较分析

在现代法治体系中，“国土空间规则之治可理解为事先运用法律规则与程序确定国土空间治理方式”。[⑤] 而国土空间规划权的确立成为国土空间规划体系得以成型的基础。在法定权力的干预下，国土规划和空间规划才具备了强制性的约束力量。换句话说，倘若国土空间的开发利用没有一个至高（且唯一）的权威，那么有关国土空间开发利用的一切规划便缺乏强制实施的力量，规划的空间体系意义以及时间体系意义便不复

① 参见张先贵《国土空间规划体系建立下的土地规划权何去何从?》，《华中科技大学学报》（社会科学版）2021年第2期。

② 参见谭荣《探析中国土地要素市场化的治理结构》，《国际经济评论》2021年第2期；马军杰等《多主体视角下用地审批“放权”的实施困境与对策》，《规划师》2021年第15期。

③ 方印、王明东：《国土空间规划立法：理念与方法》，载刘云生主编《中国不动产法研究（2021年第1辑·总第23辑）：农村集体产权制度改革》，社会科学文献出版社，2021，第224~242页。

④ 参见林坚、赵晔《国家治理、国土空间规划与“央地”协同——兼论国土空间规划体系演变中的央地关系发展及趋向》，《城市规划》2019年第9期。

⑤ 孙佑海、王操：《国土空间治理现代化及其法治向度》，《学习与实践》2022年第1期。

存在。在全球法治化的趋势之下，当前唯有国家公权力才足以胜任并扮演好“唯一权威”的角色。然而，规划权的合法性并不意味着规划权的合体系性。作为一种静态的权力类型，国土空间规划权往往是指由法律授权的特定机关或组织，在法律规定的程序和权限范围内，依法对国土空间开展合理规划的公共权力。但在动态体系下，国土空间规划权还指向了权力的静态配置以及权力的运行。为此，探明国土空间规划权的权力配置，既是国土空间规划体系的规范化要求，也是法律接纳规划权的必要路径，有助于我国建立现代化的国土空间规划体系。

（一）规划权静态配置及其比较分析：“一元主义”与“二元主义”

从权力静态配置的视角来看，国土空间规划权不仅表现出静态上的“央—地”两级权力配合关系，还体现出一种动态的“央—地”“地—地”之间的权力竞争和协作关系。例如，2019 年 11 月出台的《中共浙江省委、浙江省人民政府关于加强国土空间规划体系建设并监督实施的意见》就明确提出，“中心城区范围内的乡镇级国土空间总体规划经同级人大常委会审议后，逐级上报省政府审批，其他乡镇级国土空间规划由省政府授权市政府审批”。由此可以发现“地—地”之间的权力竞争与协作，是通过国土空间规划权力行使中的主导主体来实现的。因此，“对一项内容而言，不能简单地区分是中央事权还是地方事权，而应区分该项属于哪一级政府主导”。[①] 这也导致各国国土空间规划权力体系发生“一元主义”与“二元主义”的分野。

国土空间规划权的“一元主义”路径，一般是对“央—地”两级政府国土空间规划权力配置“主从”结构的描述。它往往强调中央政府在国土空间规划权上的决定性作用以及地方政府的执行性作用。即便法律上出现“央—地”两级国土空间规划权限的划分，也不意味着超越了“一元主义”路径。只要中央政府依然对地方国土空间规划具有实质上的决定权，或者地方政府无权改变中央规划或自主决定地方国土空间规划（地方规划权的“消失”），那么这种“央—地”两级国土空间规划权限划分仍然被划归到“一元主义”路径之下。从目前各国的法治实践来看，韩国主要采用“一元主义”路径，构建了以《国土基本法》《国土利用规划法》《首都圈整备计划法》为主的中央主导国土空间权力体系，地方规划权较弱。但“一元主义”路径下的国土空间规划，可能不符合地方实际情况，从而给地方国土空间规划带来长期的经济社会风险。这将导致地方政府不断地寻找“一元主义”规划的“特例”，以消除全国性规划同地方性实践之间的冲突。同时，无条件地践行“一元主义”路径，还会降低地方政府对国土空间开发利用的热情，进而降低国土空间资源开发利用的市场化程度。

① 汪鑫：《“市级”国土空间总体规划编制内容与深度研究——基于空间治理的视角》，《城市规划》2021 年第 5 期。

而“二元主义”路径则是充分肯定“央—地”两级政府在国土空间规划领域的独特作用，并以“协作”“自主”为理念来协调中央政府与地方政府的权力静态配置关系。其中，地方政府根据本地实际情况，有权适度调整中央政府作出的国土空间规划。荷兰的国土空间规划权力体系就是“二元主义”路径的典型实例。该国在中央、省和市三级国土空间规划权力静态配置中赋予地方政府较高的国土空间规划权。但在“二元主义”路径之下，倘若地方政府以“本地实际情况”为由，频繁、大量改动中央政府的国土空间规划，可能导致中央政府国土空间规划权的虚置。这一路径不仅无法发挥中央政府国土空间规划权的统筹协调作用，还可能造成地方国土空间规划相互“割据”的局面。

综上可知，纯粹的“一元主义”和“二元主义”路径，不仅可能导致“央—地”一方规划权的消失，还容易影响国土空间资源的开发利用。倘若说“一元主义”路径减弱了地方政府的规划权，那么“二元主义”路径就是放弃了中央政府的规划权。二者在结果上都将导致国土空间资源的浪费。当然，韩国与荷兰只是“一元主义”和“二元主义”对立中的两个极点表现，多数国家是在两个极点之间寻找平衡点，以实现“央—地”两级国土空间规划权力静态配置的合理性。对此，我国国土空间规划权力体系的建构，也应当加以思考、借鉴。

（二）规划权动态运行及其比较分析：“单行体系”和“并行体系”

国家在界定“央—地”两级规划权的静态配置之外，还需要明确以何种方式来保证该权力体系的动态运转。因此，各国国土空间规划权力体系就形成了规划权静态配置模式与规划权动态运行模式之间不同方案的组合，而且各种方案也都展现出一定的内在对称性。从各国国土空间规划权力构造可以发现，关于国土空间规划的权力静态配置与权力动态运行之间，大致形成了四种方式（见表 1）。

表 1　国土空间规划权运行方式比较

	一元主义	二元主义
单行体系	权力运行方式一：“完整执行” 国土空间规划权归中央政府所有，地方政府按照规划内容开展国土空间开发利用活动	权力配置方式三：“细化执行” 中央政府和地方政府均享有国土空间规划权，但地方政府的规划只是对中央政府规划内容的进一步细化
并行体系	权力配置方式二：“选择执行” 国土空间规划权归中央政府所有，地方政府有权选择执行或不执行违反本地方公共利益的内容	权力配置方式四：“自主规划” 中央政府和地方政府均享有国土空间规划权，并且地方政府可以根据本地实际，享有一定的自主规划权

表 1 中的“方式一”和“方式三”，属于单行体系的典型形态。从两种方式的横向关系比较来看，“方式一”和“方式三”都采用单一的“中央”规划权模式，即国土

空间规划权被视为一种主权理论衍生下的“国家权力”。立法者只能通过“法律保留”的方式，将该权力配置给中央政府。而地方政府的规划权在一元主义权力配置模式的影响下，将演变为规划的“执行权”（方式一），或者细化为中央规划的辅助性权力（方式三）。表1中的“方式二”和“方式四”，是并行体系的范例。两种方式的显著差别在于地方政府规划权的实质内容。在“方式二”下，地方政府并没有拓展出更为广泛的规划权，仅可选择是否执行中央规划违反本地方公共利益的内容。但“方式二”的拒绝执行，并不是实质意义上的规划权，而只是一种兼有不作为性质的执行权。相较于前三种方式，“方式四”不仅明确了“央—地”两级规划权限划分，还恰好解决了“方式二”下的二次规划难题。“方式四”为英国、美国、荷兰等国的国土空间规划法所吸纳，成为当下各国构建国土空间规划权力动态运行模式的重要方案之一。在我国，《中共中央　国务院关于建立国土空间规划体系并监督实施的若干意见》对“央—地”两级规划权作出了重要改革，着重强化地方政府对国土空间规划的自主权，“减少需报国务院审批的城市数量”。其言下之意是，国务院要减少自身的规划审批权，提高规划效率。有数据统计显示，“过去土地利用总体规划和城市规划报国务院审批的城市，分别是106个和108个，其中31个省会城市和直辖市，5个计划单列市，剩下的主要是按城市规模来确定的。这次要体现地方对规划的自主权……在审批数量上要减少一半”。[①] 由此观之，我国国土空间规划权力动态运行模式的一个重要趋势也是赋予地方政府一定的自主规划权，盘活规划权运行体系。

（三）规划权静态配置与动态运行的比较分析

尽管“单行体系”可以保证国土空间规划权的实施效果，但该权力的运行实践也隐藏着一种“规划垄断”风险：在作出国土空间规划之前，中央政府和地方政府都很难从“中央规划”中满足地方实际需求；在作出规划之后，无论法律将地方政府的规划权运行方式设定为“完整执行”还是“细化执行”，都会因为国土空间规划权的国家属性以及一元主义配置，使得地方政府难以高效利用本地的国土空间资源。与空间规划相比，这种“规划垄断”风险在国土规划上表现得尤为明显。此时，“单行体系”的权力运行模式，完全不需要区分“一元主义”和“二元主义”的权力配置。但在实践中，当“二元主义”的权力配置模式同“单行体系”的权力运行模式发生实际冲突时，相应的国土空间规划体系就必须进行相应调整。尤其是随着各国对国土空间规划体系认识的不断加深，地方政府的规划权逐步获得了实质性认可。在国土空间规划实践中，“并行体系”逐渐取代“单行体系”，开始发挥出更为主动的空间治理作用。

---

① 最农公社：《国土空间规划、土地总规、控规、修规、概念性规划及其关系》，网易网，https：//www.163.com/dy/article/G69S3NC10518QT12.html，最后访问日期：2022年6月29日。

在“一元主义”模式下，“完整执行”方式和“选择执行”方式都承认中央政府系国土空间规划权的唯一主体。区别只在于地方政府是否积极地执行中央政府所作出的规划。尤其在部分规划超越地方行政区划的情况下，无论是在“完整执行”方式还是“选择执行”方式之下，地方政府之间的规划冲突都在所难免。当“选择执行”方式下拒绝执行情况发生时，中央政府的二次规划将至关重要。倘若二次规划按照地方政府的意愿来重新确定规划方向，那么其他地方政府则会纷纷效仿，从而导致中央政府国土空间规划权的虚置。更为严重的是，“选择执行”将限制跨区域国土空间规划的实施可行性，威胁国家整体的国土空间规划体系。正是因此，没有哪个国家愿意采取“选择执行”方式来确立国土空间规划权力动态运行模式。而在“细化执行”方式和“自主规划”方式之下，地方政府则拥有了一定的规划自主权，可以依托地方实际情况，发挥地方政府的规划能动性。其中，“细化执行”方式的规划自主权是一种假想的自主，其结果已经在国家规划中预先设定。这是“细化执行”方式和“自主规划”方式最大的区别。

当然，这并不意味着“自主规划”方式的完美无瑕。尽管“自主规划”方式兼顾了“央—地”两级规划权限划分以及二次规划难题，但它常常陷入“效率”的诘问之中。在单行体系下，地方政府只需要执行中央政府的统一规划。这就极大地降低了央地两级的沟通成本和执行偏差。但在并行体系下，中央政府不仅要作出统一规划，还要照顾到地方规划的各种特例。换句话说，“自主规划”方式的适用关键不在于“央—地”两级权限划分和二次规划，而取决于地方规划的实际质量。倘若地方政府所作出的国土空间规划并不科学，那么极有可能影响整个国家国土空间规划的质量。“自主规划”方式虽然在权力静态配置体系上的优势非常明显，但整体运行效果难以保证。恰是因此，“完整执行”方式、“细化执行”方式、“自主规划”方式在实践中各有支持的案例，且均不在少数。

四　国土空间规划权的体系构建

上文关于国土空间规划权的理论发展表明，国土规划权和空间规划权分别以不同的方法和程度超越了属地原则的限制。同时，各国国土空间规划权的构造分析也表明，规划权的“一元主义”模式与“二元主义”模式均有其正当性；而单行体系和并行体系所塑造的三种方式（“方式二”缺乏实例支撑）也在实践中证明了各自的优势。当下，国土空间日益表现为“由自然禀赋、地理环境以及人类社会经济活动等各要素高度耦合形成的具有结构和功能的开放系统”。[①] 国土空间规划对于一个国家的经济社会

① 朱从谋等：《国土空间治理内涵及实现路径——基于“要素—结构—功能—价值”视角》，《中国土地科学》2022 年第 2 期。

发展日益重要，并深刻影响着对国家主权的保护。虽然国土规划与空间规划的分立与融合，分别体现出地方特点和国家统筹的优势，但在空间规划与空间治理不断并行的当下，国土空间规划权力体系的构建仍需要明确国土规划权和空间规划权的差异。因此，我国应当结合国土规划和空间规划的不同特征，在借鉴各国法治经验的同时，摒弃“完整执行”和“选择执行”的极端性权力运行方式，转而吸纳“细化执行”和“自主规划”两种方式的特点，进一步打造科学、高效、规范的国土空间规划权力体系。

（一）建立以“属地+属人”为原则的国土规划权“细化执行”体系

当下的国土规划权，已经超越传统的“属地”规划模式，转而向“属地+属人”的方向发展，并综合分析国土资源与人员流动之间的相互影响。而我国国土规划的权力变迁也可以佐证，国土规划权已经演化出了“属地”和“属人”两种原则。其中，农、林、牧、渔属于国土规划权“属地原则”的传统范畴。尽管属地原则在国土规划权变迁中一直存在，但这种规划原则的实施效果严重依赖属地的实际情况，以及它同周边行政区划的实际地情关系。因此，“属地”原则容易引发临近行政区划之间的规划冲突。而“属人”原则是在人员自由流动之后，以国土资源人均开发利用率为基础的新型国土资源规划原则。其流动性特征与属地原则的稳固性特征之间具有鲜明的差异。因此，中央政府的国土规划权很难通过一元主义、属地原则来调控变化中的国土资源人均开发利用率，否则将导致地方层面的国土规划失衡、国土资源开发利用超负荷或不足。有鉴于此，我国国土规划的“央—地”两级权限划分，应当充分尊重各省份的地情以及人员流动情况，兼采“属地”原则和“属人”原则，在二元主义权力配置模式和“细化执行”方式的基础之上，以国土资源人均开发利用率为标准来编制国土规划。

实际上，按照我国国土的整体特征以及人员流动情况的大数据分析方法，只需要在二元主义权力配置模式之下，按照“细化执行”方式开展国土规划，就可以极大地缓解甚至消除地方层面的国土规划冲突问题。首先，“细化执行”方式以二元主义权力配置模式和“单行体系”为基础，能够极大地节省地方政府的规划成本，保证规划的编制执行率；其次，“细化执行”方式具有防范地方规划冲突的优势，不仅可以提升中央国土规划的可实施性，还可以提高地方国土资源的开发利用效率；最后，“细化执行”方式可以提升国家的国土监管能力，抑制腐败。正是因此，二元主义权力配置模式下的“细化执行”方式，就成为国土规划领域最为适合的权力配置模式和运行方式。

然而，尽管“细化执行”方式在诸多国土规划权力体系中具有明显的比较优势，但仍不是国土规划的完美方案。从规划权运行的合理性风险角度来看，“细化执行”方式下的中央规划权和地方细化执行权，都会产生一定的不合理规划风险，但地方层面缺乏相应的权力作出完善。因此，为了保留“细化执行”方式的国土规划优势，我国在“央—地”两级规划权力配置上，还应当明确“国家—省—市”三级的职能分工，兼顾好属地原则和属人原则，即以国土资源人均开发利用率为标准，由国务院负责普通国土资源规划的宏观编制和特殊国土资源规划的细化编制；省级政府的规划执行权则演变为“普通国土资源宏观规划的细化编制权”以及“特殊国土资源细化规划的具体执行权”；市级政府只享有国土规划的细化执行权，从而建立起“央—地”两级分工明确、权限清晰、功能互补的国土规划权力体系。

（二）建立以“无形空间”为客体的空间规划权“自主配置”体系

空间规划权既是中央政府维护国家主权的重要权力，也是地方政府开发利用空间资源的新型权力。尽管目前空间资源的开发利用仍面临很多技术难题和制度空白。但随着科技的不断发展，国土资源之外的无形空间开发利用愈加需要空间规划权的介入。例如，地方政府对低空空域民用无人机的飞行管制，便是行使空间规划权的典型事例。[①] 虽然国务院和地方政府均已认识到空间规划权对空域管理的重要意义，甚至一度形成“央—地”两级无人机空域管理体系相并行的局面，但在法治统一的要求下，地方政府（如重庆、四川、深圳等）空域规划权同国务院空域规划权之间的法律冲突，仍是一个难以回避的难题。特别是随着空间资源开发利用需求的不断提升，空间规划上“一元主义”或者“单行体系”为主的规划权配置模式，根本无力解决“央—地”两级规划权的内容冲突和协调性难题。考虑到我国地理空间的诸多差异，“二元主义”与“并行体系”的结合，才能够均衡地顾及“有形空间”规划和“无形空间”规划问题。

在借鉴“自主配置”型国土空间规划权运行方式的基础上，我国“央—地”两级政府应当在国家、省级和市级政府之间建立相对独立、有效监督的空间规划权力体系。其中，国务院享有主权国家内全部空间的宏观规划权和监督权。在此，宏观规划权仅用于明确不同空间类型的规划理念、原则、例外以及规划冲突协调程序等基本事项。省级政府的空间规划权既包括对市级政府空间规划（权）的监督权，[②] 还包括本级政府的“衔接型空间规划权”。所谓“衔接型空间规划权”，主要是将省级政府的规划权限定于地方空间规划的引导、管控、审批和协调等衔接性权力，并将国家宏观空间规划的相关内容转化为本省的具体规划要求。而在规划实施过程中，省级政府的空间规划权还应当逐步下放给市级政府，发挥市级政府的规划自主性和创造性功能。市级政府则依照国务院宏观规划和省级政府的空间规划，行使更为具体的空间规划权。

① 参见张婷婷、张玉洁《我国民用无人驾驶飞机监管立法的地方经验与制度完善——以深圳等地的8个政府规章为分析样本》，《山东大学学报》（哲学社会科学版）2019年第3期。

② 参见马勇《城市存量规划视角下公众参与的功能重塑与路径优化》，载刘云生主编《中国不动产法研究（2019年第2辑·总第20辑）：〈土地管理法〉修订》，社会科学文献出版社，2021，第52~64页。

在规划权的运行上，上述三级政府均享有相对独立的空间规划权，并按照国家或地方的空间特点作出规划。“除非省级和（或）地方政府不能或怠于履行职能，否则国家和（或）省级政府不可剥夺或干预下级政府行使权力”，[①] 以此来保证地方政府规划权的自主性。

（三）建立以“冲突化解”为目标的规划权动态协调体系

无论是在国土规划领域还是空间规划领域，中央和地方国土空间规划权的权力配置，多是一种静态的配置。其主要功能在于明确“央—地”两级的权力边界。一旦发生规划冲突，各级政府仍需要明确、稳定的规划权动态协调体系，来解决“央—地”规划权的动态协调难题。从目前规划冲突的表现类型来看，主要分为上下级政府之间的纵向规划权冲突、同级政府之间的横向规划权冲突以及跨区域规划权冲突。对于上述三种冲突类型，我国应当采取不同的规划权协调机制。

首先，在纵向规划仅冲突上，应当坚持上级政府的优占效力。有学者认为，规划的优占效力包括“冲突优占”和“领域优占”两类模式。[②] 其中，“冲突优占”表现为下级规划明显违背上级规划，因此直接导致上级规划在冲突解决上占据有利、优先地位。而“领域优占”特指在下级政府超越规划权限，涉足上级政府已经明确保留的规划权及规划领域，从而导致上级规划优先适用的情况。综合来看，上下级政府之间的纵向规划权冲突，仍是以下级规划服从上级规划为冲突化解原则，以此保证上下级规划之间的统一性、协调性。同时，为了维护上下级政府之间规划权的独立性、自主性，还需要对上级政府的规划“优占效力”采取一定的限制。这就需要在上下级政府之间的纵向规划冲突上引入“共同决策机制”和“异议表达机制”，以提升上下级规划冲突的协调质量。

其次，在横向规划权冲突上，应当坚持“本级协商为主、上级协调为辅”的冲突化解原则。倘若本级政府的规划均与上级规划不冲突，却与邻近行政区域的同级政府规划相冲突，那就应当“在法定空间内，同位规划的制定者就同一事项的设计进行磋商，以达成一致”。[③] 例如跨区域的流域规划冲突的解决。在此，协商化解原则的前置性条件是协商双方（或多方）均有合法的规划权，并且规划事项在自身的合法权限范围之内。当双方（或多方）协商无法达成一致意见时，需要提请共同的上一级规划主体作出裁决。上一级规划主体可以按照规划权冲突的缘由、规划的重要性、公共利益最大化等标准加以判断，来决定规划冲突的调整方向。

① 张忠利：《迈向国土空间规划框架法——南非〈空间规划与土地利用管理法〉的启示》，《国际城市规划》2021 年第 5 期。

② 参见赵力《美国的规划垂直冲突及其解决机制》，《行政法学研究》2017 年第 4 期。

③ 王贵松：《调整规划冲突的行政法理》，《清华法学》2012 年第 5 期。

最后，在跨区域规划冲突的解决上，应当设定统一的规划冲突解决方案。一般认为，跨区域国土空间规划冲突产生的原因，“在于国土空间系统认知差异，需通过国土空间系统认知理论的构建，促进空间认知统一”。① 因此，规划冲突的解决，必须在国家层面作出统一认识和回应。这就要求全国人大及其常委会或者国务院通过制定法律或行政法规的方式，明确跨区域国土空间规划冲突的相应类型。根据不同冲突类型，制定不同层级政府（包括跨区域同级政府、跨区域上下级政府）之间解决规划冲突的具体方案。例如，分属不同省份的相邻市级政府的规划冲突，既可以由两个省级政府基于省级规划权予以协调，也可以由市级政府基于自主规划权加以协商。此外，还可以由全国人大及其常委会制定“区域冲突法”或者规划冲突协调程序，实现跨区域规划冲突的有法可依。有学者以“粤港澳大湾区”的区制规划为例，建议粤港澳大湾区各地以《粤港澳大湾区发展规划纲要》为基础，开启区制规划法的建设进程。② 而广东在应对跨区域规划冲突问题上，更加强调运用新技术手段（如“国土空间规划信息管理平台”），将省级、市县级国土空间总体规划以及相关专项规划成果汇总至省级平台，从而解决跨区域国土空间规划的冲突难题。③

五　结语

规划权总是同国土空间紧密结合在一起，而国土空间往往随着人类社会发展和认识的深化而不断扩张。正如国家对无线电频谱、南北极地区、外太空、网络空间的规划与利用一样，由于国家对国土资源和空间资源利用能力的提升，传统法律上的“国土空间”概念正在发生巨大的改变，并在规划权的分配与协调方面引发了新一轮的权力竞争。同时，国土空间规划权力体系建设的一个显著要求就是厘清“央—地”两级规划权限并实现二者的协调、高效运行。这样，“二元主义”“并行体系”就在当下的国土空间规划权力体系中占据了更为重要的地位。尽管“法治统一”仍然是“央—地”两级规划权力配置的重要原则，但空间规划权的自主性越来越明显，甚至地方政府也拥有了一定的话语权。

在国土规划日渐统一、空间规划不断放权的当下，“一元主义”和“单一体系”仍将在国土规划领域长期发挥作用；而“二元主义”与“并行体系”则将深刻影响空间规划权的“央—地”权限分配。这也意味着，我国国土空间规划权力体系的建设虽然致力于

---

① 张衍毓、陈美景：《国土空间系统认知与规划改革构想》，《中国土地科学》2016 年第 2 期。

② 参见董石桃、范少帅《权威多层治理和区域合作发展中的府际协调——以粤港澳大湾区规划过程为例》，《岭南学刊》2019 年第 6 期。

③ 参见罗彦、邱凯付、樊德良《省级国土空间规划编制实践与思考——以广东省为例》，《城市规划学刊》2020 年第 3 期。

解决“多规并存”“政出多门”等难题，但也并不适合采取国土空间规划“一刀切”的权力配置模式。国土空间规划终归是一门公共资源整合的学问和技术，规划的权力化、体系化应当追求公共资源整合的高效化，而不能过分看重权力的多寡与集中。[①] 因此，国土空间规划权的“央—地”两级权力配置，必须“从理想化的规划事权全面合一，转变为建立分属不同行政部门的规划事权间的协调机制”,[②] 着重体现出国家统筹和地方特点的双重优势，打造出一套科学、高效、规范的国土空间规划权力体系。

Power Allocation and System Construction of Territorial Spatial Planning Power

Zhang Tingting

Abstract: Planning power is the common cornerstone of national territorial spatial planning laws and territorial spatial planning systems, and the "central local" two-level planning power allocation is carried out in accordance with the "territorial principle". However, the territorial planning power and spatial planning power of various countries go beyond the territorial allocation of planning power to varying degrees in the two directions of "personal" principle and intangible spatial planning power. This leads to the differentiation of "monism" and "dualism" in the internal structure of the allocation system of territorial spatial planning power, and the difference between "single system" and "parallel system" in the operation mode of planning power. Considering the different characteristics of China's territorial planning and spatial planning, and drawing on the beneficial experience of the construction of national territorial spatial planning power systems, China should establish a "detailed implementation" system of territorial planning power based on the principle of "territorial + personal", and create a "independent planning" system of spatial planning power with "intangible space" as the object, and improve the planning dynamic coordination system with "conflict resolution" as the goal, and then create a scientific, efficient and standardized territorial spatial planning power system.

Keywords: Territorial Planning; Spatial Planning; Power Allocation; Planning Conflict

① 参见李蕊《公共服务供给权责配置研究》,《中国法学》2019 年第 4 期。

② 周宜笑、张嘉良、谭纵波:《我国规划体系的形成、冲突与展望——基于国土空间规划的视角》,《城市规划学刊》2020 年第 6 期。

国土空间规划督察制度的困境与出路*

吴胜利**

摘　要：行政过程论视角下的国土空间规划是面向未来塑造空间的新型行政行为，其监督实施不同于传统行政行为。国土空间规划督察作为行政机关的自我克制，在监督国土空间规划编制和实施方面，相较于立法监督和司法监督具有特殊价值。既有国土空间规划督察制度在督察定位、督察范围、督察方式、督察程序、督察问责等方面存在困境。可行的路径是适度提升国土空间规划督察制度的定位，扩展督察适用范围，优化督察方式，完善督察程序，强化督察问责。

关键词：国土空间治理；国土空间规划督察；行政自我克制；法治化

一　问题的提出

2019年5月，中共中央、国务院发布《关于建立国土空间规划体系并监督实施的若干意见》（以下简称《若干意见》），指出建立国土空间规划体系并监督实施，实现“多规合一”，强化国土空间规划对各专项规划的指导约束作用，是党中央、国务院作出的重大部署。建立国土空间规划体系并监督实施，加快国土空间规划立法是构建空间规划现代治理体系的重要内容。国土空间规划立法不仅应明确国土空间规划的法律地位以及编制、审批、调整、实施等内容，而且应对监督规划实施的国土空间规划督察制度进行规范。在既有土地总体规划、城乡规划等规划实施过程中，《土地管理法》《城乡规划法》等相关法律以及政策性文件对规划的监督实施有零星规定，但无法满足建立新时代国土空间开发保护格局的要求。既有研究主要从城乡规划督察、土地督察的制度层面展开，为进一步探究国土空间规划督察制度提供了基础。① 在当下制度转型期，对“多规合一”后国土空间规划督察制度面临的困境和出路，尚缺乏系统探讨。本文尝试从行政过程论视角，探究国土空间规划行为与传统行政行为监督的特别之处，

* 本文是重庆市社会科学规划项目“承包地‘三权分置’背景下重庆市耕地保护多元规制研究”（2021NDYB030）、重庆市教育委员会人文社会科学研究项目“自然资源国家所有权分级行使研究”（21SKGH023）的阶段性成果。

** 吴胜利，法学博士，西南政法大学经济法学院副教授，研究方向为经济法学、农业农村法治。

① 参见陈阳《论我国土地督察制度良善化进路——以中央与地方关系为视角》，《东方法学》2017年第2期；汤其琪、黄贤金、马奔《国家土地督察制度与城乡规划督察制度比较》，《国土资源科技管理》2013年第4期。

剖析既往规划监督制度实践，分析国土空间规划督察制度面临的困境，提出优化国土空间规划督察制度的路径。

二　行政过程论视角下国土空间规划监督实施的特殊性

就过程观之，国土空间规划呈现为规划编制、审批、实施、调整等不同阶段。在类别上，包括国土空间总体规划、详细规划以及相关专项规划。总体规划按照行政层级分为五个不同的层级。基于国土空间规划行为与传统行政行为相比呈现的不同属性，既有行政行为论对其解释力有限。日本行政法学者提出的行政过程论可为认识国土空间规划行为提供有益思路。行政过程论认为“行政过程是由复数的行为形式的结合乃至连锁而构成的”。[①]该理论主张全面考察行政的全过程，同时认为对行政活动不能仅从静态把握，而要“将行政活动作为在空间上、时间上的一个过程能动地、动态地进行考察”。[②] 从行政过程论视角观之，国土空间规划属于面向未来塑造空间的新型行政行为。相较传统行政行为而言，其具有特殊性，进而对其监督实施带来挑战。

（一）国土空间规划具有较大裁量空间，法律规制以程序控制为主

相较传统行政行为，国土空间规划是面向未来一定时间、空间的布局和安排，裁量空间更大，甚而出现专门的规划裁量概念。规划裁量之话题首先出现在德国。德国《联邦建设法典》规定了市乡镇有权制定建设规划。1960 年联邦行政法院在判例中发展出规划裁量的概念，承认规划形成中的自由。[③] 规划裁量与行政裁量是否存在本质区别，有不同的观点。一种观点认为规划裁量与行政裁量并不存在本质区别，仅是规划裁量涉及的利益更加复杂，规划裁量不过是行政裁量的特殊形式。[④] 另一种观点认为规划裁量具有自身独特的属性，行政裁量的控制理论无法完全适用于规划裁量。[⑤] 从二者的内涵来看，第一种观点更值得赞同，规划裁量属于行政裁量，同时具有自身独特性。规划裁量不但涉及规划形成中的裁量，还涉及实施规划的手段选择、实施路径、规划调整等问题。《若干意见》提出国土空间规划编制要“体现战略性”，“落实国家安全战略、区域协调发展战略和主体功能区战略”。由此观之，相比一般行政裁量，国土空间规划裁量空间更大，法律控制难度加大。

国土空间规划的裁量属性，首先体现在设定目标时要考量不同因素，涉及“人口分布、经济布局、国土利用、生态环境保护”等问题。国土空间规划的法律控制，主

---

① 〔日〕盐野宏：《行政法总论》，杨建顺译，北京大学出版社，2008，第 56～57 页。

② 江利红：《以行政过程为中心重构行政法学理论体系》，《法学》2012 年第 3 期。

③ 参见〔韩〕金东熙《行政法 I》，赵峰译，中国人民大学出版社，2008，第 142 页。

④ 参见孟鸿志《行政规划裁量与法律规制模式的选择》，《法学论坛》2009 年第 5 期。

⑤ 参见郭庆珠《论规划裁量及其界限——基于与一般行政裁量相比较的思考》，《法治研究》2010 年第 2 期。

要通过设定原则的方式确定编制目标。《土地管理法》第 18 条第 1 款规定[①]的原则性条款即旨在如此。该条款并未规定明确的构成要件和法律效果，而是规定空白的框架式原则。此类规范无法按照“条件—效果”的法律涵摄模式予以监督实施。其次，国土空间规划的实施在规划目标指导下，严格遵循规划的约束性指标，为规划实施预留裁量的空间。国土空间规划涉及未来空间开发保护的布局和安排，基于规划者理性能力的局限，无法在规划中作事无巨细的安排，不得不留下裁量的空间。最后，为适应经济社会环境发展变化，国土空间规划要保留适度弹性。规划的稳定性与适度弹性空间具有一定张力。

总之，国土空间规划需要保留必要的裁量空间，立法者不可能对国土空间规划的内容和实施通过法律规范予以明确规定，而主要通过框架式、原则性规定实现对国土空间规划行为的法律控制。国土空间规划立法一般主要从国土空间规划的编制、审批、调整、实施的程序进行制度性安排，而实体性内容由具体编制和实施主体根据规划类型要求作出具体安排。

（二）国土空间规划属多阶段行政行为，司法难以介入监督

国土空间规划涉及的法律领域具有多元性，具体包括土地管理、城乡建设、环境保护等方面的法律规范。在国土空间规划运行过程中，需要考量不同领域法律规范的适用。国土空间规划牵涉的法律关系并非仅是行政主体和行政相对人之间的单一法律关系，而是涉及不同行政主体之间、行政主体与特定行政相对人之间以及行政主体与公众之间的复合型法律关系。同时，国土空间规划行为并非静态的，其实施依据国土空间总体规划、详细规划、专项规划，通过规划许可、行政指导、行政协议等不同行为方式，在动态中实现空间的布局和安排。

行政过程论视角下的国土空间规划包括彼此关联的多阶段行政行为，给监督国土空间规划带来了困难。国土空间规划涉及多阶段行政行为，既包括内部行政行为，也包括对行政相对人产生效力的外部行政行为。国土空间规划的司法监督面临空间规划行为的可诉性、规划行为司法审查的深度等问题。国土空间规划行为的抽象性，导致其难以进入司法审查。即使部分规划实施行为进入司法审查领域，法院一般也尊重国土空间规划的专业判断和形成裁量空间，主要进行合法性和程序性审查。控制性详细规划的司法审查也面临法律性质复杂以及专业性和政策性强等困境，作用极为有限。[②]

---

① 《土地管理法》第 18 条第 1 款规定：“国家建立国土空间规划体系。编制国土空间规划应当坚持生态优先，绿色、可持续发展，科学有序统筹安排生态、农业、城镇等功能空间，优化国土空间结构和布局，提升国土空间开发、保护的质量和效率。”

② 参见聂帅钧《论控制性详细规划的可诉性及其司法审查进路——基于相关裁判文书的实证分析》，《甘肃政法学院学报》2020 年第 4 期。

当事人仅能对具有外部效力的规划实施行为提起司法审查，而对作为依据的先行行为存在救济的困难。即使“法院在具体个案中通过间接附带审查的方式赢得了对作为‘依据’的城乡规划方案是否合法的评判空间，这种评判也只能是基于个案案情的有限审查”。① 由于国土空间规划行为不同阶段行为类型并不相同，司法监督的介入点和介入方式难以确定。

（三）国土空间规划关涉利益泛化，公众参与难以发挥实质监督效果

国土空间规划通过“一张蓝图”对国土开发利用、环境保护、城乡建设涉及的重大利益作出布局和安排。② 国土空间规划与公众切身利益息息相关，公众参与是国土空间规划监督实施的重要方式。在规划编制和实施中体现公众意志，亦是规划民主之要求。国土空间规划编制中通过草案征求意见、召开听证会等不同方式实现公众监督。但国土空间规划公众参与的实施效果并不理想，公众参与监督有形式化的倾向。背后的原因在于国土空间规划关涉利益泛化，“分散的公众无法组织成特定的利益群体，而个体参与者则囿于其有限的经验和科学知识，往往难以判断规划方案中的专业技术性问题”。③ 作为国土空间规划监督实施的重要方式，公众参与监督面临如何从形式参与迈向实质参与的难题。

（四）国土空间规划采取“目标—手段”模式，效果评估困难

传统行政行为一般采取“要件—效果”的模式，而国土空间规划采取的是“目标—手段”模式。国土空间规划的实施过程“不是将普遍抽象的法律规范涵摄到具体的要件事实，而是利益权衡、信息处理、方向确定、手段选择的综合过程”。④ 国土空间规划的实施过程是在规划目标指引下，根据实施规划的要求选择相应的行政手段。基于规划目标的不确定性以及规划实施面临外在条件的约束，规划手段能否实现规划目标面临评估的困难。同时，国土空间规划无法针对行政主体设定相应的责任方式，追责的启动条件和具体责任承担面临重重困难。

总之，基于国土空间规划行为的特殊性，传统行政行为的法律控制方式难以实现对国土空间规划行为的有效约束。国土空间规划的编制、审批行为面临无法进入司法救济的困境。即使对部分规划实施行为提起诉讼，司法机关基于对行政机关专业性的尊重，一般主要从程序和合法性方面对规划行政行为实施审查，难以从实体和合理性

① 郑春燕：《论城乡规划的司法审查路径——以涉及城乡规划案件的司法裁判文书为例》，《中外法学》2013年第4期。

② 参见张先贵《国土空间规划体系建立下的土地规划权何去何从?》，《华中科技大学学报》（社会科学版）2021年第2期。

③ 石肖雪：《行政规划正当性模式的转型》，《法学》2021年第8期。

④ 〔德〕汉斯·J. 沃尔夫等：《行政法》（第1卷），高家伟译，商务印书馆，2002，第179页。

方面审查规划的内容。同时，由于规划涉及利益的泛化和原子化，公众参与监督的个体难以形成实质性的参与。面对国土空间规划行为监督的特殊性，国土空间规划督察制度在城乡规划督察和土地督察改革探索的基础上逐渐形成。

三　国土空间规划督察制度的形成

（一）从地方试点到全国推行

在城乡规划实施中，为完善城乡规划监督制度，2003年建设部在四川、贵州等地试点探索规划督察员制度，四川省人民政府发布了《四川省派驻城市规划督察员试行办法》。2006年建设部向南京、杭州等六个城市派驻城市规划督察员，后续又多次向国务院审批总体规划的城市派驻城市规划督察员。回顾规划督察变迁历程可以发现，城乡规划督察是从地方试点到逐步推向全国的行政内部监督制度的探索。城乡规划督察员主要由建设部向国务院审批总体规划的城市派驻，对地方政府编制和实施规划的情况进行监督。督察人员具有专业性，从督察员的遴选条件看，一般具有在规划管理岗位长期担任领导职务的经历或者具有国家注册规划师资格等相关技术资格。① 规划督察的重点并非查处违反规划的案件，而是监督事前规划的决策是否贯彻落实相关规定和上一层级的规划。作为行政内部的层级监督，一方面，规划督察制度有利于督促地方政府依法依规编制和实施规划；另一方面，规划督察制度在实践中走向规划督察员与地方政府合作式的治理，借助技术性工具在不突破底线的约束下实现各自的利益需求，难以实现法定化。②

（二）从督察分立到督察融合

在“多规合一”改革之前，城乡规划督察和土地督察分别由建设主管部门和土地主管部门派驻。“多规合一”改革后，从不同规划类型分别设立督察走向综合性的自然资源督察，实现了督察的融合。2018年新一轮机构改革，新组建了自然资源部，原有的土地督察转型为自然资源督察。③ 2021年修订的《土地管理法实施条例》第44条规定，国家自然资源督察机构根据授权对国土空间规划编制和实施情况进行督察。该规定将自然资源督察制度法定化，并将国土空间规划的编制和实施纳入督察范围。

在土地督察制度的基础上转型而来的自然资源督察制度，将国土空间规划纳入督

① 参见《住房和城乡建设部城乡规划督察员管理办法》第4条。

② 参见陈越峰《中国城市规划法治构造》，中国社会科学出版社，2020，第164~168页。

③ 根据《各派驻地方的国家自然资源督察局职能配置、内设机构和人员编制暂行规定》（自然资党发〔2019〕20号），国家自然资源督察北京局、沈阳局、上海局、南京局、济南局、广州局、武汉局、成都局、西安局代表国家自然资源总督察履行自然资源督察职责，负责对督察区域范围的省级人民政府及所辖地方政府落实党中央、国务院关于自然资源和国土空间规划的重大方针政策、决策部署及法律法规执行情况进行督察。

察范围，有助于推动国土空间规划的编制和实施。在建立“多规合一”的国土空间规划监督体系过程中，原有的城乡规划督察制度并无独立存在必要。自然资源督察机构在融合原有城乡规划督察和土地督察的基础上，实现了对国土空间规划编制和实施情况的统一监督。

（三）从以合法性督察为主到同时注重实施效果督察

既有规划督察中，督察内容主要围绕规划编制和实施中是否违反法律规定和上位规划，以合法性督察为主。在建立国土空间规划体系并监督实施改革过程中，不但着重对合法性的督察，同时逐渐重视对实施效果的督察。国土空间规划城市体检评估即实施效果督察的制度探索。国土空间规划城市体检评估是按照“一年一体检、五年一评估”的方式，对城市发展阶段特征及总体规划实施效果定期进行分析和评价，是促进城市高质量发展、提高国土空间规划实施有效性的重要工作。① 城市体检评估包括年度体检和五年评估。年度体检主要聚焦年度规划实施中的关键变量和核心任务，总结当年城市运行和规划实施中存在的问题和难点，并从年度实施计划、规划应对措施、配套政策机制等方面有针对性地提出建议。五年评估主要是对国土空间规划各项目标和指标落实情况、强制性内容执行情况、各项政策机制的建立和对规划实施的影响等方面进行系统性深入分析，对未来发展趋势作出判断，并对规划的动态维护及下一个五年规划实施措施、政策机制等方面提出建议。②

国土空间规划城市体检评估，根据评估指标体系，在全方位收集资料的基础上，对城市发展现状及规划实施效果进行分析和评价。同时在体检评估中开展规划实施社会满意度评价，将人民群众的切身感受纳入评估范围，为公众参与规划实施评估提供了平台。城市体检评估成为国土空间规划监督实施的制度设置，为形成国土空间规划动态监督体系奠定了基础。当然，城市体检评估尚在制度探索阶段，其实施成效尚待进一步观察。

四 国土空间规划督察制度的困境

（一）国土空间规划督察制度定位模糊

在 2018 年新一轮机构改革中，国土空间规划监督管理职能由自然资源主管部门统一行使，国土空间规划督察成为自然资源督察的范围之一。与多规未合一之前对不同规划类型分别实施督察不同，多规合一后的国土空间规划，在督察机构方面实现了统一。相对建立国土空间规划体系并监督实施的制度改革要求，国土空间规划督察制度

① 《国土空间规划城市体检评估规程》（TD/T 1063-2021）。
② 《国土空间规划城市体检评估规程》（TD/T 1063-2021）。

的定位仍有待进一步明确。首先，国土空间规划督察的职责受限。国土空间规划督察是党中央和国务院授权自然资源部向地方派驻督察机构，履行督察职责。其采取跨行政区域的方式，一定程度上可以避免地方政府的干预。派驻地方的督察机构具有科层制下层级监督的属性，以强化督察效果。但自然资源督察机构不直接查处案件，不改变、不取代地方政府及其自然资源等主管部门的行政许可、行政处罚等管理职权。[①] 督察工作主要通过参加相关会议、调取相关资料、现场调查、收集相关信息的方式进行。如发现被督察地方人民政府在国土空间规划方面违法或者落实决策不力，督察机构通过下达督察意见书促进整改或者约谈相关地方政府负责人、提出追究相关责任人责任的建议。受限于其职责定位，督察机构难以处理国土空间规划违法行为。即使发现落实国土空间规划不力的情形，督察机构仅能要求被督察对象整改或者提出追责建议。实践运作中，国土空间规划督察沦落为督察机构与被督察对象通过技术工具合作应对法律规定，[②] 消解了督察制度的应有功能。其次，国土空间规划督察与规划监督检查之间的关系尚未厘清。2008年施行的《城乡规划法》并未明确规定城乡规划督察制度，仅在第51条规定了政府以及城乡规划主管部门加强对城乡规划编制、审批、实施、修改的监督检查。有观点认为城乡规划督察制度就是对第51条的细化，属于监督检查制度的具体落实。[③]《土地管理法》第6条规定了土地督察制度。《土地管理法实施条例》在第五章"监督检查"运用三个条款规定了自然资源督察制度。规划督察在规划监督检查中处于何种地位，与其他监督检查措施的关系有待进一步厘清。最后，国土空间规划督察制度与环保督察制度的衔接问题。在我国督察制度体系下，存在环保督察、警务督察等不同类型的督察制度。其中与规划督察存在密切联系的是环保督察。国土空间规划需要科学布局生产空间、生活空间、生态空间，其中专项规划涉及生态环境保护、林业草原保护利用等领域。环保督察通过建立中央环保督察体系，强化环保督察的权威性和严肃性，成为生态环境现代治理体系中的重要内容。目前规划督察缺乏与环保督察的衔接内容，不利于规划督察在生态环境保护领域功能的发挥。

（二）国土空间规划督察覆盖范围受限

目前自然资源督察并未形成全领域、全过程的覆盖，覆盖范围与建立国土空间规划体系并监督实施的要求有差距。在督察对象上，根据《土地管理法实施条例》第44条的规定，督察的对象是省级人民政府和国务院确定的城市人民政府。自然资源部派驻地方的督察机构是跨区域的九个督察分局，同时对自然资源和国土空间规划进行督

---

① 《各派驻地方的国家自然资源督察局职能配置、内设机构和人员编制暂行规定》（自然资党发〔2019〕20号）。

② 参见陈越峰《中国城市规划法治构造》，中国社会科学出版社，2020，第147~150页。

③ 参见汤其琪、黄贤金、马奔《国家土地督察制度与城乡规划督察制度比较》，《国土资源科技管理》2013年第4期。

察。与城乡规划督察员专司规划督察职责有所不同，国土空间规划编制和实施的督察仅属于自然资源督察范围之一。从每个督察分局配备的督察人员编制来看，[①] 督察人员配备难以满足繁重的督察任务，实践中存在压缩督察范围的可能。督察重点一般覆盖省级人民政府以及计划单列市编制和实施国土空间规划的情况。详细规划以及相关专项规划在制度实践中难以纳入督察范围。在督察过程中，督察机构在编制和实施国土空间规划方面，重点是落实生态保护红线、永久基本农田、城镇开发边界等重要控制线情况。重要控制线是国土空间规划的约束性制度，将落实重要控制线作为空间规划督察的重点，抓住了督察的关键。除此之外，从行政过程论视角观之，国土空间规划属于动态的行政行为，国土空间规划的编制、审批、调整和实施的全过程亦属规划督察应覆盖的范围。除落实重要控制线制度外，尚有其他约束性指标、不同层级规划是否相符、是否存在规划违法等情形，亦应作为规划督察的范围。

（三）国土空间规划督察方式有待优化

派驻地方的规划督察机构主要通过调查、违法行为督促整改、提出建议、予以通报等手段履行督察职责。既有土地督察类型，包括专项督察、日常督察、例行督察等。相比于规划督察职责的要求，既有规划督察手段有限，影响了规划督察功能的发挥。首先，既有规划督察手段难以全面发现国土空间规划的违法行为。国土空间规划的违法主体主要为地方政府，涉及不同类型规划的编制、审批、修改以及实施。规划督察机构仅以参加会议、调取相关资料、现场巡查等有限手段难以发现国土空间规划违法行为，影响督察效果。其次，既有督察方式易导致督察盲区，存在督察深度不一的问题。督察机构驻地所在城市属于督察重点，其他督察地区督察范围和深度受到督察能力所限。[②] 最后，基于督察机构不直接查处案件的定位，规划督察多停留在宏观层面，缺乏对具体违法行为的有力制约。规划督察员通过参加会议、调取资料、现场检查等督察方式了解相关信息，但对规划涉及的相关行政行为是否违反法律规定或者与上一层级规划冲突，难以通过此类督察方式发现。

（四）国土空间规划督察程序不完善

我国规划督察是采取边试点边探索的方式逐步建立，规划督察工作实施缺乏程序性规定。作为一种行政自我克制，规划督察行为的实施应受法定程序的约束。目前在规划督察实践中，督察工作业务规程缺乏细化程序规定。从不同类型的督察工作启动、督察中发现问题的处理以及约谈、通报、移交等方式的实施缺乏明确程序性规定，导

① 根据《各派驻地方的国家自然资源督察局职能配置、内设机构和人员编制暂行规定》（自然资党发〔2019〕20号），负责每个省级政府和计划单列市政府的自然资源督察工作一般人员编制仅有4名。

② 参见魏莉华等《新〈土地管理法〉学习读本》，中国大地出版社，2019，第218页。

致督察工作缺乏流程化和法定化，影响督察效果。在发现问题责令限期整改中，督察验收的程序、效果的评估以及社会公开等亦缺乏程序性约束。

（五）国土空间规划督察问责实施存在薄弱环节

规划督察能否发挥效果，关键在于督察发现问题后如何强化问责。《土地管理法实施条例》第46条规定了地方政府违法或者落实国家有关土地管理重大决策不力的，督察机构可以要求整改，或者约谈有关负责人并提出追责建议。现有法律规定主要通过要求整改或者约谈、提出追责建议的方式进行问责。在保障国土空间规划督察实施的强制性效果方面，规划督察问责缺乏强有力的保障机制。首先，对不予整改或者整改不到位的被督察对象缺乏有效的强制制约措施，难以从根本上纠正被监督对象的违法违规行为。① 规划督察机构对于被督察对象的违法行为或者落实重大决策不力行为，可以发出整改意见书。而整改作为自我纠正方式，本身具有弹性，缺乏对违法问责具体情形的规定。其次，规划督察与纪检监察机构缺乏有效沟通协调机制。由于规划督察机构并不具有问责权限，仅能提出追责建议。在案件移交移送中，督察机构与纪检监察机构的沟通协调机制仍有待加强。最后，在问责方面存在避重就轻的问题。由于国土空间规划违法违规行为涉及多个行政机关的多阶段行政行为，问责缺乏抓手，国土空间规划督察问责的情形有待进一步类型化。此外，规划督察问责与环保督察、自然资源资产离任审计等制度缺乏衔接，无法形成监督的合力。

五　完善国土空间规划督察制度的路径

（一）适度提升国土空间规划督察制度的定位

国土空间规划督察从制度定位上属于层级监督，具有行政自我克制的属性。不同于行政机关外部的立法监督和司法监督，国土空间规划督察为内部监督。作为内部专业机构，国土空间规划督察具有专业性、过程性的特点。国土空间规划督察机构跨区域派驻，破解了上下级直接监督难的问题。不过从运作实践来看，国土空间规划督察机构由部级主管部门派驻，缺乏对省级政府强有力的督察，导致规划督察能否发挥效果有赖于被督察对象的配合。规划督察员的问卷调查、工作总结等资料反映出既有的城乡规划督察在合法性控制方面效果有限，一旦被督察对象不配合督察机构，监督将无从实施。② 在规划督察制度改革设想中，较多学者提出借鉴英国规划督察制度，赋予规划督察机构准司法的功能。③ 英国规划督察机构不但有层级监督功能，还具有行政救

① 参见魏莉华等《新〈土地管理法〉学习读本》，中国大地出版社，2019，第217页。

② 参见陈越峰《中国城市规划法治构造》，中国社会科学出版社，2020，第165页。

③ 参见叶秋华、黄蓉《土地规划中行政监督机构准司法性之引入——以英国规划督察署为例》，《烟台大学学报》（哲学社会科学版）2015年第1期。

济功能。当事人有权向英国规划督察机构提出申诉，请求解决行政争议。此观点与我国规划督察的定位和制度架构不符。在现行制度定位下规划督察承担行政救济功能，将压垮规划督察本身承担的层级监督功能。规划争议涉及利益复杂，行政相对人可通过行政复议或者行政诉讼寻求司法救济。规划督察机构准司法化改革的设想赋予当事人通过向规划督察机构进行申诉的权利，并未取得相比行政复议或行政诉讼更高的效率。此外，规划督察机构承担救济功能会对督察人员的数量和专业素养提出更高要求，目前督察机构尚不具备此条件。因此，借鉴英国规划督察制度的观点并不具有可行性。

我国规划督察制度改革可从中央环保督察制度的改革中借鉴。在实施中央环保督察之前，原环境保护部对地方环境保护主体责任的落实情况，主要通过对政策实施情况、政府履职、企业守法情况等进行环保综合督查，向全国跨区域派驻环保督查机构。[①] 环保综合督查在推动地方政府履行环境质量改善主体责任的同时，也暴露出监督主体层级不高，对地方政府督查约束力有限以及忽略地方党委环保责任等问题。[②] 中央环保督察以中共中央、国务院的名义对地方党委和政府履行环境保护责任进行督察，提高了督察组织的级别和权威性，有力地对环境违法行为和落实环境保护责任不力的行为形成高压态势。虽然存在地方政府通过临时性策略应对的问题，但给督察对象带来了明显震慑效应，促进了地方政府环境污染治理的积极性。[③] 国土空间规划督察根据中央授权由自然资源部向地方派驻。从行政编制级别配备上属于司局级，对地方政府尤其是省级政府，监督级别并不对等。此外，督察机构作为固定的派驻机构，督察人员与被督察对象逐渐熟悉之后，可能形成“共谋”式监督关系，消解规划督察制度的功能。国土空间规划督察制度改革的可行路径是借鉴中央环保督察的制度优势，提升规划督察组织的权威性和行政级别。在 2018 年新一轮机构改革后，从督察职责的配置来看，建立专门的国土空间规划督察机构并无现实可能性。可行的路径是以中共中央、国务院的名义成立中央自然资源督察体系，将国土空间规划督察作为其重要职责。中央自然资源督察与现有派驻的督察机构结合起来，中央自然资源督察以巡视督察为主，派驻督察机构以日常督察为主，将中央自然资源督察的权威性、严肃性与派驻督察机构的灵活性、日常性有机结合起来。

---

① 2002 年，环保部在南京、广州分别试点华东、华南环保督查中心。2006 年正式设立华东环境保护督查中心、华南环境保护督查中心、西北环境保护督查中心、西南环境保护督查中心、东北环境保护督查中心。2008 年设立华北环境保护督查中心。2017 年根据中央编办批复，将环保部华北、华东、华南、西北、西南、东北环境保护督查中心由事业单位转为环境保护部派出行政机构，并分别更名为环境保护部华北、华东、华南、西北、西南、东北督察局。

② 参见常纪文《中央生态环境保护督察的历史贡献、现实转型与改革建议》，《党政研究》2019 年第 6 期。

③ 参见周沂、冯皓月、陈晓兰《中央环保督察的震慑效应与我国环境治理机制的完善》，《经济学动态》2021 年第 8 期。

（二）扩展国土空间规划督察的范围

从行政过程论的视角，国土空间规划既包括内部行政行为，也包括在实施阶段对行政相对人有约束力的外部行政行为。从规划层级来看，建立国土空间规划体系要求形成五级三类国土空间规划体系。从规划的动态过程来看，国土空间规划包括编制、审批、调整以及实施全过程。国土空间规划督察法治化路径下，根据建立国土空间规划治理体系的要求，我国应建立全过程覆盖的国土空间规划督察体系。在规划督察的层级上，除将省级政府及国务院确定的城市作为规划督察重点外，自然资源部派驻的规划督察机构可下沉到地级市的层次，扩大规划督察范围。目前四川等地在原有城乡规划督察的基础上，省级自然资源主管部门向省域范围内派出规划督察员。[①] 此种做法可作为国土空间规划督察制度的地方实现形式，有助于国土空间规划制度在地方层面上的落实。为对国土空间规划的动态过程进行监督，在督察落实生态保护红线、永久基本农田、城镇开发边界等重要控制线情况的基础上，可将规划督察范围进行类型化。规划督察的范围包括规划编制情形、规划强制性内容的调整情形、违反程序调整规划的情形、违反规划批准建设的情形、落实规划不力的情形、与上一层级规划不一致的情形等。

（三）优化国土空间规划督察的方式

在督察方式上，针对既有城乡规划督察制度存在的问题，建议从以下方面优化国土空间规划督察方式。首先，在行使调查权、纠正权、建议权的基础上，通过对违反法律、违反规划行为的立案调查、约谈问责、公开公示以及移交移送，强化规划督察效果。目前在规划督察制度架构下，督察机构不直接查处案件、不取代管理部门的职权，符合其机构功能定位。但是督察机构不直接查处案件，并不意味着规划督察机构对于违法案件中涉及的违法行政行为或者履职不力行为不可以立案调查、约谈问责。建议督察机构针对督察范围，结合督察业务经验，依法细化立案标准和移送问责标准，提高规划督察的严肃性和权威性。其次，通过赋予审核权，将规划审批抄送规划督察机构，强化事前监督职能。在既往土地督察过程中，国务院批准的农用地转用和土地征收事项，省级政府将上报文件同时抄送派驻地区的国家土地督察局。国家土地督察局对农用地转用和土地征收审批事项是否符合法律规定的权限、标准、程序等进行合法性审查。[②] 参照借鉴，省级国土空间规划和需报国务院审批的城市国土空间规划在报国务院审批的同时，应将上报文件同时抄送派驻地区的自然资源督察机构。通过行使事前审核权，有助于将事前、事中和事后的监督有机结合起来，形成一体化监督体系。

① 参见《四川省自然资源督察员管理办法（试行）》。

② 参见魏莉华等《新〈土地管理法〉学习读本》，中国大地出版社，2019，第207页。

最后，提升技术督察能力，强化规划动态监测评估效果。建立全国统一的国土空间基础信息平台，开发、推广应用国土空间规划智能化督察系统。

（四）健全国土空间规划督察程序

国土空间规划督察属于行政自我克制，其不同于具有外部效力的行政行为。规划督察行为与外部行政行为适用同样的行政程序，可能偏离规划督察制度的功能，影响督察效率。不过规划督察仍有程序法治化的需求。规划督察程序法治化一方面是保障和约束督察机构及其工作人员依法行使督察职权，另一方面是确保被督察对象配合督察工作要求，强化督察效果。首先，在督察发现问题的处理上，根据不同情形，确定相应的处理程序。比如根据违法情节和对规划实施的影响程度，分为不同情形：情节较轻的违法行为或者对规划实施影响较小的问题、情节较重的违法行为或者对规划实施影响较大的问题、情节严重的违法行为或者对规划实施影响重大的问题等。建议在国土空间规划督察工作规程中，明确发现不同问题应当采取的处理流程。其次，对责令限期整改的情形，明确督察验收和效果评估的程序。在目前的制度实践中，发现规划违法行为或者落实规划不力时，责令限期整改的标准具有弹性，整改后缺乏相应的评估程序。通过明确整改后的验收、效果评估程序，有利于督促被督察对象及时和按照要求落实整改意见。最后，完善规划督察情况的公开程序。在规划督察过程中，将督察中发现的问题、整改情况以及典型案例，及时向社会公开。通过公开将内部监督与外部监督有效结合起来，形成国土空间规划监督的合力。

（五）强化国土空间规划督察问责

国土空间规划督察问责是规划督察制度的重要保障。国土空间规划督察问责的特殊性在于国土空间规划属多阶段行政行为，涉及责任主体复杂，一般为集体决策通过，难以确定问责对象。针对国土空间规划行为的特殊性，借鉴中央环保督察制度的探索经验，督察对象宜扩展为地方党委、政府及其主要领导人，通过党政同责，强化问责力度。在问责具体事由上，落实政策不力存在弹性的解释空间，导致问责难以进行。问责事由需要进一步类型化，根据不同问责事由匹配具体的问责方式。具体可以类型化为违反程序编制规划的问责、违法调整规划的问责、违反规划批准用地和建设的问责、不作为的问责、规划实施管理不力的问责、妨碍督察拒不执行整改决定和建议的问责等。在明确问责情形的基础上，及时移交移送相应主管部门，依法确定具体的问责方式。同时加强与环保督察、自然资源资产离任审计相衔接，将规划督察结论作为开展环保督察和离任审计工作的考量因素。此外，为避免问责避重就轻，应及时将问责结果向社会通报，接受社会监督。

六　结语

在基本建立国土空间规划体系的基础上，构建国土空间规划实施监督体系是国土空间规划法治化的重要内容。基于立法监督和司法监督在控制国土空间规划行为的局限性，国土空间规划督察制度在监督国土空间规划的编制和实施上具有不可替代的功用。在国土空间规划立法中，有必要对国土空间规划督察的定位、督察范围、督察方式、督察程序、督察问责等予以规范。同时授权国务院制定自然资源督察条例，具体规定督察机构的设立、督察人员的遴选、督察工作的开展、督察实施保障、督察监督等。通过国土空间规划督察的法治化，将建立国土空间规划体系并监督实施的决策部署落到实处。

Dilemma and Outlet of Supervisory Institution of National Territorial Spatial Planning System

Wu Shengli

Abstract: National territorial spatial planning is a new type of administrative act for shaping space in the future from the perspective of administrative process theory, and its supervision and implementation is different from traditional administrative acts. As administrative self-restraint, national territorial spatial planning supervision has special value compared with legislative supervision and judicial supervision in supervising the compilation and implementation of national territorial spatial planning. There are dilemmas in the existing planning supervision system in terms of system positioning, supervision scope, supervision ways, supervision procedures, and supervision accountability. The feasible path is to moderately upgrade the status of the spatial planning supervision system, expand the scope of application of the supervision, optimize the supervision ways, improve the supervision procedures, and strengthen the accountability of the supervision.

Keywords: National Territorial Spatial Governance; National Territorial Spatial Planning Supervision; Administrative Self-restraint; Rule of Law

类型化视角下国土空间生态治理与修复的规范构造*

杨昌彪**

摘　要： 国土空间生态治理与修复从政策规划到法律表达，不仅关乎治理与修复工作的规范化，更关乎国家治理能力现代化的转向。实现国土空间生态"统筹治理、一体化修复"，关键在于全面理解和规范表达生态整体主义理性。生态整体主义二元解释论释明：生态整体主义理性指向的"整体性"保护，涵盖了生态环境要素、生态系统功能等自然偏好与公众需求、社会发展等社会偏好两个维度的保护。规范表达的前提是首先对生态环境损害及其治理修复方式进行类型化区分，通过以损害结果为标准分为生态损害特殊预防、损害修复、整体治理及系统重建四种类型。在此基础上，建立起涵盖生态治理与修复多元主体协同规则、公众参与生态治理与修复规则、国土空间生态环境损害类型识别规则、不同类型生态损害的治理及修复实施规则的完整规范体系。

关键词： 国土空间；生态治理及修复；自然生态整体论；社会生态整体论；类型化

一　问题缘起：国土空间生态治理与修复的规范困境

党的十八大以来，习近平总书记多次以生态文明建设的宏阔视野提出"山水林田湖是一个生命共同体"的论断，强调"对山水林田湖进行统一保护、统一修复是十分必要的"。① "统筹治理、一体化修复"成为国土空间生态治理与修复的重要指导思想。② 2016年相关试点工作开展以来，国家前后投入500多亿元资金，启动了25个国土生态空间治理与修复工程，区域生态环境得到了较大改善。③ 与此同时，在试点工程

* 本文是重庆市社科规划博士项目"类型化视角下生态环境治理及修复的规范构造研究"（2021BS109）、重庆市教委人文社科项目"规范化与系统化：生态环境治理及修复的规则体系研究"（22SKGH561）的阶段性成果。

** 杨昌彪，法学博士，重庆工业职业技术学院讲师，研究方向为环境资源法治。

① 参见任暟《生命共同体：中国环境伦理的新理念》，《光明日报》2017年1月16日，第11版。

② 参见傅伯杰《国土空间生态修复亟待把握的几个要点》，《中国科学院院刊》2021年第1期。

③ "十三五"期间，中央财政投入500亿元在祁连山等地区开展25个山水林田湖草的一体化保护修复重大工程。2021年启动"十四五"规划的第一批项目，自2020年以来还实施了13个以红树林保护修复为主要内容的"蓝色海湾"整治项目，同时实施了渤海综合治理和海岸带保护修复专项行动。"十三五"期间，全国共整治修复岸线1200千米、滨海湿地34.5万亩，治理修复历史遗留的废弃矿山400多万亩。

中也暴露出诸多问题亟待破解。根据国家发展改革委、自然资源部于2020年6月印发的《全国重要生态系统保护和修复重大工程总体规划（2021—2035年）》，我国国土空间生态治理与修复工作存在生态系统质量功能问题突出、生态保护压力依然较大、生态保护和修复系统性不足、水资源保障面临挑战、多元化投入机制尚未建立、科技支撑能力不强等问题。学界将上述问题归咎于对生态整体主义理解不明确盲目启动修复工程、实施制度不健全治理与修复随意性大、联动衔接机制混乱"九龙治水"问题突出、激励与责任机制不完善相关工作动力不足、政府推进为主缺少第三方参与等因素。①

事实上，造成上述系列问题的根本原因是生态整体主义政策理性尚未完全纳入法律制度体系予以规范性表达。党的十八届四中全会通过的《中共中央关于全面推进依法治国若干重大问题的决定》将坚持依法治理作为国家治理能力现代化的重要原则，国家政策法治化是实现依法治国的重要内容之一。②"政策是立法的先导，法律是政策的体现。"③相较于"统筹治理、一体化修复"的国家政策，国土空间生态治理与修复"一体化"的法律体系并未全面建立。

在国家政策层面，我国国土空间生态治理与修复格局已铺开，但主要是从宏观层面上对生态治理与修复提出的总体部署，其目标主要聚焦重点或重大生态功能区域。最早提出国土空间生态治理与修复"一体化"的政策文件是2015年9月中共中央、国务院印发的《生态文明体制改革总体方案》（中发〔2015〕25号）。④根据该方案，2016年财政部第三部门发布《关于推进山水林田湖生态保护修复工作的通知》（财建〔2016〕725号），提出国土空间生态治理与修复的主要内容包括：实施矿山环境治理恢复、推进土地整治与污染修复、开展生物多样性保护、推动流域水环境保护治理、全方位系统综合治理修复。2019年5月，为实现"多规合一"强化国土空间规划对各专项规划的指导约束作用，中共中央、国务院发布《关于建立国土空间规划体系并监督实施的若干意见》，划定"三区三线"，提出对生态环境实施分区治理和系统性修复。⑤《全国重要生态系统保护和修复重大工程总体规划（2021—2035年）》规定，在青藏高原生态屏障区、黄河重点生态区（含黄土高原生态屏障）、长江重点生态区（含

① 参见王波、何军、王夏晖《山水林田湖草生态保护修复试点战略路径研究》，《环境保护》2020年第22期；彭建等《论国土空间生态修复基本逻辑》，《中国土地科学》2020年第5期；王威、贾文涛《生态文明理念下的国土综合整治与生态保护修复》，《中国土地》2019年第5期。

② 参见吕忠梅《中国生态法治建设的路线图》，《中国社会科学》2013年第5期。

③ 沈宗灵主编《法理学》，高等教育出版社，2004，第174页。

④ 该方案指出，必须树立山水林田湖是一个生命共同体的理念，按照生态系统的整体性、系统性及其内在规律，统筹考虑自然生态各要素、山上山下、地上地下、陆地海洋以及流域上下游，进行整体保护、系统修复、综合治理，增强生态系统循环能力，维护生态平衡。

⑤ 根据该意见，"三区"指的是城镇空间、农业空间及生态空间，"三线"指对应三区的城镇开发边界、永久基本农田保护红线及生态保护红线。

川滇生态屏障）、东北森林带、北方防沙带、南方丘陵山地带、海岸带区域实施重要生态系统保护和修复重大工程。2021 年 11 月 10 日，国务院办公厅发布《关于鼓励和支持社会资本参与生态保护修复的意见》（国办发〔2021〕40 号），鼓励社会资本围绕自然生态系统、农田生态系统、海洋生态系统、矿山生态系统、城镇生态系统等参与治理与修复。

在法律层面，我国目前是以单一要素为主线和中心的环境法律规范体系。除《环境保护法》《海洋环境保护法》等综合性法律外，多注重发挥单行法的规范功能，包括《大气污染防治法》《土壤污染防治法》《水污染防治法》等污染防控类、《森林法》《草原法》等资源利用类以及《水土保持法》《野生动物保护法》等生态保护类三种。[①] 虽然我国现行环境法律规范体系对国土空间生态保护都有涉及，形式上看似完备，但从生态治理与修复一体化与系统化角度看，各单行法缺乏协同，无法有效协同指导和规范国土空间生态治理与修复的具体实践。[②] 2020 年颁布的《长江保护法》被认为是我国首部流域保护法，该法首次采用“流域法”立法模式，其初衷是坚持“山水林田湖草统筹治理”的生态系统观，但该法对长江流域复杂系统的法律属性认识不足，导致“流域性”的针对性不强。比如，对“生态整体”的认识存在争议，过于强调“长江流域”的自然属性而对社会属性认识不足。[③] 该法规定了各部门在规划管控、生态修复、污染防治、绿色发展等层面的法律责任，实质上依然无法摆脱“九龙治水”的权力掣肘困局。同时，流域所涉及的各行政区域如何协同治理、修复与保护也缺乏可操作性。

综上，国家政策多从宏观层面着手，尤其关注重点生态功能区的治理与修复，但在微观层面缺乏国土空间生态治理与修复的“一体化”的具体制度性规定。比如，治理与修复的对象是自然生态系统还是其他，统筹跨行政区域的生态治理与修复主体如何确定，协同治理与修复机制如何建构，治理及修复的具体范围如何确定以保证“一体化与系统化”，治理与修复的资金如何管理与使用，如何激励社会资本参与治理与修复，等等。目前，学界已经认识到现行单行法为主的环境部门法律体系在应对生态环境一体化治理及修复方面的不足。[④] 在此基础上，本文聚焦国土空间生态治理与修复的“一体化”，以环境法典编纂为契机，尝试探索国土空间生态治理与修复的规则体系构建路径。

---

① 参见徐以祥《论我国环境法律的体系化》，《现代法学》2019 年第 3 期。

② 参见巩固《山水林田湖草沙统筹治理的法制需求与法典表达》，《东方法学》2022 年第 1 期。

③ 参见吕忠梅《关于制定〈长江保护法〉的法理思考》，《东方法学》2020 年第 2 期。

④ 参见吕忠梅《中国环境立法法典化模式选择及其展开》，《东方法学》2021 年第 6 期；杜群《环境法体系化中的我国保护地体系》，《中国社会科学》2022 年第 2 期；徐以祥《我国环境法律规范的类型化分析》，《吉林大学社会科学学报》2020 年第 2 期；陈海嵩《生态环境治理体系的规范构造与法典化表达》，《苏州大学学报》（法学版）2021 年第 4 期；吴凯杰《生态区域保护法的法典化》，《东方法学》2021 年第 6 期。

二 理论基础：生态整体二元解释论之审视

基于生态系统的整体性，国土空间生态治理及修复应当贯彻“统筹治理、一体化修复”的指导原则。因此，国土空间生态治理及修复的规范化首先应明确界定“生态整体”的概念与范畴，这直接影响规范化表达的核心内容：谁来治理及修复、怎么治理及修复、治理及修复到何种程度等方可实现生态系统的整体性救济。然而，学界关于“生态整体”的概念及范畴并未达成统一的认识，目前主要存在两种不同的解释面向：自然生态整体论与社会生态整体论。① 两种观点在如何实现生态系统的整体性构成上存在较大分歧，对如何实现生态治理及修复的“整体性”存在不同主张。探究国土空间生态治理及修复的规范化表达应如何回应“生态整体性”成为一个绕不开的理论问题。因此，有必要对上述两种生态整体解释论展开深入探究。

（一）自然生态整体解释论

现代意义上的生态整体主义理论形成于 20 世纪，主要代表人物是利奥波德（Leopold）和罗尔斯顿（Rolston）。1948 年，生态伦理之父利奥波德在其代表作《沙乡年鉴》中提出“生物金字塔”：最底层是土壤，中层是植物、昆虫、鸟类与啮齿类动物，最顶层是大型食肉动物，三者共同构成了能量向上流动的金字塔，各物种彼此能量循环组成了一个复杂结构。② 罗尔斯顿在此基础上正式提出生态“系统论”，他认为物种具有内在价值，物种彼此之间是相互能量和价值交换的，进而构成了相互影响的生态系统，只有在“生态整体”条件下，生物个体或者群体才可以生存发展下来。③

自然生态整体解释论的代表人物环境伦理学家劳拉 · 韦斯特拉（Laura Westra）认为，“生态整体”是指一个生态系统只有“完整的、健全的、不受损害的、良好的功能”。此处的生态整体指的是不包括人类自身活动在内或受人类活动影响较小的原始状态下的生态系统。根据该理论，自然被认为是在其最纯粹的状态下存在于人类之外。如果一个生态系统完全不受人类影响而存在，则它被认为是完全完整的、健全的、未受损的。任何人类影响都代表着退化，将自然从最原始的状态拉下来。事实上，自然生态整体解释论者并不是反对将人类归于生态系统，而是认为现代被技术武装的人类已经远不是生态整体中的一部分了，而是破坏生态系统的“外星人”。比如，卡尔（Karr）就提出“我们目前正在失去各种规模的生物量、物种和生态系统功能……人类可以成为自然系统的一部分，但以我们目前的信念和价值观，技术‘增强’的人类如同

① Steinhoff, “Ecological Integrity in Protected Areas: Two Interpretations,” *Seattle Joural of Environmental Law*, 2013 (03): 155-157.

② 参见〔美〕利奥波德《沙乡年鉴》，舒新译，北京理工大学出版社，2015，第 220~222 页。

③ Rolston H., *Philosophy Gone Wild: Environmental Ethics* (NewYork: Prometheus Books, 1989), pp. 80-88.

‘外星人’，生态足迹已经遍布全球甚至超出银河系，不应成为生态整体的一部分”。[①]

依照自然生态整体解释论的观点，国土空间生态治理与修复“系统化与一体化”的最终目标应当是通过采取有效治理与修复措施，使其恢复至受损害之前的原始状态。该原始状态应当是没有被“技术强人”或“技术外星人”影响或较少影响的生态状态。依此逻辑，在国土空间生态专项规划、生态保护红线划定规则、生态治理与修复的目标确定、治理与修复方案的选择、参与主体等制度设计上应予以充分考量，方可实现自然生态整体解释论者的根本目标。

（二）社会生态整体解释论

社会生态整体解释论的代表人物是詹姆斯·凯（James Kay），他认为如果生态系统和生态功能满足了社会的全部需求与偏好，则该生态系统即具有整体性和完全性。根据该理论，如果一个生态系统处于我们希望它所处的状态——也就是说，如果它满足对该生态系统的社会偏好，它就具有生态完整性。在这种解释下，当管理者寻求维护生态系统的生态完整性时，最重要的是关于该系统的“人类偏好和关注的总和”。[②] 斯蒂芬·伍德利（Woodley）进一步指出，人类一直是大多数生态系统不可或缺的一部分，人类的正当需求与发展状态应当被认为是生态整体中的一部分，包括生存环境需求、生存发展需求、文化发展需求（比如景观需求）等偏好应当被认为是实现生态整体目标的重要考量因素，而不仅仅是自然生态环境系统本身。[③]

依照社会生态整体解释论的观点，国土空间生态治理与修复“系统化与一体化”的最终目标应当是通过采取有效治理与修复措施，使其恢复或保持至可以满足区域内公众生态环境系统的全部需求与偏好，包括生存环境需求、生存发展需求、文化发展需求等。

（三）生态整体二元解释论的反思

自然生态整体解释论与社会生态整体解释论虽然在生态整体性的认知上存在分歧，但是两种解释论均不否认生态整体具有开放性、系统性与动态平衡的空间性特征，只是对生态系统构成以及整体性的恢复存在争议。其一，基于系统性与开放性特征，邻近地区的生态环境相互依存度相当高，一地生态环境会对周边地区产生较为直接的影响。例如，空气、河流等自然要素具有跨区域流动的特性，当上游的水体被污染时，

---

① James R. Karr, “Health, Integrity, and Biological Assessment: The Importance ofMeasuring Whole Things,” in Pimentel D., Westra L., Noss RF, eds, *Ecological Integrity: Integrating Environment, Conservation, and Health* (Washington D.C.: Island Press, 2000), pp. 209-214.

② Woodley S. J., Kay J., Francis G., *Ecological Integrity and the Management of Ecosystems* (Florid: St. Lucie Press, 1993), pp. 218-220.

③ David N. Cole, Laurie Yung, *Beyond Naturalness: Rethinking Park and Wilderness Stewardship an An Era of Rapid Change* (Washington D.C.: Island Press, 2010), p. 110.

下游的水体也难逃厄运。其二，基于生态环境各要素之间的动态平衡的空间性特征，河流、湖泊、森林、空气、生物等之间存在相互依存、相互制约的关系，只有当物质循环和能量交换达到一个相对平衡的状态，才能维持生态环境系统的稳定。

自然生态整体解释论更多从理想主义出发，反对“技术强人”成为生态整体的应然组成部分，而主张保护或恢复生态系统的原始状态，即包含生态环境要素、生态环境结构、生态环境功能以及非技术强人。依照此逻辑，生态环境损害的救济应当是采用理想主义的“恢复论”，且恢复的标准不是受损害之前的生态环境基线状态，而是恢复至该生态系统未受任何“技术强人”足迹影响的“原始状态”。本文认为，该理论未充分考虑人类发展现实与人类发展需求，不具有可操作性，更无法实际指引生态环境的治理与修复。具体理由如下。

其一，生态整体的原始状态无法明确界定。根据该解释论的核心观点，生态整体是要恢复至未受人类影响或受人类影响较小的原始状态。众所周知，人类起源已有几百万年之久，经过几百万年的演变与进化，不受人类影响或受人类影响较小的生态系统已无从谈起更无法复原，就如同我们无法让已经灭绝的恐龙及其生存的环境复原一般。何为“技术强人”？其标准也决定了“原始状态”的时间起点。如何评价与确定能够造就“技术强人”的“技术”？钻木取火技术在现在看来不值一提，但是对于原始社会的人类而言则是“先进技术”。可能有人会将 18 世纪第一次工业革命作为认定“技术强人”的开端，毕竟工业革命后，人类利用改造自然环境的能力得到质的提升。比如煤炭使用量每年骤增，1900 年世界先进工业国的煤炭使用量增至 6.641 亿吨，煤炭的大量开采与使用产生了二氧化碳、二氧化硫等污染物。18 世纪下半叶，环境污染问题在英、美、德、法、日等工业国开始出现。[①] 但是，此时的环境污染基本是局限在世界先进工业国的某些工业区域内，而且生态系统可以通过环境自净能力得以恢复。[②] 因此，无法从时空条件下准确界定“技术强人”的起始时间与生态系统基线，那么恢复“生态整体”原始状态也就无从谈起。

其二，生态系统的各要素已遍布人类足迹，人类利用自然环境的行为与各环境要素互相影响，已无法涤除人类对生态系统的影响。以生物多样性为例，技术的发展已经影响到物种的繁衍与进化，比如通过人工养殖技术、生物合成技术、转基因技术等产生的新型物种已参与到生态系统的能量交换过程中，成为生态系统不可分割的一部分。再如人造景观以及经过科学技术保育的自然景观等已然成为生态系统的重要组成要素，难以涤除。

① 参见梅雪芹《工业革命以来西方主要国家环境污染与治理的历史考察》，《世界历史》2000 年第 6 期。

② 参见汪劲《环境法学》（第 4 版），北京大学出版社，2018，第 6 页。

其三，就当下的生态治理与修复技术而言，无法实现恢复生态整体原始状态的目标。现行治理与修复技术无法达到完全恢复效果，比如严重的铅污染地，目前科学技术无法达到修复效果，多数国家采取的措施是将该地块封存隔离。[①]

社会生态整体解释论者承认人类是生态系统中的应然组成，人的需求和利益（也被称为社会偏好）应当被认为是维护生态整体完整性的重要内容，比如生存权益、发展权益、环境权益等。但借此得出如果一个生态系统满足了人们对该生态系统的社会偏好就具有生态完整性的结论是不充分的。具体理由如下。第一，社会偏好千差万别，生态整体的范畴无法确定。通过社会偏好的满足以确定生态整体性与完整性，实质上带有主观性与不确定性，生态整体的范畴因而无法准确厘定。首先，生成社会偏好的公众范围存在争议。比如，何种范围内的公众需求可以被纳入社会偏好的范围存疑，无法有效界定偏好形成的合理依据。其次，社会偏好可能存在内部对立，全部满足社会偏好的生态整体性无从谈起。第二，社会偏好的当代性特征，易造成代际利益失衡。社会偏好的生成基本源自当代人，后代人无法表达其偏好需求。若以社会偏好的满足为标准，那么极易造成生态整体保护的当代性局限，损害后代人满足其社会偏好的合理诉求。

综上所述，两种解释论虽具有一定合理性，但有失偏颇。其合理性主要体现在两者均准确阐释了生态的系统性、开放性与动态平衡性特征，强调生态系统内部各要素的自由流动与能量转换构成了开放的生态结构。但在如何保护生态整体性问题上，自然生态整体解释论因主张恢复至“原始状态”而陷入了理想主义，社会生态整体解释论则因主张全部满足“社会偏好”而陷入了主观主义。质言之，生态整体不应也无法将人类与人类活动摒除在外，技术作为人类文明发展的手段与成果也无法从人类社会中涤除；生态整体无须更无法恢复至不受人类影响的“原始状态”，原始状态既无处觅踪也无法实现。带有“技术强人”印记的人类文明已经成为生态系统动态平衡的要素之一。

综上，国土空间生态治理及修复的规范表达应至少回应以下三个层面的问题。(1) 从治理与修复的主体层面看，国土空间生态治理及修复不只涉及监管责任主体与损害行为（状态责任）主体，由于需要考虑恢复生态系统的整体状态与功能，治理及修复规范必须根据一定标准明确划定受损生态系统内的所有监管责任主体的范围及职责；同时需要充分考量社会需求偏好，还必须充分保障一定范围内的社会公众主体能够有效参与。(2) 从治理与修复的实施过程层面讲，国土空间生态治理修复规范应包括治理与修复方案制定与实施、资金监管与使用、跨区域治理及修复如何展开、个案修

---

① 参见吕忠梅、窦海阳《修复生态环境责任的实证解析》，《法学研究》2017 年第 3 期。

复与周边生态治理如何协调等问题，以确保国土空间生态环境的“一体化治理”。（3）从治理与修复的结果层面看，其治理及修复的结果应当是实现“生态整体”功能，既包括环境要素及生态功能恢复至生态整体功能，实现“生态理性”，又要契合经济社会发展水平、社会公众需求及对结果的可接受程度，实现“社会理性”要求。

三　规范前提：生态损害治理及修复的类型划分

（一）生态损害与治理修复类型化的必要性

通过类型化分析，将抽象概念具体化，在立法上有助于明确法律调整的范围，保持法律规范的开放性和确定性的良性平衡；在法的实施过程中，能够为行政执法、司法裁判寻找到适宜的评价标准，避免随意性和提升准确性。[①] 在我国，通过概念界定与类型胪列相结合的立法较为常见。比如，《环境保护法》第2条首先界定了“环境”的概念，又根据内容列举了环境的种类。环境单行立法基本以上述环境的类型为调整对象，进而形成了以单一环境要素为规制对象的环境法律体系。[②]

本文认为，将类型化思维继续沿用至国土空间生态治理及修复的规范表达是十分必要的。具体理由有三。其一，从理论层面上看，生态整体主义二元解释论虽明确指出国土空间生态治理及修复的目标在于恢复生态系统的“整体性”，包括“生态理性”与“社会理性”两个维度。但上述理论过于抽象，有必要通过类型化的方式，明确损害的具体样态以及对应的治理与修复方式。其二，从法律制定层面看，类型化思维有利于立法上明确“哪些情形需要哪些主体采用何种治理及修复方式”予以应对，恢复至满足社会需求偏好的生态功能状态。其三，从法律实施层面看，将生态损害治理与修复类型化界定，有利于规范实施过程中，克服随意裁量或权力寻租等问题，提升国土空间生态治理及修复的及时性与有效性。

（二）生态损害治理及修复的类型划分标准

根据不同的类型化标准，生态环境损害治理及修复存在不同的类型划分样态。常见的分类标准及类型划分包括：（1）以损害对象不同，分为大气、水、土壤、森林、草原等不同环境要素的损害治理及修复；（2）以是否需要人工介入，分为自然恢复的和人工治理修复的；[③]（3）以损害的资源环境权属不同，分为可纳入国家所有范畴的与不可纳入国家所有范畴的损害治理及修复；[④]（4）以救济路径不同，分为侵害行为导致

① 参见张斌峰、陈西茜《试论类型化思维及其法律适用价值》，《政法论丛》2017年第3期。

② 参见徐以祥《我国环境法律规范的类型化分析》，《吉林大学社会科学学报》2020年第2期。

③ 参见王志芳等《国土空间生态保护修复范式研究》，《中国土地科学》2020年第3期。

④ 参见李兴宇《生态环境损害赔偿诉讼的类型重塑——以所有权与监管权的区分为视角》，《行政法学研究》2021年第2期。

的生态损害治理及修复、重大生态环境损害治理及修复以及上述两者之外的其他类型，分别适用行政命令、政府索赔以及公益诉讼救济。①

基于不同的分类标准，上述类型划分存在各自的合理性，但在应对“哪些情形需要哪些主体采用何种方式治理及修复，方能实现生态系统的二元整体性救济”诘问时，尚不能给出整体解决方案。第一种单一环境要素的类型化模式的不足已在上文作出详细说明，在此不再赘述；第二种类型化模式可以作为具体的治理与修复的方法，但无法就“生态整体”性救济给出有效指引；第三种类型化模式与第四种类型化模式的可贵之处在于尝试突破传统的以单一环境要素为标准的规范理路，但是以下问题值得进一步思考：纳入国家所有权的损害及修复是否还应作进一步区分；根据救济路径不同，倒推损害类型是否合理存疑。

“有损害必有救济”，损害结果的不同决定了救济方式的不同。② 本文认为，根据生态整体二元解释论确定生态损害结果的轻重标准，以损害结果轻重为标准对生态损害治理及修复作出类型化区分，并据此制定治理及修复主体规则、方案制定与选择规则、实施程序规则等，有利于不同的国土空间生态损害得到针对性的治理及修复，实现生态系统整体性救济的目标。根据生态损害结果的轻重不同，生态环境损害可作出由轻到重的类型划分，由此确定不同类型的治理及修复方式，进而围绕“谁来统筹治理与修复”“怎样统筹治理与修复”“治理与修复到什么标准”等问题进行规则体系建构。如何确定生态损害结果的轻重标准就成为一个核心问题。根据生态整体二元解释论，国土空间生态治理与修复应当实现“生态理性”与“社会理性”并举的整体性保护目标。其损害结果的轻重判断标准也应当至少从对自然生态系统以及社会公众对该生态系统的需求偏好（包括生态环境需求、生存发展需求和文化发展需求等）两个维度进行考量。前者主要是从损害生态系统与生态功能的角度进行技术评估鉴定，后者则需要对影响“社会公众”的范围以及程度作出事实认定与价值判断。在此基础上，综合确定生态环境损害治理与修复的不同类型。

（三）生态损害治理及修复的类型化划分

1. 生态环境损害特殊预防型

此种类型对应的生态环境损害较轻，一般不需要专门进行生态治理及修复。具体包括三大类：一是指因污染环境、破坏生态造成大气、地表水、地下水、土壤、森林等环境要素和植物、动物、微生物等生物要素的改变尚轻，已自然恢复且对社会公众的生态系统需求影响甚微；二是对生态环境要素构成的生态系统功能的影响尚轻，生态功能

① 参见刘卫先《我国生态环境损害补救路径的整合》，《暨南学报》（哲学社会科学版）2020 年第 10 期。

② 参见王利明《我国侵权责任法的体系构建——以救济法为中心的思考》，《中国法学》2008 年第 4 期。

已自然恢复且对社会公众的生态系统需求影响甚微；三是基于生态环境损害的隐蔽性与潜伏性，损害被发现时生态功能已自然恢复且对社会公众的生态系统需求影响甚微。

本文认为，不涉及生态环境整体修复内容的损害，虽已发生，但适宜归属于日常性预防之中，成为国土空间生态治理关注的重点。原因有以下两个方面：一方面，虽然本区域的受损生态环境与生态功能被发现时已自行恢复，但是基于生态损害存在隐蔽性强、周期较长的特性，① 可能有些损害是当下未被及时发现的，此种情况应加大预防力度，其目的与应急预防类似，但预防措施介入的时间早于应急预防；另一方面，为避免再次遭受损害，也应成为日常预防关注的重点。比如，2013年，甘肃祁连山国家自然保护区被发现存在非法采矿活动，造成生态破坏，发现时已自然恢复，地方政府在重发展轻保护理念下未予以重视。2014年，国务院批准调整保护区划界后，该省国土资源厅仍然违法违规审批和延续在保护区内采矿权9宗、探矿权5宗。大规模无序采探矿活动，造成祁连山地表植被破坏、水土流失、地表塌陷等问题突出。② 质言之，相较于未曾遭到损害的生态系统，已遭受损害的生态区域，若未引起足够重视、预防不及时，更容易遭到再次损害。因此，有必要将不涉及生态环境整体修复内容的损害，纳入国土空间生态损害治理的范围，进行重点预防。

2. 生态环境的损害修复型

生态修复针对的对象是生态系统与功能未明显遭到损害，对社会公众的生态系统需求有影响，但影响的范围较小，生态整体较为完整的生态系统。在修复方案选择上，优先考虑采用自然恢复的方式。人力介入主要是从维护自然恢复秩序上着手，通过制度规范的建立，引导人们减少对该区域的干扰，减少外界介入的不稳定因素。③ 必要时，充分考虑周边存在利害关系的社会公众的合理需求，辅助自然恢复，在生物多样性（比如物种的人工繁殖）等方面着手，提高修复生态整体性的实效。

长期以来，我国的生态环境损害个案治理与修复和国家整体生态治理与修复存在重复与交叉。④ 就个案（包括生态环境损害赔偿诉讼案件、生态损害磋商案件、环境公益诉讼案件、责令改正案件等）而言，应首先通过鉴定评估后识别其严重程度，生态系统与功能未明显遭到损害的，可以与区域（或流域）国土空间生态治理与修复规划衔接，进行综合治理与修复，避免造成新的生态损害；⑤ 生态系统与功能明显遭到破坏

① 参见张梓太、李晨光《关于我国生态环境损害赔偿立法的几个问题》，《南京社会科学》2018年第3期。

② 参见王娅莉《祁连山等自然保护区生态破坏问题严重》，中国环境质量新闻网，https：//www.cqn.com.cn/pp/content/2017-04/13/content_ 4166297.htm，最后访问日期：2022年4月20日。

③ 参见曹宇、王嘉怡、李国煜《国土空间生态修复：概念思辨与理论认知》，《中国土地科学》2019年第7期。

④ 参见李果、王百田《区域生态修复的空间规划方法探讨》，《水土保持研究》2007年第6期。

⑤ 参见巩固《2015年中国环境民事公益诉讼的实证分析》，《法学》2016年第9期。

的，则需要根据严重程度，启动整体治理或系统重建的治理与修复方案。

3. 生态环境的整体治理型

生态整体治理因应的是因损害而轻度退化，对社会公众的生态系统需求影响较大范围较广的生态系统性损害。生态系统轻度退化主要指向的是生态损害导致的生态整体功能部分丧失，其判断标准可以参照环境保护部办公厅2014年印发的《环境损害鉴定评估推荐方法（第Ⅱ版）》《突发环境事件应急处置阶段环境损害评估推荐方法》确定，具体指标包括污染物在环境介质中的浓度、优势物种死亡率、生态群落结构以及休闲娱乐服务功能：污染物浓度水平较高，且预计1年内难以恢复至基线浓度水平；优势物种死亡率<50%；生态群落结构发生改变，预计需要1年以上的恢复时间；正常情况下旅游人数比同期或事件发生前减少50%~80%，且预计在1年内难以恢复的。对社会公众影响较大范围较广指向的主要是社会公众对生态系统需求偏好，在人数上或结果上的影响超过了省级行政区划范围，需要跨省级区域协同治理及修复的；但不包括对社会公众造成的人身伤害与财产损害。①

4. 生态环境的系统重建型

生态环境系统重建的对象是因自然或人为因素造成的生态整体的严重破坏，无法通过简单修复达到恢复功能，对社会公众的影响大、范围广，需要长期治理修复的生态系统。具体针对的生态损害类型是修复成本高、影响范围大的生态环境损害和现有技术无法实现修复的生态损害，其识别标准同样可参照环境保护部的评估方法确定。具体指标：污染物浓度水平较高，且预计较长时间难以恢复至基线浓度水平；优势物种死亡率≥50%；生态群落结构发生永久性改变；正常情况下旅游人数比同期或事件发生前减少80%以上，且预计较长时间难以恢复的。对社会公众影响大、范围广指向的主要是社会公众的需求偏好，在人数或结果影响超过了地区范围的，或者造成全国性影响的生态环境事件。

根据自然生态整体论与社会生态整体论的协同解释，国土空间生态整体治理与修复应根据损害发生前生态系统自然状况（生态系统与生态功能基线）②、治理修复时的社会公众的生态系统需求偏好（包括生态环境需求、生存发展需求、文化发展需求等）进行合理的规则设计。宏观上通过大型的国土空间治理与重构，微观上通过生态景观、生态走廊、生态边界等重构，实现国土空间生态的分级、分类、分区

① 社会公众因环境损害而遭受财产利益损失与人身利益损失不属于生态环境损害的范畴，不应该作为国土空间生态治理及修复规则调整的内容，可以通过环境侵权救济规则进行救济。

② 根据环境保护部办公厅2014年印发的《环境损害鉴定评估推荐方法（第Ⅱ版）》第4.9条规定，基线指污染环境或破坏生态行为未发生时，受影响区域内人体健康、财产和生态环境及其生态系统服务的状态。

重建。[①] 比如，《全国重要生态系统保护和修复重大工程总体规划（2021—2035 年）》针对青藏高原生态屏障区、黄河重点生态区（含黄土高原生态屏障）、长江重点生态区（含川滇生态屏障）、东北森林带、北方防沙带、南方丘陵山地带、海岸带区域实施重要生态系统保护和修复重大工程。

四　规则构建：国土空间生态治理与修复的规范表达

生态整体二元解释论对国土空间生态治理与修复的目标提出了根本要求：实现生态系统的整体性救济，包括两个需求层面，即生态系统本身的整体性需求以及社会对生态系统的偏好需求。因此，国土空间生态治理与修复的对象当然包括对上述两方面的损害。上文在此基础上，以损害结果由轻至重为标准，将上述损害治理与修复分为特殊预防、损害修复、整体治理与系统重建四种类型。实现二元解释论下的生态系统二元化“整体性”目标，还需要在上述类型化的基础上探究统筹治理与修复主体、四种类型的识别、社会公众对系统偏好需求的表达路径、治理与修复的方案选择与具体实施等问题，这是本部分讨论的重点问题。

（一）国土空间生态治理及修复的多元主体协同规则

学界对政府承担统筹生态环境治理与修复的义务来源虽存在争议，但对于上述结论是达成共识的。生态系统的整体性要求统筹主体能够实现“一体化”治理及修复。但是，政府组成机构与运行机制呈现的部门分权与科层分事样态，导致了部门利益优先、地方政府利益优先、九龙治水等问题，亟待建立协同机制，包括行政机关内部的协同、行政机关与市场主体的协同以及行政机关与司法机关的协同等，以求契合生态系统的“整体性”救济需求。

1. 明确不同级别跨区域的统筹治理与修复主体规则

一般情况下，从行政权配置上，科层制与分包制有助于事权的层层分配，各部门各地方可以在权责明确的情形下，完成中央政府交办的各项事务；地方之间通过行政边界区分，有效地界分了地区事权，避免出现重复管理与推诿扯皮问题。[②] 但实践证明，上述权力配置常出现“九龙治水”“部门利益优先”“争权夺利、推诿责任”等顽疾，难以有效实现生态治理与修复的一体化目标。相较于中央政府，自然资源部或生态环境部虽然作为监管者，行使自然资源与环境保护的行政监管职责，[③] 但是，两部门

---

① 参见曹宇、王嘉怡、李国煜《国土空间生态修复：概念思辨与理论认知》，《中国土地科学》2019 年第 7 期。

② 参见周黎安《行政发包制》，《社会》2014 年第 6 期。

③ 参见李兴宇、吴昭军《全民所有自然资源损害救济的权利基础与实现路径——以国家所有权的私权定位为逻辑起点》，《华中科技大学学报》（社会科学版）2021 年第 4 期。

在行政级别上不具有权力优势，无法应对地方政府在生态治理与修复中的挑战，比如基于地方经济利益懒政与滥政，庇护地方污染企业。同理，地方各级自然资源与环境保护部门也面临上述问题。实践中，甚至出现了下级政府与上级政府职能部门进行谈判的情形，上级政府为确保环境治理任务指标的完成，不得不与地方政府谈判妥协。[①]

根据国土空间生态损害治理及修复的四种类型，明确不同级别的跨区域统筹主体。（1）损害修复治理型，由涉案区域的市级政府协调组建专门的治理及修复协调委员会，负责全面统筹治理与修复工作；（2）整体治理型，由涉案区域的省级政府协调组建专门的治理及修复协调委员会，负责全面统筹治理与修复工作；（3）系统重建型，由国务院协调组建专门的治理及修复协调委员会，负责全面统筹治理与修复工作；（4）损害特殊预防型，按照原损害结果的严重程度，确定统筹主体，安排相关机构进行特殊预防。

2. 规范市场主体参与治理与修复规则

作为市场主体参与生态治理的重要方式，第三方治理能够在专业性与灵活性上发挥优势。第三方为主参与治理与修复主要针对的是可以修复的损害较轻的生态环境案件；对于需要生态整治与生态系统重建的损害，应以政府统筹为主，第三方可作为技术辅助主体，参与治理与修复。在实践中，因第三方治理不规范引发新的生态环境损害案件层出不穷，由此滋生第三方责任如何承担？比如，排污企业通过合同或委托经营等方式，由第三方进行污染治理后排放，因第三方原因导致生态环境损害的，排污企业是否担责？若因排污企业原因导致损害结果发生的，第三方是否担责？司法审判存在不同的处理意见。本文认为，最高人民法院指导性案例 130 号“重庆市人民政府、重庆两江志愿服务发展中心诉重庆藏金阁物业管理有限公司、重庆首旭环保科技有限公司生态环境损害赔偿、环境民事公益诉讼案”具有较大参考性，以“共同侵权”论虽增加了双方的审慎义务，但排污方与产权人事实上均应保证排污的合法合规性，否则应承担连带责任。

3. 明确与司法个案修复衔接规则

生态损害个案救济尤其是司法救济过程中，如何实现个案治理修复与区域生态整体协调成为亟须解决的问题。实践中，存在环境司法专门化执行模式、政府组织实施模式、第三方参与监督执行模式以及人民法院组织执行模式。本文认为，应考虑在国家关于执行权配置的既有法律规定基础上，调适司法个案和整体生态环境治理与修复

① 参见周雪光、练宏《政府内部上下级部门间谈判的一个分析模型——以环境政策实施为例》，《中国社会科学》2011 年第 5 期。

的关系。若司法个案中生态损害较轻，可以通过短期治理修复的，人民法院作为执行机关，政府作为联动执行主体，完成司法个案的执行；若司法个案造成的生态损害结果严重，需要生态环境整治，甚至生态系统重建的，由政府作为统筹治理与修复主体，人民法院作为执行机关全程监督，保证审判的执行。①

（二）公众参与生态治理及修复规则

如前所述，社会生态整体解释论认为，生态系统治理及修复的重点是满足全社会对生态系统的偏好需求。此种论述虽然过于极端，但反映出生态系统保护的终极目标是人类的永续生存与发展，而不是像自然生态整体解释论所称的恢复至没有“技术强人”生态足迹的“原始生态系统”状态与功能。因此，国土空间生态治理及修复应充分考虑社会公众的意见与社会偏好。公众参与生态治理及修复规则应明确回应以下三个问题：“谁来参与”、“参与什么”以及“怎么参与”。

1. 公众范围的界分规则

公众参与之“公众”的范围确定一直是困扰公众参与环境治理的症结。有学者将其分类为“有直接利害关系的公众”以及“无直接利害关系的公众”，其参与的权利内容也略有不同。前者主要是因生态损害而利益受损的相对人，后者主要是代表公众利益的社会组织。② 本文认为，在上述界分的基础上，可以根据前述生态损害治理与修复的四种类型，对有权参与的“公众范围”作进一步的明确界分：（1）对于损害较轻可直接实施的生态治理及修复，可严格控制为利益受损的相对人；（2）对于损害较重需要实施生态整治的，在该区域内的公众均应享有参与的权利，而不应限缩为利益受损的相对人；（3）对于损害严重需要实施生态系统重建的，公众范围应更为宽泛，不作过多限制，此时无直接利害关系的社会组织均有权申请参与治理及修复决策与实施过程；（4）对于损害特殊预防的，可参照原损害的结果确定，根据前三条确定公众参与的范围。

2. 公众参与的内容规则

公众参与的权利内容包括知情权、表达意见权、参与决策等基础性参与权以及获得救济等功能性参与请求权。③ 在国土空间生态治理及修复场域中，在基础性参与权层面，公众对损害的事实、范围、结果、修复方案及结果等全部享有知情权，对修复方案的制定、实施等享有表达意见的权利；在功能性参与请求权层面，公众有权对侵害

① 参见杨昌彪《反思与重构：生态环境损害诉讼的裁判执行机制探析》，《青海社会科学》2022年第1期。

② 参见徐以祥《公众参与权利的二元性区分——以环境行政公众参与法律规范为分析对象》，《中南大学学报》（社会科学版）2018年第2期。

③ 参见杨昌彪《公众参与环境行政决策制度的缺陷及其完善》，《湖南农业大学学报》（社会科学版）2016年第4期。

其知情权、表达权以及参与决策权请求法律救济。

3. 公众参与的程序规则

根据国土空间生态治理及修复类型的不同，公众参与的主体范围不同，其具体参与的内容也有所区别。在保证公众能够全过程参与治理及修复的原则下，具体的参与方式及程序可参照《环境影响评价公众参与办法》制定。

（三）国土空间生态环境损害类型识别规则

本文以损害结果为标准，将生态环境损害治理与修复分为四种不同类型：损害特殊预防、损害修复、整体治理及系统重建。四种类型的统筹治理主体不同、有权参与偏好表达的公众范围也有所区别。如何识别上述类型就成为国土空间生态治理与修复规则体系的重要内容。在确定了统筹治理与修复主体规则、公众参与规则后，有必要进一步探究识别生态损害的具体规则，以便准确界分生态损害治理及修复类型。

生态环境损害识别主要包括生态环境基线的确定、生态环境损害的确认、污染环境或破坏生态行为与生态环境损害间的因果关系判定、生态环境损害修复目标的确定、损害评估方法的选择等具体内容。其中，最为核心的内容是生态环境损害的确定，即损害结果及严重程度识别。目前是由鉴定机构出具鉴定报告，对生态环境损害进行确认，鉴定依据是环境保护部办公厅 2014 年印发的《环境损害鉴定评估推荐方法（第Ⅱ版）》。该方法第 6.4 条确认生态环境损害应满足以下条件之一：污染浓度超标且造成的影响在一年内难以恢复；物种死亡率增加，具有统计学意义；种群数量减少，具有统计学意义；生物物种组成发生变化；生物身体发生变形。

本文认为，未来生态环境损害的识别规则制定时可以参照本推荐办法及《突发环境事件应急处置阶段环境损害评估推荐方法》，但应对生态环境损害的识别作进一步的量化规定。（1）污染浓度超标且造成的影响超过 1 年难以恢复的；物种死亡率≥50%的；物种群落结构（生态结构）发生改变，需要 5 年以上恢复的；生态文旅功能旅游人数下降 80%以上的，可以被认定为生态功能永久丧失，属于严重的生态系统损害，根据上文的类型化分析，应从整体上对该区域进行生态系统重建。（2）污染浓度超标且造成的影响较长时间难以恢复，但不超过 1 年的；物种死亡率下降 10%~50%的；物种群落结构（生态结构）发生改变，需要 1~5 年恢复的；生态文旅功能旅游人数下降 50%~80%的，可以被认定为生态功能部分丧失，根据上文的类型化分析，应从整体上启动对该区域的生态环境整治而不是简单的生态环境修复。（3）污染浓度超标且造成的影响短时间难以恢复的；物种死亡率<10%的；物种群落结构（生态结构）发生改变，需要 1 年以内恢复的；生态文旅功能旅游人数下降<50%的，可以被认定为生态环境损害，

根据上文的类型化分析，应从整体上启动对该区域的生态环境修复。（4）未达到上述标准的，或者已自然恢复的，应着重从生态损害预防角度着手，进行重点预防。

（四）不同类型生态损害的治理及修复实施规则

1. 国土空间生态治理及修复方案的选择规则

统筹治理与修复委员会根据损害识别规则，确定受损的国土空间的损害程度，选择损害治理与修复的类型，根据类型选择适合的方案。实践中，生态治理及修复方案常因专业性与技术性而由专业的市场第三方提供，不同方案之间差异较大。治理与修复方案是国土空间生态治理及修复的核心内容，有必要对方案中的必备要素作出规范，同时对不同类型的生态环境损害与修复提出差异化要求。

首先，生态损害治理及修复方案应当共同具备的一般内容：自然生态系统现状情况；社会公众的需求偏好情况；治理与修复的目标任务；统筹治理主体与协同治理主体的职责；治理与修复时间与阶段性实施计划；采取的技术措施；验收与评估等。

其次，不同类型的损害治理及修复方案应具备的特殊内容：涉及跨行政区域的整体治理型与系统重建型，因其影响重大，在包含上述内容的同时，应重点在方案中明确以下内容：重大治理与修复项目的规划编制；重大治理与修复项目对周边相邻生态系统的影响；重点治理与修复任务的实施步骤以及其合理性；治理与修复的成本分析；治理与修复的资金来源与使用等。

需要特别说明的是，方案的制定与选择还应充分保障社会公众的生态系统需求偏好，实现生态理性的同时兼顾社会理性。比如，（1）公众健康、安全利益以及环境利益需求；（2）公众对方案以及修复后生态环境的认可与接受的最低限度。

2. 国土空间生态治理及修复实施的监管规则

政府的协同治理及修复委员会作为统筹主体，应对治理及修复方案制定与实施的全程进行监管，尤其是对其职能部门的分包任务的履行进行监督，对不积极协同参与的部门及其负责人依法追究责任；在存在司法个案的情形下，人民法院作为执行机构有权对政府等联动执行主体的协助行为进行监督，推动执行；此外，公众（包括社会组织）也有权对政府、损害行为人、第三方等进行监督。

3. 国土空间生态治理及修复的验收评估规则

国土空间生态治理及修复的评估规则应包括治理修复前期评估、方案实施过程中期评估、治理修复完成后的验收评估及定期的后评估四种。前期评估主要围绕生态损害的结果评估、基线水平的评估、治理与修复成本的评估、可行性评估以及公众的可接受程度评估；中期评估主要针对围绕实施的进度、实施的阶段性效果、实施的成本控制以及现有实施方案的外溢生态影响等展开评估，对偏离生态治理及修复方案的，及时予以调整和纠正；验收评估主要针对的是治理及修复结果、治理及修复的成本、治理及修复的外部影响等；后评估主要是为了保证生态治理及修复的长效作用，实现生态整体效益的长效性。

不同类型的治理与修复在验收评估要求上略有不同。针对损害特殊预防型，主要采用事后评估，评估的主要内容是生态损害扩大或再次发生的可能性及其影响。针对损害修复型，因损害结果较轻，整个评估的重点在前期评估与后期验收，通过首尾两端把关，确保治理与修复方案能够实现预期的修复目的。针对整体治理型与系统重建型，评估与验收的每个阶段均更为严格。尤其是特别需要注意中期评估，整体治理与系统重建的时间周期长、经济成本高、涉及范围广，因此及时发现问题并予以纠正，确保治理与修复的整体性目标能够完全实现。

Normative Structure of Ecological Governance and Restoration of National Territorial Space from the Perspective of Typification

Yang Changbiao

Abstract: From policy planning to legal expression, ecological governance and restoration of neotional territorial space is not only related to the standardization of governance and restoration work, but also conducive to the modernization of national governance capabilities. The key to realizing the "integrated governance and integrated restoration" of the nat ional terrvtortal space ecology lies in a comprehensive understanding and standardized expression of ecological holism rationality. The dual interpretation theory of ecological holism explains that the "holistic" protection of ecological holism includes two dimensions of protection, namely, natural preference of ecological environment elements and ecosystem function and social preference of public demand and social development. On the premise of normative expression, ecological environmental damage and its treatment and restore methods should be classified into four types: special prevention of ecological damage, damage restore, overall treatment and system reconstruction based on damage results. On this basis, a normative system has been established covering the coordination rules for multiple subjects of ecological governance and restoration, the rules for public participation in ecological governance and restoration, the identification rules for the types of ecological and environmental damage in national territorial space, and the implementation rules and regulations for the governance and restoration of different types of ecological damage.

Keywords: National Territorial Space; Ecological Governance and Restoration; Natural Ecological Holism; Social Ecological Holism; Typification

农村“三变”改革对耕地保护的挑战及制度构造*

肖顺武　张黎明**

摘　要：农村“资源变资产、资金变股金、农民变股东”（简称“三变”改革）作为农村集体产权制度改革的一种典型模式，在长期内对耕地保护确有助益，但不能否认短期内两者间存在张力的现实。从类型化的角度看，永久基本农田“非粮化”、过度使用耕地资源以及超标准建设农业设施是“三变”改革进程中有关耕地保护的三类典型问题。结合“三变”改革的实践历程，如何在“三变”改革进程中更好地保护耕地，可从明确土地经营权用益物权的法律性质、加快推进集体产权制度改革中的标准化建设以及赋予土地督察机构部分执法权三个维度切入，以达至盘活集体资产、发展农村经济和保护耕地三者之间的均衡协调。

关键词：“三变”改革；耕地保护；粮食安全；集体产权制度

一　问题的提出

耕地保护是强化现代农业基础支撑的重要内容，关系着国家安全，也维系着国民经济持续与稳定发展，历来为我国政府所重视。早在2008年，国务院发布的《全国土地利用总体规划纲要（2006—2020年）》就提出要“围绕守住18亿亩耕地红线，严格控制耕地流失，加大补充耕地力度，加强基本农田建设和保护，强化耕地质量建设”。在《中华人民共和国国民经济和社会发展第十四个五年规划和2035年远景目标纲要》（以下简称“十四五”规划）以及《中共中央、国务院关于做好2022年全面推进乡村振兴重点工作的意见》（以下简称2022年“中央一号文件”）中同样提出要“坚持最严格的耕地保护制度，强化耕地数量保护和质量提升，严守18亿亩耕地红线”，要“落实‘长牙齿’的耕地保护硬措施”，“按照耕地和永久基本农田、生态保护红线、城镇开发边界的顺序，统筹划定落实三条控制线”。然而，耕地保护是一个重要方面，农业农村发展也是一个重要方面。集体产权制度改革即为农村集体经济运行

*　本文是重庆市社会科学规划重点项目“重庆市农村‘三变’改革的风险控制与制度构造”（2018ZD15）的阶段性成果。

**　肖顺武，法学博士，西南政法大学经济法学院教授，博士研究生导师，重庆市首批人文社科重点研究基地中国农村经济法制创新研究中心主任，研究方向为农业农村法治；张黎明，西南政法大学经济法学院博士研究生，中国农村经济法制创新研究中心副研究员，研究方向为农业农村法治。

机制的重大创新，是农村集体所有制的有效实现形式。“三变”改革作为此类改革的一种典型模式，已多次得到中央肯认并在全国推广。根据《中共六盘水市委、六盘水市人民政府关于资源变资产、资金变股金、农民变股东的指导意见》（六盘水党发〔2015〕32号）的说法，所谓“三变”即“资源变资产、资金变股金、农民变股东”。[①] 总体而言，“三变”改革对耕地保护具有积极意义，特别是从长远的角度看，“三变”改革对于耕地保护具有全局性价值。但在某些特定的情形下，“三变”改革和耕地保护之间存在张力也是客观的，特别是在“三变”改革过程中，出现了一些因前期建设需要而改变耕地用途、侵占甚至是永久性破坏耕地和永久基本农田的现象，不可不察。针对这些现象，如何从制度建设的角度进行回应显得十分必要。

二 “三变”改革中耕地保护面临的挑战

（一）永久基本农田“非粮化”问题

永久基本农田“非粮化”是“三变”改革中一个较为普遍的问题。因为“农业本身就是一个低利润的行业，是一个社会效益高而经济效益低的行业”，[②] 粮食种植更是如此，在现代市场经济中处于产业链的底端。从经济人的角度出发，农民倾向于种植经济效益更高的其他作物。“三变”改革为农民创造了这样的机会，特别是通过“资金”变“股金”，建立各类合作社并发展现代农业，这其中所种植的作物大部分是经济作物。进而，将原本种植水稻、玉米等粮食作物的耕地改种其他经济作物成为改革的嚆矢，粮食作物与经济作物播种面积间的此消彼长甚至成为改革突出的业绩之一，具体如表1所见。

表1 部分地区“三变”改革前后粮食作物和经济作物种植面积比例变化

序号	地区	粮经比例变化	
		“三变”改革前	“三变”改革后
1	贵州省六盘水市	51：49	36：64
2	重庆市丰都县三建乡	9：1	2：8
3	重庆市奉节县平安乡文昌村	7：3	2：8
4	重庆市石柱县中益乡	9：1	1：9

资料来源：中共六盘水市委、六盘水市人民政府主编《六盘水“三变”改革：中国农村改革的新路探索》，人民出版社，2016，第238页；周凯：《“三变改革”让重庆深度贫困乡蜕变》，《经济参考报》2020年12月15日，第6版；汤艳娟：《“三变”改革激活农村人地钱：奉节县平安乡文昌村农户走上脱贫致富路》，《重庆日报》2020年4月6日，第4版；龙丹梅：《从9：1到1：9——石柱中益乡产业结构深度调整背后的故事》，《重庆日报》2018年8月13日，第1版。

---

① “三变”改革起源于贵州省六盘水市农村集体产权制度改革的地方实践，此后2017~2019年连续三年，“中央一号文件”接连提出要鼓励开展“三变”改革、推动“三变”改革、总结推广“三变”改革经验，最终确立了这样一种集体产权制度改革的典型模式。有关六盘水市“三变”改革实践的具体情况可参见中共六盘水市委、六盘水市人民政府主编《六盘水“三变”改革：中国农村改革的新路探索》，人民出版社，2016。

② 卢代富、肖顺武：《中国粮食安全法律制度研究》，法律出版社，2012，第64页。

从表1可以直观地看出，在“三变”改革地区，粮食作物和经济作物种植面积比例在改革前后的升降变化相当明显。事实上，这种种植结构的调整部分消解了耕地特别是永久基本农田保障国家粮食安全的功能。如果“农业最重要的功能，是作为整个人类经济社会供应粮食的主要源泉”，[①] 那么，耕地保护制度的首要目标就在于保障我国的粮食安全。但是，随着粮经比例的调整，耕地这一基础性功能正被逐步侵蚀。在六盘水市水城县的万亩猕猴桃基地，当地许多农户将自己的承包地出租给贵州润永恒农业发展有限公司种植猕猴桃，[②] 在其他一些“三变”改革的地区也不乏大面积种植刺梨、草莓、蓝莓等经济作物的实践。甚至在这些集中流转的土地中，有部分原本是用来种植水稻、玉米等粮食作物的永久基本农田，而通过“三变”改革，大面积改种高收益的经济类作物，这在一定程度上和我国的土地用途管制制度以及永久基本农田保护制度相冲突。

诚然，通过“三变”改革，进行产业结构的优化调整原本无可非议，甚至可以说是乡村产业振兴的重要内容，但在这样一种调整之下，粮食作物的播种面积减少了，粮食总产量也会受到较大影响，特别是涉及利用永久基本农田种植经济作物。在“三变”改革的试点阶段，这种变化的影响自是有限。然而，随着乡村振兴的全面推进，“三变”改革及其他集体产权制度改革实践的全面铺开，以经济作物代替粮食作物的种植有可能会成为改革中的一种普遍趋势。从目前的形势来看，我国人口总量不会发生较大变化，因此，我国对于粮食的总需求在相当长的一段时期内也不会有太大变化。从法律规范的角度而言，如何通过制度的设计预防“三变”改革中耕地“非粮化”风险，确保谷物基本自给、口粮绝对安全就是必须考虑的一个问题。

（二）过度使用耕地资源问题

“耕地保护需要注重‘量’的限定，但更要注重‘质’的保证。”[③] 然而，在“三变”改革中，普遍存在过度使用耕地的情况，导致我国原本质量就不容乐观的耕地，[④] 面临着土壤肥力进一步下降的风险。具体来说，在“三变”改革模式中，通过“资源”变“资产”、“资金”变“股金”等改造，配合承包地“三权”分置改革，试点地区的大部分土地被流转给涉农企业。并且，这些企业大部分是在政府主导下从外部引

---

① 张培刚：《农业与工业化》，商务印书馆，2019，第86页。

② 参见罗凌、崔云霞《再造与重构：贵州六盘水“三变”改革研究》，《贵州社会科学》2016年第12期。

③ 肖顺武：《基于土地当量的耕地保护倾斜性金融支持机制》，《西北农林科技大学学报》（社会科学版）2018年第1期。

④ 根据农业农村部《2019年全国耕地质量等级情况公报》（农业农村部公报〔2020〕1号）公布的数据，2019年我国耕地平均等级为4.76等（全国耕地按质量等级由高到低依次划分为一至十等），一至三等耕地的占比仅为31.24%。参见农业农村部《2019年全国耕地质量等级情况公报》，《中华人民共和国农业农村部公报》2020年第4期。

入，或至少是利用了社会资金。鉴于资本天然的逐利性，加之目前土地经营权本身的性质尚不十分明了，[①] 涉农企业对耕地的可持续利用动力不足，也难以期望其完全按照耕地保护制度的相关规定来使用耕地。有学者通过实证研究指出，地权稳定性和农地转入主体实施耕地保护行为之间具有密切联系，稳定的农地产权能有效促进农地流转过程中农户实施耕地保护行为，[②] 反之，则容易发生过度使用、不当使用农业生产资源的现象。也就是说，在涉农企业对耕地的控制力较弱且其对耕地所享有的权利不够稳定的情况下，其理性的选择便是在尽可能短的时间内充分实现耕地的经济效益。这很可能使得某些涉农企业为了农作物的增产增收而过度施用农药化肥、过度消耗地力，又或者为了降低生产成本而引入污水灌溉，最终造成土壤的板结、盐渍化以及土壤的生物污染，等等。

从现实角度考察，这种过度使用又有其客观必然性。以贵州省六盘水市六枝特区郎岱镇的猕猴桃种植为例，[③] 在猕猴桃种植的头三年，猕猴桃不挂果，没有收益，但企业同样需要按照每年每亩600元支付农民保底分红，同时还要支付田间苗木的管理费以及雇佣农民的费用。等猕猴桃成熟有了收益，涉农企业则需要将纯利润的10%作为农民土地入股的分红，有些地方甚至是既有土地租金又有分红。[④] 这事实上会加重企业负担，特别是在没有产出的前2~3年，而中小企业的发展一般也需要3~5年，[⑤] 因此，前2~3年恰恰是中小企业发展的关键期、瓶颈期。鉴于此，一般说来，涉农企业不可能在产生收益之前即筹划合理适度利用耕地，抑或轮作休耕、养护耕地，因此，“短平快”就成为涉农企业几乎唯一的选择。

（三）超标准建设农业设施导致耕地占用问题

农业设施过度占用耕地同样是农村“三变”改革耕地保护中的一个突出问题。现代农业的发展离不开完善的农业基础设施，“三变”改革中一些田园综合体的建设更是如此。在一定范围内，这些农业基础设施的建设能够很好地改善耕种条件并提升农作

---

① 关于土地经营权的性质，学界目前存在一定分歧，大致来说分为“债权说”和“用益物权说”两类，关于两种观点的分歧可参见宋志红《三权分置下农地流转权利体系重构研究》，《中国法学》2018年第4期；高飞《土地承包权与土地经营权分设的法律反思及立法回应——兼评〈农村土地承包法修正案（草案）〉》，《法商研究》2018年第3期。

② 参见李成龙、周宏《农户会关心租来的土地吗？——农地流转与耕地保护行为研究》，《农村经济》2020年第6期。

③ 参见中共六盘水市委、六盘水市人民政府主编《六盘水“三变”改革：中国农村改革的新路探索》，人民出版社，2016，第11~12页。

④ 参见刘守英《新一轮农村改革样本：黔省三地例证》，《改革》2017年第8期。

⑤ 参见肖顺武《刍议中小企业融资难的原因及法律对策》，《西南政法大学学报》2010年第3期。

物产量。[①] 但是，现实中很容易建设一些不必要的农业基础设施而导致耕地被侵占，其中最典型的就是超标准进行农业基础设施建设。虽然我国目前对农田基础设施的占地率没有作统一强制性规定，但是在《全国高标准农田建设规划（2021—2030 年）》中规定了“田间基础设施占地率一般不超过 8%”。另外，我国针对高标准农田建设也制定了统一的标准，比如《高标准农田建设通则》（GB / T30600）、《高标准农田建设评价规范》（GB / T33130）等。在“三变”改革中，在政策与资金的支持下，在农村道路、农田水利设施、电力设施等建设方面，容易将建设的标准拔高、强度加大，乃至突破相关规定的界限。以道路建设为例，在贵州省水城县的“三变”实践中，为发展现代特色农业，当地的农业公司将猕猴桃基地的田间道路硬化；[②] 在重庆“三变”改革试点地区，其重点推广“三变+N”的模式，[③] 这种模式下，同样也需要进行大范围的土地整治与基础设施建设。在目前农业观光旅游产业蓬勃发展的情况下，不可避免地要新增乡村道路或对原有道路进行改扩建。[④] 不论是对田间道路的硬化还是新增或者改扩建农村道路，都涉及改变耕地用途问题。然而耕地的占用有着严格的审批程序，尤其是永久基本农田的占用，更是需要经过国务院批准。[⑤] 在无法通过正常程序改变耕地用途的情况下，超标准的农村道路建设就可能存在违法侵占耕地的情形。

三 “三变”改革与耕地保护之间存在张力的原因解析

总体而言，农村“三变”改革与更好保护耕地的目标是一致的，特别是从长期的角度看，“三变”改革对耕地保护具有非常积极的作用和价值。但是短期内，在某些特定的情况下，“三变”改革和耕地保护之间会存在张力。从更好保护耕地的角度出发，挖掘这种张力背后的原因，寻求因应之策就显得非常重要。择要言之，“三变”改革与耕地保护之间存在张力的原因包括如下几个方面。

（一）土地经营权的用益物权属性不明晰

中共中央办公厅、国务院办公厅《关于完善农村土地所有权承包权经营权分置办

① 以水利灌溉为例，根据有关部门的调查，我国耕地中，只有 10 亿亩耕地得到了有效灌溉，而这 10 亿亩耕地的亩产量比没有排灌系统的耕地要高出一倍，由此可见排灌工程对于提高土地生产能力的重要性。参见杨合庆主编《中华人民共和国土地管理法释义》，法律出版社，2020，第 66~67 页。

② 参见中共六盘水市委、六盘水市人民政府主编《六盘水“三变”改革：中国农村改革的新路探索》，人民出版社，2016，第 18、237 页。

③ 所谓“‘三变’+N”模式，也即以“三变”改革为依托，结合当地的特色和优势发展经济。如“三变+特色产业”“三变+集体经济”“三变+脱贫攻坚”等。

④ 据报道，在重庆丰都县三建乡“三变”改革的过程中，市人大常委会办公厅扶贫集团协调财政资金投入 1500 万元，修建产业路 15 公里、作业便道 34 公里。毫无疑问，道路的修筑将在很大程度上助力乡镇的发展，但同样不可忽视的是，这种修筑可能占用部分耕地。相关报道参见颜若雯《“三变”改革改变了三建乡》，《重庆日报》2020 年 5 月 1 日，第 5 版。

⑤ 参见《中华人民共和国土地管理法》第 35、37、44、46 条。

法的意见》规定，对承包地中的“三权”分别需要“落实集体所有权，稳定农户承包权，放活土地经营权”。可见，就承包地经营权而言，其重点在于“放活”二字，而要放活土地经营权，其中一项重要工作就是在保证集体所有权和农户承包权的情况下尽可能丰富土地经营权的权能，或者说提升土地经营权人对土地的控制权。一般而言，相较于债权，用益物权能够更好地实现这一目的，“将土地经营权界定为物权是基于‘三权分置’改革目标和重大制度创新定位的不二选择”。[①]“物权性质的土地经营权，对于土地经营者具有期限更长、可以针对第三人主张权利、可以方便流转以至于设置抵押等法律制度上的优点。”[②] 因此，将此种改革的目标迁移到制度之内，用益物权性质的土地经营权或更为合适。

尽管2018年《中华人民共和国农村土地承包法》（以下简称《农村土地承包法》）的修改正式确立了承包地“三权分置”的改革成果，土地经营权被单独作为一项权利，且《中华人民共和国民法典》（以下简称《民法典》）的颁布又在很大程度上推动了土地经营权的物权化，[③] 但目前土地经营权的用益物权性质仍不够明晰。事实上，土地经营权究竟是一种新兴的用益物权还是一种债权，学界历来存在一定的争议。[④]（1）土地经营权在《民法典》物权编中并没有像其他用益物权一样被单列，而是置于土地承包经营权之下。相较而言，同样是本次《民法典》编纂新增的用益物权种类，居住权却单独成章。（2）从《民法典》中有关土地经营权的法律规范来看，其更多是对承包地“三权分置”改革成果的一种法律上的确认，也即将土地经营权规定于土地承包经营权章节之中更多的是因为土地承包经营权和土地经营权之间具有内在联系，较少考虑到要将土地经营权构造成一项独立的用益物权。（3）从制度构造的完备程度来看，土地经营权在制度构造上依然存在一定模糊性。例如，“对土地经营权移

① 宋志红：《三权分置下农地流转权利体系重构研究》，《中国法学》2018年第4期。

② 孙宪忠：《推进农地三权分置经营模式的立法研究》，《中国社会科学》2016年第7期。

③ 目前，认为土地经营权属于用益物权的重要依据之一即有关土地经营权的法律规范已被纳入《民法典》物权编，《民法典》第339~342条就土地经营权的流转、设立、登记以及权利内容等作出了规定。学界也多认为土地经营权的用益物权属性就此确立。具体可参见蔡立东《从“权能分离”到“权利行使”》，《中国社会科学》2021年第4期；陈小君、肖楚钢《农村土地经营权的法律性质及其客体之辨——兼评〈民法典〉物权编的土地经营权规则》，《中州学刊》2020年第12期。

④ 对于土地经营权性质的争议并没有随着《民法典》的颁布而停业。在《民法典》颁布之前，对土地经营权的性质就一直有“债权本质说”“债物二元说”“用益物权说”等多种观点。在《民法典》颁布之后，仍有学者主张土地经营权债权说。关于《民法典》颁布之前土地经营权诸学说的总汇，可参见陈小君、肖楚钢《农村土地经营权的法律性质及其客体之辨——兼评〈民法典〉物权编的土地经营权规则》，《中州学刊》2020年第12期。关于《民法典》颁布之后土地经营权性质的探讨可参见滕佳一《论土地经营权融资担保的性质与实现》，载刘云生主编《中国不动产法研究（2021年第1辑·总第23辑）：农村集体产权制度改革》，社会科学文献出版社，2021，第244~247页；丁关良《土地经营权法律制度存在的疑难问题和解构设想》，《法治研究》2021年第5期。

转、登记公示规则的规定依然模糊不清”,[①]《民法典》第 341 条及《农村土地承包法》第 41 条以 5 年为节点对土地经营权的设立和登记设定不同的规则并无充分的理由且会导致多种理解,[②] 等等。

进言之，土地经营权用益物权性质不明晰会在很大程度上影响“三变”改革中对耕地的保护，这主要表现为以下几个方面。（1）对土地的投入更少。在土地经营权是债权性质的权利之时，其效力和稳定性较弱,[③] 不利于排除他人对此土地的权利。[④] 在此情形下，土地经营权人会选择减少对土地的投入，这又表现为两个方面：一方面是减少为保护耕地土壤质量而进行的直接性投入，包括为改良土壤质量、提升土地肥力的投入等；另一方面是减少间接性的投入，如沟渠等排灌系统的建设、疏通，相关水利设施的建设等方面的投入。总之，随着土地投入的减少，耕地利用即偏离了正常状态，耕地保护也随之弱化。（2）过度乃至破坏性利用土地。实证研究发现，农地产权稳定性和农户对农地长期投资行为密切相关，产权越稳定，农户越倾向于对农地作长期投资,[⑤] 反之，农户则可能注重即期收益的获得。由于土地经营权目前并不能确切无疑地被认为是一种用益物权，5 年以下的土地流转有可能被认为是债权，而土地经营权人基于租赁关系不稳定的风险考虑，往往注重短期效益而忽视对耕地的长期投资。[⑥] 这在“三变”改革中就具化为不注重对耕作层土壤的保护，为种植经济作物而对耕作层土壤进行破坏性改造，乃至导致其不再适合种植粮食作物。（3）加大高标准农田的建设难度。在我国农地普遍细碎化的现状下，高标准农田建设的一道重要程序即土地整

---

① 陈小君、肖楚钢：《农村土地经营权的法律性质及其客体之辨——兼评〈民法典〉物权编的土地经营权规则》，《中州学刊》2020 年第 12 期。

② 根据全国人大常委会法制工作委员会的解释，之所以以 5 年为节点确立不同的规则，是因为不同类型的土地经营权人对土地经营权的需求存在差异：有的农业活动投入大，获益期限较长；而有的农业活动可一年一收，短期获得土地经营权能够为其接受，因此就产生了对土地经营权稳定性的不同需求。但是，这样一种规定容易让人产生疑惑。因为不同类型的土地经营权人对土地经营权的需求存在差异并不能构成以 5 年为限设定此种规则的理由。即便土地经营权的期限在 5 年以下，也不妨碍土地经营权人对土地经营权加以登记并获得对抗第三人的法律效果，同时也没有充分的理由表明 5 年以下的土地经营权人没有进行登记的需求。并且，以 5 年为节点设定不同的规则似乎人为地将土地经营权分为了两种：5 年以下因为没有规定登记就是债权，5 年以上可以登记即为用益物权。这造成了原本统一的土地经营权因存续时间的长短不同而在法律上被区别对待。如有学者提出“不满 5 年的土地经营权不应也不能向登记机构申请登记。如此，该土地经营权是有债权效力还是有物权属性，不免让人产生疑问”。前述相关观点可参见黄薇主编《中华人民共和国农村土地承包法释义》，法律出版社，2019，第 179 页；房绍坤、林广会《土地经营权的权利属性探析——兼评新修订〈农村土地承包法〉的相关规定》，《中州学刊》2019 年第 3 期。

③ 参见陈小君《我国涉农民事权利入民法典物权编之思考》，《广东社会科学》2018 年第 1 期。

④ 参见宋志红《三权分置下农地流转权利体系重构研究》，《中国法学》2018 年第 4 期。

⑤ 参见高叙文、方师乐、史新杰等《农地产权稳定性与农地生产率——基于新一轮农地确权的研究》，《中国农村经济》2021 年第 10 期。

⑥ 参见蔡立东、姜楠《承包权与经营权分置的法构造》，《法学研究》2015 年第 3 期。

理。通过土地整理能够提高耕地质量，增加有效耕地面积。[①] 但是，当土地经营权用益物权权属不明晰时，土地经营权人即倾向于限制土地流转规模，乃至频繁进行再流转。这一方面不利于细碎耕地的整合，另一方面，再流转等现象的增多也使得耕地上的权利关系更为复杂。这些现象所导向的结果之一即为土地整理的难度加大、成本增加，进而在相当程度上阻碍了高标准农田的建设，不利于耕地质量的提高。

（二）耕地用途管制和农村经济发展之间的协调机制缺乏

随着《中华人民共和国土地管理法》（以下简称《土地管理法》）、《中华人民共和国土地管理法实施条例》以及《农村土地承包法》的相继修订，耕地用途管制制度被更为严格地执行。例如，在 2020 年，国务院相继出台了《国务院办公厅关于坚决制止耕地“非农化”行为的通知》（国办发明电〔2020〕24 号）、《国务院办公厅关于防止耕地“非粮化”稳定粮食生产的意见》（国办发〔2020〕44 号）等文件。耕地用途管制的指导思想首先是保障粮食绝对安全，[②] 然而，过于严格的耕地用途管制制度和农村经济发展特别是乡村振兴在短期内有可能存在张力。根据《土地管理法》第 33 条的规定，永久基本农田应当占到本行政区域内耕地的 80%以上，这意味着该区域 80%以上的耕地需要重点种植粮食作物。此外，《土地管理法》第 37 条明确规定禁止利用永久基本农田发展林果业以及挖塘养鱼，对于非基本农田，根据 2022 年“中央一号文件”所提出的“严格落实耕地利用优先序”的要求，也提倡主要用于粮食作物的种植。

在目前的情况下，农民想单纯依靠种植粮食作物来实现收入的大幅增长不太现实，地方政府也不太可能通过进行大面积的粮食种植来实现乡村振兴。实际上，乡村振兴的首要目标——产业兴旺，在相当程度上需要以多元化的农业产业为基础，农户除了种植自己所需要的口粮外，其余的耕地可能要被用于种植经济价值更高的作物。从实践情况来看，在“三变”改革的起源地贵州六盘水地区，其改革的典型案例，在农业种植方面，都是通过种植刺梨、猕猴桃等特色经济作物实现产业的综合发展，这意味着有更多的耕地将被用于“非粮化”的农业生产。因此，在耕地用途管制和农村经济发展之间客观存在内在张力。然而，这并不是说不应当进行耕地用途的管制或者说不应当发展农村经济，实际上，就当前农村发展而言，不论是耕地用途的管制还是农村经济的发展，都是乡村振兴战略实施的内在要求。而这其中的关键就在于如何在此两者之间建立一种协调机制，在遵循耕地用途管制的前提下，又促进产业兴旺。

从实践来看，我国在此方面的制度设计还有较大的提升空间。（1）我国粮食主产

---

① 参见高富平主编《土地法学》，高等教育出版社，2016，第 364 页。

② 参见杨智慧、路欣怡、孔祥斌等《中国耕地刚性管制与弹性调控框架构建》，《中国土地科学》2021 年第 6 期。

区利益补偿机制有待进一步落实。长期以来，我国仅仅是划定某一区域为粮食主产区，并层层设定一系列的粮食生产任务，这种划定对于粮食主产区所在区域而言无疑是失去了相当多的经济发展机会，但相应的利益补偿机制不够健全。事实上，粮食主产区的利益补偿机制在补偿主体、补偿渠道以及补偿方式上均需要进一步完善，[①] 不论是法律还是政策，对粮食主产区的利益补偿机制均停留在口号倡导层面，缺乏具体操作规则，[②] 或者说“我国粮食安全的维持是建立在粮食主产区和粮食主销区利益失衡的基础上的”。[③] 这一利益补偿机制的落空成为农村违背耕地用途管制制度进行“非粮化”种植或者非农建设的重要因素。（2）非法侵占耕地和农业设施用地之间缺乏明确的标准。正如在耕地保护目标和城市化扩张之间不可避免地存在张力一样，[④] 在全面推进乡村振兴的背景下，农业设施建设和耕地保护之间也同样存在紧张关系。虽然法律就耕地用途特别是永久基本农田的保护进行了严格规定，但农业生产也需要依托一定的基础设施，其间就涉及区分必要的农业设施用地和非法侵占耕地行为的问题，这在“三变”改革的农业发展模式中显得更为重要。因为这一过程伴随着现代化农业生产经营模式的推广与普及，也意味着需要在耕地上进行更多的基础设施建设。为适应观光农业的发展需求，可能需要在田间修筑更多的道路，又或者需要修建更多的农田水利设施，[⑤] 等等。但是，这些设施占用耕地面积的比例缺乏统一的标准，造成实践中对农业设施用地和违法占用耕地之间在判断识别上存在相当的主观性，也给了大量违法占用耕地行为以可乘之机。（3）缺乏对因非粮作物的种植导致种粮耕地减少的耕地补偿制度。我国目前的耕地补偿制度仅针对非农建设的占用补偿，而之所以要实行耕地占补平衡，一个重要目标即保障粮食安全。在“三变”改革中，大量的耕地虽然没有被直接用于非农建设，却不再种植粮食作物，甚至部分经过改造的耕地也不再适合种植粮食作物，

---

① 参见赵惠敏《新时期粮食主产区利益补偿机制研究》，《社会科学战线》2021年第12期。

② 根据相关学者的研究统计，我国目前只有《中华人民共和国农业法》《中华人民共和国农业技术推广法》《中华人民共和国农业机械化促进法》《粮食流通管理条例》等法律法规对粮食主产区利益补偿机制进行了概括性规定，其他则为政策性规定。这些规定无法有效解决利益补偿监管体制不协调、权责不一致与激励补偿制度不完善等问题。例如，作为农业生产的基础性法律《中华人民共和国农业法》第32条规定“国家在政策、资金、技术等方面对粮食主产区给予重点扶持……国家支持粮食主产区与主销区建立稳定的购销合作关系”，《乡村振兴战略规划（2018—2022年）》中提出“完善粮食主产区利益补偿机制”。参见李蕊、王园鑫《粮食安全视阈下高标准农田建设的法律困境及出路》，载刘云生主编《中国不动产法研究（2021年第1辑·总第23辑）：农村集体产权制度改革》，社会科学文献出版社，2021，第215页。

③ 肖顺武：《我国粮食主产区与主销区的法律构造——以金融协同支持机制为进路》，载岳彩申、盛学军主编《经济法论坛》（第21卷），法律出版社，2018，第228页。

④ 参见曹泮天《宅基地使用权流转法律问题研究》，法律出版社，2012，第49页。

⑤ 就目前公布的数据来看，《全国土地整治规划（2016—2020年）》（国土资发〔2017〕2号）显示，仅“十二五”期间，我国就建成田间道路886.8万公里，修建排灌沟渠867.4万公里。这些农业基础设施的修建大多占用了原本的耕地。若田间道路和排灌沟渠宽度按0.5米计算，那么占用的耕地面积约为1300万余亩，由此可见，农田基础设施建设所占用的耕地面积不容忽视。

此时不对“非粮化”的耕地加以补充或者采取其他措施保证粮食产量，很可能会引发“三变”改革过程中“非粮化”生产和国家粮食安全保障之间的张力。

（三）土地督察机构执法权的缺失

作为一项重要的行政督察制度，土地督察制度是中央为规范和约束地方政府土地利用与管理的权力并保证国家土地政策有效实施的一项重要制度。[①] 根据《国务院办公厅关于建立国家土地督察制度有关问题的通知》（国办发〔2006〕50号，以下简称《建立土地督察制度通知》）的规定，国家土地总督察办公室（现为国家自然资源总督察办公室）的主要职责包括拟定相关制度、协调驻派工作、指导和监督国家自然资源督察局的工作、协助自然资源部门的考核工作、负责有关信息的反馈等。这些职责实际上都不包含实质性查处案件的权力，或者说土地督察制度一个显著的特点在于土地督察机构一般不享有对案件的具体查办权，[②] 而这一特点在相当程度上阻碍了土地督察制度实际效用的发挥。就此而言，土地督察制度仍有待完善。以科学合理的价值目标为指引，结合实际完善此制度，以及时发现土地违法行为，[③] 其中的关键或在于配置制止性行政强制措施、预防性行政强制措施等，保障土地督察机构正常行使权力。[④]

就“三变”改革而言，即便土地督察机构发现了违法占用耕地的情况，在没有实际执法权的情况下，其至多只能建议地方政府或者其相关部门加以处理。然“三变”改革在某种意义上又是地方政府乡村工作的重点，是巩固脱贫成果并实现乡村振兴的重要一步，因此地方政府对“三变”改革的试点地区，在耕地保护政策的执行上，有可能从宽，一些违法占用耕地行为可能难以被纠正。甚至“在土地的督察过程中，省级政府、地方检查组又存在与下级地方政府‘合谋’的倾向，对于督察过程中发现的违法用地行为，进行淡化处理”，[⑤] 土地督察机构的建议权在地方政府以经济增长为目标的情况下难以发挥实际效用。[⑥] 在现行土地督察制度下，名义上属于中央垂直管理的土地督察机构在日常运作中实际上服膺于地方政府的权威，“督察部门在中央统辖权与地方治理权之间发生张力时，难以充分发挥中央委托其行使的监督检查权，并及时准

① 参见高富平主编《土地法学》，高等教育出版社，2016，第396~397页。

② 参见陈阳《论我国土地督察制度良善化进路——以中央与地方关系为视角》，《东方法学》2017年第2期。

③ 参见杨青贵《集体土地所有权实现法律机制研究》，法律出版社，2016，第210页。

④ 参见高富平主编《土地法学》，高等教育出版社，2016，第400页。

⑤ 蔡继明、李蒙蒙：《土地管理困境：委托—代理的视角》，《农业经济问题》2022年第2期。

⑥ 尽管有研究表明土地督察驻地效应明显，也即自然资源督察局驻地地区的土地违法涉案面积比非驻地地区的要少，但这恰好也反映出土地督察制度本身的缺陷，即在非驻地地区，土地督察机构的影响力有限，难以发挥其督察作用。具体可参见陈晓红、朱蕾、汪阳洁《驻地效应——来自国家土地督察的经验证据》，《经济学》（季刊）2019年第1期。

确向中央反馈地方土地指标执行现状”。① 在某种程度上，地方的土地督察机构已被纳入地方政府麾下，蜕化为地方政府的一种内部监督方式。

四 “三变”改革中耕地保护的制度构造路径

“三变”改革是农村改革中的重要一环，其重点与核心仍在于“变”，也就是要对现今的土地利用状况、制度安排作出相应的调整，但“变”亦有其限度，有其不能突破的底线，这就是粮食安全。在“三变”改革耕地保护的制度构造中，需要以“变”（产权制度改革）为核心，以耕地保护为底线，在法律与政策约束下实现渐进式的变革与发展。

（一）明确土地经营权用益物权的性质

如前述，土地经营权用益物权性质的不明晰会带来土地投入减少、土地的破坏性利用以及高标准农田建设难度加大等问题。而在制度层面进一步推进土地经营权的用益物权化能够较好地解决这一问题。

1. 统一土地经营权的登记规则

就“三变”改革耕地保护而言，土地经营权统一登记规则的建立具有重要意义。（1）促使土地经营权人转向更可持续的土地利用方式。在统一登记规则建立后，土地经营权人对土地的控制力增强，其经营目标逐渐转向长期收益。与此相对应，土地经营权人对土地的投入也可能逐步加大，且基于长期稳定预期，其不会因急于收回成本和获取利益而过度使用耕地，甚至轮作、休耕等在某种条件下也成为可能。（2）促进土地的整理开发。通过统一登记规则的建立明确土地经营权的用益物权属性后，土地经营权人即可能基于归属和收益的稳定而进一步扩大流转的规模，并更有可能通过土地的开发整理扩大实际可耕地面积。另外，土地流转规模的扩大、土地经营权人投入意愿的增强也可以促进农田排灌设施等水利基础设施的修建、维护，带动农业向现代化生产方式进一步迈进。

统一土地经营权登记规则有助于推动土地经营权的用益物权化。（1）从不动产物权层面看，根据《民法典》第 208 条的规定，“不动产物权的设立、变更、转让和消灭，应当依照法律规定登记”。土地经营权在土地这类不动产上设立，要求此权利不论时间长短统一登记则能够使其更符合不动产物权的特征。（2）从用益物权层面分析，建设用地使用权及居住权采用登记生效主义，土地承包经营权及地役权采用登记对抗主义，而宅基地使用权的确权颁证也在紧锣密鼓地推行之中。由此，登记似已成为用

---

① 夏菁等：《国家治理视角下建设用地指标分配的执行偏差与机制研究》，《中国土地科学》2021 年第 6 期。

益物权的一项共同特征，且在同一类用益物权内部，对于登记均遵循同一规则。因此，统一土地经营权的登记规则能使其更符合用益物权的特征。土地经营权登记规则的统一也具有现实可能性。不少地区通过建立产权交易平台对土地流转进行统一登记管理，并不因流转期限不同而进行区分。如四川省眉山市彭山区建立了农村产权交易服务中心，并与成都农村产权交易所实现互联互通，通过平台实现了土地流转程序的规范化、合法化和农民利益的最大化。[①] 因此，推进土地经营权的统一登记有其具体制度规范及实践经验基础。

2. 全面确立土地经营权的融资担保功能

《农村土地承包法》第47条对土地经营权融资担保的规定在很大程度上缓解了土地经营权融资难问题，实现了风险在金融机构和土地经营权人之间的均衡分配。[②] 但《民法典》第342条仅规定了通过招标、拍卖、公开协商等方式取得的土地经营权可以进行抵押，对于从承包经营权人手中获得的土地经营权以及通过再流转方式获得的土地经营权的抵押问题却未置可否。

就此而言，土地经营权融资担保功能的全面确立至少有两个方面值得注意。(1) 需要在《民法典》中全面确立土地经营权的融资担保功能。尽管《农村土地承包法》已初步确立了土地经营权的融资担保功能，但《民法典》有关担保物权的制度规范构成了民商事领域中融资担保制度的基本框架，如果未能在《民法典》中全面确立土地经营权的融资担保功能，将不便于土地经营权融资担保规则和既有担保物权制度的衔接。当土地经营权融资担保在实践中出现各种困难之时，也不便在《民法典》体系框架下解决相关问题。(2) 应将抵押确定为土地经营权融资担保的具体形式。《农村土地承包法》仅规定了土地经营权可以进行融资担保，未具体规定融资担保的方式，虽然其成功避免了陷入土地经营权性质的争论且较好回应了实践需求，[③] 但存在担保方式不够明确的弊端。那么，在《民法典》已部分明确土地经营权融资担保的具体方式为抵押后，为确保各法律规则间的协调，对于从承包经营权人手中获得的土地经营权以及通过再流转方式获得的土地经营权，将抵押规定为融资担保的具体形式或更为恰当。[④]

在土地经营权融资担保功能得到全面确立后，“三变”改革下的耕地即有可能得到

---

① 参见韩俊主编《农村改革试验区改革实践案例集》，中国财政经济出版社，2019，第42~43页。

② 参见刘云生《土地经营权的生成路径与法权表达》，《法学论坛》2019年第5期。

③ 参见高圣平《民法典视野下农地融资担保规则的解释论》，《广东社会科学》2020年第4期；刘振伟《关于〈中华人民共和国农村土地承包法修正案（草案）〉的说明——2017年10月31日在第十二届全国人民代表大会常务委员会第三十次会议上》，《中华人民共和国全国人民代表大会常务委员会公报》2019年第1期。

④ 参见高圣平《民法典视野下农地融资担保规则的解释论》，《广东社会科学》2020年第4期。

更为有效的保护。（1）在“三变”语境下，不论是“资源”变“资产”，还是“资金”变“股金”，其关键都在于资金的投入。除政府扶贫和乡村振兴的拨款外，更多的仍需要村集体利用自有资源“变”出资金。（2）“三变”改革中土地要素是“变”的基础，改革所带动的资金中，有相当一部分需要投入土地之中，而土地的前期整理、质量提升及后期耕地质量的维持又是其中的重点。（3）土地经营权融资担保功能的全面确立能够通过土地要素为“三变”带来更多资金，且基于土地的基础性作用，土地经营权人也会倾向于将更多资金投入耕地质量提升、农地排灌设施建设中。总之，土地经营权融资担保功能的全面确立提升了土地融资担保的价值，增加了土地经营权人在耕地保护上的资金投入。

（二）加快推进集体产权制度改革中的标准化建设

标准化建设对于集体产权制度改革具有重要意义，前述耕地保护问题产生的原因之一是缺乏相应标准。2021 年印发的《国家标准化发展纲要》中提出要推进乡村振兴标准化建设，其中就包括完善乡村建设及评价标准。结合这一规定的精神，对集体产权制度改革中的标准化建设分述如下。

1. 明确农业基础设施的建设标准

一方面，明确农业基础设施的建设标准，能够有效防止耕地特别是永久基本农田被侵占。“三变”改革的开展需要进行更多的基础设施建设，但是这种建设必须有其限度，比如通村公路、田间道路以及排灌水渠的宽度、密度等，都应当有相应标准。否则，在生态农业、旅游农业、设施农业等新型农业快速崛起的当下，农村便有可能披着乡村振兴的外衣，在地方政府的支持下将道路越修越宽、越修越密，农业附属设施也越来越多，农村实际用于耕种的土地反而越来越少，这对耕地保护而言无疑是极为不利的。① 实际上，目前的政策已注意到此点，并开始对此加强控制。2021 年 11 月 27 日发布的《自然资源部 农业农村部 国家林业和草原局关于严格耕地用途管制有关问题的通知》（自然资发〔2021〕166 号）中就明确提到“严禁新增占用永久基本农田建设畜禽养殖设施、水产养殖设施和破坏耕作层的种植业设施”，“严格控制新增农村道路、畜禽养殖设施、水产养殖设施和破坏耕作层的种植业设施等农业设施建设用地使用一般耕地”。但这样一种政策性规定的问题在于其并非通过较为明确的标准来规范农村基础设施建设，而是根据政策的需要进行调整，这使得调整的过程可能过于刚性，也难以产生预期的效果。一个典型的例子就是在设施农业的发展过程中，长期以来是通过临时性的政策文件

① 这种担心并非多余，在《全国高标准农田建设规划（2021—2030 年）》中即规定了全国高标准农田的主要指标，但具体建设标准并非强制性标准。在目前加快推进高标准农田建设及改造提升工程的政策背景下，如果缺乏强制性约束标准，则可耕地面积容易遭进一步侵蚀。

实现对此类农业的调控。[①] 相较其他农业业态而言，设施农业会更多地占用甚至破坏耕地，因此有必要对其进行标准化管控。但目前生效的文件缺乏此种统一规定，导致设施农业的发展无法在统一指引下有序进行。[②] 显然，明确农业基础设施的建设标准能够给予农业经营者，特别是一些农业新业态的经营者明确的指引，减少基础设施建设过程中的超标准现象，特别是减少因道路扩建而对道路两旁优质耕地的侵占。

另一方面，明确农业基础设施的建设标准，能够提高农村土地的利用效率。因为统一标准的缺乏，"三变"改革中的一些项目存在土地利用效率过低的情形。例如为发展乡村旅游而在基础设施建设上投入大量资金，包括道路的新修扩建、旅游观光设施的修建等，占用了大面积的耕地，实际上这些地方并不能吸引足够的游客，最终导致大量的设施闲置乃至荒废。通过明确基础设施的建设标准则有可能促使相关的生产经营单位树立集约用地思维，谋求新的发展渠道，在有限的设施建设中尽可能提高经济效益。

2. 明确"三变"地区内粮食播种面积的最低比例标准

"食为政首，谷为民命"，耕地的第一任务是用于粮食生产。在追求经济发展的过程中，其前提是必须保障粮食安全。"三变"改革后，经济作物种植的高收益使得改革试点区域内大部分农地被用于种植某种经济作物，导致原本能够实现粮食自给甚至富余的区域转而需要从外地调入粮食，[③] 这一现象无疑值得警惕。因此，在"三变"改革

① 大体而言，中央有关部门每5年发布一个有关设施农业的规范性文件，新的文件发布之时即宣布旧的文件失效。具体可参见《国土资源部、农业部关于完善设施农用地管理有关问题的通知》（已失效，国土资发〔2010〕155号，2010年9月30日发布）；《国土资源部、农业部关于进一步支持设施农业健康发展的通知》（已失效，国土资发〔2014〕127号，2014年9月29日发布）；《自然资源部、农业农村部关于设施农业用地管理有关问题的通知》（自然资规〔2019〕4号，2019年12月17日发布）。

② 这种不统一表现在中央政策的频繁变动以及各地方对设施农业规定不同的建设要求和标准。就中央政策频繁变动而言，《自然资源部、农业农村部关于设施农业用地管理有关问题的通知》（自然资规〔2019〕4号）中规定："养殖设施原则上不得使用永久基本农田，涉及少量永久基本农田确实难以避让的，允许使用但必须补划。"但在2021年《自然资源部 农业农村部 国家林业和草原局关于严格耕地用途管制有关问题的通知》（自然资发〔2021〕166号）中规定："严禁新增占用永久基本农田建设畜禽养殖设施、水产养殖设施和破坏耕作层的种植业设施。"由此可见中央对于养殖设施占用永久基本农田态度的变化。就各地方对设施农业规定不同的建设要求而言，各地大致是根据本区域内耕地面积的丰富程度而定。例如，在《四川省自然资源厅、四川省农业农村厅关于进一步完善设施农业用地管理有关问题的通知》（川自然资规〔2020〕3号）中规定"从事规模化粮食作物种植的辅助设施用地原则上控制在种植面积的1%以内"。《浙江省自然资源厅、浙江省农业农村厅关于规范设施农业用地管理促进设施农业健康发展的通知》（浙自然资规〔2020〕10号）中规定："规模化种粮所必需的附属配套设施用地规模，原则上控制在粮食种植面积的0.6%以内。"然而，耕地是否丰富，不能就某一省域来衡量，特别是粮食安全的保障需要放眼全国。也即每一块耕地所负担的粮食生产的社会责任都是对全国而言的，因此，设施农业的建设标准有必要在全国范围内加以统一。

③ 支持这一论点的重要证据是我国粮食主产区的粮食调出能力持续降低。据相关研究，2004年我国13个粮食主产区中，有2个主产区的粮食调出率为负值；到2014年，主产区粮食净调出省份减少到8个，且南方主产区大部分省份的粮食调出能力逐渐弱化。参见崔宁波、董晋《主产区粮食生产安全：地位、挑战与保障路径》，《农业经济问题》2021年第7期。

地区明确粮食播种面积的最低比例标准即十分必要。（1）最好能在国家层面确定一定区域内粮食播种面积的最低标准，这样可以防止地方为了一时的利益而过度减少粮食播种面积。（2）这样一种标准最好是一个范围而非一个确定的比例。因为我国各地区在经济发展以及自然条件方面差异较大，在粮食种植面积比例上不宜“一刀切”。（3）这样一种标准要能够保证粮食主产区粮食的自给自足，而不是相反。

需要说明的是，这样一种标准的推行并非通过地方政府强制农民种粮加以实现，而是需要通过正向激励促使农民自觉自愿种粮，以及通过种粮方式的创新提高农民种粮的经济效益。例如，在平原地区特别是长江中下游地区的水稻种植区，可以通过“稻虾共养”“稻鸭共养”提升稻米品质及市场价格，并获得养殖的附加收入。

（三）赋予土地督察机构部分执法权

赋予土地督察机构特别是地方的土地督察机构部分土地执法权，能够有效提升地方政府在土地特别是耕地占用审批中的审慎度，并及时有效阻止耕地破坏行为。

1. 土地督察机构执法权赋予的理论证成

一般而言，在土地违法行为已由自然资源部门管辖的情况下，则无须另行赋予土地督察机构执法权，否则容易造成土地执法权的冲突。但是，基于以下几点理由，仍有必要赋予土地督察机构部分执法权。（1）从权力理论分析，权力欲是一种近于无限的欲望，[①]“追求权力的意志是个人生活以及社会生活中最强的原动力之一”。[②] 而拥有权力的人一般易于滥用权力。因此，为了保证权力尽可能沿着既定方向运行、发展，有必要对权力进行监督。在特定情况下，由监督机构暂时代替行政机关行使权力是权力监督的有效方式之一，它能够在某种程度上避免不可逆后果的产生。（2）从制度起源回溯，土地督察制度建立之时也正是我国违法占用耕地问题较为突出的时期。中央根据当时耕地保护所面临的严峻形势，为进一步强化对土地执法行为的监督，决定建立土地督察制度。[③] 或者说，原有的内部行政监督已不能对土地违法行为形成有效制约，由此产生了土地督察制度。在某种意义上，耕地保护的现实紧迫度和土地督察制度的重要程度成正比。在当前耕地保护形势日趋严峻、各类耕地保护制度越来越为中央所强调的情况下，土地督察制度应当发挥更大作用。赋予土地督察机构部分执法权则能够更好地保障其职能发挥，符合中央强化耕地保护的政策趋向。（3）从职权设置探究，一方面，国家土地总督察及兼职副总督察分别由国土资源部（现为自然资源部）

---

① 参见〔英〕伯特兰·罗素《权力论》，吴友三译，商务印书馆，2012，第1~7页。

② 〔美〕博登海默：《博登海默法理学》，潘汉典译，法律出版社，2015，第6页。

③ 参见《国务院关于深化改革严格土地管理的决定》（国发〔2004〕28号）；国家土地总督察办公室《国家土地督察（2006~2007）》，地质出版社，2009，第229页；杨合庆主编《中华人民共和国土地管理法释义》，法律出版社，2020，第21页。

的部长和副部长兼任，专职副总督察一般也由国土资源部的人员兼任。也即负责土地执法的政府部门和土地督察机构在纵向上最终由同一部门统领，能够通过中央的协调实现两者职权的配合。另一方面，根据《建立土地督察制度通知》的规定，派驻地方的国家土地督察局的职责中有一项为“承办国土资源部及国家土地总督察交办的其他事项”，这一兜底规定实际上也为明确赋予土地督察机构部分执法权提供了一定的正当性支持。

2. 土地督察机构执法权赋予的路径

尽管赋予土地督察机构部分执法权有其现实必要性，也能够在一定程度上得到理论支持，但是，土地督察机构毕竟不能替代既有土地执法部门，土地督察机构行使执法权更应当被认定为一种监督土地执法机构的特殊方式。因此，土地督察机构执法权的赋予只有立足于现实，取法于理论，并把控其限度，方能使这种执法权的赋予恰到好处地提升土地督察制度的运行效能，更有效地保护耕地。在此，有三个方面值得注意。

首先，应着重地方土地督察机构实质性权力的赋予。从制度构建的可能性和实际效用出发，着力强化地方土地督察机构的权力可能更为紧迫，也更符合当前需要。其理由有二。第一，地方土地督察机构的职责与其拥有的权力不相匹配。授予行政部门权力应以有效达成某种重要的社会目的所必需者为限。① 国家土地总督察所拥有的权力已能够较为充分地保证其职能的发挥，② 但地方土地督察机构所拥有的权力，与其监督检查地方政府耕地保护责任目标的落实、规范地方政府土地审批行为等职责难以相匹配。就此而言，强化地方土地督察机构的权力，特别是赋予其直接的执法权即显得尤为必要。第二，地方土地督察机构是保证土地督察制度有效发挥作用的关键。各地方的土地督察机构有更多机会直接接触到各类土地违法行为，然而，土地督察机构在发现土地违法行为后，并没有直接的执法权限，不能直接动用执法力量制止土地违法行为。假使其拥有此种权力，那么地方政府在进行用地审批特别是耕地的转用或征收之时，即会全面慎重地考虑用地行为是否符合土地利用总体规划，是否符合耕地保护的法律及政策，等等。同时，这种权力的赋予能在一定程度上扩大地方土地督察机构的自主权，提升行政效率，让违法用地特别是破坏耕地行为得到及时有效制止。

其次，明确土地督察机构执法权的辅助性地位。就其性质地位来说，土地督察机构本不是土地违法行为的执法主体。在全面推进乡村振兴的当下，农村各类建设项目

---

① 参见〔美〕博登海默《博登海默法理学》，潘汉典译，法律出版社，2015，第82页。

② 中央层面，国家土地总督察掌握着一项对地方政府具有实质性威慑的权力，也即经由国家土地总督察，暂停该地区的农用地转用和土地征收的受理审批。这项权力足以让各级地方政府对国家土地总督察的建议或意见予以足够重视。

不断增多，有关土地违法的现象也随之增加，但这样一种违法用地行为往往不会太过严重，相当部分的违法用地行为只是程序上的不合法。例如，将集体公益性建设用地转为经营性建设用地，其并不涉及耕地保护等问题，有可能只是相应的手续不齐全。对于这类土地违法行为，便无须土地督察机构直接进行处理。只有当发生一些严重的土地违法行为必须及时阻止之时，才需要土地督察机构行使执法权。并且，若之后土地执法机构介入，则仍应当由土地执法机构具体处理，土地督察机构监督检查即可。

最后，设定土地督察机构行使执法权的条件。设定土地督察机构行使执法权的条件是赋予其执法权的前提，否则，难免会出现职能交叉与执法混乱，甚至出现土地督察机构越俎代庖的情况。具体而言，土地督察机构执法权的赋予至少需要满足以下几个条件。（1）必须为严重的土地违法行为。此处的“严重”可参考《土地管理法》第46条第1款的规定，也即当土地违法行为属于侵占永久基本农田或是侵占永久基本农田以外的耕地超过35公顷，或者是侵占其他土地超过70公顷。这样规定的理由在于，前述行为的审批权均在国务院，而法律之所以将此审批权授予国务院，是因为该行为和公共利益、社会利益密切相关，进而影响到个人利益的实现。① 一旦这些事项在违法状态下进行，便有可能对耕地保护制度造成较大冲击，甚至影响粮食安全，因此宜归入“严重”的范畴。（2）此种土地违法行为若不及时阻止，将给遭受破坏的土地带来永久性损害。此处的永久性损害主要指向土地耕作层土壤的破坏，例如在永久基本农田上挖塘养鱼或者将农地硬化修筑房屋。对这些行为的阻止原本就具有急迫性，不宜经长周期的程序审批后再作决定，否则将因泥守程序而不当削减对公正结果的关怀。（3）土地督察机构事先通知了当地的自然资源管理部门，但自然资源管理部门在合理期限内未采取实质性行动。如果自然资源管理部门在接到通知后能及时有效地处理相关问题，那么同样能达到及时阻止土地违法行为的目的，土地督察机构也无须动用其执法权。

五 结语

农村集体产权制度改革并不是单一维度的集体资产的盘活过程，其更牵涉耕地保护、粮食安全及农业可持续发展等多方面的问题。从本质上说，也即把握好农村经济发展与农业农村所承载的基本社会功能之间的平衡。在农村集体产权制度改革实践中，农村经济发展与社会对农业农村的基本定位之间存在某种张力。伴随着集体产权制度改革，农业基础设施建设增多、“非粮化”种植更为普遍，其对耕地保护提出了直接或间接的挑战。如何应对这种挑战，一是要明确土地经营权用益物权的性质，改善农村

① 参见肖顺武《公共利益研究——一种分析范式及其在土地征收中的运用》，法律出版社，2010，第31~32页。

集体产权制度的效能。在操作层面，需要从统一土地经营权登记规则和确立其融资担保功能入手，从而激发农户、涉农企业的积极性。二是要加快推进集体产权制度改革中的标准化建设。标准化建设涉及诸多方面，但有两个关键点需要特别注意：一要明确农业基础设施的建设标准，这是保障农业基础设施不过度占用耕地的现实之举；二要明确“三变”改革区域内粮食播种面积的最低比例。“三变”改革是农村集体产权寻求更好实现方式的改革尝试，但是，唯有将耕地保护挺在前面、牢记粮食安全的社会目标，这种尝试才是可欲的、可持续的。三是要赋予土地督察机构部分执法权。赋予土地督察机构部分执法权在本质上属于土地督察局“承办国土资源部及国家土地总督察交办的其他事项”的具体体现，具有一定的制度基础，但是，如何真正落地以达到在推进“三变”改革的同时保护耕地的目的，需要在土地督察机构执法权的地位问题、条件问题等方面继续探索。此外，在耕地保护法律制度的设计中，要注重从实际出发，当集体产权制度改革与关于耕地保护的某些法律规定相抵触之时，可以考虑对该条款进行有限修改。例如，修改《土地管理法》第37条第3款关于禁止利用永久基本农田发展林果业的规定。从实践来看，在满足一定条件的情况下，适度发展林果业是可以被允许的，也符合集体产权制度改革的基本理念。①

On the Challenge and System Structure of Rural “Three Changes” Reform to Cultivated Land Protection

Xiao Shunwu　Zhang Liming

Abstract: As a typical mode of rural collective property rights system reform, the reform of “three changes” is beneficial to cultivated land protection in a long period of time, but we can not deny the reality that there is tension between the two in the short term. From the perspective of categorization, the “non-food conversion” of permanent basic farmland, the excessive use of cultivated land resources and the construction of agricultural facilities beyond the standard are three typical problems related to cultivated land protection in the process of

① 实际上，《土地管理法》第37条第3款一律禁止占用永久基本农田发展林果业导致不少地方经济作物的种植都处于违法状态，典型的如种植刺梨。对于何谓“林果业”，法律上并没有明确规定，就有司法案例曾将“种植草莓”也视作林果业（参见国家法官学院、最高人民法院司法案例研究院编《中国法院2021年度案例：土地纠纷（含林地纠纷）》，中国法制出版社，2021，第118页）。然而，法律规定禁止占用永久基本农田发展林果业的原因在于希望该片土地的粮食生产能力不会遭到破坏。那么，如果所发展的林果业能够于粮食生产无害，或可作一定变通处理。

“three changes” reform. Combined with the practice of “three changes” reform, how to protect cultivated land in the process of “three changes” reform more efficiently? We should clarify the legal nature of the usufruct of land management rights, accelerate the standardization construction of collective property rights system reform, and give land law enforcement agencies certain enforcement power, so as to achieve the balance between activating collective assets, developing rural economy and protecting cultivated land.

Keywords: “Three Changes” Reform; Cultivated Land Protection; Food Security; Collective Property Rights System

土地违法行政处罚执行问题探析
——以耕地保护治理为背景

窦婷婷[*]

摘　要： 耕地作为一种公共资源，关系到粮食安全和国家安全。由于耕地的状况与地理位置、地形地貌、气候环境等有密切的关系，不同地区的经济水平、资源禀赋各有差异，因此，保护耕地需要因地制宜、分类施策。当下，随着城镇化和工业化的同步推进，耕地利用保护形势越发严峻，而对于耕地保护的制度设计也亟待完善。土地违法行政处罚作为土地资源保护的重要救济措施，其执行方式和执行效果直接影响耕地数量和生态环境。实践中，由于立法没有明确执行主体、裁执分离制度供给不足、土地复耕复垦未落到实处，土地违法行政处罚的执行效果并不理想。为解决这些问题，可通过完善监管立法体系以加快顶层设计、重构裁执分离模式以健全制度安排、促进处罚体制转型以搭建运行机制、重塑检察职能定位以强化外部监督等方式，逐步改善土地执法行政处罚的执行环境。

关键词： 土地违法；行政处罚；裁执分离；检察监督

一　问题的缘起

2020年3月20日，自然资源部对改制前的部门规章进行统一梳理，修正后的部门规章包括《自然资源行政处罚办法》。2021年7月27日，自然资源部办公厅印发《自然资源部行政处罚事项清单》，对包括土地资源、矿产资源、城乡规划在内多个领域的行政处罚事项进行分类列举。在134项处罚事项中，涉及土地类处罚事项共29项，占比21.6%。其中，以《土地管理法》和《土地管理法实施条例》为共同处罚依据的有13项，相关违法行为在法律和行政法规中均有所体现，另有3项的处罚依据仅为条例，分别涉及违规使用征地补偿费用、破坏基本农田和复垦义务人拒不配合检查等行为。具体处罚种类源自《行政处罚法》在土地违法行为查处领域里的实际运用，包括没收违法所得、责令改正、限期拆除、恢复土地原状等。[①]

* 窦婷婷，西南政法大学经济法学院博士研究生，重庆市渝北区人民检察院检察五部副主任，研究方向为市场秩序法、公益诉讼制度。

① 《自然资源部办公厅关于印发〈自然资源部行政处罚事项清单〉的通知》（自然资办函〔2021〕1373号）。

2021 年《第三次全国国土调查主要数据公报》[①] 发布的数据显示，全国耕地 12786.19 万公顷（191792.79 万亩），较 2016 年年末减少了 705.91 万公顷（10607.21 万亩）。[②] 国务院办公厅于 2020 年下半年相继发布制止“非农化”、防止“非粮化”的通知文件，要求加大各级职能部门的监管力度，制止违法违规占用农用地用于非农建设，防止农用地被用于非粮食种植。其中，防止“非粮化”的通知文件将严格的耕地保护制度进行深入剖析，要求各地在控增量和减存量上同时发力，结合当地实际情况摸排底数，农业部门和自然资源部门应当做好沟通协调工作，必要时启动联合执法，避免出现相互推诿的执法乱象。

从国土调查数据的显著变化中不难看出，近些年耕地的数量和质量都呈现不同程度的下降，破坏耕地和基本农田的问题尤为突出，耕地保护效果不容乐观。一方面，为了保护耕地的基本数量，必须保证耕地的用途管制全面有效；另一方面，为了保证耕地的耕作能力，必须坚决制止以破坏生态环境和种植条件为代价的开发行为。[③] 为了有效解决城市规划建设与坚守耕地红线之间的矛盾，占补平衡被认为是最为直接的管控措施。[④] 随着土地整治从传统模式向全域模式过渡，整治目标由单一化补充耕地向耕地综合治理转化，耕地质量和生态建设被放在同等重要的位置。[⑤] 行政处罚和刑事处罚作为土地资源保护全链条的末端，执行方式和执行效果也直接影响耕地数量和生态环境。2021 年 12 月 21 日，自然资源部公开通报 100 起土地违法领域的涉刑案件，充分展现了全国各地土地管理部门积极贯彻落实“两法衔接”工作机制的线索共享成效，同时区分了土地违法行为和犯罪行为的明显界限，对曾经或正在破坏土地的行为人产生了一定的震慑效果。但是，从通报内容看，仅有 3 起案件的判决结果中包含恢复土地原状或承担复垦费用，其余案件仅可以看到法院判决依法追究刑事责任，但是对于被破坏的耕地如何采取措施修复原状及后续处理并未提及。实践中，行政机关将犯罪线索移送公安机关后，案件在行政机关已经画上句号，行政机关的工作衔接职责已经履行完毕，至于法院判决之后，没有明确涉案土地的进一步处理，导致行政处罚或刑

---

① 国务院第三次全国国土调查领导小组办公室、自然资源部、国家统计局于 2021 年 8 月 25 日发布《第三次全国国土调查主要数据公报》，中国政府网，http://www.mnr.gov.cn/dt/ywbb/202108/t20210826_2678340.html，最后访问日期：2022 年 7 月 24 日。

② 《2017 年中国土地矿产海洋资源统计公报》发布的数据显示，截至 2016 年年末，全国共有农用地 64512.66 万公顷，其中耕地 13492.10 万公顷（20.24 亿亩）；2016 年，全国因建设占用、灾毁、生态退耕、农业结构调整等减少耕地面积 34.50 万公顷，通过土地整治、农业结构调整等增加耕地面积 26.81 万公顷，年内净减少耕地面积 7.69 万公顷。

③ 参见刘桃菊、陈美球《中国耕地保护制度执行力现状及其提升路径》，《中国土地科学》2020 年第 9 期。

④ 参见吴宇哲、沈欣言《中国耕地保护治理转型：供给、管制与赋能》，《中国土地科学》2021 年第 8 期。

⑤ 参见胡动刚等《2010 年以来从土地整治到全域整治的热点研究和阶段分析——基于耕地保护视角》，《华中农业大学学报》2021 年第 6 期。

事处罚后，土地的被破坏状态只是停止而并未改变。

可见，理清土地违法行政处罚的执行困境及其成因，进而明晰有效加强土地执法行政处罚的实现路径，就是一个亟待解决的重要议题。

二 土地违法行政处罚的执行困境

土地违法行为被发现和查处后，若处罚决定不能得到全面执行，则将直接导致土地违法状态的持续，进而影响土地恢复原状的进度，耕地修复和生态平衡的治理目的将无法实现。相较于《自然资源行政处罚办法》对处罚种类的概括性描述，《自然资源部行政处罚事项清单》对具体的处罚依据、处罚事项、处罚主体和处罚方式进行了细化。对于警告、罚款等行政处罚手段，行政机关直接下达处罚决定书即可，处罚目的较容易实现，可以概括为行政机关自裁自执模式；而限期拆除、责令退还土地等包含履行行为的行政处罚如何执行在现实中仍面临诸多困境，行政机关在作出行政处罚决定后无法直接执行，此种情况下可以申请法院强制执行，由司法机关审理案件后作出裁决，并在裁定书中载明强制执行的实施主体，这种模式被称为裁执分离。

（一）主体障碍：立法没有明确执行主体

在《土地管理法实施条例》修订之前，[①] 无论是法律还是行政法规，虽然对违法占地行为进行了严格规制，提出了一系列禁止范围和处罚措施，但是仍有一些法律规定无法在实践操作中执行到位。比如责令退还土地和没收地上建筑物的处罚执行问题，在修法之前一直是处于空白地带，没有明确的执行主体启动执行程序。自然资源部门作出行政处罚后，在送达违法行为人时会告知限期履行义务，一般会同时将行政处罚决定书送达属地政府，将违法土地交由乡镇政府或街道办事处进行后续处理，而属地政府在拿到行政处罚决定书后，在没有任何强制手段和措施的情况下，如何督促违法行为人按期履行、如何优化基层治理效能面临考验。

自然资源保护领域专项巡视整改中发现，责令退还土地执行程序空转、没收地上建筑物纸面移交等现象较为普遍。条例的修订正是对罚没建筑物的具体执行和后续管理不畅作出的回应。但是，最新的法律条文中也未见明确本级人民政府或者其指定的部门为哪个部门，各地的接收程序、接收标准及后续处置等操作流程参差不齐。如果违法行为发生在乡镇，乡镇政府应当履行属地管理责任，而属地管理在实践中的异化现象加剧了基层治理的困局，[②] 在缺乏执行力和执法权的情形下，这可能又会陷入无法

① 《土地管理法实施条例》（2021年7月2日中华人民共和国国务院令第743号第三次修订）第58条规定，“县级以上人民政府自然资源主管部门没收在非法转让或者非法占用的土地上新建的建筑物和其他设施的，应当于九十日内交由本级人民政府或者其指定的部门依法管理和处置”。

② 参见刘帮成《“属地管理”权责失衡的根源与破解之道》，《人民论坛》2021年第26期。

执行的循环。在此之前，部分地区已经针对处罚主体和执行主体是否统一的问题进行了有益探索，如北京市规划和自然资源委员会同市财政局于2020年9月22日联合印发了《北京市没收违法建筑物处置办法（试行）》，特别强调处罚单位和被处罚主体均不得作为执行移交的接收单位，在此基础上，对没收的移交程序和处置方式进行了细化。[①] 由此，该办法虽然明确了没收建筑物所在地区人民政府负责本行政区域内没收建筑物的处置工作，但对接收单位又进行了模糊化处理，表示可由各区政府依据实际情况指定，一方面为实践先行留有余地，另一方面也为操作无据留下了隐患。2018年9月10日，深圳市规划和国土资源委员会印发《关于做好没收违法建筑执行和处置工作的指导意见》，明确市、区财政主管部门是没收违法建筑的接收单位，规划土地监察机构在依法移交没收违法建筑时，应当做好交接。[②]

北京和深圳的做法无疑代表了国内先进发达地区的执法理念，但综观全国，各地依然处于保守状态。无论是《土地管理法实施条例》修订之前还是之后，由于没有明确的接收程序和处置办法，土地违法的行政处罚执行效果依然不甚理想。以北京市为例，2014年通过《北京市国土资源局关于行政处罚没收矿产品、建筑物或其他设施处置工作的函》，从而确立了属地管理原则。2016年7月27日，顺义区人民政府办公室印发《顺义区关于违法用地地上建筑物及其他设施移交处置的暂行办法》，由作出行政处罚的单位拟定移交方案后报区政府批准，根据违法用地地上物性质进一步确定接收管理单位。[③] 行政机关作出责令退还土地和罚没地上建筑物的处罚决定后，出于没收财产应属国家所有的考虑，部分地区行政机关会联系作为国有资产管理部门的国资委，但国资委往往以职能职责不涉及接收行政处罚执行问题为由予以婉拒；部分地区行政机关会联系当地财政部门，以收归国有、上缴国库为执行思路，但财政部门和国资委的做法基本相同，在没有自上而下的执行规则的情况下，个别地区开创先例的可能性和驱动力都不大；还有部分地区政府会通过批复、函告等形式移交乡镇政府或街道办事处，接收单位以没有强制力为由将行政处罚决定搁置一边，或者直接与违法主体协商，以乡镇政府或村委会的名义重新签订租用合同收取租金，将违法占地变相合法化。[④]

（二）权责不清：裁执分离制度供给不足

2012年2月，最高人民法院针对国有土地上房屋征收补偿类案件申请法院强制执

---

① 参见《北京市规划和自然资源委员会 北京市财政局关于印发〈北京市没收违法建筑物处置办法（试行）〉的通知》。

② 参见《深圳市规划和国土资源委员会关于印发〈关于做好没收违法建筑执行和处置工作的指导意见〉的通知》。

③ 参见《北京市顺义区人民政府办公室关于印发〈顺义区关于违法用地地上建筑物及其他设施移交处置的暂行办法〉的通知》。

④ 参见江平、黄耀文《没收地上违法建筑物疑难问题研究》，《江西社会科学》2020年第4期。

行问题通过司法解释（2012年3月公布，自2012年4月10日起施行），裁执分离进入试行阶段。[①] 这样的制度安排，避免了违背司法中立原则的审执合一，有助于实现行政行为实体合法、公正与执行效率的结合。2014年7月22日，最高人民法院为了回应当时法院参与强制执行而导致的一系列恶性事件，再次针对征收拆迁过程中裁执分离的适用问题发布司法解释，[②] 重申法院执行为个别例外的适用原则，赋予裁执分离一定的灵活适用空间，以作为改革试点和全面推行的过渡环节。2021年4月，自然资源部为坚决遏制违法占用耕地问题，专门发布工作指导意见，[③] 表达了严厉打击违法占地行为的坚决态度，同时也呼吁建立多方参与的非诉强制执行机制。

裁执分离制度从最初的设想到当下的顺利推行经历了近10年的探索，目前已成为行政权力制约监督的有力手段。实践中，裁执分离制度缺乏明确的实施规范和操作指引，导致行政非诉裁执分离案件执行过程中面临诸多阻力，案件执结率低。[④] 司法机关和行政机关的权责划分不够明晰。从理论上讲，执行法院裁定应当是行政机关的法定义务，但实践中缺少法定职责划分和行政责任追究机制，导致行政机关申请和实施强制执行的效果不佳。行政机关申请强制执行后，一般面临两种结果，一种是法院受理后裁定行政机关或属地政府组织实施，另一种是法院不予受理或受理后经裁定不予执行。法院支持行政机关的裁定交付行政机关实施后，行政机关多以没有强制执行的法律保障、人员保障、财力保障、安全保障等为由将裁定搁置，无法进入实质性的实施阶段。这样的结果也无形中减弱了行政机关申请强制执行的意愿和动力，由于裁执分离的制度供给不足，行政机关即便是拿到胜诉裁定，也可能是又重新回到无法执行的原点。由于包含责令退还和拆除的行政处罚往往涉及生态环境、土地资源、城乡规划、招商引资、公用事业等多个领域，法院的强制执行裁定文书不能直接作为执行主体的执行方案，虽有裁判文书的法律效力，但具体的执行过程仍需要政府组织实施后由多方共同参与。

《行政处罚法》第72条[⑤]和《行政强制法》第53条[⑥]规定了行政机关申请法院强

① 参见《最高人民法院关于办理申请人民法院强制执行国有土地上房屋征收补偿决定案件若干问题的规定》（法释〔2012〕4号）。

② 参见《最高人民法院关于在征收拆迁案件中进一步严格规范司法行为积极推进“裁执分离”的通知》（法〔2014〕191号）。

③ 参见《自然资源部办公厅关于完善早发现早制止严查处工作机制的意见》（自然资办发〔2021〕33号）。

④ 参见张相军、张薰尹《行政非诉执行检察监督的理据与难点》，《行政法学研究》2022年第3期。

⑤ 《行政处罚法》第72条规定，当事人逾期不履行行政处罚决定的，作出行政处罚决定的行政机关可以依照《行政强制法》的规定申请人民法院强制执行。

⑥ 《行政强制法》第53条规定：“当事人在法定期限内不申请行政复议或者提起行政诉讼，又不履行行政决定的，没有行政强制执行权的行政机关可以自期限届满之日起三个月内，依照本章规定申请人民法院强制执行。”

制执行权，启动申请程序的要求是“可以”，而不是“应当”。行政机关可以在自由裁量的范围内决定是否申请强制执行，或者说，即使行政机关未在法律规定的期限内申请强制执行，也没有相应的救济手段。法院作为最终的裁决机关，不能依职权启动强制执行或者依职权启动监督。同时，《行政强制法》第 50 条①还规定了行政机关的代履行职责。因代履行并非行政机关的强制性义务，行政机关主动启动代履行程序的很少，在作出行政处罚后缺少启动执行效果评估的程序设计，无法衡量执行不力带来的后果是否已经或者将要危害交通安全、造成环境污染或者破坏自然资源，多数以已经作出行政处罚为由证明已经履行职责或履职到位。

（三）操作失范：土地复耕复垦未落到实处

恢复土地原状作为土地违法行政处罚的一项措施，是违法占地行为人的法定义务，在主动拆除违法建筑后需要逐步恢复原有植被，保障自然资源和生态环境安全。《基本农田保护条例》② 和《土地复垦条例》③ 均对被破坏的基本农田和损毁土地需要开展复耕复垦作出了明确规定。基本农田的被破坏标准主要归结于是否毁坏种植条件，农田原貌是否被破坏，通过整治是否可以恢复种植条件。复垦义务人若不履行复垦义务，则必须缴纳复垦费用，交由自然资源部门组织实施复垦或者委托社会资本参与治理。《土地复垦条例实施办法》④ 对土地复垦调查、评价、设计和监督等工作细则进一步明确，要求土地复垦的验收必须由自然资源部门联合农业、环境保护等部门共同参与。但是，该办法没有针对如何开展联合验收、验收标准、验收程序等进行专门规定，各个部门在土地复垦方案审核和复垦结果评估验收过程中扮演的角色并未列明。⑤ 当下，我国土地复垦监管工作已经受到一定重视，但是在监管主体责任划分、监管人员执法水平、监管体系多方构建等方面仍然存在一些问题亟待解决。

原国土资源部《土地复垦质量控制标准》（TD/T 1036-2013）规定，土地复垦质量控制标准确定应在实地调查的基础上进行，结合各地的自然环境和土地种类因地制宜。该标准还专门明确了耕地复垦质量控制标准，既要符合《土壤环境质量标准》规

---

① 《行政强制法》第 50 条规定：“行政机关依法作出要求当事人履行排除妨碍、恢复原状等义务的行政决定，当事人逾期不履行，经催告仍不履行，其后果已经或者将危害交通安全、造成环境污染或者破坏自然资源的，行政机关可以代履行，或者委托没有利害关系的第三人代履行。”

② 《基本农田保护条例》（1998 年 12 月 27 日中华人民共和国国务院令第 257 号发布，根据 2011 年 1 月 8 日《国务院关于废止和修改部分行政法规的决定》修订）第 33 条。

③ 《土地复垦条例》（2011 年 2 月 22 日国务院第 145 次常务会议通过，2011 年 3 月 5 日中华人民共和国国务院令第 592 号公布，自公布之日起施行）第 10 条、第 23 条。

④ 《土地复垦条例实施办法》（2012 年 12 月 27 日国土资源部第 56 号令公布，根据 2019 年 7 月 16 日自然资源部第 2 次部务会议《自然资源部关于第一批废止和修改的部门规章的决定》修正）第 33 条、第 35 条。

⑤ 参见赵谦《机构建制与治理：土地复垦监管组织条款的规范分析》，《东方法学》2018 年第 5 期。

定的Ⅱ类土壤环境质量标准，[①] 包括灌溉、道路等在内的配套设施，[②] 也需要满足相应的设计规范和建设标准，同时施工过程需要遵守工程项目建设标准要求。为了加强土地复垦工作的监督管理水平和效果，原国土资源部也采取了一系列保障措施，组织起草编制了《土地复垦方案编制规程》（TD/T 1031. 1-2011）。自然资源主管部门在用地审批时一般会遵照执行上述规定要求，一方面，要求土地复垦义务人缴纳土地复垦保证金；另一方面，土地复垦义务人需要同时提交土地复垦方案用于备案，在土地使用期限届满后适用该方案进行修复。耕地修复从施工到验收是一个动态发展的过程，修复的效果如何，需要通过长期的监测和稳定的数据予以呈现。[③] 但是，对于未经批准破坏耕地、毁坏种植条件的情况，既没有土地复垦保证金作为保障，也缺少土地复垦方案，违法主体被查处后最直接的履行方式就是停止违法行为，而土地是否复垦、是否达到种植条件、是否具备自行修复的条件、是否符合生态修复要求均未纳入相应的监督评价体系，导致被破坏的土地持续处于脱管状态。

三　土地违法行政处罚执行困境的原因分析

（一）事前审批：自由流转与行民交叉的冲突

《土地管理法》第 60 条赋予农村集体经济组织依申请办企业的建设用地使用权，企业可以自行申办，也可以与社会资本联合兴办，前提是需要在土地利用总体规划用地范围之内，向自然资源主管部门提出申请并提交相应材料。[④] 企业、个体工商户从事经营活动计划使用土地的，需要经过一系列的审批手续，还要支付土地出让金。有的企业、个体工商户即使申请办理审批手续也未必能够获得批准，故他们会选择先向村民委员会租用集体土地再从事经营活动。这样一来，企业、个体工商户取得土地使用权的手续则相对简单，只需要与村民委员会签订协议，无须办理相关审批手续，可以避免不被批准的风险，确保经营活动的开展，此外，租用土地支付的租金必然低于土地出让金，可以降低投入成本，提高经济收益。

《土地管理法》第 11 条、《村民委员会组织法》第 8 条、《农村土地承包法》第 12

① 《土壤环境质量 农用地土壤污染风险管控标准（试行）》（GB 15618-2018）自 2018 年 8 月 1 日起实施，原《土壤环境质量标准》（GB 15618-1995）废止。

② 参见《土地复垦质量控制标准》“耕地复垦质量控制标准”8.3，包括灌溉、排水、道路、林网等配套设施应满足《灌溉与排水工程设计规范》（GB 50288）、《高标准基本农田建设标准》（TD/T 1033）等标准。

③ 参见李周《粮食主产区生态安全研究》，《学习与探索》2020 年第 8 期。

④ 《土地管理法》第 60 条第 1 款规定：“农村集体经济组织使用乡（镇）土地利用总体规划确定的建设用地兴办企业或者与其他单位、个人以土地使用权入股、联营等形式共同举办企业的，应当持有关批准文件，向县级以上地方人民政府自然资源主管部门提出申请，按照省、自治区、直辖市规定的批准权限，由县级以上地方人民政府批准；其中，涉及占用农用地的，依照本法第四十四条的规定办理审批手续。”

条对农民集体土地的经营和管理权予以明确，土地承包经营权可以用来流转，所在地的乡镇政府负责流转合同的监督和管理，审查是否违反国家强制性规定。[①] 土地承包经营权是具有身份属性的用益物权，承包方可以通过多种形式为他人派生土地经营权，但前提是开展农业生产经营，以达成农地农用的用途管制目标。[②] 然而，村民委员会代表村民与承包方签订土地流转协议，以出租的形式流转给承包方使用，协议中是否约定不得用于非农建设由双方商定，部分协议中仅对租金、期限等进行约定，并未提及用途。承包方签订协议后，只要按期支付租金，村民委员会一般不会干涉承包方的实际经营行为，即便是出现了土地硬化、挖塘养鱼等违法行为，村民也认为这是承包方的行为和责任。当租金无法按期支付时，承包方与发包方可能面临继续履行协议的纠纷，村民以承包方违反国家强制性法律法规为由请求相关主管部门加强监管时，行政机关则以行民交叉、合同纠纷等为由不予受理，且双方的流转协议若并未解除、依然有效，行政机关启动调查程序也面临程序障碍。

（二）法律适用：法条竞合与执法无据的矛盾

2013 年 3 月 27 日，最高人民法院就北京市高级人民法院请示的关于非诉行政执行法律适用问题作出批复，将涉及违反《城乡规划法》的强制执行排除在法院非诉行政执行案件之外。[③] 从法律依据来看，有些土地违法行为可能既不符合城乡土地规划，也不符合土地用途管制要求，违法行为人可能同时违反《城乡规划法》与《土地管理法》，导致各地规划和自然资源局作为同时主管规划和资源的部门，在针对违法行为进行行政处罚时，面临适用不同法律则处罚不同的尴尬。例如，《城乡规划法》第 64、65、66 条对未经许可开工建设、未按许可范围进行建设、逾期不拆除违法建筑等行为进行了规制，《土地管理法》第 74、75、79 条同样对擅自将农用地改为建设用地、破坏耕地等行为提出了处罚要求。两部法律均规定了相关违法建设行为的行政处罚措施，如果行为人是在农用地上实施工程建设，则可能同时触犯两部法律，应当依据哪一部法律进行行政处罚则是摆在执法者面前的两难抉择。《行政处罚法》第 29 条[④]规定了法条竞合的处理原则，但该条仅适用罚款的处罚措施，并未涉及其他的处罚种类，且“按照罚款数额高的规定处罚”也仅适用于竞合的两部法律中均对罚款数额进行了明确规定的情形。涉及土地违法的罚款标准，多是各地土地资源管理部门根据当地实际情

① 《农村土地承包法》第 12 条第 3 款规定：“乡（镇）人民政府负责本行政区域内农村土地承包经营及承包经营合同管理。”

② 参见高圣平《农村土地承包法修改后的承包地法权配置》，《法学研究》2019 年第 5 期。

③ 参见《最高人民法院关于违法的建筑物、构筑物、设施等强制拆除问题的批复》（2013 年 3 月 25 日由最高人民法院审判委员会第 1572 次会议通过，自 2013 年 4 月 3 日起施行）。

④ 《行政处罚法》第 29 条规定：“对当事人的同一个违法行为，不得给予两次以上罚款的行政处罚。同一个违法行为违反多个法律规范应当给予罚款处罚的，按照罚款数额高的规定处罚。”

况在一些规范性文件中予以体现，[①] 如何判断罚款金额的高低，需要行政机关结合具体的裁量基准予以确定。实际上，裁量基准文本并不是法治化的工具，而仅仅是一份技术指南，主要目的是提供形式化和分则性的内容，其科学性和民主性都还有较大提升空间。[②]

当人民法院以裁执分离方式裁定的强制执行实施主体与申请强制执行的单位不一致时，就可能出现行政裁定书送达受阻、司法机关与执行机关衔接不畅、申请机关与执行机关存在脱节等一系列问题，这些在最高人民法院的司法解释和各地法院出台的规范性文件中并未进行统一规范。[③] 例如，河北省东光县国土资源局申请强制执行刘某某非法占地行政处罚决定案，[④] 法院经审理认为，被执行人刘某某未主动履行拆除和退还义务，对其非法占地的建筑物应予以强制执行，遂裁定对被执行人刘某某在非法占用的东光县南霞口镇西油周村集体土地上新建的218.5平方米建筑物予以强制拆除，由东光县南霞口镇人民政府组织实施。这里的申请主体与法院裁定的实施主体有所不同，可能导致镇政府在未参与行政查处、行政强制等工作的情形下，成为最后的责任承担单位。此外，裁执分离一直以来都是以法院为核心主导的新型执行模式，在具体执行过程中的程序设计仍然面临实施细则和程序保障的缺失，人民法院与行政处罚单位、执行实施单位之间未达成普遍性共识，行政机关在缺乏法律赋予的强制执行权的前提下，无法仅凭一纸裁定改变执行困境。

（三）事中监管：简政放权与监管缺位的抵牾

《国务院关于加强和规范事中事后监管的指导意见》（国发〔2019〕18号）提出，协同治理模式将是法治政府建设和监管体制改革的未来趋势。[⑤] 由于指导意见并不具有强制执行力，更多的是一种倡导性做法，对行政机关并没有强制约束力，且机制建设和制度完善更多地放权给各地政府和相关职能部门，各地硬实力和软实力存在差异，因此，各地在探索如何将指导意见落地时，需要进行多方考量和利益权衡。同时，也需要经过充分调研和科学论证之后才可能提出更为有效的执行模式。关于农村土地违规建房问题，涉及规划和自然资源局、农业农村委、生态环境局、乡镇和街道等，由于现在相关的执法体系纷繁复杂，机构改革和法律修订都会出现一些新的职能交叉或

① 如重庆市国土房管局于2011年7月19日发布《关于印发〈重庆市国土资源房屋行政处罚裁量基准〉的通知》（渝国土房管发〔2011〕143号），为规范国土资源房屋行政处罚裁量行为制定基准，主要针对罚款数额的标准确定裁量幅度。

② 参见周佑勇《行政处罚裁量基准的法治化及其限度——评新修订的〈行政处罚法〉第34条》，《法律科学（西北政法大学学报）》2021年第5期。

③ 参见张相军、张薰尹《行政非诉执行检察监督的理据与难点》，《行政法学研究》2022年第3期。

④ 参见河北省东光县人民法院（2019）冀0923执128号执行裁定书。

⑤ 参见《国务院关于加强和规范事中事后监管的指导意见》“五、构建协同监管格局”。

职能不明问题需要明确和解决。实践中并不是缺少执法依据和执法手段，而是存在多方主体交叉管理导致履职范围不够明晰的情形，进而放任了违法行为的持续发生。

2019 年 1 月，中共中央办公厅、国务院办公厅印发了《关于推进基层整合审批服务执法力量的实施意见》，对基层执法力量薄弱的社会现状作出了有力回应，要求各行业整合执法资源和执法力量，授权乡镇和街道在其管辖范围内开展行政执法，其中包括一定的行政处罚权。① 赋予乡镇政府一级行政处罚权的前提是承接能力的判断和有效衔接，与专业领域、垂直管理、跨行政区域执法事项匹配的行政处罚权在实施中可能产生外部风险。② 目前来看，各地的乡镇和街道执法权限及执法现状参差不齐，偏远地区的行政主管部门自身的执法队伍和执法力量都较为薄弱，更无暇顾及执法权的委托。若行政处罚主体是主管部门，而强制执行的组织实施主体界定为乡镇或街道，无疑增加了乡镇和街道的执行难度。此外，对于行政机关在行政执法过程中消极作为或者不作为、不尽职尽责、履职有瑕疵、故意拖拉敷衍等怠于履行职责、不履行职责等行为，公众知情权和监督权受到约束，执法监督议题未完全进入公众视野。③

四　土地执法行政处罚有效执行的实现路径

（一）顶层设计：完善监管立法体系

不管是权责不清还是法条竞合现象，都需要通过立法完善来解决根本性问题，以构建良好的执法环境。从法律适用的角度来看，有必要针对法条竞合如何处理进行规范明确，在修订《行政处罚法》时，针对罚款以外的其他处罚在竞合情况下如何选择适用作出规定。尤其是在行政机关综合执法制度尚未完全建立的情境下，分头执法将普遍存在，适用择一重罚规则，首先需要厘清其与管辖权规则的关系。④ 鉴于处罚种类在不同行业领域的行政规章或规范性文件中适用不一，《行政处罚法》的规定更适宜作为总则性条款，为不限于土地违法查处领域的行政处罚案件提供规则指引。⑤ 这里的处罚种类则不仅包括《行政处罚法》第 29 条规定的罚款的具体适用，还包括对土地及地上建筑物的处置措施，如责令退还、限期拆除、没收和恢复土地原状等。

作为行政强制执行制度的重点改革事项，裁执分离需要完善其法律基础，从立法层面确立其法律地位，未来制定“行政程序法”时宜针对裁执分离这一重要的制度建

① 参见《关于推进基层整合审批服务执法力量的实施意见》。

② 参见杨丹《赋予乡镇政府行政处罚权的价值分析与法治路径》，《四川师范大学学报》（社会科学版）2021 年第 6 期。

③ 参见孔祥稳《行政处罚决定公开的功能与界限》，《中外法学》2021 年第 6 期。

④ 参见刘连泰《行政处罚中择一重罚规则的体系化阐释》，《法学研究》2022 年第 1 期。

⑤ 参见胡斌《行政法律规范竞合理论与适用规则建构——基于 123 件裁判文书分析》，《行政法学研究》2022 年第 2 期。

构科学的适用规则。[①] 面对立法没有明确执行主体的问题，不能忽略执行主体与接收主体的本质区别。执行主体具体负责对行政处罚对象涉及的土地及建筑物进行处置，接收主体则涉及处置之后土地的权属及用途管制。《自然资源行政处罚办法》第35条[②]指出，没收建筑物或者其他设施的接收主体是作出行政处罚的自然资源主管部门的同级财政部门，但也提供了另外一种解决思路，就是由自然资源主管部门拟订处置方案后报同级政府批准后实施。最新修订的《土地管理法实施条例》虽然在明确制度边界、强化法律责任等方面进行了一定突破，但仍需要进一步优化，针对本级政府没有指定接收单位的情况，宜将本级政府作为兜底处置单位，以督促本级政府结合本行政区域内的实际情况尽快明确执行主体和接收主体。

土地违法查处不可避免需要面临土地用途的审查及土地状态的修复，恢复原状作为《自然资源部行政处罚事项清单》里的一项基本处罚种类，需要一些实施细则来保障恢复原状的具体实施、恢复土地功能。《土地复垦条例实施办法》规定了合法占用过程中损毁土地的复垦措施，对于违法占用土地的复垦工作，需要在修订《土地复垦条例实施办法》时明确可参照本办法执行，通过解释说明实现与行政处罚中恢复原状的概念统一与验收衔接。同时，针对违法占用土地没有缴纳保证金和复垦方案的情况，违法占地主体及合法占地的土地复垦义务人，二者共同承担土地复垦义务，在复垦完成后有义务提交所在地自然资源主管部门会同相关部门进行验收。

（二）制度安排：重构裁执分离模式

土地违法行政处罚的执行领域，涉及多部门、多行业、多层级的共同协作，司法机关与行政机关需要建立相对稳固的长效机制，这样有助于发挥各自专业优势，积极消除土地的违法状态，最大限度恢复土地原状，确保耕地保护在数量、质量和生态三个方面取得平衡发展。国家治理现代化的顶层设计，为探索创新监管方式奠定了坚实基础，最高人民法院也率先进行制度创设并引导各个省市法院开展有益尝试，为制度的全面铺开贡献基层经验。但是，在最高人民法院与自然资源部没有达成统一共识之前，基层探索的阻力和困难是不言而喻的，立法完善的同时也是充分吸纳多方意见、明确划分职能职责、综合评估执法效能的实践过程。

在具体实施层面，需要行使司法裁决权的各地人民法院和具体组织实施的行政机关有效衔接，司法机关作出裁定之前需要考虑当地的实际情况和执法环境，与行政机

① 参见江苏省高级人民法院行政庭课题组《关于构建土地非诉行政案件“裁执分离”模式的调研报告》，《行政法学研究》2022年第1期。

② 《自然资源行政处罚办法》第35条规定：“自然资源主管部门作出没收矿产品、建筑物或者其他设施的行政处罚决定后，应当在行政处罚决定生效后90日内移交同级财政部门处理，或者拟订处置方案报本级人民政府批准后实施。法律法规另有规定的，从其规定。”

关形成良性互动机制。全国人大法律委员会在通过《行政强制法》的审议报告中指出，给法院改革探索由法院作裁定、由行政机关组织实施的裁执分离强制执行模式留有空间。[①] 2013 年 5 月，浙江省高级人民法院在全国率先探索裁执分离，从行政复议和行政审判的双向维度共同探讨裁执分离机制建设中存在的问题及解决方案，并形成《浙江省行政复议与行政审判联席会议第八次会议纪要》。[②] 在此之后的近 10 年里，吉林、山东、辽宁、广西、湖北等地法院也结合当地实际情况，分别联合当地法制办、国土局等单位共同签订协作意见，也有部分地区法院以自身名义制定签发实施意见。[③] 虽然各地参与部门有所不同，但是会签文件均明确了采用裁执分离执行方式的案件范围，排除了金钱给付义务和具有人身专属性质的作为义务的行政决定的案件，规定了案件受理、审查执行、裁定送达、申请复议等流程的时限和规范，探索建立由法院审查、政府组织实施的模式。

在法治政府建设与依法行政语境下，从提升基层治理能力的角度出发，各地需要继续通过开展联合调研、召开联席会议等方式，共同研究解决推进裁执分离模式中面临的新情况、新问题，本着权责明确、协同配合、有效执行的原则，确定实施主体并加强跟进监督、跟踪问效，形成执行合力。在先试先行的基础上，逐步扩大土地非诉行政案件的适用范围，争取党委、政府支持，增强协调力度，实质化解争议。及时督促行政相对人自觉履行行政处罚决定，要求其停止违法行为的同时，积极采取有效措施进行补救和修复。在职能职责的划分上，国土部门需要对行政处罚行为的合法性负责；法院需要对行政处罚的合法性予以审查，对执行内容的可执行性予以核实，对实施主体的可操作性予以评估。

（三）运行机制：促进处罚体制转型

行政资源的有限性是执法过程中不容忽视的一个现实问题。[④] 为了提升土地执法力度和行政处罚执行效果，实现阻断辖区违法建筑增量与减少涉违法建筑非诉强制执行案件存量的共同目标，需要形成复合监管模式。要实现耕地生态治理目标，迫切要求从科学认知层面加强对耕地生态系统理论的认识，理清耕地保护工作涉及的各行政机关的治理职责。[⑤] 实行县、乡、村三级联动全覆盖的耕地保护网格化监管，建立健全执法全过程记录制度、执法公示制度和重大案件会审制度。

---

① 参见温辉《行政非诉执行司法审查标准》，《法律适用》2019 年第 20 期。

② 参见《浙江省行政复议与行政审判联席会议第八次会议纪要》（2013 年 12 月 31 日浙江省高级人民法院审判委员会第 2504 次会议通过）。

③ 参见李丹《辽宁大连法院推进行政执行案件裁执分离》，《人民法院报》2019 年 11 月 9 日。

④ 参见江必新、贺译葶《贯彻〈行政处罚法〉需重点把握的几个问题》，《法律科学（西北政法大学学报）》2021 年第 5 期。

⑤ 参见孔祥斌《中国耕地保护生态治理内涵及实现路径》，《中国土地科学》2020 年第 12 期。

一方面，需要继续巩固国家土地督察制度实施以来取得的成效，总结督察制度在促进监管、维护法治上显现出来的制度优势。中央对派驻地方土地督察局[①]的职能定位，既是对法律实施情况的跟进监督，又是对行政监管失效的重要补充，是克服土地市场失灵和土地监管失灵的有效手段。[②]

另一方面，可以以预防性执法为指导，加强诉源治理，控制新增违建。综合行政执法改革从横向上整合政府职能，从纵向上减少执法层次，乡镇街道执法在社会管理实践中得到逐步落实。自然资源部门可联合城市管理部门、生态环境部门、公安机关、公用事业主管部门、属地政府开展联合执法，减少多头管理，依法依规有序查处存量违法建筑，并及时送达行政处罚决定，做好决定执行的监督和申请强制执行等工作，在各自的职责范围内履职到位，必要时可在全省、全市范围内挂牌督办，以典型案例发挥警示作用，倒逼违法主体及时履行义务。从源头防范的角度，村民委员会在出租土地后实行备案审查制，由自然资源主管部门对合同约定内容和实际履约形式进行书面审查和实地考察，在合同关系存续期间加强日常巡查并履行报告义务。

土地财政提供了诱惑地方政府实施违法行为的制度基础，为土地征收过程中掌握权力的行政官员的腐败提供了时代背景。[③] 可见，土地执行行政处罚的执行效果不佳，与行政机关对行政处罚决定执行的不重视、不作为有一定关系。不管当地法院是否适用裁执分离模式审理类似案件，作为作出行政处罚的行政机关，监督或保障处罚决定的执行到位是应有之义。推动构建行政执法定期评查机制和责任追究机制，提高行政执法人员履职主动性和能动性，促进奖惩制度的制定和实施。对于群众认可度高的行政执法案件，主管单位可适当给予一定奖励和表彰，建立有效激励机制。对于行政处罚后执行不力的案件，首先排查是否存在玩忽职守或滥用职权的情形，监管主体与监管对象之间是否存在权力寻租，结合客观影响及损害后果情况进行综合评判，以决定是否向监察机关移送案件线索。如最高人民检察院发布的第十六批指导案例中的刘某非法占用农用地案，北京市延庆区延庆镇规划管理与环境保护办公室虽然在前期开展了调查核实工作，下发了行政处罚决定书，采取了一定的措施制止违法行为，但从案件的实际进展情况看，并未取得预期效果，也未有效遏制违法建设，延庆区监察机关给予直接负责人等4人党纪政纪处分。[④]

---

① 2006年7月，国务院办公厅发出通知，要求建立国家土地督察制度，由国土资源部向地方派驻9个国家土地督察局，分别是北京、沈阳、上海、南京、济南、广州、武汉、成都、西安。

② 参见陈晓红、朱蕾、汪阳洁《驻地效应——来自国家土地督察的经验证据》，《经济学》（季刊）2019年第1期。

③ 参见符启林《论土地财政的历史命运》，《比较法研究》2017年第6期。

④ 参见高景峰、张杰《最高人民检察院第十六批指导性案例解读》，《人民检察》2020年第5期。

（四）外部监督：重塑检察职能定位

《宪法》第 134 条对检察机关的性质和定位进行了明确，作为法律监督机关，应当为保障国家法律正确实施作出努力。在土地执法行政处罚执行领域，检察监督有着较大的履职空间，行政检察早已关注并着手开展非诉执行的监督工作，但是监督机制仍然不够健全。从程序设计来看，非诉执行的行政检察的直接监督对象是人民法院，是对法院生效裁判执行效果评估的延伸。但是，由于非诉执行的根源是行政机关作出的行政决定，在土地违法领域更多的是行政处罚决定，检察机关在对法院裁判行为进行监督审查的同时，必然要涉及对行政机关作出具体行政行为的合法性、合理性审查。[①] 对法院作出的准予执行或者不准予执行的裁定，检察机关都可以介入监督，准予执行是否符合法律规定，不准予执行的法律依据和释法说理是否充分。如果通过审查，发现行政主体不适格或者事实认定不准确，检察机关可以同时向法院和行政机关发出社会治理检察建议，提高双方的注意义务。[②]

《人民检察院组织法》在 2018 年修订时确立了“四大检察”为核心的监督格局，公益诉讼检察正式在立法上确立了法律定位，检察机关的法律监督范围也进一步拓宽。作为社会公共利益的代表，检察机关行使公益诉讼职责是回应人民关切的着力点，无论是诉前检察建议还是诉前磋商程序，均立足于督促行政机关依法履职这一根本出发点。检察机关逐渐成为社会公益的代表者这种演进动态，正是国家与政府职能实现现代化转型的必然结果。[③] 赋予检察机关公益诉讼权，旨在借助司法工具通过逐案演进的方式，形成多元治理机制在公益保护层面的耦合。此种监督不同于行政体系内部的监察监督，也不同于具有政治属性的人大监督，而是常态化的、具体个案式的监督。判断“依法履职”的规范基础是法律规定，而行政机关是否“依法履职”是一种法律实施层面上的事实认定。[④] 检察机关在督促履职过程中，发现作出土地违法行政处罚的决定主体及负有启动申请和组织实施强制执行的行政主体在处理土地违法问题时，履职不到位的，应当立案并开展调查核实。2021 年 7 月 1 日起施行的《人民检察院公益诉讼办案规则》第 68 条专门对行政机关在强制执行过程中怠于履职的情形进行了列举，包括各地适用裁执分离规则而交给行政机关组织实施执行的行为，均属于行政公益诉讼的案件线索范围。[⑤] 检察机关在土地整治领域如何履职、如何监督，以督促行政机关

---

① 参见姜明安《行政非诉执行检察监督功能价值的五方面体现》，《检察日报》2019 年 5 月 27 日，第 3 版。

② 参见刘长江《行政非诉执行检察监督应注意的几个基本问题》，《人民检察》2020 年第 16 期。

③ 参见周新《论我国检察权的新发展》，《中国社会科学》2020 年第 8 期。

④ 参见李瑰华《行政公益诉讼中行政机关“依法履职”的认定》，《行政法学研究》2021 年第 5 期。

⑤ 参见《人民检察院公益诉讼办案规则》（2021）第 68 条。

在依法履行监督管理职责的同时提供更好的公共产品，是检察公益诉讼拓展之重点。[①]

五　结语

粮食安全是国家“十四五”规划的重要组成部分，关系到国家长治久安和人民生活保障。耕地的承载能力与人口发展、工业水平息息相关，耕地的利用方式直接影响粮食供给能力。受经济发展不平衡、资源利用不优化、保护生态不彻底、法律适用不统一等多重因素的影响，土地违法行为的行政处罚执行及耕地修复工作仍然有较大的存量空间。[②] 无论是裁执分离的模式探索，还是检察监督的外部推进，均是为了督促行政机关更加有力地开展行政执法，以达到更好的执法、普法效果。实践中，需要以更多的智慧力量和创新精神去探寻保护耕地、保护生态、保护粮食安全的最优之路。

The Research on the Implementation of Administrative Punishment for Land Violations —Taking Cultivated Land Protection and Management as the Background

Dou Tingting

Abstract: As a public resource, cultivated land is related to food security and national security. Because the attributes of cultivated land are closely related to geographical location, landform, climate and environment, and the economic levels and resource endowments of different regions are different, the protection of cultivated land needs to be adjusted to local conditions and classified measures. At present, with the simultaneous promotion of urbanization and industrialization, the situation of cultivated land utilization and protection is becoming more and more serious, and the institutional design of cultivated land protection also needs to be improved. As an important relief of land resources protection, the way and effect of land violations administrative punishment directly affect the increase of cultivated land and the restoration of ecological environment. In practice, due to the unclear provisions of the implementation subject, the separation of judgment and enforcement, the imbalance of

① 参见潘剑锋、郑含博《行政公益诉讼制度目的检视》，《国家检察官学院学报》2020年第2期。

② 参见李蕊《公共服务供给权责配置研究》，《中国法学》2019年第4期。

application, and the inconsistent evaluation of reclamation standards, the implementation effect of land violations administrative punishment is not ideal. In order to solve these problems, we can gradually improve the implementation environment of administrative punishment for land law enforcement by improving the regulatory and legislative system to speed up the top-level design, reconstructing the separation mode of judgment and enforcement to improve institutional arrangements, promoting the transformation of punishment system to build an operating mechanism, reshaping the positioning of prosecutorial functions to strengthen external supervision.

Keywords: Land Violations; Administrative Punishment; Separation of Judgment and Enforument; Prosecutorial Supervision

新发展理念下我国耕地保护的多元目标统协

王　纯*

摘　要：我国虽然始终坚守18亿耕地红线，持续强调和部署粮食安全与耕地保护等重大事项，却未能有效遏制耕地“非农化”与“非粮化”现象的发生，耕地质量与生态水平亦亟待提高。通过对耕地保护政策的梳理与剖析，可以发现我国耕地保护出现问题的主要原因在于：一是行政主导的制度缺陷，包括中央和地方的利益分歧、形式化的行政审批制丢失效率与监管，计划指标配置忽视地区发展条件的差异；二是政策自身存在临时、冗杂和低效的问题，惩奖价值变迁需综合考虑。廓清耕地保护问题的逻辑后，厘清耕地矛盾的特殊性，结合新发展理念的内涵，提出切实可行的改进措施。创新农业生产力和耕地经济激励机制，通过适当市场化以协调不同区域间生态条件、计划指标和财政能力的差异，同时开放大数据信息监管渠道，以人为本，将耕地“三位一体”的保护目标与可持续发展的绿色观进行有机融合，以农护地，以地养人，实现耕地保护与经济发展的利益共享，完成全国耕地保护的多元目标统协。

关键词：耕地保护；耕地保护政策；生态补偿；耕地经济激励；新发展理念

民以食为天，食以农为源，农以地为本，耕地保护事关国计、政本、民生，是生态系统的重要元素。① 习近平同志指出，粮食安全是“国之大者”。② 粮食安全事涉政治、经济与生态等综合建设，耕地保护的严峻性和重要性已不言而喻，国家层面不断强调耕地保护的位阶。基于区域之间耕地先天条件和策略选择的差异，我国耕地保护呈现“病哪医哪”的被动与乏力，耕地保护目标和实际效能长期处于不充分和不均衡的双重矛盾之中。着眼于贯穿始终的耕地政策，未来应将解决耕地问题的逻辑从“治标不治本”转变为不仅治病根，还要调养生态环境，由点及面，形成全方位、多维度的耕地保护体系。

一　探析耕地政策的背景和执行差异

通过对新中国成立以来的耕地保护政策进行梳理和提炼，剖析不同阶段的政策倾

---

* 王纯，西南政法大学民商法学院民法博士研究生，研究方向为民法学、农村土地法治。

① 参见牛善栋、方斌《中国耕地保护制度70年：历史嬗变、现实探源及路径优化》，《中国土地科学》2019年第10期。

② 参见《习近平参加全国政协十三届五次会议的农业界、社会福利和社会保障界委员的联组会》，新华网，http://www.news.cn/politics/leaders/2022-03/06/c_1128443977.htm，最后访问日期：2022年3月10日。

向和弊端，可以获悉我国耕地保护的目标从“数量”转为“数量+质量”，再跃迁到“数量+质量+生态”三位一体的多元目标统筹，目前完善至响应国家“全面贯彻新发展理念，加快构建新发展格局”的时代要求。政策整体目标长期不变，即坚持耕地的数量底线，逐步丰富耕地保护的内涵，应对不同阶段出现的新问题时，多点突破，逐步从严抓一元目标转变为多元目标的均衡保障。

（一）新中国成立初始特殊时期：1949～1977 年

新中国成立初期，百废待兴，解决人民缺粮问题迫在眉睫。由于当时的社会经济条件落后，对耕地的保护主要是通过政治手段开展，以垦荒增粮为唯一目的。1950 年颁布的《土地改革法》规定了农民土地所有权，土地归农民所有。1954 年《宪法》明确规定：“国家依照法律保护农民的土地所有权和其他生产资料所有权。”1956 年前后推行农业生产合作社和人民公社，实现社会主义公有制的转变，保护耕地的主要目的是解决百姓温饱问题。

（二）改革开放初期：1978～1985 年

改革开放初期，我国着力提高城镇化和工业化水平，发展乡镇企业，其中主要是通过垦荒、征收等方式满足城镇化和工业化对土地的需求。1981 年国务院发布《关于制止农村建房侵占耕地的紧急通知》[根据《国务院关于宣布失效一批国务院文件的决定》（国发〔2016〕38 号），此文件已宣布失效]，制止农村建房和兴办社队企业乱占滥用耕地行为。1982 年国务院公布施行《国家建设征用土地条例》，制止征地拆迁和安置过程中对耕地造成的破坏。此时耕地保护服从于经济建设与发展，缺乏专门的法律法规保护，一些规定散见于政策之中，且全部为命令性口吻，意图引导城乡形成保护耕地的意识，却无具体操作规范，并且政策停留在原则性阶段，缺乏区域化统筹和具体配套措施。

（三）市场经济转型时期：1986～1996 年

耕地数量的日益减少引起了中央高度重视，在开发区建设热潮的背景下，为应对胡乱批地、乱占和滥用耕地的现象，1986 年我国将耕地保护上升为基本国策，同年成立了土地管理局并出台了《土地管理法》；1992 年国务院办公厅发布《关于严禁开发区和城镇建设占用耕地撂荒的通知》（国办发〔1992〕59 号），提出应加大对农用地转为建设用地的审批力度，将农村占而不用的土地恢复耕种，以行政手段遏制建设用地的胡乱扩张，提高耕地利用率。1992 年 11 月国务院发布《关于严格制止乱占、滥用耕地的紧急通知》（国发明电〔1992〕13 号），规定设立开发区要进行严格审批和必要监管，提出“乡镇不设开发区”，控制遍地开花的开发区热势。

耕地问题长年积弊，不断增强的耕地保护意识，让中央开始探索耕地保护的改革方向，丰富耕地保护的目标、策略和模式。1988 年修订的《土地管理法》未独立设置耕地保护制度，使用行政手段处理耕地占用和破坏问题时，由于缺乏足量的法律依据可援引，导致违法成本较低，执法力度有限。1989 年 2 月国务院发布《关于切实做好耕地占用税征收工作的通知》（国发〔1989〕15 号），同年财政部发布《关于进一步做好农林特产农业税征收工作的通知》（财农税字〔1989〕37 号），通过严格执行农业税收法令达到保护耕地资源的效果。开始综合利用经济手段、行政手段和法律手段以严格控制耕地占用；1994 年 8 月国务院出台了《基本农田保护条例》，强调对基本农田实行特殊保护，以保证农业生产粮量和国民经济总量的稳步增长。然而，以数量为考核标准，耕地数量减少的行为却屡禁不止，政策提及兼顾耕地的质量，空有口号却没有举措，耕地保护策略从“对症下药”沦为“治标不治本”，法律与政策之间欠缺协调与统一。

（四）经济高速发展时期：1997~2003 年

此前的耕地保护政策效益不佳，新一轮开发区热潮席卷，面对建设用地蚕食耕地的严峻态势，耕地数量堪忧，多年积累的土地粗放利用和损毁问题爆发，耕地质量也告急。中央先后通过修正法律和追加政策等手段，控制农用地非农化的恶势，规定基本农田须保持 80%的比例，强调耕地占补平衡制度应严格履行“占一补一”的法定义务，新增破坏耕地的刑事责任，辅之行政责任予以双重救济。

1997 年《刑法》增加了“非法占用耕地罪”；1998 年国土资源部成立，明确耕地保护地位，同年《基本农田保护条例》规定基本农田至少占行政区域耕地总面积的 80%；1998 年 12 月新修订的《土地管理法》规定了耕地保护框架，明确“十分珍惜、合理利用土地和切实保护耕地”是基本国策，确定耕地占补平衡规则，行政手段和法律手段双向增强。2000 年国土资源部发布的《关于加大补充耕地工作力度确保实现耕地占补平衡的通知》提出认真履行耕地“占一补一”的法定义务。虽然多项政策提到耕地质量的重要性，但耕地保护整体处于数量控制成效不佳、质量更无从谈起的窘状。针对新一轮的“开发区热”，2003 年国务院办公厅下发《关于清理整顿各类开发区加强建设用地管理的通知》和《关于暂停审批各类开发区的紧急通知》，通过追究行政领导及当事人的行政责任予以遏制。经济手段和法律手段双双增强，但多部门领导反映了行政管理的局限性，保护耕地需要消耗较长的时间成本以通过审批或决策。耕地非农化问题日益突出，工地与耕地的经济价值相差甚远，农民离地不务农，转而进城务工，耕地保护失去一线力量，农民工浪潮离农现象在经济发达地区尤为明显。

（五）政策体系完善阶段：2004~2013 年

土地市场乱象横生，严峻的耕地保护形势有加无已，有关政策频频失灵，故中央统筹和完善耕地保护措施，强调规划、管控和监督三合一，建立耕地保护和经济发展的有机循环体系，整顿土地市场以控制建设用地数量，采用严格的土地管理和权责监督制度以限制行政权力的扩张。

2004 年 4 月国务院办公厅发布《关于深入开展土地市场治理整顿严格土地管理的紧急通知》，对土地市场的违法违规交易进行整改；2004 年新修订的《土地管理法》明确土地征收征用，严守 18 亿耕地红线及严格执行耕地保护举措；2004 年《国务院关于深化改革严格土地管理的决定》（国发〔2004〕28 号）明确指出，“实行最严格的土地管理制度，是由我国人多地少的国情决定的，也是贯彻落实科学发展观，保证经济社会可持续发展的必然要求”。运用经济手段管控，提高农作物种植的补贴，为农民增收。2005 年与 2008 年的“中央一号文件”均提及行政管控和经济补贴，2009 年 12 月国土资源部、农业部联合发布《关于加强占补平衡补充耕地质量建设与管理的通知》，2012 年 6 月国土资源部发布《关于提升耕地保护水平全面加强耕地质量建设与管理的通知》，不断提出加强耕地质量建设，落实保护性耕作，逐步将耕地质量与数量保护置于同等位次。2007 年国务院全面修订《耕地占用税暂行条例》，以提高税费标准遏制占用和滥用；2010 年 1 月国土资源部发布《关于切实加强耕地占补平衡监督管理的通知》，2013 年 8 月国土资源部办公厅发布《关于加快开展基本农田数据库建设的通知》，规定了越来越严格的绩效考核和监督追责制度，多部门之间探索网络信息化管理，多项举措齐头并进。一方面，耕地保护体系日趋完善，但多部门协作和政策适用仍存在衔接问题；另一方面，耕地质量保护成效低于预期，表现得不尽如人意。

（六）“三位一体”与“创新、协调、绿色、开放和共享”的新发展理念：2014 年至今

自然资源部公布的第三次全国国土调查结果显示，2019 年末全国耕地 19.18 亿亩，较“二调”全国耕地减少了 1.13 亿亩。党的十八大以来逐渐形成了以用途管制为核心，以永久基本农田特殊保护、土地整治和高标准农田建设、农用地转用和土地征收为主要内容的耕地保护制度体系，[①] 提出轮作休耕、退耕还林还草举措，要求将耕地生态系统纳入完整保护流程，充分体现了种地和养地相结合、人与自然和谐共生的原则。我国已经形成内容最严格的耕地保护制度体系，但仍未遏制住全国耕地面积不断减少和局部地区耕地质量持续恶化的态势，耕地持续非农化、非粮化和粗放利用的问题日益严重。[②] 2016 年 7 月国土资源部发布《关于补足耕地数量与提升耕地质量相结合落实占补平衡的指导意见》，次年又印发《关于改进管理方式切实落实耕地占补平衡的通知》，均强调要建立以产能为核心、数量相等、质量相当、生态无垠的耕地占补平衡机制。2018 年

① 参见《第三次全国国土调查主要数据成果发布》，自然资源部网站，http：//www.mnr.gov.cn/dt/ywbb/202108/t20210826_2678337.html，最后访问日期：2022 年 1 月 5 日。

② 参见刘彦随、乔陆印《中国新型城镇化背景下耕地保护制度与政策创新》，《经济地理》2014 年第 4 期。

自然资源部《关于实施跨省域补充耕地国家统筹有关问题的通知》规定可分类适度实施国家统筹异地补充，耕地保护上升到国土空间管理，针对区域联动和统筹进行部署。2018 年，自然资源部和农业农村部在全国开展了“大棚房”问题专项整治行动，主要针对在基本农田上建设“大棚房”予以出租出售，此种做法违反了《土地管理法》，属于破坏耕地或者非法占地的违法行为，以非法占用农用地罪追究实际建设者、经营者的刑事责任，对非法占用耕地和破坏耕地质量的行为零容忍。2021 年 2 月 28 日，农业农村部发布《农村土地经营权流转管理办法》，一方面强调防止耕地“非粮化”，保证农地农用，粮产优先，严格审核土地经营权流转是否用于粮产规划；另一方面，坚决制止耕地“非农化”，禁止违法改变基本农田的农用性质，禁止闲置和荒芜耕地，禁止占耕建坟、建房等。

生态文明建设是关乎中华民族永续发展的根本大计，保护耕地生态环境能反哺耕地质量，进一步提高土地的生产力。当前阶段应继续强调“三位一体”目标，同时巧嵌耕地保护的新发展理念，对不适应、不适合甚至违背新发展理念的问题要坚决纠正，结合国情进行适时、适新调整。

二　廓清耕地保护不力的成因

笔者评价不同阶段政策的落地情况，对所涉耕地保护问题进行凝练后，发现治标不治本的针对性措施非但未能实际增加耕地数量，未实现耕地质量与生态的同步建设，反而持续破坏我国耕地的先天基础，以致耕地保护问题逐年严峻。耕地保护不力的原因可归结为两方面：一是行政主导下依赖政策的耕地保护模式，缺乏对程序性行为的有效监管，必然导致耕地保护效率低下；二是现阶段采取了与传统耕地保护截然不同的价值倾向，从仅片面追求数量达标，完善为追求新发展理念下“三位一体”的均衡保障，价值倾向的调整更加依赖政策支撑，却发现时效性政策与价值选择相互矛盾，各行其是。

（一）行政主导的制度缺陷

1. 中央与地方的利益存在分歧

中央要确保国泰民安，形成长期且良性的土地效益循环，注重耕地资源的存量和流量、总量和质量的平衡，视角高度决定耕地保护必须是“三位一体”的综合体系，根植于国情，确保福泽后代子孙。地方政府着眼于区域内快速发展，由于建设用地具有远高于农地的经济价值，能给地方政府带来高额土地财政收入，为了实现短期效率的最大化，地方政府有强烈的将耕地转变为建设用地的动机。[①] 此外，有些地方政府曲解耕地生态保护的核心要义，偷换概念，认为增加土地“绿化率”便是实现耕地生态

① 参见贺雪峰《为什么说中国土地制度是全世界最先进的——答黄小虎先生》，《湖南科技大学学报》（社会科学版）2018 年第 3 期。

化治理，通过增加城市绿化率、森林覆盖率和建造生态景观工程以增补耕地数量，将湿地公园、森林公园和星级景区的生态效益当作对耕地质量与生态的改善。

在中央与地方构筑利益博弈格局时，地方与农户也存在逐利矛盾。[①] 农户是最简单的利益导向群体，他们会斟酌个人收益和成本，择取短周期经济价值的最大化，经营耕地无法使其获利或多得利，农户的积极性受创。加之同乡之间有攀比和从众心理，争相模仿耕地的利用方式，集约化农业生产方式对生态环境产生负面影响，而生态环境又反作用于农业生产系统，[②] 进一步损害耕地质量和生态环境，形成恶性循环。地方政府在行政审批获得指标的过程中，承担着“执行者”和“监督者”双重身份，容易滋生违法违规操作。农户对公共决策参与不足，缺乏耕地保护的原动力，政策落地情况堪忧，一方面，无法期许农户了解不可枚举的政策；另一方面，农户对耕地保护的意愿不强，恰好说明既有的政策不接地气，难以发挥实效。

2. 行政审批机制自身存在缺陷

2020 年 3 月 1 日，国务院发布《关于授权和委托用地审批权的决定》（国发〔2020〕4 号），明确将国务院可以授权的永久基本农田以外的农用地转为建设用地审批事项授权各省、自治区、直辖市人民政府批准，试点将永久基本农田转为建设用地和国务院批准土地征收审批事项委托部分省、自治区、直辖市人民政府批准。首批试点省份为北京、天津、上海、江苏、浙江、安徽、广东、重庆，确保相关用地审批权“放得下、接得住、管得好”。以上审批事项的权限在省级以上政府手中，且不得再授权和转委托，行政审批手续设置繁复，在应对农地非农化问题时表现得有心无力。究其原因，有学者认为《土地管理法》规定的土地用途管制制度其实是中央或省级政府对下级政府的管理，基本排斥了具体用地需求者和集体土地权利人的利益诉求。[③] 农用地转非农地直接涉及土地权利人的利益，制度设计之初是由土地所有权人向省级以上政府申请审批，但现实中是由权利人向县级政府提出申请，县级政府向省级以上政府申请，作为中间的县级政府权力得到强化，又缺乏相应的监督，与其说该审批为行政许可，不如说是内部行政行为，土地权利人既无从得知审批信息，又难以进行司法诉讼救济，再者即使能顺利提起诉讼，土地相关权益的保障周期较长，而土地生财兴企，所以各区域实践中常见“先斩后奏”的情形。

2019 年 7 月，四川省荣县人民检察院诉荣县自然资源和规划局不依法全面履职案依法宣判，该局违规审批收费后未监督鸿康公司复垦，未对破坏耕地资源的行为进行

① 参见许恒周《耕地保护：农户、地方政府与中央政府的博弈分析》，《经济体制改革》2011 年第 4 期。

② 参见郭珍《资源环境紧约束下的土地利用：竞争与冒险》，《郑州大学学报》（哲学社会科学版）2018 年第 6 期。

③ 参见黄忠《迈向均衡：我国耕地保护制度完善研究》，《学术界》2020 年第 2 期。

行政处罚，权利人未按审批用途使用耕地，导致土地荒芜且无法耕种，时至诉前该局仍未对鸿康公司进行行政处罚，履行职责仍然不全面；被起诉后，对鸿康公司进行了行政处罚，但仍未能依法全面监督其严格按照国家标准整改到位。① 从该案可窥见现实中违规审批和行政处罚执行情况，公权力缺乏有效监督，事前难以防范审批违规，事后仍缺乏积极纠错的意识和行为，归根结底，在可观的土地财政利益和政绩面前，此案不会是孤例，相反可能还是普遍存在的现象。

此外，审批花费的时间通常较长，短则三月，长则一年半载，经济建设却不舍浪费分秒，于是形成了“审批可补，地得先用”的通识。省级以上政府对基层土地使用的了解多依赖地方政府及部门信息的层层上报与整合，却很少深入基层，难通晓实情，即使按设想般进行详细审查，在人力和物力成本的现实面前，也难以确保审批对象适格。形式化的审批所导致的结果就是，一些地方政府会采取种种手段骗取上级政府的批复，利用审批机制自身缺漏，将应付上级政府及相关部门的监察作为主要目标，而非依法管理和保护土地。

无独有偶，2015 年河北邢台隆尧县隆尧镇东河村民称村委会先是以租代售，后来造假骗取他们承包期为 30 年的耕地，在小麦收割期强行破坏农作物，开挖地基修建县交通局办公大楼。经逐级申报批准，河北省政府作出《关于隆尧县 2009 年第二批次建设用地置换的批复》（以下简称《批复》）。村民提出补偿款不能维持失地后的生计，最后河北省政府作出冀政复决（2015）27 号行政复议决定书，确认《批复》涉及的《征地结果确认表》与事实不符，征地调查结果未经被征地农户确认，征地程序不符合规定，撤销此前作出的《批复》。② 省政府的批复未经土地权利人的确认，补偿措施也未到位，存在多项违法操作，仍然获得行政批复建完大楼，行政许可被撤销后，烂尾大楼变违法建筑，未合理进行拆除并还原耕地于民。当采取伪造数据和欺瞒表述的方式以获审批成为常态时，形式化的行政审批俨然变为行政备案制。

3. 计划指标配置的逻辑存在悖差

耕地和非农用地的计划指标，原是自上而下层层分配，此种分配方式的弊端毋庸赘述。一是必须获取全面且真实的信息，以便于进行计划指标的科学分配，若选择严丝合缝的数值匹配，对信息收集和管理的要求极高；若选择总量内灵活调配，宽泛的权力易滋生腐败。二是如果配置出现错误，便会出现土地效益或经济发展良好的地区

① “荣县人民检察院诉荣县自然资源和规划局怠于履行土地行政监管职责案”，参见荣县人民法院（2019）川 0321 行初 4 号行政判决书。

② 参见《河北一县政府骗取农民土地建交通局大楼，烂尾六年未拆除》，澎湃网，www.thepaper.cn/newsDetail_forward_1432728，最后访问日期：2021 年 12 月 30 日。

未获得充分指标，反而经济发展滞后、土地利用效率低的地区获得更多指标的局面。[①]

根据《落实国务院大督查土地利用计划指标奖励实施办法（2021年修订）》及评估结果，对落实国家重大政策成效显著、土地利用状况良好、土地集约利用水平高和土地利用秩序良好的前十名省份，按照每个市（地、州、盟）奖励用地计划指标2000亩，或每个县（市、区、旗）奖励1000亩的标准，在编制全国土地利用计划时，将奖励的计划指标单独列出，随土地利用年度计划一并下达到各省份。[②] 位于前十的广东、浙江等省份出现计划指标提前用尽，急需增补与调整的情况，这些省份都具备经济发展速度与经济体量从优的特点，在指标首次分配时占据优势，在土地指标的奖励上亦能获取额外增补，两次指标分配的不科学与不合理，将进一步拉大经济较发达省份与经济欠发达或待发展省份的额度差距。但计划指标本身无偿，在分配环节不可能有盈余，无论经济较发达省份还是经济欠发达省份，都愿得到更多指标，但是否按需利用土地则未尝可知，长此以往，无偿指标配置就会违背地区间土地利用需求实际，以致部分省份指标不足，部分省份指标则白白浪费。自然资源部对每年排名靠前的省份奖励额外土地计划指标的做法，旨在形成正向的耕地保护引导，促使各省份因地制宜，积极投入优化土地利用模式、改善土地质量的工作中，然而指标二次配置的标准决定了差距只会增大而不会缩小，变成“旱的旱死，涝的涝死”。指标排名奖励并非没有可取之处，从“奖励优生”的思维转变为“增加中等生比例实现均衡”的思路，即把两次无偿指标转变为有偿交易指标，在原始指标配置的基础上，允许区域之间适当交易指标、进行耕地资源互助、寻求地理环境与经济优势互补，以平衡经济较发达省份和经济欠发达省份之间的指标矛盾。由于信息不对称、地区发展差异和配置者自身的局限性，传统指标的分配方式总会走入耕地破坏和浪费的死胡同。在市场经济的框架下，充分衡量区域发展水平与土地供需关系，借助相对自由的竞争方式实现区域间土地利益的共享，或是解决计划指标难题的良方。

（二）政策自弊与价值选择

1. 难以克服的政策问题

截至2021年，提及耕地保护的文献有上千份，其中有关具体耕地保护的政策文件有四五百份之多，包括法律11部、条例14部、规定15部，以及大量的意见、办法和通知。诚如梅因所言：“社会的需要和社会的意见常常是或多或少地走在法律的前面。”[③] 因此，土地政策必须与时俱进，不同阶段的政策要体现国情和回应民意，面对

① 参见谭荣、曲福田《农地非农化的空间配置效率与农地损失》，《中国软科学》2006年第5期。

② 参见自然资源部《落实国务院大督查土地利用计划指标奖励实施办法（2021年修订）》，自然资源部网站，www.mnr.gov.cn，最后访问日期：2022年1月3日。

③ 参见〔英〕梅因《古代法》，郭亮译，法律出版社，2016，第10~11页。

错综复杂的耕地保护问题时，较之完善的法律体系，更依赖实时更新的政策。事实证明，各阶段政策发挥的作用非常有限。原因有三。

第一，政策具有临时性，而耕地保护具有长期性。因此，政策治理总会给土地使用者造成一种“将来会转变为合法”的期待心态。[①] 中央为保护耕地绞尽脑汁，但是对于农户而言，在经济利益与生态利益发生冲突时，他们会更多地关注眼前的利益，而很少愿意为生态利益主动承担经济成本。[②] 第二，政策数量较多，各地政府在适用政策时，多会倾向性选择于己有益的内容。相比法律，很多政策在权力（利）、义务、责任的设定上比较原则，因此就会在执行中留下变通的空间，容易导致“上有政策，下有对策”的结果。[③] 地方政府往往采取占多补少、占优补劣、挪用补偿等行为完成耕地保护任务，[④] 事实上，地方政府都是在政策可活动的范畴中，为降低获地成本、增加地利和逃避监管寻求漏洞。第三，政策偏重于数量达标，对耕地质量保护的具体举措却鲜有提及，破坏耕地数量的行为界定有确定的数值，破坏耕地质量的行为却缺乏标准。[⑤] 农户在使用耕地时，即使能执行好数量标准，在欠缺法律意识和专业能力的前提下，也较难执行理想的质量保护标准，政策寄希望于提高农户的生态保护意识和能力，思路正确但收效不大。

2.“奖惩”价值选择

从经济快速发展时期起，国家就通过增强经济手段和法律手段来达到奖惩目的，实现耕地价值的正向引导，但在建设用地巨大的收益面前，命令性管制显得有心无力。[⑥] 从惩罚破坏者到经济补偿，国家反复强调耕地保护的基本目标，不断增强针对耕地违法行为的惩治力度，却避而不谈耕地激励机制的核心要素——补偿问题。我国多数耕地保护补偿机制仍处于试点普惠性补偿的探索过程中，主要有按亩标准的普惠性补偿、目标考核的激励性补偿、耕地保护突出地区的新增建设用地计划指标奖励、农田生态补偿和粮食生产补偿五种。[⑦] 其中普惠性补偿针对永久基本农田，各辖区存在明显的补偿资金差异；目标考核的激励性补偿和新增建设用地计划指标奖励均是依据目标考核结果，对突出单位进行额外计划指标的增奖；农田生态补偿指补偿有生态价值功能的永久基本农田，发放生态单类补偿金；粮食生产补偿指直接给粮食种植者发放补贴资金。

---

① 参见宋志红《小产权房治理与〈土地管理法〉修改》，《中国土地科学》2010年第5期。

② 参见谢花林、何亚芬《中国耕地轮作休耕制度研究》，经济科学出版社，2018，第146~167页。

③ 参见黄忠《迈向均衡：我国耕地保护制度完善研究》，《学术界》2020年第2期。

④ 参见李国敏、王一鸣、卢珂《耕地占补平衡政策执行偏差及纠偏路径》，《中国行政管理》2017年第2期。

⑤ Wei Song, Mingliang Liu, “Farmland Conversion Decreases Regional and National Land Quality in China,” *Land Degradation & Development* 28 (2017): 459-471.

⑥ 参见黄小虎主编《新时期中国土地管理研究》，当代中国出版社，2006，第54页。

⑦ 参见王艳松、桑玲玲、章远钰《完善耕地保护补偿激励机制的思考》，《中国土地》2019年第12期。

有学者认为引入基于市场机制的经济激励型政策工具，实行严控与激励并行的土地增减挂钩机制，能更好地引导耕地资源占用者改变其行为。[①] 2016年与2017年，国土资源部两次拓展增减挂钩政策范围，允许集中连片特困地区、国家级和省级扶贫开发工作重点县、贫困老区增减挂钩节余指标在省域范围内流转使用；2017年《中共中央　国务院关于加强耕地保护和改进占补平衡的意见》提出要健全耕地保护补偿机制，加强对耕地保护主体的补偿激励，实行跨地区补充耕地的利益调节；2018年，为集中力量帮扶深度贫困地区脱贫攻坚，国务院办公厅印发《城乡建设用地增减挂钩节余指标跨省域调剂管理办法》。2021年3月16日，四川省人民政府公布《四川省国民经济和社会发展第十四个五年规划和2035年远景目标纲要》，提出推进耕地指标和城乡建设用地指标在省级统筹下实现跨区域流转，探索节余指标与长三角地区跨区域交易，通过指标交易以资源要素争取资金要素。跨区域交易机制将提升省内资源配置的效率，缩小地区差距，有利于区域经济圈的耕地生态补偿机制，探索区域协调合作发展机制，由市场作出更理性的选择，更符合新发展理念的时代要求。

目前耕地补偿机制的立法缺失，导致实践中无法可依，亟须通过试点形成较为成熟的制度。经济欠发达地区，财政吃紧是常态，无法给付长期补偿金；经济发达地区即使能顺利发放补贴资金，财政部门出于审批手续与核算周期的考虑，也经常出现补贴资金还未合理使用便被上级召回清算的情形。对耕地保护而言，惩不得放松，要严抓严管，但奖才能根本促进对耕地资源的保护。耕地保护的激励机制应响应国家政策，需要有明确的补偿对象，包含丰富的补偿资金和基金的来源与方式，是将各区域间的差异纳入补偿要素之内的健全机制，以实现耕地保护的全面性和回应性。

（三）城乡二元化转向城乡一体化

改革开放以来，城市化和工业化水平显著提高，城乡经济发展水平差异极大，此为早期耕地流失的主要原因。体现在耕地保护上亦是如此，最先出现的制度漏洞便是。在城乡接合地带，城市和农村双不管或抢着管，但最后都倾向于选择低成本方式，即通过增加农村建设用地，来获取土地利用价值的最大化。中央采取了城乡二元的土地管理制度：一方面，严格限制农村集体建设用地（包括宅基地）的权利主体、具体用途、流转方式与对象；另一方面，在建设用地指标的分配上对城乡采取差别待遇——“重城镇、轻农村”成为用地指标分配的基本做法。[②] 一刀切的做法在特定时期内有其

① 参见谭明智《严控与激励并存：土地增减挂钩的政策脉络及地方实施》，《中国社会科学》2014年第7期。

② 参见黄忠《迈向均衡：我国耕地保护制度完善研究》，《学术界》2020年第2期。

合理性，却制约着农村土地市场的发展，不但未能缩小城乡经济差距、实现城乡一体化发展的预期，也未能遏制建设用地霸占农用地的发展。原本应充当耕地保护机制的城乡二元化土地制度，在农用地非农化的巨大经济利益面前，其法律规制的威慑力逐步弱化，取而代之的是大面积耕地非农化。值得一提的是土地征收，公权力对耕地所有权进行没收，征收范畴必须满足“公共利益+正当程序+公正补偿”的征收三要件。[①] 有些地方政府在利诱之下，利用土地用途转用审批的正当权限，将大量土地划为征地范围，导致农用地非农化现象进一步恶化。城镇化建设并不必然伴随着农用地的减少和建设用地的增加，新型城镇化建设当优化土地利用模式，节约土地空间，进而保存且保障好足量的耕地。

根据第七次全国人口普查结果，居住在城镇的人口为 901991162 人，占 63. 89%（2020 年我国户籍人口城镇化率为 45. 4%）；居住在乡村的人口为 509787562 人，占 36. 11%。与 2010 年第六次全国人口普查相比，城镇人口增加了 236415856 人，乡村人口减少了 164361984 人，城镇人口比重上升了 14. 21 个百分点。[②] 但城镇人口与城镇户籍的数值有差异，18. 49%的城市定居人口并未获得城市户籍。撇开一线城市的户籍特殊性，大量农村人口虽在城镇中生活，但在农村仍保有空闲的宅基地和集体土地。另有一些定居城镇的农村人口荣归故里，大兴土木修建农屋和坟墓，原划属的耕地已然荒废，这些现象都合理解释了农村建设用地不减反增的成因。

2013 年 11 月，《中共中央关于全面深化改革若干重大问题的决定》提出建立城乡统一的建设用地市场，在符合规划和用途管制前提下，允许农村集体经营性建设用地与国有土地同等入市、同权同价。2015 年 2 月 27 日通过的《全国人民代表大会常务委员会关于授权国务院在北京市大兴区等三十三个试点县（市、区）行政区域暂时调整实施有关法律规定的决定》将集体经营性建设用地入市限缩为存量集体经营性建设用地为主，增量为辅。新修改的《土地管理法》强调国土空间规划为工业、商业等经营性用途，并规定经依法登记的集体经营性建设用地才能入市。现今主流观点认为，集体经营性建设用地不包括宅基地，[③] 那就意味着占据农村土地多数的宅基地被排除在市场交易范围之外，符合政策两项规定的“存量的”和“经营性用途”的土地，只剩乡镇企业用地，但乡镇企业用地数量不多，甚至在偏远或欠发达地区，其占地比例寥寥可数。

---

① 参见方涧、沈开举《我国集体土地征收与补偿制度之嬗变与未来——兼评〈土地管理法（修正案征求意见稿）〉》，《河北法学》2018 年第 8 期。

② 参见《第七次全国人口普查公报（第七号）——城乡人口和流动人口情况》，国家统计局官网，http：//www. stats. gov. cn/tjsj/tjgb/rkpcgb/qgrkpcgb/，最后访问日期：2022 年 1 月 4 日。

③ 参见温世扬《集体经营性建设用地“同等入市”的法制革新》，《中国法学》2015 年第 4 期。

三 耕地矛盾的特殊性

基于上述矛盾的成因探析，笔者认为，现阶段在平衡耕地保护的多元目标时，长期存在的“唯数量论”，不符合“三位一体”目标和新发展理念的要求，耕地质量和生态保护的标准难以酌定，执行和监督成本偏高；分散立法和政策衔接不畅成为长久痛点，专门制定耕地保护法也难以克服法律与政策的弊端；耕地补偿制度切合耕地保护的价值选择和逻辑走向，需要国家通过立法确定统一的补偿标准，也需要各地积极创新实践，展开有益的探索。笔者认为，可从问题意识出发，厘清耕地保护的法律逻辑，针对性嵌入新发展理念的内涵，完成新形势下多元目标的整体塑构。

第一，中央政府和地方政府的利益分化在于短期收益和长期收益的格局差，耕地保护与经济发展由互补互助的关系演变为相互矛盾与分裂的关系，或苛责地方政府只顾眼前利益，或批评中央政府的长远目标不接地气，均忽视了问题的关键所在——耕地保护的实施主体是农户和农村集体组织，农民作为耕地政策的第一权利相关人，应当充分参与到耕地政策的执行过程之中，包括农户却不仅限于农户，还可考虑第三方组织等社会公众参与。耕地保护制度的核心是以人为本，依靠农户的力量，保护成果与农户共享。以健全农户和公众参与制度为核心的改革，方能保证中央政府和地方政府消除层级利益分歧，从相同的主体权益出发，直接或间接实现可持续发展的耕地保护目标。

第二，行政主导型的耕地保护模式，多头监管，法律与政策混杂，缺乏系统的统协，甚至出现部门利益法定化。面临新问题和复杂情况时，法律无法应对，只能不断新增政策予以调整，最后耕地政策日益庞杂，缺口明显。但中央政府从宏观层面无法预测和兼顾地方形势之复杂，加之政策固有的临时性、滞后性和繁复性，地方政府依赖传统政策必然收效甚微。“三位一体”取代“唯数量论”是毋庸置疑的进步，因此有学者提出专门制定耕地保护法，① 将“三位一体”作为原则性要求予以确立，从法律层面去平衡三个要素，矫正“唯数量论”的价值逻辑，避免单行法各行其是，多规合一才符合新发展理念。有学者梳理政策后明确指出，需要反馈实施情况的政策仅占文件总数的23%，其中只有3%的政策需要多次或定期反馈，58%的政策提出要对耕地保护政策实施的情况进行监督，其中12%的政策需要多次或定期反馈监督结果。② 检验政策执行有效性的方式之一就是通过合理频次的数据反馈，督促政策按照预期生效，并及时筛查出低效率或漏洞明显的弊政，进行适当改、废和更新，实现多元目标统一的保护效果。然而大多数政策忽视实效的反馈，也未按照规定对审批之后的情况进行回

① 参见孟敬雯《耕地保护的法律制度研究》，《农村经济与科技》2021 年第 11 期。

② 参见王文旭等《基于政策量化的中国耕地保护政策演进过程》，《中国土地科学》2020 年第 7 期。

溯检查。耕地保护的法律完善是必不可少的，但尚存的政策并不必全然弃用，政策在具体问题的规范上，仍有难以替代的作用，可以填补立法的抽象性和宏观性。故而以“省—市—区”三层级对现有政策进行梳理和规整，对效用低下和冗杂矛盾的政策进行筛理，精简政策的数量，提炼长期行之有效的优质政策，以便在该省区域内制定较为统一的耕地保护制度。

第三，耕地保护制度的设计初衷，是通过耕地总量控制与占补平衡制度，保证耕地总量有波幅但无较大衰减，增加占用耕地成本，迫使地方政府控制耕地转为建设用地的数量；通过基本农田制度等限制建设用地占用耕地的数量，土地用途管制以规划的形式限制了建设用地占用耕地的上限，并在中央政府和省级政府之间进行分级审批的分权。这套严密的耕地保护制度本应发挥作用，但在实践中缺乏正向激励机制，导致耕地质量保障堪忧，生态破坏现象日益严重。2020年农业农村部发布《2019年全国耕地质量等级情况公报》，将全国20.23亿亩耕地质量等级由高到低依次划分为一至十等，平均等级为4.76，评价为一至三等的耕地面积为6.32亿亩，占耕地总面积的31.24%；评价为四至六等的耕地面积为9.47亿亩，占耕地总面积的46.81%；评价为七至十等的耕地面积为4.44亿亩，占耕地总面积的21.95%。[①] 由此可见，低于平均评级的耕地面积达到总数的六成，意味着大部分耕地质量处于不合格的状况，有待改善和优化。此外，占补平衡制度并非为数量达标而可牺牲生态环境，例如，林地、草地和湿地转耕地，会对当地的生态系统造成难以逆转的破坏，造成耕地后备资源减少。生态环境的恢复与治养成本高昂，与形成经济利益和生态效益循环的目标背道而驰。为了保护而保护，一味强调耕地优先，无法将生态系统有机联系，酿成大错，当下的监测评价系统都是以年计，或以干部相同任期（5年左右）予以分析和判定，未进行长期动态的跟踪。值得注意的是，侧重耕地数量保护的措施，质量保护能否同用权责追究与监督规制？数量判定容易，奖惩一目了然，监督成本较低；质量判定不易，既需要统一的标准制定，也需要专业技术和人员的辅助，有效监督成本较高。

第四，行政主导下的行政审批机制缺乏效率与监管，计划指标配置与市场供需相悖，均需改变以禁止性规范为主、只惩不奖无激励的旧态，完善包括耕地生态补偿在内的耕地经济激励机制。经济激励工具与中国耕地保护效果之间存在双向因果关系，经济激励工具的完善有助于提高耕地保护效果，而耕地保护效果的提升也有助于经济激励工具的更好运用。[②] 我国耕地保护生态补偿机制工作起步较晚，加之涉及的利益关

① 参见《2019年全国耕地质量等级情况公报发布》，农业农村部官网，www.moa.gov.cn/xw/zwdt/202005/t20200512_6343750.htm，最后访问日期：2021年12月30日。

② 参见匡兵、卢新海、韩璟《政策工具如何影响中国耕地保护效果》，《中国人口·资源与环境》2019年第11期。

系较为复杂，实施工作难度较大和耕地保护自身存在的区际外部性等，致使在已有的工作实践中存在耕地保护生态补偿标准、模式的“一刀切”等问题。[①] 耕地生态补偿制度的理论尚未成形，对耕地补偿的内涵、主体、方式等关键要素未达成统一认知，各区域之间的主体利益分配尚未形成统一的标准。国家层面的补偿力度在增强，地方在实行补偿标准时可能存在过高或过低的问题，补偿时间也会影响效果的实现，时间短效果不理想，时间长则考验财政支付能力。[②]

四　耕地保护与新发展理念的适配

新时期催生新发展理念，新发展理念引领新时代，新时代践行新发展理念。[③] 创新、协调发展理念来源于马克思主义的社会动力理论，绿色发展理念来源于马克思主义的人与自然和谐发展理论，开放发展理念来源于马克思主义的世界历史理论，共享发展理念来源于马克思主义的社会理想理论。[④] 当前土地管理改革面临机遇与挑战，面对耕地保护目标的嬗变，耕地保障工作应与经济发展相协调，新发展理念的五项内涵相辅相成、有机联系，兼具理论与实践的双重指导功能；新发展理念是对马克思主义中国化理论的继承创新，应适用新发展理念对耕地保护的多元目标进行统协，针对耕地保护的核心问题和复杂背景，提出具有科学性和创新性的解决思路。

创新是对马克思主义社会动力理论的发展，不仅包括土地管理的技术创新和制度创新，还应考虑土地管理的体系适应与价值整合。党的十八大以来，党和国家就明确提出各级政府及相关部门要打造“三位一体”的耕地保护新格局，确立明责任和差别化的占补平衡新方式，引入并探索耕地保护的经济激励机制，完善管控与激励并举的耕地保护新机制，创新农业生产与生态治理的科技手段，深化农业科技体制改革，健全知识产权保护制度，搭建智慧耕地管理新平台，建设高产能的生态农业园区，强化耕地保护制度的系统性与协调性。我国耕地保护模式长期以命令性为主，通过法律与政策来规制公权力与农户使用耕地的行为，经济激励为辅。国外则反之，以经济激励为主，引导和激励农户采取可持续性集约生产，使农户自愿为实现长久的耕地经济效益而选取对生态有益的方式。[⑤] 耕地不仅产出粮食和农产品，也能维护生物多样性和滋养生态环境，维系良好的耕地生态效益，亦能反哺耕地质量，还能实现耕地经济效益的绵续。各区域间的生态环境基础存在优劣之差，耕地和生态基础良好的省份与地区，

① 参见祖健等《耕地数量、质量、生态三位一体保护内涵及路径探析》，《中国农业大学学报》2018 年第 7 期。
② 参见欧名豪、王坤鹏、郭杰《耕地保护生态补偿机制研究进展》，《农业现代化研究》2019 年第 3 期。
③ 参见丁素《改革开放与新发展理念》，《学习论坛》2018 年第 12 期。
④ 参见王丽娟《新发展理念的思想溯源》，《探索》2017 年第 5 期。
⑤ 参见马爱慧、蔡银莺、张安录《耕地生态补偿实践与研究进展》，《生态学报》2011 年第 8 期。

通过科技自立自强，促进生态农业技术转型，顺应大数据时代信息管理的潮流，充分借助新媒体刺激农产品市场，拓宽补偿资金的来源渠道。例如，2021 年 3 月吉林省因地制宜推广应用深耕、深翻等耕作技术，黑土区生态环境明显改善；河南省提高测土配方施肥技术覆盖率和畜禽粪污综合利用率，提高耕地质量和产出能力。

协调是对马克思主义唯物辩证法的运用，注重解决经济发达地区与贫弱地区之间保护的不平衡。采取分级的耕地经济激励措施，亦契合新发展理念下耕地保护的协调性、绿色化与价值共享的目标。对永久基本农田保护区实行生态补偿激励，耕地用养结合，利用生态补偿资金进行动态监管、农用器械升级和地力养护；对生态脆弱区采取退耕，通过生态指标以及产权交易、生态修复及价值提升、生态产业化经营、生态补偿等手段提升生态价值；对前述二者以外的耕地设立弹性保护区，平衡区域经济和生态条件的差异，依托本地优势进行路径选择。耕地保护政策优化应从形成政府引导、农民主体和企业参与的耕地保护模式，推进耕地保护政策与利用政策融合，建立口径一致的耕地资源大数据管理平台，设立专项基金等方面来进行。[①] 中央政府设立生态补偿总额时，已然预见到了区域间经济和生态基础的差距，通过采取设立专项资金和目标考核绩效对靠前的地区实行额外奖励等举措予以平衡，建立跨省耕地生态补偿资金的弹性交易。经济相对贫弱但耕地资源状况良好地区如东北，生态环境脆弱且分布重要生态资源地区如西部，经济发达地区建设用地需求量大的地区如东部，应以全国市场供需关系为基础，因地制宜，调配省际计划用地指标和耕地数量。对于经济发达地区居高不下的建设用地需求，考虑到其拥有较充裕的财政支持，虽然耕地保有量和增量欠缺，但改进耕地质量、提升生态系统的能力，可通过跨省额度匀配，以优补劣，实现多元目标的共赢。

绿色是对马克思主义生态文明观的传承，贴合耕地保护的质量与生态目标，强调耕地与生态系统的有益衔接。人与自然和谐相处，农户与耕地互利互惠，是生态环境治理与改善在耕地保护上的有机体现，要坚持绿水青山就是金山银山的理念，推进耕地绿色循环发展，与民共享，福泽后代。土地污染和土壤肥力流失是耕地质量下降的主要原因，应在农业生产中合理使用农药和化肥等化学物质，及时对废弃物进行无害化处理，打造高科技农业一体化生产链，实现耕地资源长期循环利用，保障绿色食品安全。例如，黑龙江省通过实施减化肥、减农药、减除草剂的“三减”行动，促进绿色优质农业发展；内蒙古自治区有序开展盐碱化耕地改良，推进耕地轮作制度常态化，推广水肥一体化、浅埋滴灌等综合措施。

开放是对马克思主义市场理论的扩展，针对行政主导衍生的问题，利用市场供需

① 参见刘丹、巩前文、杨文杰《改革开放 40 年来中国耕地保护政策演变及优化路径》，《中国农村经济》2018 年第 12 期。

关系予以适当化解，对政府及相关部门采取更严格却灵活的考核和监管方式，促使公权力积极且有效地对耕地进行保护。地方政府应改革绩效考核标准和完善监管方式，科学、主动应变，拒绝僵化和停滞，不单纯以数量或质量论成效，增加跨区指标交易和优化农用地利用方式，将高新技术粮产区和绿色生态环境区的价值进行货币量化，纳入市场交易范畴，一则实现资源的优化配置，二则增益地方财政，让政府能从耕地利用和保护中获利，而不单通过增加建设用地获取地利；越是经济欠发达地区，越应适当提高目标绩效考核和监督标准。如浙江省将耕地保护补偿工作纳入政府工作绩效考核和耕地保护责任目标考核，将补偿资金发放与耕地保护实际成效相挂钩，调动基层部门的积极性，同时将资金分配与补偿方式予以及时公开，以确保公正。四川省建立了耕地保护基金管理系统，实现了耕地保护基金的数字化、网络化和规范化管理，同时还将该系统与银行系统联网，全面、及时、准确掌握耕地保护基金发放情况。

共享是对马克思主义理想社会理论的升华，农户在耕地保护中的地位是无可替代的，应坚持以人为本，实现耕地保护与经济发展的利益共享。“优化协调‘人—地’要素的空间配置，坚持平等、开放的市民化政策创制、营造公共服务共享格局并创新市民化的制度支撑体系。”① 由于立法、行政、司法监督职能分工模糊，农村集体经济组织有名无实也是常态，乡镇政府、村委会、农户是耕地保护的直接执行者和受益者，应发挥通晓基层土况且深谙耕地矛盾的优势。优化且丰富监督方式，借助新媒体和政务公开平台，保证耕地信息畅通与更新，便于农户了解政策惠利和责任主体，公权力机关要严抓责任监管，针对性解决耕地占用、浪费、损毁和恢复几大难题。实践中部分侵占耕地的行为隐蔽性强，执法不及时，“互联网+智能资源监管平台”可解决发现难、取证难等问题。制作动态的监测数据模型，将各区域之间的数量、质量、生态的数据进行公开，避免信息差导致的维权困难。部分省份积极探索“田长制”利用基层群众自治组织，依靠群众深入田地，以人治地，以地养人。2020 年山东省滨州市在全市范围内推进三级“田长制”管理体系，一级“田长”由各县（市、区）长、高新区管委会主任担任，二级“田长”由各乡（镇）长、街道办事处主任担任，三级“田长”由各村（居）主要干部担任，实现对耕地和永久基本农田的全方位、全覆盖、无缝隙管理。2021 年，山东省出台《关于推行耕地保护“田长制”的指导意见》，要求建立村集体经济组织日常管护机制，充分调动农村集体经济组织和农民积极性，做到“谁的地谁来管”，实现“横向到边、纵向到底”的耕地保护责任全覆盖。②

---

① 袁方成、靳永广：《新时代新发展理念引领下的农民市民化》，《河南师范大学学报》（哲学社会科学版）2019 年第 2 期。

② 参见《全面压实耕地保护责任》，中华人民共和国中央人民政府网，http：//www.gov.cn/xinwen/2021-04/09/content_5598562.htm，最后访问日期：2021 年 12 月 30 日。

五　结语

受国家经济社会发展目标的影响，不同阶段耕地保护呈现强烈的时政性，但主要问题亘古不变：一是法律与政策的配套和衔接，各地依赖政策应对层出不穷的土地问题却未见佳绩；二是耕地较之建设用地具备成本低、面积广和非农化经济收益巨大的优势，行政主导必然导致效率低下和监管失灵；三是探索中国特色的耕地经济激励机制乃大势所趋，耕地保护目标亦与时俱进。当前阶段，思及区域之间先天耕地资源的差异和后天价值选择的区别，应结合新发展理念要旨来应对耕地保护新问题，实现耕地数量、质量和生态多元目标的有机协调，统筹创新、绿色、开放、共享的价值追求，完成耕地保护的系统性重塑和整体性重构。

Multi-objective Unified Coordination of Arable Land Protection in China under the New Development Concept

Wang Chun

Abstract: China has always adhered to the red line of 1.8 billion arable land and continues to emphasize and deploy important issues such as food security and arable land protection but has failed to effectively curb the "non-agriculturalization" and "non-foodization" of arable land, and the quality and ecological level of arable land needs improvement. Through the combing and analysis of farmland protection policies, the main causes of farmland protection problems are condensed: first, the administrative-led system defects, including the divergence of central and local interests, the formalized administrative approval system lost efficiency and supervision, the allocation of planning indicators ignore the differences in regional development conditions; second, the policy itself has temporary, redundant and inefficient problems, and the change in the value of punishment and reward needs to be considered comprehensively. After outlining the logic of the arable land protection problem, we clarify the special characteristics of the arable land contradiction, combine the connotation of the new development concept, and propose tightly integrated improvement measures. We will innovate agricultural productivity and economic incentive mechanisms for arable land, coordinate the differences in ecological conditions, planning targets and financial capacity among different regions through appropriate marketization, and open up big data information supervision channels. We will protect the land and feed people with the land, share the benefits of arable land protection and economic development, and complete the multifaceted goal of national arable land protection.

Keywords: Arable Land Protection; Arable Land Protection Policy; Ecological Compensation; Economic Incentives for Arable Land; New Development Concept

乡土文化视角下宅基地“三权分置”制度建构*

吴俊廷**

摘　要：宅基地“三权分置”改革的政策倾向，不是全面“资本下乡”，而是“适度”放活财产权，宅基地市场不应面向所有市场主体。从乡土文化视角看，乡土成员与农村集体脉脉相通，宅基地使用权主体资格扩展至乡土成员，既能达到“放活”的引资效果，又能保障“适度”的开放秩序，还能助力本地的乡村振兴。这种设计的本质是尊重农村集体的意愿与文化传统，契合现行规范体系的精神。宅基地“三权分置”体系是所有权—公法债权—用益物权构架，分置后的宅基地使用权已剥离人格专属性，无须再设计次级用益物权或物权化债权。只是应法政策要求，对于集体成员与乡土成员，新使用权应构造不同的取得方式、期限及流转条件。在规范设计上，“三权分置”制度宜按公私法接轨理念配置规范，以实现制度的科学性；乡土成员规范应构建从原则至规则的多层次规范体系，以适应各地民情，并留足政策调整空间；宅基地使用权转让应以登记为生效要件，以避免相关政策落空。

关键词：宅基地；三权分置；乡土成员；权利体系；规范设计

伊始于2015年的宅基地制度改革至今仍在试点，农村“三块地”改革唯有宅基地仍未确定权利制度的构架。① 对于宅基地“三权分置”的设计，学界方案多基于两个前提：一是宅基地资源配置应完全市场化，二是宅基地市场化客体应设计新权利。然而，这种预设并非宅基地制度改革的正确解读，多源于承包地“三权分置”改革的影响。承包地是生产资料，而宅基地是生活资料，② 二者性质不同。虽然同名为“三权分置”，

* 本文是国家社会科学基金重大项目“自然资源权利配置研究”（15ZDB176）的阶段性成果。

** 吴俊廷，湖南大学法学院博士研究生，研究方向为物权法、土地法。

① “三块地”指农村土地中的宅基地、集体经营性建设用地和承包地。关于“三块地”改革的立法，参见刘振伟《关于〈中华人民共和国农村土地承包法修正案（草案）〉的说明——2017年10月31日在第十二届全国人民代表大会常务委员会第三十次会议上》，《中华人民共和国全国人民代表大会常务委员会公报》2019年第1号；陆昊《关于〈《中华人民共和国土地管理法》、《中华人民共和国城市房地产管理法》修正案（草案）〉的说明——2018年12月23日在第十三届全国人民代表大会常务委员会第七次会议上》，《中华人民共和国全国人民代表大会常务委员会公报》2019年第5号。

② 学界通说视宅基地为生活资料，但也有学者认为，宅基地是一般的、非主要的生产资料。人民公社化时期，集体组织的生产、生活一体化，宅基地属性因而有所混合。随着土地承包经营和市场经济体制改革，现如今，宅基地无疑应属村民居住的生活资料，这是讨论宅基地制度改革问题的前提。参见张清勇、刘守英《宅基地的生产资料属性及其政策意义——兼论宅基地制度变迁的过程和逻辑》，《中国农村经济》2021年第8期。

但二者制度改革的政策逻辑并不一样，宅基地“三权分置”不应照搬承包地的逻辑。笔者拟在“翻译”宅基地“三权分置”政策基础上，结合农村社会的乡土文化①，探寻更加符合改革精神与农村经验的“三权分置”方案。

一　乡土文化与宅基地制度改革的内在联系

在《中共中央、国务院关于实施乡村振兴战略的意见》中，宅基地制度改革的政策指向为“适度放活”宅基地使用权，且“不得违规违法买卖宅基地”。“适度”意指改革目标并非完全市场化，而是适度扩展宅基地使用权主体范围。“适度”的程度就是主体范围扩展的限度。宅基地与农民生活息息相关，农村经验是度量“适度”的最佳方式。本质上，农村经验就是农村社会生活形成的“观念基因”——乡土文化。结合乡村振兴战略来看，以乡土文化为核心构造“适度”的标准，是宅基地“三权分置”改革最适宜的选择。这种设计的核心理念是遵循农村集体的意愿与文化传统，这也正是政策与规范意旨的要求。

（一）“三权分置”改革追求不完全市场化的“适度放活”

2018年，中央将宅基地制度改革的方向凝练为“三权分置”，要求改革既要“落实宅基地集体所有权”，又要“保障宅基地农户资格权和农民房屋财产权”，还应“适度放活宅基地和农民房屋使用权”。② 如何“适度放活”使用权是改革关键点之一，它决定着宅基地资源配置的方式。也许是由于承包地“三权分置”的示范效应，学界普遍认为宅基地使用权改革方向是完全市场化，只是对于市场化的客体权利，学界意见并不一致。③ 虽然学者陈小君提出，“适度放活”应是“适度放开宅基地流转的地域和身份限制”，但其仍坚持宅基地资源流转应完全市场化，只是市场化客体应换作法定租赁权。④

以完全市场化为目标导向，其实是误读了“适度放活”的政策意蕴。政策中的“适度”，意指适度放开对宅基地使用权主体资格的限制，扩大流转范围，形成适度的市场，而并不是以“适度的权利”实现完全市场化。完全市场化的观点，其实是将

① 本文所称乡土文化，表示由亲缘性与地缘性人群所形成的，具有地域性特征的农村文化。随着农村社会的变迁，乡土文化的内涵会发生变化，但乡土文化的底层逻辑（亲缘与地缘关系）并未改变。参见费孝通《乡土中国　生育制度　乡土重建》，商务印书馆，2011，第72~79页；张凤琦《“地域文化”概念及其研究路径探析》，《浙江社会科学》2008年第4期；刘晓峰《我国乡土文化的特征及其转型》，《理论与现代化》2014年第1期。

② 参见《中共中央、国务院关于实施乡村振兴战略的意见》（中发〔2018〕1号）。

③ 学界争议的焦点是宅基地市场化的客体，应是次级用益物权，还是法定租赁权。为保证行文连贯性，相关综述置于下文。

④ 参见陈小君《宅基地使用权的制度困局与破解之维》，《法学研究》2019年第3期。

“适度”解释为“维持宅基地用益物权主体身份限制”，在此基础上，以“下位权利”实现宅基地资源的完全市场化。这种解读与政策表达并不相符，而且有悖于“三块地”改革的立法实践。在中央政策文件中，“适度”与“保障”是并列关系，若将“适度”解释为“保障”农户宅基地资格权利，无疑是同义重复，何须在“放活”前加入限定词“适度”，这实属与政策意思相悖的不经之谈。“三块地”改革同时开启试点工作，[①]集体经营性建设用地与承包地皆以市场化为配置方向，唯有宅基地改革方向不明，也唯独宅基地“三权分置”方案未进入立法。从政策立法实践来看，“放活”亦不可能是全面市场化。[②]

完全市场化的解读与宅基地市场的特征亦不相符。从供需关系来看，宅基地市场呈现资源存量大与需求量小的特征。[③]实行全面市场化，所有宅基地存量将转为市场供给量，在一体化市场的聚集作用下，结果可能是“交通便利和环境优美的农村，宅基地可以卖到高价，一般农村宅基地则无人问津”。[④]作为乡村振兴的重点——宅基地资源占比最大的中西部农村，不仅难以在全面市场化中取得实质收益，甚至“很可能被泡沫化的过剩城市资本收割宅基地”。[⑤]交易对价低会导致宅基地使用权“放活”失去意义。更甚者，若流转收益不足以满足居住基本保障，部分“失宅”村民可能成为不稳定群体，反而会削弱改革中农村的稳定作用。宅基地制度改革是乡村振兴的一环，但若寄望以此实现乡村“财产振兴”，无异于饮鸩止渴，还可能产生副作用。[⑥]从宅基地所处的农村市场来看，完全市场化不应是“三权分置”改革的追求。

宅基地完全市场化的观点，无疑受到了承包地“三权分置”模式的影响。二者的制度框架虽同名为“三权分置”，但承包地是生产资料，而宅基地是生活资料，二者本质特征并不相同，宅基地改革不应照抄承包地的市场化做法。宅基地“三权分置”改革追求的是“适度放活”，这种基调明确不是追求完全市场化，而是适度扩张宅基地使

① 参见《全国人民代表大会常务委员会关于授权国务院在北京市大兴区等三十三个试点县（市、区）行政区域暂时调整实施有关法律规定的决定》，2015年2月27日第十二届全国人民代表大会常务委员会第十三次会议通过。

② 参见吴昭军《多元主体利用宅基地合作建房的权利配置——以“三权分置”为实现路径》，《贵州社会科学》2022年第4期。

③ 据农业农村部统计，全国宅基地总量约1.7亿亩。我国人口总数约14亿，假如所有人皆有宅基地需求，按3人1户，户均宅基地需求200平方米估算，需求总量约1.4亿亩。此外，运用“增减挂钩”政策工具，宅基地指标可转换为建设用地指标，按学者估算该需求量最大值也仅3000万亩。即便如此也仅勉强达到供求平衡，但这些假设几乎不可能实现，真实需求可能远不止此。参见于文静《我国农村集体产权制度改革取得阶段性重要成效》，新华网，http：//m. xinhuanet. com/sn/2020-08/22/c_ 1126399604. htm；贺雪峰《宅基地、乡村振兴与城市化》，《南京农业大学学报》（社会科学版）2021年第4期；《城乡建设用地增减挂钩试点管理办法》（国土资发〔2008〕138号）。

④ 贺雪峰：《宅基地、乡村振兴与城市化》，《南京农业大学学报》（社会科学版）2021年第4期。

⑤ 贺雪峰：《宅基地、乡村振兴与城市化》，《南京农业大学学报》（社会科学版）2021年第4期。

⑥ 参见刘双良《宅基地“三权分置”助推乡村振兴的多重逻辑与实现进路》，《贵州社会科学》2021年第3期。

用权的主体范围，形成适度扩展的市场。

（二）乡土成员是宅基地“适度放活”最适宜的扩展主体

中央政策虽然指明了“适度放活”的改革方向，却并未明确“适度”的标准。宅基地改革试点就是寻找“适度”之标准。合理的“适度”标准应与农村实践经验相符，并有助于乡村振兴的整体战略。这个标准不仅应包含“资”的标准，还应包含“人”的标准。人才振兴是乡村振兴战略的重要内容，人才振兴的效果决定着乡村振兴战略的整体推进。《乡村振兴促进法》第 24、25 条明确提出“引导人才下乡”。宅基地作为乡村必备的生活资料，承载着居住生活的基本功用，其制度改革的方向决定了乡村人才振兴的效果。《乡村振兴促进法》第 28 条第 3 款亦规定，“乡镇人民政府和村民委员会、农村集体经济组织应当为返乡入乡人员和各类人才提供必要的生产生活服务”。因此，宅基地制度改革的方向，不仅应保障引入合适的“资”，还应保障引入合适的“人”。

揆度之，“适度放活”应满足两个条件：一是市场条件，“引资”应能够实现“适度放活”的市场效果；二是主体条件，“引人”应符合农村集体的现实需求。从二者来看，以乡土文化为核心所形成的乡土成员群体，① 是宅基地使用权“放活”最适宜的扩展范围。

从市场条件来说，扩展至乡土成员群体，足以形成“适度放活”的市场。自改革开放以来，我国城镇人口占比已从 1978 年的 19.72%，增长为 2020 年的 60%。② 城镇新增人口中大量是乡土成员，这形成了庞大的居外乡土成员群体。这些人虽然住在城镇，但是他们的文化之根还在农村。每逢清明、春节等传统节日，他们会回乡扫墓、祭祀、省亲。宗祠、家族等“基因”，会维系他们与乡土之间的情感联结。③ 这种内在的乡土文化，使乡土成员仍会具有“心怀故土”“衣锦还乡”“落叶归根”等思想观念，这种故土情节孕育了乡土成员的宅基地需求。就宅基地市场而言，乡土成员群体基数大，且需求充足，宅基地使用权“适度放活”至乡土成员，各独立集体市场的需

---

① 本文所称乡土成员，系指具有特定地域乡土文化意识的人。乡土文化是内置于乡土成员的精神与身份符号，也是乡土成员个体与群体之间的精神联结与身份认同，对外表现为遵循与维护共同的风土人情、习俗与行为规范。由于乡土文化的亲缘性与地缘性，乡土成员又可被定义为：在特定乡村区域内，建基于亲缘关系与地缘关系之社会群体中的成员。虽然乡土文化有特定地理位置，但成员的乡土性不会随移居外地而消失，故而在情感上，这些乡土成员仍会被当地村民视为“本地人”。在城镇化进程中，大量迁入城市的农村人，便是典型的居外乡土成员。参见王莹《身份认同与身份建构研究评析》，《河南师范大学学报》（哲学社会科学版）2008 年第 1 期。

② 参见《中国统计年鉴—2020》，国家统计局官网，http：//www. stats. gov. cn/tjsj/ndsj/2020/indexch. htm，最后访问日期：2021 年 10 月 10 日。

③ 参见张新文、张龙《乡土文化认同、共同体行动与乡村文化振兴——基于鄂西北武村修复宗族文化事件的个案启示》，《南京农业大学学报》（社会科学版）2021 年第 4 期。

求量都将获得一定幅度增长，这足以达到“适度放活”的市场效果。

从主体条件来说，“放活”至乡土成员切合农村集体的现实状况。乡土文化建基于亲缘与地缘关系，以之为纽带形成的社会关系具备一定的亲和性。[①] 这会带来两方面的积极作用。一方面，因为具有共同的“文化基因”，村民不会阻拦乡土成员取得宅基地，改革阻力小。“文化基因”的相通也会维护农村社会的稳定性。另一方面，乡土成员的“乡土情感”中带有“乡土责任感”，或出于家族互助之目的，或出于扶助乡邻之目的，他们具有帮扶集体与成员的积极性。新时代“乡贤”现象的不断涌现,[②] 体现的精神正是乡土成员的“乡土责任感”。[③] 乡土成员的回归，不仅可以助力本地经济发展，还可以为本地文化传承、教育发展提供支持，助推乡村的全面振兴。赋予乡土成员取得宅基地使用权资格，会增强乡土成员与农村集体的联结，强化其主体感，“触发人们对村庄的责任与关切”，巩固“飞黄腾达要衣锦还乡回馈父老”“远行千里依然心系故土”的乡土情感与责任感。[④] 宅基地使用权“适度放活”至乡土成员群体，符合乡村经验逻辑，也为乡村振兴提供了正向激励。

（三）宅基地制度改革融入乡土文化契合政策与规范

以乡土成员为“适度放活”的扩展标准，实则是宅基地制度设计融入并遵循乡土文化。乡土文化是一个较为宽泛的概念，乡土是定语，既指农村的，又指地方性、区域性的,[⑤] 文化则代指“某一领域或某一范畴体现的思想、观念、道德和行为规范以及风俗习惯”,[⑥] 乡土文化意指农村特定区域存在的思想、观念、道德、行为规范及风俗习惯。乡土文化是乡土成员群体的纽带，也是本群体有别于其他群体的特性。

遵循与保护乡土文化体现的是对农村群体特性的尊重，但应注意的是，在政策与规范的表达中乡土文化常常转换为风俗、习惯、传统等概念。在《乡村振兴战略规划（2018—2022 年）》中，中共中央与国务院明确提出：在乡村振兴战略实施中要尊重传统习惯，“保护与利用乡村传统文化”。在法律规范中，这种价值认可表达为公民权

---

① 有学者将现代乡土文化形态描述为形散而神聚，参见孙庆忠《离土中国与乡村文化的处境》，《江海学刊》2009 年第 4 期。

② “乡贤”助力乡村振兴的案例并不少见，有报道将他们称为“乡村振兴的新引擎、农村发展的智囊团、邻里和谐的稳定器、小康路上的领头雁、乡土文化的守望者”。一些地方政府还出台了规范性文件指导乡贤回乡。参见王忠德、张春鹤《弘扬乡贤文化　助推乡村振兴：永登县红城镇培育新乡贤文化建设美丽乡村》，人民网，http：//gs. people. com. cn/n2/2020/1110/c183341-34405783. html；《广东省人民政府办公厅关于促进乡贤反哺工作的意见》（粤府办〔2012〕125 号）。

③ 参见张陈一轩、任宗哲《精英回乡、体系重构与乡村振兴》，《人文杂志》2021 年第 7 期；姜方炳《“乡贤回归”：城乡循环修复与精英结构再造——以改革开放 40 年的城乡关系变迁为分析背景》，《浙江社会科学》2018 年第 10 期；徐学庆《新乡贤的特征及其在乡村振兴中的作用》，《中州学刊》2021 年第 6 期。

④ 参见贺雪峰《新乡土中国》（修订版），北京大学出版社，2013，第 8~10 页。

⑤ 参见李行健主编《现代汉语规范词典》（第 3 版），外语教学与研究出版社，2014，第 1429 页。

⑥ 李行健主编《现代汉语规范词典》（第 3 版），外语教学与研究出版社，2014，第 1373 页。

利、行政机关义务与规范约束力。《宪法》第 4 条赋予了各民族“保持或者改革自己的风俗习惯”的基本权利；《乡村振兴促进法》第 30、32 条为行政机关设定了“繁荣与保护乡村历史文化传统”的义务；《民法典》第 10 条授予了习惯与公序良俗补充法律规定的规范约束力。[①] 这些政策与规范无疑蕴含着对乡土文化的尊重与保护。

宅基地与乡土文化息息相关，宅基地制度改革融入乡土文化，本质是制度设计契合政策与规范的要求。宅基地作为乡村生活的空间载体，承载的不仅仅是房屋，还有居住群体，以及群体之上的乡土文化。[②] 文化的形成、传承与发展依赖人，宅基地正是承载乡村之“人”的工具，这种“载人性”使宅基地与乡土文化自然绑定。宅基地制度设计必然影响乡土文化的走向，制度设计理应嵌入“遵循与保护乡土文化”的理念，以契合规范的要求。乡土成员是以乡土文化为核心纽带形成的群体，将其作为宅基地“适度放活”的标准，也就是将宅基地与乡土文化形成制度绑定。这种设计契合了规范的价值表达，体现了宅基地制度改革中“坚持农民主体地位，充分尊重农民意愿”。[③]

二　宅基地“三权分置”的权利体系构造

宅基地“三权分置”中，如何设计逻辑严谨的权利体系，如何构造所有权、资格权与使用权之间的逻辑，是制度设计的关键。从宅基地资格权的内涵来看，其不应界定为成员权或用益物权，而应属由公法设定的债权，债之内容是设立宅基地使用权的物权行为。因此，分置的“三权”是所有权、公法债权与用益物权。分置后的宅基地使用权已剥离人格专属性，“三权分置”无须新增次级用益物权或物权化债权，形成类似承包地的“双层用益物权”结构。考虑到使用权两种不同的功能，应将其设计为两种类型，一类是集体成员无偿取得的分配型宅基地使用权，另一类是乡土成员有偿取得的出让型宅基地使用权，不同类别权利应设置不同的期限与流转条件。

（一）“三权”体系是所有权—公法债权—用益物权构架

宅基地“二权分离”体系是所有权—使用权构架，宅基地使用权既有身份性，又有财产性。“三权分置”体系在“二权”体系基础上加入了资格权，同时又重组了使用权。界定资格权与使用权的边界与性质，是新体系的关键。资格权属于何种权利是学界争议之焦点，资格权的定性也会影响新使用权的定位。因此，资格权界定是“三

① 参见陈甦主编《民法总则评注》（上册），法律出版社，2017，第 56~66、70~77 页；刘云生《民法典文化解读》，中国民主法制出版社，2021，第 1~8、17~24 页。

② 有学者认为，宅基地具有“家”、“宅”与“乡土符号”三位一体之功能。参见漆彦忠《宅基地的符号性与宅基地退出中的乡土惯习——以已购房农民为例》，《长白学刊》2020 年第 1 期。

③ 《乡村振兴促进法》第 4 条。

权分置”体系的重中之重。学界观点聚焦于两种学说：一是“成员权说”,[①] 二是“用益物权说”。[②]“成员权说”认为，资格权是“成员资格身份或利益”，是农村集体成员权利；“用益物权说”则认为，它是限定主体资格的宅基地用益物权。[③]

“三权分置”中，资格权与使用权的权利内容，并不限于“继承”原宅基地使用权的内容，而是集体成员在宅基地上利益的总和。如何将此利益总和界分为两个权利，形成合理的权利体系逻辑，是“三权分置”的科学性所在。从权利的时间状态来看，集体成员在宅基地上的权利，可分为两个阶段：取得阶段（取得集体成员资格至取得宅基地使用权的阶段）与享有阶段（取得宅基地使用权以后的阶段）。第一时间阶段（取得阶段）权利为：因成员身份而享有无偿取得宅基地的权利；第二时间阶段（享有阶段）权利为：对取得之宅基地占有、使用、收益的权利。前者呈现为专属性身份权利，后者则呈现为非专属性财产权利。虽然在享有阶段，宅基地使用权常常会呈现“绑定”成员身份现象，但这种“绑定”其实与集体成员身份并无因果关联，只是因国家管制形成的一种现象。[④] 即便权利人进城落户失去集体成员身份，亦不会失去已取得的宅基地使用权,[⑤] 将宅基地使用权的持续享有与成员身份相关联，只是一种错觉。可见，享有宅基地使用权的阶段，并没有成员专属权利附载其中。当集体成员行使资格权取得宅基地之后，便不再享有身份性的成员专属权利，而是享有非身份性的宅基地财产权。因此，“三权分置”下，集体成员的宅基地权利可依阶段而分割：取得阶段之宅基地权利归属于资格权；享有阶段的宅基地权利归属于使用权。

资格权是集体成员专属的权利，但该权利不应界定为成员权或用益物权，而应是

① 参见陈小君《宅基地使用权的制度困局与破解之维》，《法学研究》2019年第3期；高圣平《农村宅基地制度：从管制、赋权到盘活》，《农业经济问题》2019年第1期；宋志红《宅基地资格权：内涵、实践探索与制度构建》，《法学评论》2021年第1期；刘恒科《宅基地“三权分置”的政策意蕴与制度实现》，《法学家》2021年第5期；高海《宅基地“三权分置”的法律表达——以〈德清办法〉为主要分析样本》，《现代法学》2020年第3期；孙建伟《宅基地“三权分置”中资格权、使用权定性辨析——兼与席志国副教授商榷》，《政治与法律》2019年第1期；程秀建《宅基地资格权的权属定位与法律制度供给》，《政治与法律》2018年第8期。

② 参见席志国《民法典编纂视域中宅基地“三权分置”探究》，《行政管理改革》2018年第4期；韩松《宅基地立法政策与宅基地使用权制度改革》，《法学研究》2019年第6期。学者刘国栋将资格权定义为“设立次级使用权后的宅基地使用权”，参见刘国栋《论宅基地三权分置政策中农户资格权的法律表达》，《法律科学（西北政法大学学报）》2019年第1期。

③ 参见丁关良《宅基地之新的权利体系构建研究——以宅基地“三权分置”改革为视野》，《贵州社会科学》2021年第7期。

④ “二权分离”体系下，宅基地使用权往往被冠以人格专属性，这种专属性有两方面成因，一是取得资格的成员专属性，二是国家管制——宅基地使用权流转范围限制，这使得宅基地使用权人皆为集体成员（扶贫搬迁、移民安置等原因例外）。本质上，前者是成员专属权利内容，后者是因权利受限而形成的现象，而并非权利内容。

⑤ 参见《国土资源部关于进一步加快宅基地和集体建设用地确权登记发证有关问题的通知》（国土资发〔2016〕191号）。

一种特殊的债权。宅基地资格权因成员身份而取得，权利对应的义务人是集体，权利内容是请求无偿分配宅基地使用权。① 资格权系相对关系之权利，不属于用益物权。资格权在集体履行义务后即消灭，因而具有一时（次）性特征，属于非继续性权利。② 成员权是成员专属的权利，是成员相对于集体的权利，因成员关系存续而存续，呈继续性特征；在权利内容上，成员权往往是多个具体权利的集合，是复数权利。③ 虽然资格权确系成员专属之权利，但将其界定为成员权，既与其权利特征不符，又使得权利内容缺乏指向性，过于模糊，故不应界定为成员权。从资格权的特征不难看出，资格权是相对权，是民事主体之间权利义务的规定，是“权利人请求特定义务人为或不为一定行为的权利”，应属于债权的范畴。④ 集体履行了分配宅基地的义务后，成员的宅基地资格权便已消灭，唯有法定因素（《民法典》第 364 条与《土地管理法》第 48 条）出现，才能再次获得宅基地资格权。

债权属民事权利，一般是基于私法而产生，但宅基地资格权与一般债权产生原因不同，它是基于公法产生，因而可称该权利为公法债权。⑤ 这种权利的产生源于集体的特殊性。集体（集体经济组织）是由成员基于公法“契约”而组成，“契约”既赋予了集体公法权利——如集体土地所有权，又设定了集体相对于集体成员的公法义务。⑥ 与该义务对应的权利，便是集体成员享有的公法权利，宅基地资格权便是该类权利之一。⑦《民

① 学者宋志红将资格权界定为“通过申请分配方式初始取得宅基地使用权的资格”，参见宋志红《宅基地资格权：内涵、实践探索与制度构建》，《法学评论》2021 年第 1 期。笔者认为，资格权首先应是一种权利，若界定为资格不符合资格权的权利性质。

② 有学者将宅基地资格权构造为一种可以重复行使之规则，使农户的宅基地使用权可以不断续期。这种设计侧面体现了资格权的特点：具有请求权属性。盖因为其设计目标使宅基地使用权流转到期后可回复至农户，其不得不将资格权设计为请求权的循环结构（请求取得—流转到期—请求取得），故而只能将其界定为具有继续性特征的成员权。参见刘恒科《宅基地“三权分置”的政策意蕴与制度实现》，《法学家》2021 年第 5 期。

③ 参见管洪彦《农民集体成员权：中国特色的民事权利制度创新》，《法学论坛》2016 年第 2 期；戴威《论农村集体经济组织成员权内容的类型化构造》，载陈小君主编《私法研究》（第 17 卷），法律出版社，2015，第 222~243 页。

④ 参见张俊浩主编《民法学原理》（修订第 3 版，下册），中国政法大学出版社，2000，第 614 页。

⑤《民法典》并未规定公法债权，学界对公法债权概念也并没有统一的认识。公法债权虽有“公法”之定语，但债权本质是属于民事主体之间的法律关系，因而行政机关不能作为该法律关系的主体（作为民事主体时例外）。关于公法债权的相关论述，可参见孙宪忠《民法体系化科学思维的问题研究》，《法律科学（西北政法大学学报）》2022 年第 1 期；吴珏《论公法债权》，《苏州大学学报》（哲学社会科学版）2008 年第 5 期；汪厚冬《公法之债论》，博士学位论文，苏州大学王健法学院，2016，第 28~33 页。

⑥ 关于集体经济组织的历史、现状，以及集体经济组织与其他集体组织的关系，参见屈茂辉《农村集体经济组织法人制度研究》，《政法论坛》2018 年第 2 期。

⑦ 也可将宅基地资格权视为由基本权利派生的民事权利，只是本应由国家给付的义务，通过宪法与法律委托给了集体。关于基本权利的收益权功能与国家给付义务，参见张翔《基本权利的规范建构》（增订版），法律出版社，2017，第 184~215 页。

法典》第118条可作为资格权产生的规范依据。[1] 资格权是集体分配宅基地使用权行为的原因要件，分配取得宅基地使用权是对应的法效果。资格权虽属于债权，但其依据公法产生，人身依附性很强，因此不能进行转让。

资格权定位于公法债权，这也意味着宅基地“三权分置”体系内涵确立，分置后的使用权无疑只能是用益物权，宅基地所有权—资格权—使用权体系，也即所有权—公法债权—用益物权体系。

（二）“三权”体系不应增设次级用益物权或物权化债权

宅基地“适度放活”必然引入新的权利主体，如何为新主体配置权利，学界形成了两种主要观点：“次级说”与“法定租赁权说”。“次级说”认为，应创立宅基地次级用益物权，以新权利承载“放活”之功能，宅基地使用权仍作为成员专属权利，承载社会保障之功能，形成“所有权—宅基地使用权—宅基地次级用益物权”结构。[2]“法定租赁权说”认为，可创设法定宅基地租赁权，作为接入市场经济的物权化债权，[3] 宅基地使用权仍作为成员专属用益物权，形成“所有权—宅基地使用权—法定宅基地租赁权”结构。[4] 两种学说结构甚为相似，皆将宅基地使用权作为成员专属权利，而以“下位权利”承载新权利主体，以实现宅基地资源市场化。

“如无必要，勿增实体”，[5] 新设计次级用益物权或物权化债权，实则并无必要。资格权与使用权的分离，已使宅基地使用权脱离人格专属性，再创设一个专用于非集体成员的权利并不必要。再者，新增权利方案针对的设计目标并不存在。该方案设计目的在于保留农户的宅基地使用权，以保障农户的居住基本权利。然而，当农户的宅基地属于居住基本保障时，该宅基地使用权根本不具有转让的资格，也不能成为责任财产，唯有宅基地上并不附带居住基本保障功能，宅基地使用权才能脱离国家管制，成为完全的财产权。[6]

新增“下位权利”设计可能还会产生较大的反作用。目前，宅基地使用权是没有

① 参见孙宪忠《民法体系化科学思维的问题研究》，《法律科学（西北政法大学学报）》2022年第1期。

② 参见宋志红《乡村振兴背景下的宅基地权利制度重构》，《法学研究》2019年第3期；刘国栋《论宅基地三权分置政策中农户资格权的法律表达》，《法律科学（西北政法大学学报）》2019年第1期。

③ 物权化债权，表示该权利性质为相对法律关系之债权，但权利内容由法律确定，且具有登记之功能。物权化债权并不是严谨的法律概念，而是一种“功能性定义”。参见李锡鹤《物权论稿》，中国政法大学出版社，2016，第123、148~150页。

④ 参见陈小君《宅基地使用权的制度困局与破解之维》，《法学研究》2019年第3期；高圣平《农村宅基地制度：从管制、赋权到盘活》，《农业经济问题》2019年第1期。学者韩松认为，宅基地房屋转让于非集体成员时，应由所有权人为其设立宅基地法定租赁权，宅基地使用权则消灭。参见韩松《宅基地立法政策与宅基地使用权制度改革》，《法学研究》2019年第6期。

⑤ 该原理为14世纪英格兰逻辑学家奥卡姆威廉（William of Occam）提出的奥卡姆剃刀定律（Occam's Razor）。

⑥ 这也意味着，可以“放活”的宅基地，主要是农户超“一宅”之宅基地和集体闲置的宅基地。

权利期限的，若能够设立超长期限的次级用益物权（或法定租赁权），宅基地使用权可实现定期“变现”。如此一来，即便“一户多宅”的农户，亦不愿退回宅基地或转让宅基地，更愿意变身宅基地“新地主”，“一户一宅”等规范会面临实质失效。如此构造也弱化了宅基地所有权。这种设计之下，引入集体外主体，只有通过宅基地用益物权的“下位权利”，所有权权能被宅基地使用权大幅削弱，其带来的结果恐是所有权虚位，宅基地使用权人成为实质上的“所有权人”。此外，这种构造还面临法理上的挑战。在“房地一体原则”下，宅基地上构造三层权利，如何与房屋所有权形成协同亦未可知。

（三）使用权应设计二元结构耦合集体成员与乡土成员

宅基地“三权分置”中，宅基地使用权设计是关键。乡土文化视角下，宅基地使用权设计应开辟引入乡土成员的渠道，但也应考虑宅基地使用权的国家管制，以及“一户一宅”规则的嵌入。宅基地使用权设计应结合不同的取得方式，构造为二元结构，并结合国家管制设置不同的流转条件，耦合集体成员与乡土成员。

“三权分置”下的宅基地制度，应设计二元使用权派生路径。宅基地使用权设立可分为两种情况，一是所有权人应资格权人申请而设立，该权利可称为分配型宅基地使用权；二是所有权人以出让方式为乡土成员设立，该权利可称为出让型宅基地使用权。相比分配型使用权，出让型使用权应有偿设立，并设定一定的出让年限。这种设计类似于国有建设用地使用权制度——构造划拨与出让双通道体系以应对不同场景。双通道体系有利于集体利用多余宅基地，激活宅基地的财产权属性，巩固宅基地集体所有权。[①] 这也会激励所有权人积极执行宅基地有偿退回政策，严格落实“一户一宅”政策，形成宅基地利用的良性循环。[②]

此外，使用权设计还应扩大宅基地使用权人的交易自由，赋予农户转让使用权的权利，为农户宅基地使用权流转提供更多的选择。但应注意，这种自由并非没有限制。从自治的角度而言，分置后的使用权应具有自由流转的权利，但这种自由的前提是农户居住基本权益具有保障。分配型宅基地使用权的流转应具有两个构成要件：一是意思自治，二是流转客体条件与受让主体条件符合要求。流转客体条件即客体不附带居住基本保障功能。[③] 客体条件可

---

① 落实宅基地集体所有权，应赋予集体完整的所有权权能。参见温世扬、梅维佳《宅基地“三权分置”的法律意蕴与制度实现》，《法学》2018 年第 9 期。

② 有偿出让设计可增加集体收入，其与宅基地有偿退出设计是相辅相成的政策工具。参见高圣平《宅基地制度改革政策的演进与走向》，《中国人民大学学报》2019 年第 1 期；倪千淼《完善农村宅基地使用权退出法律机制研究》，载刘云生主编《中国不动产法研究（2021 年第 1 辑 · 总第 23 辑）：农村集体产权制度改革》，社会科学文献出版社，2021，第 263 ~ 273 页。

③ 有学者将这个条件归结为转让人条件，“作为一个合格的转让人，必须有后备的房屋可以居住，以保障其转让后，有房可住”。这两种判别标准实质上殊途同归。参见唐军、郑泰安《宅基地使用权：法理解构、价值取向与制度优化》，《农村经济》2021 年第 6 期。

分为两种情形予以确定。当宅基地使用权人是集体成员时，具有两块及以上的宅基地，则可认定流转客体不附带居住基本保障功能，满足流转客体条件。当宅基地使用权人不是本集体成员时，无论转入城镇还是其他集体，此时成员已有其他居住地，不再需要本集体提供居住保障，则可认定该宅基地满足流转客体条件。受让主体条件是受让人应满足的资格条件。一则，以法政策的“适度”而言，主体应限定在本集体之乡土成员范围之内；二则，受让人还应满足宅基地“一户一宅”规则，若已有宅基地则不具备受让资格。出让型宅基地使用权流转的自由度更加宽广，由于客体并不附带居住基本保障功能，流转时并无客体条件限制。

乡土文化视角下，宅基地“三权分置”体系逻辑如图 1 所示。

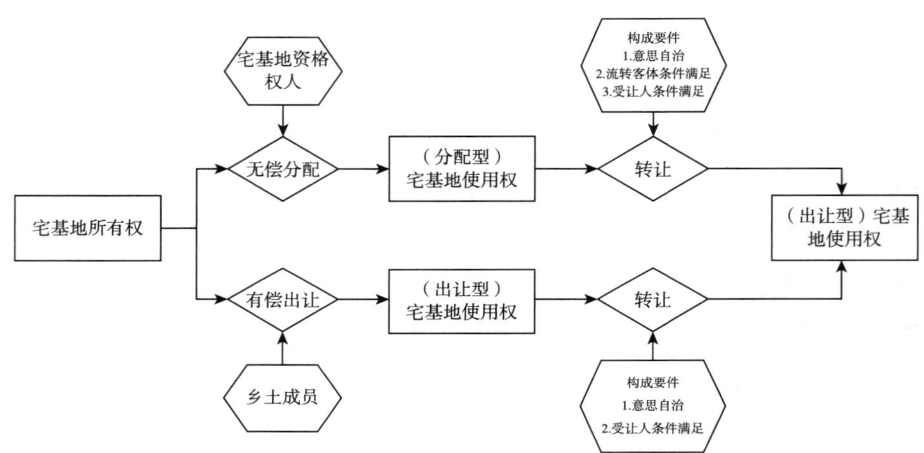

图 1　乡土文化视角下宅基地“三权分置”体系逻辑

三　宅基地“三权分置”的规范体系构建

规范体系是制度的具象，宅基地的抽象制度设计转化为具象的规范体系，是制度理念的实体化过程。在乡土文化视角下，宅基地制度的规范体系构建可体现在三个方面：一是如何设置宅基地规范，二是如何构造乡土成员规范，三是如何设计权利体系的运行保障规范。宅基地制度混合公私法内容，宜按公私法接轨之理念设置规范，厘清其法规范的解释原则。乡土成员规范作为“三权分置”体系的枢纽，宜构造多层次规范体系，形成既有原则又适度开放的成员制度，以适应各地不同情况，并为后续改革留有空间。权利体系的运行保障规范，具体表现为登记规范。宅基地使用权受到政策限制较多，其物权变动效力要经过管制规范的检视，将登记作为变动生效要件利于交易安全和政策执行。

（一）“三权分置”宜按公私法接轨理念配置规范

宅基地制度既有公法内容，也有私法内容，两者存在一定程度的混合。但在我国规范体系中，《民法典》缺乏宅基地制度的私法内容，公私法规范内容几乎为《土地管理法》所“垄断”。[①] 这种现象造成了公私法规范界限不明，公法内容与私法内容混合不清，如行政管理监督权与宅基地所有权的混合。这类立法模糊了行政权与所有权本应明晰的边界，以致公权运行之不期、所有权主体之不彰。规范界限不明还带来了规则解释的“剪不断，理还乱”，宅基地“一户一宅”规则解释的分歧便是一例。[②]

宅基地“三权分置”制度改革应明确公私法分界之标准，划定私法自治与国家管制范围，使二者规范协调适应，避免制度内的冲突与不合理，以体系性立法使制度科学化。公私法接轨理念的优势在于规范的体系性与科学性，以私法自治为原则，公法管制为例外，法技术上可以实现逻辑的非冲突性，法解释上也更具合理性与说服力。如此，一则可形成公私法内容分明的宅基地规范体系，体系性又会带来制度分工的科学性，使行政主体的职责与民事主体的权利科学区分、“互不打扰”；二则可保障规范的安定性与灵活性，规范“各司其职”便于民事规范的稳定和管制规范的调整，前者可保证法安定性，后者可保证法灵活性。[③]

公私法接轨理念可厘定公私法内容的不同空间。以私法自治为原则，也就是确立宅基地权利的设立、流转以自由为原则；以公法管制为例外，也就是宅基地“三权”的国家管制领域属于非自由范围。这种非自由体现为三方面：一是宅基地所有权禁止流转；二是宅基地资格权的设立与行使由公法确定；三是宅基地使用权的财产权能受到公法的约束——当宅基地承担居住基本保障功能时，宅基地使用权既不能转让，也不能作为责任财产用于清偿民事债务。“三权分置”改革引入乡土成员制度，是“适度放活”的改革要求之体现，本质是对宅基地自由交易的一种国家管制。这就表明乡土成员制度属公法内容，乡土成员认定的自由度限于公法之内。

公私法接轨理念可有效解释制度中的具体规则，避免制度理解的分歧。宅基地制度建基于具体规则之上，公私法接轨理念为规则解释提供了科学的方法论。例如，宅基地继承与“一户一宅”规则的冲突问题，用公私法接轨理念解释便更具说服力。“一户一宅”作为公法管制规范，意蕴有二：一是申请取得的宅基地属于集体成员居住基

① 《民法典》“宅基地使用权”一章仅有4条（第362~365条），其中第363条是转介性条款，其他条款内容仅限于宅基地使用权的定义、申请再次分配宅基地的例外规定、权利人的登记义务。

② 参见宋志红《乡村振兴背景下的宅基地权利制度重构》，《法学研究》2019年第3期；陈小君《宅基地使用权的制度困局与破解之维》，《法学研究》2019年第3期。

③ 为保持基本法律的安定性，不宜过快修改《民法典》。宅基地制度的规范配置，应先从理念上接纳公私法接轨，以便于法律解释，待《民法典》修订时，再将其私法部分纳入法典中，以实现形式与实质相统一。

本保障，一户仅能申请一宅；二是宅基地使用权的交易自由受公法管制，限制通过交易取得多处宅基地使用权。宅基地使用权的继承取得，既不属于申请无偿取得，也不属于交易流转取得，因而不属于“一户一宅”公法管制范围。应注意的是，此时继承的宅基地使用权，已脱离居住基本保障范围，因而应取消其无期限性，转登记为有期限的用益物权。[①]

（二）乡土成员规范应构建从原则至规则的多层次规范体系

乡土成员制度的科学合理性是度量改革效用的标准。作为集体成员认可的“本地人”，乡土成员的引入既能够扩展宅基地市场主体，又不会引起农村的超“适度”变化，还能够有效助力乡村振兴战略，这既是乡土成员不同于非乡土成员的特征，也构成了乡土成员制度建立的基准。在宅基地“三权分置”制度中，集体成员制度确定分配型宅基地的主体资格，乡土成员制度则确定出让型宅基地的主体资格。乡土成员脱胎于乡土文化，而乡土文化的标准是比较模糊的，相较于集体成员的确定性，乡土成员的标准则相对宽泛，但这种宽泛也应伴有核心的认定原则。个人与群体之间的联结本质上是一种社会关系，乡土成员群体社会关系外在表现为亲缘关系与地缘关系，二者应作为乡土成员认定的核心原则。原则明确可有效防范市场主体的无序进入，避免宅基地市场化的“过度”，保障“适度”政策的实效。

无论是亲缘关系还是地缘关系，从抽象原则进入立法表达均应有相对具体之标准。亲缘关系与地缘关系两者互相关联。地缘关系是区域内不同亲缘关系融合发展而形成，因此，乡土成员认定应以亲缘关系标准为主原则，而以地缘关系标准为辅助规则。亲缘关系分为直系和旁系亲缘关系。从实践需求来看，直系标准可限定为两代以内的亲属，即集体成员的子女可认定为乡土成员。旁系亲缘关系呈现一定的宽泛性，难以通过血缘关系直接规定，结合改革中的难点，可将受赠或继承获得宅基地使用权的亲属，视为符合旁系亲缘关系标准，认定为乡土成员。这个亲缘关系标准主要基于两点考虑。一者，多数居外乡土成员出生在乡村，父辈多属于集体成员，此认定标准能涵盖大多数乡土成员。二者，这可以完善宅基地使用权继承、赠与规范的逻辑自洽性。赋予宅基地使用权继承者、受赠者乡土成员身份，使非集体成员取得宅基地使用权具有规范

① 学者宋志红提出，因继承而超出“一户一宅”标准的宅基地权利，可转变为 B 型宅基地使用权，农户可“一次性向集体经济组织支付土地使用权对价，费用交齐后予以确权发证，并享有与 A 型宅基地使用权同等权能”。参见宋志红《乡村振兴背景下的宅基地权利制度重构》，《法学研究》2019 年第 3 期。笔者认为，这种设计存在法理瑕疵，而且缺乏正当性与合理性。继承的宅基地权利属于财产权，依据《民法典》第 230 条，“因继承取得物权的，自继承开始时发生效力”，宅基地权利取得自继承时发生，不以支付对价为构成要件，不会因未登记而不能取得权利。对超标准宅基地收费，实为宅基地资源超额保有费——超额占用资源税，在城市房地产尚无相关税费立法情况下，对农村继承取得的宅基地如此收费，不具有正当性与合理性。

正当性；与此同时，在不动产登记过程中，原本无期限的（分配型）宅基地使用权，将转换登记为有期限的（出让型）宅基地使用权，衔接了宅基地使用权的二元结构。因此，继承、赠与规范与宅基地权利体系融为一体，实现了逻辑自洽。

乡土成员规范若仅以亲缘关系原则构建，并不符合乡土文化的多样性。我国幅员辽阔，不同地方的民俗文化有所差别，对于如何认定乡土文化有不同的认知，不同地方的乡土成员标准肯定会有所差异。乡土成员制度应为这种差异留足自治空间，由地方政府与集体因地制宜进行“立法”填补。[①] 事实上，在认定集体经济组织成员时，中央的政策意见亦是因地施策，以“尊重历史、兼顾现实、程序规范、群众认可”为原则。[②] 地方政府发布的集体经济组织成员认定标准，往往也会设置由个人申请、集体决定的自治条款。[③] 将地缘关系作为乡土成员认定的补充标准，本质也就是以“群众认可”补充乡土成员的认定规则。[④] 如此，可将不符合亲缘关系认定原则但符合本地乡土文化特征的人员，通过集体自治规则纳入为乡土成员。

乡土成员规范体系应由上位法确定原则，而下位法具象规则，最终形成多层次的规范体系。这种体系的优势是标准适度开放，可以适应各地情况的差异。同时，这种制度设计也留足了政策调整的空间。面对不断发展的经济社会，政策调整可在法律空间内通过下位规范实现，而不必诉诸法律调整，这也间接保障了相关法律的安定性。[⑤]

（三）宅基地使用权转让应以登记为生效要件

我国不动产登记制度以生效主义为原则，以对抗主义为例外。[⑥] 土地权利登记制度内部并不统一，建设用地使用权奉登记生效主义为圭臬，而土地承包经营权与土地经营权则尊登记对抗主义为法度。各权利登记制度的选择有一定的现实考量，但二者也确有不同的优势。登记生效主义可以使物权变动法律关系清晰，有利于维护交易安全并提高交易效率，更加适合物权法定主义；登记对抗主义可以在确保交易安全的同时，

---

① 实践证明，一定程度的自治对乡村发展会起到积极作用。参见陈寒非、高其才《乡规民约在乡村治理中的积极作用实证研究》，《清华法学》2018 年第 1 期。

② 参见《中共中央、国务院关于稳步推进农村集体产权制度改革的意见》（中发〔2016〕37 号）。

③ 参见《四川省农村集体经济组织成员资格界定指导意见》（川农业〔2015〕21 号）、长沙市岳麓区农业农村局下发的《关于规范农村集体经济组织成员资格认定工作的指导意见》（岳农发〔2019〕14 号）、《百色市右江区人民政府办公室关于农村集体经济组织成员资格界定工作的指导意见》（右政办发〔2020〕7 号）。

④ 应指出的是，以地缘关系补充乡土成员标准，不同于宅基地使用权交易的地域扩展。后者拆除了集体之间的“交易藩篱”，使本区域农户宅基地市场接近一体化，可以增强优势区位宅基地的流动性，但这并未增加宅基地市场主体，只是资源的重组。关于交易的地域扩展试点，参见《泸县农村宅基地使用和管理暂行办法》（泸县府发〔2017〕60 号）。

⑤ 宅基地制度改革最终会走向何方，目前是不清晰的，“稳慎推进”是 2022 年宅基地制度改革政策的关键词，制度改革更可能是逐步推进，而不是一步就位。为便于改革，立法应为政策调整留足空间。参见《中共中央、国务院关于做好 2022 年全面推进乡村振兴重点工作的意见》（中发〔2022〕1 号）。

⑥ 参见程啸《不动产登记法研究》（第 2 版），法律出版社，2018，第 10 页。

按照双方的意愿设定权利，可以匹配市场不同的需求，也就更适合物权法定的缓和主义。[①]

相比于登记对抗主义，生效主义更能适应宅基地“三权分置”制度。“三权分置”权利体系中，无论是分配型宅基地使用权，还是出让型宅基地使用权，其设立及流转皆具有一定限制，限制性条款的违背常导致行为无效。[②] 例如，集体出让宅基地使用权时，若合同相对方是集体外主体，合同效力则取决于主体是否具备乡土成员资格，主体是否符合“一户一宅”规定。若不符合，出让合同即便签订亦不具有效力，宅基地使用权无法完成出让。集体成员若要转让宅基地使用权，亦要确认转让方与受让方是否符合可转让的条件，否则合同效力只能是待定，交易并不能为法律所确认。可见，宅基地使用权的交易若采用登记对抗主义，连交易安全都存在问题，更遑论适用更多元化的物权缓和主义情形。

在登记生效主义下，登记检查程序可校验每一笔交易的有效性，确保其符合国家管制规范才予以登记，更有利于交易安全。公法管制如此多的宅基地制度，其权利的登记只宜采用生效主义。此外，从宅基地的管理来说，采用生效主义可以提高宅基地使用权登记率，更利于相关数据的统计，便于研判政策的执行情况，政策修改时有更充分的数据支撑。

四　余论

宅基地制度根植于农村，“三权分置”方案必然要切合农村实际情况。制度供给既要回应改革的要求，也要符合农村的需求。乡土性是农村社会的基本特征，虽然随着经济社会的变迁，乡土文化的内涵在不断变化，但乡土文化的核心社会关系——亲缘关系与地缘关系依然存在。宅基地“三权分置”改革作为乡村振兴战略的重要一环，不应仅仅视为增加农户财产权的工具，还应考虑助力乡土成员回归，实现乡村“人才振兴”。诚然，乡土文化本是一个复杂的概念，乡土文化衍生的乡土成员制度仍需要广泛调研，乡土成员制度既要能适应不同地方的具体情况，又要能维持“适度”的尺度，保障宅基地市场的秩序。

此外，农村宅基地的管理还应回到集体经济组织。“城乡建设用地增减挂钩”政策既降低了建设用地指标的规划效用，又使得农村集体缺乏“造血细胞”，对土地精细化

---

① 参见程啸《不动产登记法研究》（第 2 版），法律出版社，2018，第 10~20 页；苏永钦《私法自治中的经济理性》，中国人民大学出版社，2004，第 84~114 页。

② 这种案例在宅基地流转实践中并不少见。笔者于北大法宝网站检索，涉及原《土地管理法》（2004 年修正）第 63 条禁止性条款的民事裁判书高达 20873 件，检索时间：2021 年 11 月 11 日。

管理与乡村振兴并无益处。“增减挂钩”将宅基地使用权指标“卖”给了建设用地，但交易对价并不是建设用地使用权之价格，而是没有溢价的宅基地使用权之价格。这种政策并不能为乡村带来充足的资金支持，但这个价差为地方政府提供了充足的交易动机：廉价收入宅基地指标，转换为高市值的建设用地指标，“赚取”高额价差。宅基地指标回归所有权人，可为集体“引人”提供条件，更多的市场选择也会提升交易对价。“增减挂钩”政策的执行应考虑为农村集体留足宅基地指标，并转以一定比例的建设用地价格交易，为乡村振兴提供更充足的资金支持。

On the Construction of the System of “Separation of the Three Rights” of Rural Land as a Residential Lot from the Perspective of Rural Culture

Wu Junting

Abstract: The policy tendency of the system of “separation of the three rights” in rural land as a residential lot is not “Capital to the countryside compre hensively”, but to extend property rights “moderately”. The right to use the land should not be a product of market economy. From the perspective of rural culture, rural members are the group most closely connected with the rural area. The solution that the qualification of right to use the land is enlarged to the members rather than market subjects could reach the effect attracting investment, guaranteeing the market order and contributing to rural revitalization. The essence considering the factor of rural culture is to comply the will of rural collectivity and obey the rule of traditional culture in the system reform, which conforms to the spirit of the current norms. The “separation of the three rights” system of rural land is the separation of ownership, creditor's right making by public law and usufructuary right. The usufructuary right has already been separated from the identity right, so it is unnecessary to create a new usufruct or creditor's right with the quality of property right. According to the requirements of the policy, the usufruct should be constructed as a right with different acquisition paths, period and circulation conditions for collective members and members with rural culture. The norms of the system should be distributed by the way of integrating public and private law, so as to realize its systematicness and scientificity. The normative system of members with rural culture should be designed as a multi-level norm system from principle to rule to adapt to the different circumstances of each region and leave space for policy adjustment. In order to prevent the failure of policy on the ruyal land, the legislation is better to treat the registration as the requirement of effectiveness.

Keywords: Rural Land as a Residential Lot; Separation of the Three Rights; Members with Rural Culture; Rights System; Legal Design

理论前沿

自然资源特许使用权担保适格性研究

——以《民法典》第329条为基础*

纪力玮**

摘　要：自然资源特许使用权是权利人经特许取得的，具有典型排他性开发、利用国家所有的有限自然资源之权利。《民法典》第329条所确认的用益物权并非均为自然资源特许使用权。具有公权属性的自然资源特许使用权虽然并未完全为民事法律体系所接纳，但不能否认其担保适格性。在我国“双重权利承认”立法模式下，在认可土地/海域使用权与其他自然资源特许使用权相互独立的基础上，应当允许其他自然资源特许使用权在不违反民事法律基本原则的前提下参照适用《民法典》物权编相关规定设定担保，并处理好其他自然资源特许使用权与土地/海域使用权之间的关系。

关键词：自然资源特许使用权；双重权利承认；担保

一　问题的提出

我国现行法上并未明确使用“自然资源特许使用权”这一概念，民法理论研究也鲜有使用。有公法学者将自然资源特许使用权定义为：“使用权人经特许许可而取得的持续开发、利用自然资源并排除他人干预的权利。”① 然而，由于我国《行政许可法》并没有对特许与一般许可进行明确区分，在实践中自然资源特许与自然资源一般许可的界限存在一定程度的混淆。在民法理论上，有学者并未基于自然资源使用权取得方式对权利进行区分，而是将矿业权、渔业权、取水权等权利统称为准物权，认为准物权是由行政许可或特许“催生”、“准生”与确认的。② 但这一结论的前提在于：基于行政许可与行政特许而设定的“准物权”具有共性。然而，经由一般许可所产生的权利与经由行政特许所产生的权利在权利属性等方面往往存在诸多差异，基于一般许可的被许可人即使因许可获得了一定的独占利益，法律上也只承认它是反射利益或事实

---

*　本文是中国法学会民法学研究会青年学者研究项目“公共资源特许使用权担保问题研究”（2020MFXH012）的阶段性成果。

**　纪力玮，法学博士，烟台大学法学院讲师，研究方向为物权法、合同法。

①　王克稳：《行政许可中特许权的物权属性与制度构建研究》，法律出版社，2015，第101页。

②　参见崔建远《准物权研究》（第2版），法律出版社，2012，第118页。

上的利益而非法律上的利益。[①] 因此，笔者在此将自然资源特许使用权从“准物权”概念中剥离出来加以探讨，更具针对性。

公法学者普遍认为，招标、拍卖方式的适用是行政法上的特许区别于一般许可的一个外在标志。[②] 这一观点的依据主要是《行政许可法》第53条，该条针对包括“有限自然资源开发利用”在内的三类事项的行政许可方式作出了特别性规定，[③] 但第53条作出的“法律、行政法规另有规定的，依照其规定”之表述又排除了“以招标、拍卖方式获得特许权利”的绝对性。另外，许多地方性法规针对可授予特许使用权的自然资源并没有明确的标准，在权利设定程序上存在一定的混淆。因此，仅从设定程序上判断自然资源特许使用权是否成立并不科学。有学者提出，自然资源一般许可使用是当事人依行政主体的一般行政许可取得的对自然资源的使用权，如依照《水法》第34、38、39条取得的取水权；特许使用权是当事人经行政主体的特别许可取得的持续、排他使用特定自然资源的权利，如探矿权、采矿权、取水权、海域使用权等均为依特别许可取得的自然资源使用权，另外还应当包括无线电频率使用权、航线经营权等。[④] 实际上，我国现行法上明确要求行为人通过行政“特许”程序对自然资源进行开发利用的规定并不鲜见，但并非所有经过“特许”方式设立的对自然资源开发利用的权利都可以形成自然资源特许使用权，而可能仅仅是条件更为严格的一般许可使用，较为典型的是针对全面禁止事项例外情形的“特许”。例如，针对野生保护动物进行猎捕的，《野生动物保护法》《水生野生动物保护实施条例》对特定情形下确需猎捕/捕捉（水生）野生动物的，采取特许制度。[⑤] 再如，针对特定渔业资源进行捕捞的，《长江渔业资源管理规定》第7条第5款规定：“因科研需要捕捉鲥鱼的，应当向农业部申请，由农业部核发专项（特许）捕捞许可证，实行限额捕捞。”虽然此类权利以特许的方式设立，但其以获取有价值的动植物信息或种源等保护资源的公益目的为核心，更多的是基于公共利益的需要而对特定禁止行为予以解禁，其本质是解除了被许可人法律上的不作为义务，从而使其从事特定活动的权利或自由得以恢复而非授予被许可人新的权利。简言之，此类“特许”属于对行为人行为自由的许可，应归入一般许可的范畴。

---

① 参见王克稳《行政许可中特许权的物权属性与制度构建研究》，法律出版社，2015，第35页。

② 参见王智斌《行政特许的私法分析》，博士学位论文，西南政法大学法学院，2007，第95页。

③ 《行政许可法》第53条第1款规定：“实施本法第十二条第二项所列事项的行政许可的，行政机关应当通过招标、拍卖等公平竞争的方式作出决定。但是，法律、行政法规另有规定的，依照其规定。”

④ 参见王克稳《自然资源特许使用权之论》，载胡建淼主编《公法研究》（第11辑），浙江大学出版社，2012。

⑤ 《野生动物保护法》第21条第2款规定：“因科学研究、种群调控、疫源疫病监测或者其他特殊情况，需要猎捕国家一级保护野生动物的，应当向国务院野生动物保护主管部门申请特许猎捕证；需要猎捕国家二级保护野生动物的，应当向省、自治区、直辖市人民政府野生动物保护主管部门申请特许猎捕证。”

正因为自然资源特许使用权内涵与外延存在争议，自然资源特许使用权在性质界定上出现了差异，因而人们对特定自然资源特许使用权担保适格性问题提出了疑问。正如前文所述，我国的自然资源特许使用权基于行政法规范产生，而行政法的实质是控制和规范行政权，[①] 这似乎意味着自然资源特许使用权是一项行政权（公权）。从私法上看，除了土地使用权与海域使用权，《民法典》中涉及自然资源开发利用的权利集中规范在第 329 条。此条保留了原《物权法》第 123 条的规定，对探矿权、采矿权、取水权和使用水域、滩涂从事养殖、捕捞的权利予以确认并保留至《民法典》物权编项下用益物权一章中。虽然上述权利看似已为私法所接纳，但相较于针对典型用益物权的规定，《民法典》第 329 条对此类“用益物权”实质内容的规范略显单薄，这些权利主要通过单行法设定，而相关单行法并未对权利属性作出充足判断，更多地将视角放置于行政管理角度。

另外，值得注意的是，同样是对自然资源进行开发利用的权利，《民法典》第 395 条明确增设了“海域使用权”作为可设定抵押的财产，但对于第 329 条所确认的权利可担保性问题未置可否。那么，《民法典》第 329 条所确认的权利是否也可以作为抵押（担保）财产？例如，虽然我国现行法上禁止捕捞许可证的流转，但实践中出现了捕捞证随渔船抵押并同时流转之情形。自然资源特许使用权人本质上作为私法上的使用权主体，是否有资格将其享有的自然资源特许使用权设定担保？再如，尚未被《民法典》明确规范的其他自然资源特许使用权，如无线电频谱使用权是否也可以作为担保财产？有学者提出，我国公物概念缺位，使得公物与“私物”的区分无从显现，进而使得以“私物”为逻辑前提预设“民法一般原理”，公物所寄托的公共利用的福祉被无视乃至剥夺。[②] 自然资源的整体性和公共性特征使得有些自然资源作为商品进行交易，由此发生的财产关系不宜接受私法性规范的调整。[③] 而寻求建立私法独统的观念与方法在自然资源权利法律机制的建设或完善上存在先天不足，故通过私法自治的形式对自然资源进行利用会在一定程度上造成自然资源的浪费。[④] 然而，现代社会人们对自然资源利用的多元化需求在客观上确实促使着自然资源的利用形式不断发生着变化，仅通过公法手段对自然资源的使用加以规制确有不周全之处。基于上述疑问，本文将立足于《行政许可法》，以《民法典》第 329 条所规范的权利为切入点，[⑤] 对《民法典》中的自然

① 参见杨建顺《行政规制与权利保障》，中国人民大学出版社，2007，第 59 页。

② 参见张翔《海洋的“公物”属性与海域用益物权的制度构建》，《法律科学（西北政法大学学报）》2012 年第 6 期。

③ 参见马俊驹《国家所有权的基本理论和立法结构探讨》，《中国法学》2011 年第 4 期。

④ 参见张牧遥《国有自然资源特许使用权研究》，博士学位论文，苏州大学法学院，2017，第 3 页。

⑤ 《民法典》第 329 条规定：“依法取得的探矿权、采矿权、取水权和使用水域、滩涂从事养殖、捕捞的权利受法律保护。”

资源特许使用权担保问题进行研究。

二 《民法典》第329条中的自然资源特许使用权

2002年，时任国务院法制办公室主任杨景宇在《关于〈中华人民共和国行政许可法（草案）〉的说明》中指出："特许是由行政机关代表国家向被许可人授予某种权利，主要适用于有限自然资源的开发利用、有限公共资源的配置、直接关系公共利益的垄断性企业的市场准入等（第十八条）。"但立法过程中无法统一对特许的认识，致使正式通过的《行政许可法》取消了特许的概念。虽然当前我国法律文本中并未明确使用"行政特许权"的表述，但学理通说将《行政许可法》第12条第2项的规定视为"行政特许权"，[①] 并将"行政特许权"项下对"有限自然资源开发利用"的权利命名为"自然资源特许使用权"。从文本表述来看，《行政许可法》第12条第2项提出了"有限自然资源"的概念，意味着其并未将所有的自然资源均纳入行政特许所调整的范畴。因此，在自然资源特许使用权的设立与行使过程中，对"有限自然资源"尽可能周延的界定便成为解决有关自然资源行政特许使用权担保问题的前提。

（一）集体所有自然资源之上设定使用权不属于自然资源特许使用权

从我国现行法的规定来看，国家对国有自然资源使用权和集体所有自然资源使用权的授权规范是不同的。例如，《渔业法》第11条针对国有的特定水域、滩涂利用与针对集体所有或全民所有由农业集体经济组织使用的水域、滩涂利用作出了差异性规定。[②]《水法》第7条规定，集体经济组织的水塘、水库中的水资源不适用取水许可制度和有偿使用制度。[③]《海域使用管理法》虽然原则上要求通过招标、拍卖的方式设定海域使用权并向权利人颁发海域使用权证书，但对某些由农村集体经济组织或者村民委员会经营管理的特定类型海域亦作出了差别化规范。[④] 因此，从我国当前立法态度来看，在集体所有或国家所有由集体使用的自然资源之上多采取订立承包经营合同的方式设定权利（承包权）。在承包经营关系下，无论是集体经济组织与其成员之间的关

① 《行政许可法》第12条规定："下列事项可以设定行政许可：……（二）有限自然资源开发利用、公共资源配置以及直接关系公共利益的特定行业的市场准入等，需要赋予特定权利的事项……"

② 《渔业法》第11条规定："……单位和个人使用国家规划确定用于养殖业的全民所有的水域、滩涂的，使用者应当向县级以上地方人民政府渔业行政主管部门提出申请，由本级人民政府核发养殖证，许可其使用该水域、滩涂从事养殖生产……集体所有的或者全民所有由农业集体经济组织使用的水域、滩涂，可以由个人或者集体承包，从事养殖生产。"

③ 《水法》第7条规定："国家对水资源依法实行取水许可制度和有偿使用制度。但是，农村集体经济组织及其成员使用本集体经济组织的水塘、水库中的水的除外……"

④ 《海域使用管理法》第22条规定："本法施行前，已经由农村集体经济组织或者村民委员会经营、管理的养殖用海，符合海洋功能区划的，经当地县级人民政府核准，可以将海域使用权确定给该农村集体经济组织或者村民委员会，由本集体经济组织的成员承包，用于养殖生产。"

系，还是集体经济组织与其成员之外的其他单位、个人之间的关系，都是平等主体之间的关系，若产生争议应属民事争议。[①] 故本文认为，由集体所有/使用的自然资源开发利用不应受《行政许可法》第12条的规制。换句话说，能够设定自然资源特许使用权的资源应当是国家所有之资源。

（二）非排他性使用形态下的自然资源使用权不属于自然资源特许使用权

在国有自然资源项下，自然资源非排他性使用形态主要有以下两类。

其一，供个人自由使用的自然资源。即大众在不妨碍他人利益的前提下，无须经由许可程序设定即可自由使用的国有自然资源。以与个人生活息息相关的水资源的利用为例，我国在水资源的利用上对不同的用水类型作出了不同的规范。《水法》第48条和《取水许可和水资源费征收管理条例》第4条第2项规定了不需要申请取水许可的情况。[②] 这类自然资源的特征在于能够被公众直接、反复使用，主要包括生存性自然资源和满足家庭生活需要的自然资源，每个人都有权且必须能够利用它们。因此，此类资源不能作为特许权标的进入市场交易。

其二，公众依照习惯和传统使用的自然资源。社会公众与某些自然资源存在一定程度的紧密联系，但在使用过程中并不具有排他性，如沿海城市的居民会在近海游泳、垂钓、赶海，抑或在沙滩上游戏。这些区域的自然资源因为不具有绝对的排他性而无法设立具有排他属性的权利，因此也就不能任意以对此类自然资源开发利用为由阻止公众的习惯使用或传统使用。正如有学者指出，市场不应侵入非市场的公共领域，那些非商品的自然资源不能商品化，否则就等于剥夺了民众生而享有的对公共自然资源的权利。[③]

综上，自然资源特许使用权是权利人经特许取得的，具有典型排他性开发、利用国家所有的有限自然资源之权利。就《民法典》规范来看，虽然第329条是针对特定自然资源的开发利用权利的确认，但其中所确认的权利并不必然构成自然资源特许使用权。

三　《民法典》第329条中自然资源特许使用权的可担保性

《民法典》第395条及第399条从正反两个方面规定了可设定抵押权的财产范围。

---

① 参见王克稳《论公法性质的自然资源使用权》，《行政法学研究》2018年第3期。

② 《水法》第48条规定："直接从江河、湖泊或者地下取用水资源的单位和个人，应当按照国家取水许可制度和水资源有偿使用制度的规定，向水行政主管部门或者流域管理机构申请领取取水许可证，并缴纳水资源费，取得取水权。但是，家庭生活和零星散养、圈养畜禽饮用等少量取水的除外……"《取水许可和水资源费征收管理条例》第4条规定："下列情形不需要申请领取取水许可证：……（二）家庭生活和零星散养、圈养畜禽饮用等少量取水的；……"

③ 参见马俊驹《国家所有权的基本理论和立法结构探讨》，《中国法学》2011年第4期。

从这两条规定来看，除已明确被列举为可设定抵押的权利外，法律法规未禁止抵押的财产原则上均可设定担保。实践中，以法律未明确列举的财产设定担保的现象并不鲜见。但由于对此类财产设定抵押的效力、公示方式等问题欠缺明确规范与指引，司法实践在处理过程中遇到不少困难，这其中就包括自然资源特许使用权担保的设立与实现之问题。我国现行法上并没有对自然资源特许使用权的可抵押（担保）性作出明确的禁止性规定，那么是否可以据此认为所有的自然资源特许使用权均应具备担保适格性？答案是肯定的，下文将从两个方面展开分析。

（一）自然资源特许使用权具备物权特征

自然资源特许使用权是否为物权或者是否具有物权特征，这是探讨自然资源特许使用权担保适格性的基础性问题。学者们在对自然资源特许使用权的研究中，对自然资源特许使用权是否属于物权这一问题存在不同的观点，主要有非物权说①、物权说②、用益物权说③、准物权说④、区分对待说等⑤。之所以存在上述争议，主要原因在于学理上对物权认定标准的差异性以及对自然资源利用的复杂性。各学说之间虽然就自然资源特许使用权是否应被认定为物权以及界定为何种物权存在争议，但均无法完全否认自然资源特许使用权所具备的物权特征。从域外立法经验来看，亦有部分国家和地区将特定的自然资源特许使用权视为物权或财产权并适用相关规则加以保护。例如，《德国民法典》第1038条将森林及矿山之经营认定为用益权；⑥《菲律宾民法典》将水和矿产认定为特殊财产放置在“财产、所有权及其限制”一编并明确规定民法典未决的相关事项由特别法调整。⑦ 本文认为，对自然资源特许使用权物权属性的探讨，应从以下几方面进行检视。

① 参见康纪田《对自然资源使用权属特许物权的质疑》，《广西政法管理干部学院学报》2005年第6期。

② 参见王克稳《自然资源特许使用权之论》，载胡建淼主编《公法研究》（第11辑），浙江大学出版社，2012。

③ 参见刘保玉《民法典担保物权制度新规释评》，《法商研究》2020年第5期；胡丽《论无线电频谱资源用益权制度的构建》，《河北法学》2017年第9期。

④ 参见崔建远《准物权研究》（第2版），法律出版社，2012，第23页。

⑤ 如有学者认为，海域使用权是一种用益物权，而利用海域从事养殖的权利应当是一种资质性的权利。采矿权应当是“消益物权”，取水权亦同［参见陈丽平《规定海域物权法度意义重大——访中国社会科学院法学所研究员王家福》，转引自王克稳《自然资源特许使用权之论》，载胡建淼主编《公法研究》（第11辑），浙江大学出版社，2012］。有观点认为，自然资源的法律性质并不确定，需要通过具体情况而定，但总体上来看，实体的、稳定的、更具排他性的自然资源使用权更加具有物权属性（参见杨曦《“静态”自然资源使用权立法观念之批判——兼论自然资源特许使用权的立法技术》，《学习与探索》2018年第9期）。还有观点认为，凡是具有物权性质的资源使用权立法都表述为“××权”；凡立法者认为不具有物权性质的许可使用或认为不应赋予申请人物权性权利的许可，立法上通常使用“××证”（参见王克稳《论公法性质的自然资源使用权》，《行政法学研究》2018年第3期）。

⑥ 参见台湾大学法律学院、台大法学基金会编译《德国民法典》，北京大学出版社，2018，第863页。

⑦《菲律宾民法典》，蒋军洲译，厦门大学出版社，2011，第74~76页。

首先，从行政机关可否设定物权的问题来看，有观点提出，行政权力不可以创设物权。[①] 但反对者认为，与物权不同的是，准物权的母权与行政许可共同作用才产生出准物权，没有行政许可或特许，就没有准物权。[②] 此处涉及一个前置问题，即行政机关在设定自然资源特许使用权时的地位如何？有学者认为，自然资源特许使用关系是作为所有权主体的国家与特许权人之间因自然资源的特许使用所发生的财产关系，不属于平等主体之间的关系，因此不能为物权法所调整。[③] 但从现行法律来看，海域使用权、建设用地使用权的出让均是由行政主体作出的，这并不影响物权的设定，"权利来源的公法色彩并不能改变权利本身的私权属性"。[④] 行政主体虽然无权创设无法律规定的新型物权，但并不能以此否认行政主体设定法律已经认可的物权的权利。

其次，从自然资源特许使用权的客体来看，物权的客体应当是明确特定的。客观地说，自然资源特许使用权的客体并不具备传统意义上的特定性。因此，有学者认为，由于客体不能特定，那么物权就难以存在。[⑤] 就自然资源特许使用权的客体特定性的问题来说，"特定"并非单独的、唯一的、不变的，而是可将特定化等条件作观念化处理。所谓特定物，仅需依一般社会或经济观念认为是特定物即可，非必须为物理上之特定物。[⑥] 个体可以通过空间上明确的范围、定量化、特定的地域、特定的期限等方面确定物权客体的特定性。[⑦] 另外，物权客体的特定性要求并不是完全绝对的，客体特定性要求在我国担保物权立法当中早已出现例外。以我国浮动抵押为例，设立抵押时的标的物亦并非传统意义上之"特定财产"，但其强调在担保物权实现时担保财产可以被予以固定并保证债权人利益。虽然这一形式会导致一定风险的产生，但其所具有的优势也无法被忽略。

再次，从自然资源特许使用权的内容来看，一方面，自然资源特许使用权人在对自然资源开发利用的过程中于法律法规的框架内得依自己的意思进行管领处分并得以享受开发利用资源后产生的收益，而无须他人意思的介入；另一方面，自然资源特许使用权人所享有的特许权具有受到绝对保护之属性。即使行政主体会对特许权人的行为进行监管，但其也必须在合法性与合理性的框架内作出行为。换句话说，自然资源

---

① 尹田教授于2002年10月在"物权与不动产登记制度研讨会"上提出此观点。转引自崔建远《母权—子权结构的理论及其价值》，《河南财经政法大学学报》2012年第2期。

② 参见崔建远《准物权的理论问题》，《中国法学》2003年第3期。

③ 参见王克稳《自然资源特许使用权之论》，载胡建淼主编《公法研究》（第11辑），浙江大学出版社，2012。

④ 应松年：《行政权与物权之关系研究——主要以〈物权法〉文本为分析对象》，《中国法学》2007年第5期。

⑤ 参见巩固《自然资源国家所有权公权说》，《法学研究》2013年第4期。

⑥ 参见谢在全《民法物权论》（上册，修订5版），中国政法大学出版社，2011，第12页。

⑦ 参见龙翼飞、吴国刚《海域物权的法律属性研究及立法模式选择》，《政法论丛》2008年第2期。

特许使用权人在其开发支配范围之内，他人未经权利人允许不得擅自干涉或侵入的这一特征实则已证明自然资源特许使用权具备物权之特征。

最后，从自然资源特许使用权是否为一项私法上的物权来看，普通法系国家从判例当中逐渐对公法上的物权与私法上的物权有了不同的认定。在大陆法系国家中，法国行政法划分了公产和私产。[①] 法国行政法上一直对特许权是否构成“行政法上的物权”存在争议。有学者认为，行政特许权（包括自然资源特许使用权）在性质上首先是公法上的权利，只有反射到民事领域才能具备部分民事权利属性。[②] 然而当下需要重点考虑的是，区分自然资源特许使用权究竟是公法上的物权还是私法上的物权之意义何在。有学者从公法权利的角度认为民法学理上的对人权与对世权分类并没有意义，因为公法权利均发生在公民与行政机关之间，义务主体已明确为行政机关。[③] 若以此观点为前提，那么在不区分绝对权与相对权的前提下，“公法物权”这一概念成立之基础似乎有所动摇。若以权利客体为区分要素，那么可以将权利分为对物的权利、自由与权限。[④] 但这种以客体划分的标准并未超出私法上对物权的认定标准。有观点认为，公法上的物权也是物权体系的一种。[⑤] 德国学者耶林在《法律的目的》中指出，并没有什么绝对的财产，特别是独立于社会利益之外的财产。[⑥] 从最初的相邻权到后来人们日益关注的环境资源领域，物权的绝对性在逐渐减弱，物权的社会化逐渐被提及与重视。换句话说，权利人在行使权利过程中或多或少都要受到法律的规制，而这里的规制不仅仅指私法上的规制，还包括当物权的取得或行使会影响公共安全和秩序、需分配公共利益或公共资源时所应受到的公法上的规制。[⑦] 就当前立法来看，即使被认定为纯粹的物权有时也离不开公法的庇护。因此，当下需要考虑的重点问题并不是构建“公法中的物权”，而是应当考虑行政主体对自然资源特许使用权规制的合理性与合法性以尽可能确保公权力行为的正确性。

（二）自然资源特许使用权的可转让性

根据担保原理，可以设定担保的权利必须是一项可转让的私法上的财产权。因此，若要确定自然资源特许使用权是否具备担保适格性，另一个值得思考的问题就是自然

---

① 法国法院与学界又将公产分为公众直接使用的公产和公务用公产。

② 参见肖泽晟《论公共资源特许使用权转让之限制》，《苏州大学学报》（哲学社会科学版）2018年第1期。

③ 王本存：《论行政法上的公法权利》，《现代法学》2015年第3期。

④ 〔德〕罗伯特·阿列克西《法　理性　商谈——法哲学研究》，朱光、雷磊译，中国法制出版社，2011，第227页。

⑤ 参见刘丽萍《行政法上的物权初探》，《政法论坛》2003年第3期。

⑥ R. Von Jhering, Der Ge ist Des Rom ischen Rechts Auf Den Verschiedenen Stufen Seiner En twicklung 7 (4th ed. 1878). 转引自王学辉、邓蔚《物权的行政法保护与规制》，《现代法学》2006年第2期。

⑦ 参见李蕊《公共服务供给权责配置研究》，《中国法学》2019年第4期。

资源特许使用权是否具有可转让性。自然资源特许使用权即便具备私权属性且能够为私法所调整，如不具备可转让性，依旧无法在其之上设定担保物权。财产权的基本意义在于权利具有经济上的价值或者直接包含物质利益，对于权利能否转让并不强求。① 因此，并非所有的财产权均可转让，但可转让性是财产权可设定担保的前提。之所以需要对自然资源特许使用权的可转让性作出着重考量，主要在于自然资源特许使用权与国家所有权有着密切的关联，如流转不当，极有可能影响国家利益，最终影响到全民利益。所以，针对自然资源特许使用权的可转让性必然要作出相应的制约。我国《宪法》第 10 条仅规定了土地使用权可以依法流转，但并未释明其他自然资源、公共资源的使用权的可流转性。虽然《行政许可法》第 9 条规定，除法律、法规允许依照程序可以转让外，行政许可不允许转让，但针对自然资源特许使用权的可转让性之规范，实际上存在三种形式。

第一种是允许某项自然资源特许使用权转让，但转让需要先行满足一定的条件。以海域使用权的流转为例，早在 2001 年《海域使用管理法》已经对海域使用权的流转问题有所涉及，《海域使用权管理规定》《不动产登记暂行条例》《不动产登记暂行条例实施细则》进一步对海域使用权的流转作出了规范，如《海域使用权管理规定》第 38 条规定了海域使用权转让的条件。② 当然，该条规定倾向于强化对海域使用权的有效开发利用而在一定程度上给海域使用权流转造成了阻碍。第二种是直接禁止某项自然资源特许使用权转让，如《渔业法》明确禁止捕捞许可证（捕捞权）的转让。③ 第三种是法律规定不明，如《取水许可和水资源费征收管理条例》第 27 条规定，“在取水许可的有效期和取水限额内，经原审批机关批准，可以依法有偿转让其节约的水资源，并到原审批机关办理取水权变更手续”。虽然本条允许办理取水权变更手续，但权利人此时有偿转让的是“节约的水资源”，权利人可否在取水有效期和取水限额内直接转让取水权尚不明确。由此产生了两个疑问：法律法规没有明确禁止转让的自然资源特许使用权是否应当认可其可流转性？行政法上的禁止性规范如何对民事法律关系产生影响？例如，虽然我国现行法上禁止捕捞许可证的流转，但实践中出现了捕捞证随渔船抵押并同时流转之情形。自然资源特许使用权人本质上作为私法上使用权的主体，是否有资格将其享有的自然资源特许使用权流转？有学者提出，由于法律没有将某一特定的法律权利打包成一种法定的权利类型，更没有赋予该权利“可转让性”，因此不

① 参见王智斌《行政特许的私法分析》，博士学位论文，西南政法大学法学院，2007，第 103 页。

② 《海域使用权管理规定》第 38 条规定：“转让海域使用权应当具备下列条件：（一）开发利用海域满一年；（二）不改变海域用途；（三）已缴清海域使用金；（四）除海域使用金以外，实际投资已达计划投资总额百分之二十以上；（五）原海域使用权人无违法用海行为，或违法用海行为已依法处理。”

③ 《渔业法》第 23 条第 3 款规定：“捕捞许可证不得买卖、出租和以其他形式转让，不得涂改、伪造、变造。”

可整体转让。[①] 但法律究竟应以何标准对权利进行“打包”很难找到应有的逻辑。也有学者提出，国有自然资源特许使用权既然是以特许方式取得，那么就应该遵循行政许可的一般原理。[②] 还有学者认为，在行政特许领域，由于许可基本上着眼于对特定资源开发利用的方式、期限等条件，在这一点上特许权不具有人身属性，可以进行转让。[③]

本文认为，自然资源特许使用权本身应当被赋予私法上可转让的效果。由于我国自然资源特许使用权源于行政许可规范，在对自然资源特许使用权转让进行限制的情况下，自然资源特许使用权的财产权属性无法得到有效释放，在实践中出现关于自然资源特许使用权担保与转让的纠纷，往往会从公法角度对其进行裁量而忽视了自然资源特许使用权转让在私法上的地位。当然，公法从维护公共利益的角度出发，对特定自然资源特许使用权的转让作出禁止性评价并无不妥，但此项权利在进入民事领域后已被确认为一项有价值的财产权利，权利人在民事领域中所作出的转让行为应当由私法对其效力作出认定。简言之，虽然自然资源特许使用权转让相较于其他权利转让涉及更多的公共利益，但维护私权利益仍是不可忽视的精神内核。因此，尽管自然资源特许使用权之上存有更多的义务性，但由于自然资源特许使用权强烈的财产权属性与物权特征，行政机关尤其是地方行政机关原则上应对自然资源特许使用权转让的禁止性规定持审慎态度，在没有禁止性规定的情况下应当认可自然资源特许使用权的可转让性。如行政法上对特定自然资源特许使用权可转让性问题及其可担保性问题上采取禁止性规定，当自然资源特许使用权人超越公共利益而对权利进行转让时，当然要受到公法上的规制与处罚，但这并不意味着转让行为或担保设定行为必然无效。《民法典》第153条第1款明确“违反法律、行政法规的强制性规定的民事法律行为无效。但是，该强制性规定不导致该民事法律行为无效的除外”。如果禁止性规范规制的是自然资源特许使用权转让本身，即只要该转让行为一经发生便绝对地损害国家利益或者社会公共利益的，则应当认定该转让行为无效。而在其他情形下，针对自然资源特许使用权转让的效力性评价应经由民事法律规则加以判断。换句话说，应以私法价值优先为价值导向，通过对具体自然资源特许使用权转让行为本质属性的判断，对行政法禁止性规定下的行为效力作出认定。

四　《民法典》第329条中自然资源特许使用权担保与土地/海域使用权担保之协调

在明确自然资源特许使用权的可担保性后，在民事法律框架体系之中如何对各类

① 参见王涌《私权的分析与建构——民法的分析法学基础》，北京大学出版社，2020，第251页。
② 参见张牧遥《国有自然资源特许使用权研究》，博士学位论文，苏州大学法学院，2017，第6页。
③ 参见王智斌《行政特许的私法分析》，博士学位论文，西南政法大学法学院，2007，第107页。

自然资源特许使用权担保进行规则适用并不是简单的问题。因此，追求自然资源使用“私益”的目标是否单纯通过物权框架进行所谓“社会化”的转换就能够成功实现尚有待进一步思考。例如，在日本、韩国及我国台湾地区，渔业法上的渔业权主要是在公共水域设定的权利，之所以如此，是因为没有相同内容的海域使用权的存在，设定渔业权不存在权利冲突的问题。[①] 但是，在我国《民法典》明确规定海域使用权可作为抵押财产的情况下，《民法典》所包含的其他自然资源特许使用权如何与既存的土地/海域使用权作出恰当区分以更好地实现其交换价值，是需要重点考虑的又一问题。

（一）“双重权利承认”模式下自然资源特许使用权的定位

在我国“双重权利承认”的立法模式下，土地/海域使用权与其他自然资源特许使用权应当是相互独立的权利。权利人享有了土地/海域的使用权并不能当然享有矿业权、养殖权等权利；权利人享有矿业权、养殖权后，亦无法当然享有土地/海域使用权。但在实践中，各项权利往往交织在一起。面对自然资源特许使用权在客体认定上的复杂性以及“双重权利承认”立法模式下权利的交错性，土地/海域使用权与其他自然资源特许使用权之间权利层级认定的争议性，给自然资源特许使用权担保设定带来了疑问。

就海域使用权与土地使用权的关系来看，二者之间的权利层级存在不对称之处。《土地管理法》与《海域使用管理法》作为同等位阶的法律规范，分别使用了“土地使用权”与“海域使用权”的概念。从形式上看，土地使用权与海域使用权更多地应当是一种抽象概括的权利，并不区分土地/海域使用的目的与权利性质，在此意义上，土地使用权与海域使用权应为并列层级的概念。但如果进一步考察其他立法文本，这一结论似乎并不绝对。《民法典》并未使用“土地使用权”这一概念，而是将海域使用权与建设用地使用权、土地承包经营权等各项具体权利规范在用益物权一章之中。另外，《民法典》第 395 条将海域使用权与建设用地使用权并列作为可抵押财产。因此，从形式上来看，《民法典》框架下的海域使用权实则与建设用地使用权等具体土地使用权利处于并列关系。由此产生的弊端便是，具有抽象指导意义的海域使用权在进入《民法典》之后，由抽象身份转变为具象身份而成为一项与建设用地使用权等权利具有相同意义的独立的财产权利，继而造成了我国土地使用权与海域使用权权利层级的不对称，导致海域使用权在实践中的运行出现了一定疑惑。

就海域使用权与《民法典》第 329 条所确认的权利来看，有学者指出，海域使用

---

① 参见王克稳《“使用水域、滩涂从事养殖、捕捞的权利”的行政法解析》，《苏州大学学报》（法学版）2020 年第 4 期。

权与《民法典》第329条所规定权利的不同之处在于，海域使用权是一束权利。[①] 还有观点指出，虽然矿业权、取水权等权利被规范在《民法典》“用益物权”分编之中，但该类自然资源特许使用权与典型物权是不同的，是一种准物权；海域使用权是一系列物权的总称，本没有必要设计成为一项单独的用益物权，但为了实现海域的集约化利用，将其认定为用益物权是具备必要性的。[②] 从我国当前立法规范来看，《民法典》将海域使用权与其他“准用益物权”均纳入“用益物权”中加以规定，在未作特别说明的情况下，用益物权编下的各项权利之间应当是平等并列的关系。而《民法典》第328条作为引致性条款，将对海域使用权的调整与规范引向其他法律规定，目前主要是由《海域使用管理法》对海域使用权各项内容作出专门性规范。但《海域使用管理法》规定了包括养殖用海、矿业用海等在内的不同用海类型，从这一点来看，个人或组织（单位）享有的在特定海域采矿、养殖等权利似乎只是一种对特定海域使用的方式，采矿、养殖的权利仍然应当归属于海域使用权之中。[③] 然而事实是，《民法典》第329条单独列明了采矿权、取水权等独立的权利。如此，在承认各类独立权利的前提下，海域使用权的属性被弱化，准物权的色彩就彰显，从另一个方面表明设立海域使用权制度违反法律制度设置及运行的规律。[④] 有学者基于对公共利益保护的角度，认为获得了海域使用权并不当然获得开采、捕捞等权利，如果想从事开发活动，就需要同时取得两项权利。[⑤] 但这一结论有悖具体类型用海权的内涵。我国海域使用权设立的目的之一便在于允许权利人通过合理方式利用特定海域从事采矿、养殖、旅游等行为并最终获取收益。若在获取特定海域后进行开发利用仍需要另行获得开发的权利（资格），那么实际上就架空了海域使用权本身“用益物权”的权能。

综上所述，在“双重权利承认”的立法模式下，土地/海域使用权应当与采矿权、养殖权等《民法典》第329条所规范的权利相互独立，各司其职。但又由于立法上有时以用途为标准对用海、用地类型进行划分，采矿、养殖等行为成为用海、用地的一种方式，权利之间相互交织使得《民法典》第329条权利的独立性存疑。在此既定立法背景下，如何尽可能将各类独立的权利剥离开以顺利设定担保，本文认为可将视角置于权利客体辨认之上对该问题加以判断与说明。

---

① 参见崔建远《中国民法典释评·物权编》（下卷），中国人民大学出版社，2020，第42页。

② 最高人民法院民法典贯彻实施工作领导小组主编《中华人民共和国民法典物权编理解与适用》（下），人民法院出版社，2020，第1041页。还有学者采相似观点，认为此类权利为准用益物权。参见孙宪忠、朱广新主编《民法典评注·物权编》（3），中国法制出版社，2020，第27页。

③ 《海域使用管理法》规定的海域使用类型主要包括养殖用海、拆船用海、旅游娱乐用海、盐业矿业用海、公益事业用海等。

④ 参见崔建远《中国民法典释评·物权编》（下卷），中国人民大学出版社，2020，第39页。

⑤ 参见王利明《物权法研究》（下卷，第4版），中国人民大学出版社，2016，第1036页。

（二）“双重权利承认”模式下自然资源特许使用权担保的设定

如前所述，基于自然资源特许使用权所具备的物权特征及其可流转性，原则上应当认可自然资源特许使用权的可担保性，但并不能由此否认《民法典》第 329 条所规定的各项自然资源特许使用权之间存在的差异性。担保物权的设立与实现并不关注权利客体的占有、使用，而是关注交换价值的有效实现，因此，尽管权利客体认定争议的存在不会从根本上动摇自然资源特许使用权的可担保性，但可能会造成既存自然资源特许使用权与土地/海域使用权之间以及自然资源特许使用权之间担保设定与实现过程中的冲突与矛盾，故需要进一步探讨。由于对自然资源利用方式的不同，以权利客体构成是否具有二重性为划分标准，可将《民法典》第 329 条所规定的自然资源特许使用权划分为两种类型。

1. 不具备二重客体的权利

这类权利主要包含探矿权、取水权、养殖权和捕捞权。在此类型项下，又有两种类型。

（1）以土地/海域为客体的自然资源特许使用权。这类权利包括探矿权以及在特定水域、以固定渔具采捕的养殖权和捕捞权。

就探矿权而言，虽然我国法律通常将探矿权与采矿权合并称为“矿业权”，但二者所追求的目标是不同的：前者以探明特定区域的矿产资源、获取特定地质矿产资料等信息为目的，后者则更多的是以直接取得矿产品为目的。当然，目的不同并不决定着权利指向客体的必然差异，因此，有学者并不区分探矿权与采矿权，而是将矿业权的客体统一认定为“由特定的矿区或工作区内的地下土壤和其中所赋存的矿产资源组成”。[①] 虽然这一结论存在一定的科学性与合理性，但本文认为仍有值得商榷之处——探矿权与采矿权的权利客体并不完全相同。探矿权以“探”为重心，更多的是探索不确定之事。因此，权利人的特定工作区域并不一定存在矿产资源，也就并非必定能够达成获取有价值探矿权资料与资源的目的。简言之，探矿权中的“矿”是有与无的关系，而采矿权中的“矿”是多与少的关系。若作为一项独立的物权，客体的特定性为物权的一大特征。[②] 在此意义上，探矿权直接支配的客体实际上应当为特定矿区或工作区内的地下土壤而不包括不确定是否存在的矿产资源。换句话说，探矿权应当是以获取地质资料为目的进行探矿作业而使用特定土地的权利，其构成土地使用的一种类型。值得注意的是，根据《矿产资源法实施细则》第 16 条第 1 款的规定，探矿权行使过程中取得的是临时使用土地权。《土地管理法实施条例》（2021 年修正）第 20 条明确了

① 参见崔建远《准物权研究》（第 2 版），法律出版社，2012，第 241 页。

② 参见〔日〕我妻荣《日本物权法》，有泉亨修订，李宜芬校订，五南图书出版公司，1999，第 10~14 页。

临时使用土地期限一般为2年，最长不超过4年。在此意义下，尽管理论上允许探矿权设定担保，但交换价值不高。

就特定水域、以固定渔具采捕的养殖权和捕捞权而言，虽然民法学界通常会将养殖、捕捞的权利归入渔业权之中，但《民法典》并没有使用“渔业权”这一集合概念。《渔业法》上并没有明确使用“养殖权”和“捕捞权”的表述，《民法典》采取了“使用水域、滩涂从事养殖、捕捞的权利”的表述。为行文方便，笔者在此简化为“养殖权”与“捕捞权”。作为一项自然资源特许使用权，在没有禁止性规定的前提下，权利是应当被允许设定担保的。但需要探讨的是，“使用水域、滩涂从事养殖、捕捞的权利”在担保时究竟应当被视为一项“水域/滩涂使用权”还是单纯的养殖权/捕捞权？

从学理上看，对养殖权与捕捞权的客体是否同一的问题有所争议。有学者认为，养殖权与捕捞权的客体是相同的，二者的客体均应为特定水域/滩涂。[①] 但亦有相反的观点认为，二者的客体并不相同。[②] 在自然资源特许使用权视角下，养殖权与捕捞权的权利客体均应当是特定水域/滩涂而不包括渔业资源。就养殖权的客体而言，当前并无较大争议。养殖权虽然涉及水生动植物资源的开发与利用，但此时的水生动植物资源并非绝对来自野生环境，通常系由权利人先行投入而后培育所得。此时，若将权利人自有的水生动植物资源认定为养殖权的权利客体，则有悖于用益物权的本质。因此，养殖权的客体应当是特定水域/滩涂。然而在面对捕捞权时，权利的客体便出现了诸多疑问，核心争议便在于水生动植物资源，或者说渔业资源是否能够成为捕捞权的客体。[③] 作为一项自然资源特许使用权，其核心特征之一是对国家所有自然资源的开发与利用。那么，水生动植物资源（渔业资源）是否必然属于国家所有？从我国相关法律来看，除珍贵、濒危水生野生动物资源被规定为国家所有，其他水生动植物资源并没有像对矿产资源国家所有那样给予明确归属的界定。因此，被认定为自然资源特许使用权的捕捞权之权利客体仍应当是特定水域/滩涂。对以土地/海域为客体的自然资源特许使用权，应当作为土地/海域使用权的一种类型设定担保。

（2）以土地/海域以外的其他特定自然资源为客体的自然资源特许使用权。这里以取水权为例，狭义而言，即指汲水权、引水权。《取水许可和水资源费征收管理条例》第27条规定，“依法获得取水权的单位或者个人，通过调整产品和产业结构、改革工艺、节水等措施节约水资源的，在取水许可的有效期和取水限额内，经原审批机关批

① 参见崔建远《准物权研究》（第2版），法律出版社，2012，第448页。

② 如税兵教授认为，养殖权的客体应当是特定水域，捕捞权的客体是水生动植物资源。参见尹田主编《中国海域物权制度研究》，中国法制出版社，2004，第162页。

③ 此处的捕捞权指的是定置捕捞权而不包括非定置捕捞权。非定置捕捞权不具备排他性，不具备设定他物权的条件。

准，可以依法有偿转让其节约的水资源，并到原审批机关办理取水权变更手续”。简言之，该条明确可以有偿转让的是节约后的水资源，而非取水权本身。那么，取水权是否可以当然设定担保并流转呢？取水权作为一项自然资源特许使用权，原则上应当允许设定担保物权。从取水权的客体来看，学界存在不同看法，有水资源说、局部水资源说、一定之水说。虽然取水权的客体存在争议，但各学说之间的共性在于，都认为其客体并不包括特定土地/水域。一方面，取水权并不以占有一定水域为必要；另一方面，取水权并不具有绝对的排他性，有时在特定区域的水资源之上可能设立多个取水权。因此，虽然取水权涉及对特定土地/水域的使用，但由于其并不构成对特定土地/水域的排他占有，难以将取水权纳入土地/海域使用权范畴之中。在此前提下，应将此类权利作为一项以水资源为客体的独立权利单独设定担保。

2. 具备二重客体的权利

具备二重客体的权利主要指的是采矿权。这类权利的顺利行使，一方面需要占有使用特定土地/海域，另一方面需要开发利用特定区域内的矿产资源，其客体应“由特定的矿区或工作区内的地下土壤和其中所赋存的矿产资源组成”。[①] 就具备二重客体的自然资源特许使用权来说，权利人往往需要同时取得以下权利：土地/海域使用权、开采特定矿产资源的权利。因此，在设定担保的过程中，为了避免实践中由于采矿权等权利与土地/海域使用权相互独立分别流转造成的权利无法正常行使的矛盾，[②] 需要对土地/海域使用权以及特定自然资源特许使用权同时设立担保。

五　结语

自然资源特许使用权是权利人经特许取得的，具有典型排他性地开发、利用国家所有的有限自然资源之权利。同样是针对自然资源特许使用的权利，国有土地使用权担保早已具备明确规范，《民法典》第 395 条针对海域使用权也明确了其可抵押性。但《民法典》对其所包含的其他自然资源特许使用权能否设定担保的问题未置可否，尚未被《民法典》囊括其中的其他自然资源特许使用的可担保性亦存在疑问。本文认为，在明确自然资源特许使用权物权特征的基础上，在认可自然资源特许使用权可转让性的情形下，应当承认自然资源特许使用权的担保适格性。但在我国“双重权利承认”立法模式下，《民法典》所包含的其他自然资源特许使用权如何与既存的土地/海域使

① 参见崔建远《准物权研究》（第 2 版），法律出版社，2012，第 241 页。

② 如 2015 年海南某公司竞得临城镇一处采矿权，但在办理手续的过程中该公司发现，矿区土地已被该县国土资源局租给另一家参与竞标但未能中标的企业，采矿权因此被迫中止。参见徐培培《竞得采矿权没有土地使用权这矿咋采》，《南国都市报》2016 年 4 月 27 日，第 11 版，http：//ngdsb. hinews. cn/html/2016-04/27/content_ 11_ 1. htm，最后访问日期：2022 年 7 月 19 日。

用权作出恰当区分以更好地实现交换价值，值得进一步分情况讨论。由于对自然资源利用方式的不同，以权利客体构成是否具有二重性为划分标准，可将《民法典》第329条所规定的自然资源特许使用权划分为两种类型。一类是不具备二重客体的权利。其中，以土地/海域为客体的自然资源特许使用权，应当作为土地/海域使用权的一种类型设定担保；而以土地/海域以外的其他特定自然资源为客体的自然资源特许使用权，则应作为一项独立权利单独设定担保。另一类是具备二重客体的权利。为了避免实践中由于特定权利与土地/海域使用权相互独立分别流转造成的权利无法正常行使的矛盾，需要对土地/海域使用权以及特定自然资源特许使用权同时设立担保。

Research on the Eligibility of Natural Resource Concession Guarantee
—Based on Article 329 of the Civil Code

Ji Liwei

Abstract: The natural resource concession is the right of the right holder to exploit and utilize the limited natural resources owned by the state with typical exclusivity. Not all usufruct rights recognized in article 329 of the Civil Code are natural resource concessions. Although the natural resource concession with the attribute of public rights has not been fully accepted by the civil legal system, its guarantee eligibility cannot be denied. Under the legislative model of "dual recognition of rights" in China, on the basis of recognizing the independence of land/sea area use rights and other natural resource concessions, other natural resource concessions should be allowed to create security with reference to the relevant provisions of the "Property Rights Part" of the Civil Code without violating the basic principles of civil law, and the coordination relationship between other natural resource concessions and land/sea area use rights should be handled well.

Keywords: Natural Resource Concession; Dual Recognition of Rights; Guarantee

论低楼层业主对电梯加装的容忍义务与牺牲补偿请求权

韩富鹏*

摘　要：老旧小区加装电梯便利了中高楼层业主出行，但也可能对低楼层业主的采光、通风等造成妨害。基于对中高楼层业主更高法益的保护，低楼层业主对此负有容忍义务，不能主张排除妨害、消除危险等防御请求权。该容忍义务可以在相邻关系框架内得到证成。电梯加装行为应遵循比例原则的限制，尽量将对低楼层业主的妨害限制在最小限度内。同时，应赋予低楼层业主牺牲补偿请求权，以补偿其因电梯加装而遭受的损失。低楼层房屋的所有权人、居住权人享有牺牲补偿请求权，而承租人、抵押权人并不享有该权利。牺牲补偿应适用全额补偿原则，数额为低楼层房屋权利人所遭受的全部损失。

关键词：电梯加装；相邻关系；容忍义务；牺牲补偿请求权

一　问题的提出

2020 年 7 月，国务院办公厅印发了《关于全面推进城镇老旧小区改造工作的指导意见》，明确有条件的楼栋可通过加装电梯的方式，以满足居民出行便利的需要。① 全国各地逐步推进老旧小区加装电梯工作，对满足人民群众美好生活需要、推进城市更新和开发建设方式转型、促进经济高质量发展起到了重要作用。但是，不同楼层业主从加装电梯中直接获益的程度不同。高楼层业主因加装电梯带来出行便利，而低楼层业主对电梯本身没有需求，加装之后反而可能会影响房屋的采光、通风等性能。这也成为既有住宅加装电梯工作中最大的矛盾点。

所有权作为“最强大”的绝对权，其特征之一便是享有全面性保护。当第三人以占有扣留和占有侵夺之外的方式对所有权造成妨害时，所有权人有权主张排除妨害请求权；当存在妨害之危险时，所有权人有权主张消除危险请求权。② 老旧小区加装电梯，在对中高层楼主的出行带来便利的同时，也会对低楼层业主的采光、通风、出行、

---

*　韩富鹏，清华大学法学院博士研究生，研究方向为物权法。

①　参见《国务院办公厅关于全面推进城镇老旧小区改造工作的指导意见》（国办发〔2020〕23 号），中央人民政府网：http：//www. gov. cn/zhengce/content/2020-07/20/content_ 5528320. htm，最后访问日期：2022 年 7 月 18 日。

②　参见〔德〕鲍尔、施蒂尔纳《德国物权法》（上册），张双根译，法律出版社，2004，第 227 页。

消防疏散等方面产生不利影响。如何平衡两者之间的关系，需要进行认真考量。加装电梯是否需要全体业主一致同意，还是根据《民法典》第278条规定仅需要参与表决专有部分面积3/4以上的业主且参与表决人数3/4以上的业主同意即可？加装电梯对低楼层业主造成的损害，低楼层业主能否主张补偿？这些问题值得深入探讨。

二　排除权利人消除危险请求权的正当性

当其他人的行为对物权完满状态造成妨害时，物权人有权主张排除妨碍；存在妨碍之虞的，物权人有权主张消除危险。电梯加装可能对低楼层房屋的采光、通风、出行、消防疏散造成妨害，低楼层业主能否以此为由主张消除危险请求权阻止电梯加装？目前，全国各地出台了大量的既有住宅加装电梯的管理办法、实施意见等地方性规范文件，对此存在不同做法。笔者通过“北大法宝”数据库查阅到共计42部关于既有住宅加装电梯的指导意见、暂行办法等地方性规范文件，据统计，共有27部规范性文件规定加装电梯仅需要达到《民法典》第278条或原《物权法》第76条规定的多数决比例即可，低楼层业主并不享有一票否决权；[①] 5部规范性文件规定加装电梯需要达到法定的多数决比例，并且需要加装电梯后通行、日照、采光、通风等可能受到直接影响的业主未提出明确反对意见；[②] 10部规范性文件要求本单元全体业主一致同意方可申请加装电梯。[③] 后两种情形中，因加装电梯而可能受到不利影响的业主均享有一票否决权。实践中的不同做法，进一步催生了理论回应的必要性，需要从法理层面深入探讨这一问题。

（一）排除低楼层业主防御请求权的可能路径

1. 建筑物区分所有中共同事务管理的法定比例规则

《民法典》第278条第7项规定，改建、重建建筑物及其附属设施需要经过参与表决专有部分面积3/4以上的业主且参与表决人数3/4以上的业主同意。法条文义构成法律解释的出发点，从《民法典》第278条之文义出发，加装电梯属于对建筑物附属设施的改造。如前所述，在各地出台的关于既有住宅加装电梯的指导意见等规范性文件之中，大多数文件（27/42）均认为加装电梯仅需要过到原《物权法》第76条或《民法典》第278条规定的比例即可。如果加装电梯决议满足了《民法典》第278条比例

① 如《长春市人民政府办公厅关于既有住宅加装电梯的指导意见（试行）》《南宁市人民政府关于加快推进既有住宅加装电梯工作的实施意见》《南昌市既有住宅加装电梯工作的实施意见（试行）》等。

② 如《抚顺市既有住宅加装电梯的指导意见》《大连市人民政府办公厅关于既有住宅加装电梯工作的实施意见》《西宁市既有多层住宅加装电梯工作实施方案》等。

③ 如《唐山市中心区既有住宅加装电梯办法》《许昌市中心城区既有住宅加装电梯暂行办法》《德州市既有住宅加装电梯管理办法（试行）》等。

之要求，但因加装电梯受到实质妨害的低楼层业主不同意，能否以《民法典》第278条为依据排除低楼层业主的防御请求权？

答案是否定的。《民法典》第278条旨在保障小区业主自治，保护其参与小区公共事务的权利。[①] 全体业主均享有管理小区公共事务的权利，此乃建筑物区分所有权的重要组成部分。当前我国小区业主人数普遍众多，存在不同的利益诉求，难以期待某一事务处理方案能够取得全体业主的一致同意，因此法律就不同事项设定了不同的表决比例要求，具有其必要性和正当性。但经法定的多数决比例业主同意即可从事的对建筑物及其附属设施的改建和重建，不可以对单个业主专有部分造成不合理的妨害，否则便存在“多数人压迫少数人”的风险。加装电梯可能对低楼层房屋的采光、通风、出行、消防疏散造成妨害，不能单纯以多数业主已经同意加装电梯，便强令低楼层业主承受该妨害。因此，《民法典》第278条不宜成为排除低楼层业主防御请求权的法律依据。

2. 地役权规范

地役权是按照合同约定利用他人不动产以提高自己的不动产效益的用益物权。电梯加装提高了中高楼层业主的房屋使用便利性，同时对低楼层业主造成了实质性妨害，可以通过地役权制度调整当事人之间的利益关系。但是，笔者认为，这一路径也存在一定的问题。

地役权成立应基于地役权合同，需要当事人之间就电梯加装费用分担和对低楼层业主的补偿方案达成合意。科斯定理指出，在交易费用为零的情况下，不管权利如何进行初始配置，当事人之间的谈判都会导致资源配置的帕累托最优。[②] 契约机制使原本彼此冲突、基于狂热与毫无节制的欲望转移到以和谐协调的方式追求理性的市场利益，有助于社会财富的最大化。如果中高楼层业主和低楼层业主达成地役权设定合意，允许中高楼层业主为自己房屋使用便利而限制低楼层业主的部分权能，固然是理想的结果。但是，电梯加装中当事人之间存在过高的交易成本，极有可能阻却当事人间合意的达成。一方面，“如果交易中存在双边垄断，即当事人都没有更佳的交易对象可供选择，那么交易成本可能是相当高的”。[③] 电梯加装案是典型的“双边垄断”，中高楼层业主加装电梯对低楼层业主造成妨害，只能通过支付补偿方式使其放弃防御请求权，而无法在市场中选择其他交易对象。如果中高楼层业主加装电梯所提供的补偿方案必须经过低楼层业主同意，极有可能诱发低楼层业主的“敲竹杠”行为，“敲竹杠”者

---

① 参见最高人民法院民法典贯彻实施工作领导小组主编《中华人民共和国民法典物权编理解与适用》（上），人民法院出版社，2020，第378页。

② Coase, “The Problem of Social Cost”, *The Journal of Law & Economics*, Vol. 3, 1960, pp. 837-877.

③ 〔美〕理查德·波斯纳：《法律的经济分析》，蒋兆康译，法律出版社，2012，第85页。

可能滥用其谈判优势地位从而导致谈判破裂，无法实现效率最优之目标。另一方面，加装电梯涉及的业主人数较多，协商难度大。以一个典型的需要加装电梯的老旧住宅楼的一个单元为例，一个五层双户的单元就需要10名业主及其家人的参与。[①] 参与人数过多，且不同业主拥有不同的利益诉求，无疑增加了交易成本，协商成功的难度极大。期待双方形成地役权合同的合意，并不现实。

在双方当事人自愿设立的地役权之外，比较法上还不乏规定强制地役权的立法例。《意大利民法典》第1031条将地役权分为两类，即强制地役权和任意地役权。任意地役权由双方当事人自愿设立，强制地役权则系法律赋予一方当事人设立强制地役权的权利，对方当事人负有同意设定地役权的义务。[②]《意大利民法典》第1032条第1款规定："法律有规定的，土地的所有人有权在他人所有的土地上设立地役权；没有契约的，该地役权由判决设立。有法律规定的，行政机关也可以实施这一设立。"[③] 该条为强制地役权的一般规定，《意大利民法典》第1044条第1款、第1047条、第1049条分别规定了强制地役权的具体情形。

我国《民法典》编纂过程中，有学者建议，基于土地管理、公共工程、环境保护等需要，为克服土地权利人拒绝签订地役权合同的障碍，可承认法定地役权制度。[④] 笔者认为，法定地役权概念并不准确。基于法律规定可赋予当事人同意设立地役权的义务，但地役权设立基础依然来源于双方当事人的约定，而非直接来源于法律规定。相较于法定地役权，强制地役权制度可以在满足地役权人使用他人土地需要的同时，为双方当事人意思自治保留一定的空间。《民法典》第373条第1款规定："设立地役权，当事人应当采用书面形式订立地役权合同。"这意味着地役权的设立必须通过合同方式。虽然《民法典》物权编没有就强制地役权作出规定，但借助合同编第494条规定的强制缔约制度，强制地役权仍存在进入我国民法制度体系的空间。

但强制地役权制度也不宜成为电梯加装中排除低楼层业主防御请求权的规范依据。强制缔约属于限制私人自治之规范，其适用应以法律明文规定为限，且原则上不能类推适用，以避免戕害私人自治。法律创设强制地役权，是为了满足某不动产对利用他

① 参见胡伟强《政府在老龄化社会中如何作为——以老旧住宅楼加装电梯困局为例》，《中国法律评论》2018年第1期。

② 参见胡东海《地役权制度对所有权公法限制的规制——以意大利强制地役权制度为例》，载陈小君主编《私法研究》（第13卷），法律出版社，2012，第399页。

③ 《意大利民法典》，费安玲、丁枚、张宓译，中国政法大学出版社，2004，第253页。

④ 参见崔建远《民法分则物权编立法研究》，《中国法学》2017年第2期；李延荣《土地管理视角下的法定地役权研究》，《中国土地科学》2012年第6期。

人不动产之特殊需要，既包括个人利用之需要，也包括公共利用之需要。[①] 电梯加装是为了满足中高楼层业主的个人需求，而非公共利用之需要。但我国现行法中并没有为满足个人需求而创设强制地役权的规范，引入强制地役权解决电梯加装纠纷，欠缺规范基础。

综上所述，通过地役权制度处理电梯加装中不同利益主体之间的法律关系，难谓妥当。

3. 相邻关系规范

在现代小区建筑物区分所有权构造中，同一建筑物不同业主的所有权不可避免地存在冲突。一方对所有权的完全行使，可能会妨害另一方对所有权的利用。相邻关系是民法为调和相邻不动产之利用，从而扩张或限制不动产所有权之制度。各所有权人固然可自由行使其权利，但若仅重视自己之权利而不顾他人权利之需求，必将导致相互利害之冲突，不仅不利于物尽其用，更有害于社会利益、国民经济。[②] 电梯加装可能对低楼层房屋的采光、通风、出行、消防疏散造成妨害，但如果低楼层业主基于相邻关系对加装电梯所带来的妨害负有容忍义务，其便无权主张消除危险等防御请求权。笔者认为，相邻关系可以作为中高楼层业主主张加装电梯而排除低楼层业主消除危险请求权的规范依据，容后详述。

（二）相邻权作为排除低楼层业主消除危险请求权规范基础之证成

相邻关系中容忍义务可以分为无须补偿的容忍义务和需要补偿的容忍义务。“这个世界若没有宽容，必然成为地狱。”[③] 基于“共存共荣”的法理，权利人应当容忍合理正当限度内的微额不利益及不便。如果妨害并不会给权利人造成实质影响，基于鼓励邻里和睦相处之宗旨，权利人具有容忍之义务。当事人存在容忍对方权利行使所带来的微额不便的义务，也有给对方造成微额不便时要求对方容忍的权利，此时相互之间并不能主张牺牲补偿。如果电梯加装不会对低楼层业主的采光、出行、通风产生实质性的影响，低楼层业主有义务容忍电梯加装造成的微额不便，并无疑问。

当加装电梯可能给低楼层业主造成实质性妨害时，低楼层业主是否还负有基于相邻关系的容忍义务？有观点认为，己地权利人在邻地上正常行使相邻权不会生成规范意义上的特别牺牲或对价，否则进入地役权范畴。[④] 笔者认为，这一观点属于对相邻权

① 参见胡东海《地役权制度对所有权公法限制的规制——以意大利强制地役权制度为例》，载陈小君主编《私法研究》（第 13 卷），法律出版社，2012，第 399 页。

② 参见谢在全《民法物权论》（上册），中国政法大学出版社，2001，第 176 页。

③ 参见〔德〕考夫曼《法律哲学》，刘幸义等译，法律出版社，2004，第 454 页。

④ 参见汪洋《地下空间物权类型的再体系化——“卡-梅框架”视野下的建设用地使用权、地役权与相邻关系》，《中外法学》2020 年第 5 期。

之误读。因相邻关系基于法律规定而产生，权利人行使相邻权无须支付对价，但并不意味着权利人正常行使相邻权不会产生特别牺牲。实际上，补偿制度是相邻关系平衡双方利益的重要手段。[①] 相邻关系并不限于不会产生实质性妨害的情形，如《德国民法典》第917条规定，未与公路建立必要联络的土地（袋地），土地所有人可以请求在相邻土地通行。此时，相邻土地通行给邻地所有权人带来了实质性妨害，但邻地权利人仍有容忍的义务，只不过可以请求袋地所有人给予其金钱补偿，以填补相邻权行使给自己造成的损失。

电梯加装与袋地所有权人必要通行情形类似，相邻权行使均会给相邻不动产权利人带来实质性妨害。当相邻权行使可能给相邻不动产权利人带来实质性妨害时，法律也可能对相邻不动产权利人课以容忍义务。这主要是由于，相邻权行使所带来的利益远远大于可能产生的妨害，该利益难以通过在市场上寻求替代方式实现，且相邻不动产权利人所受妨害可以通过金钱补偿的方式予以填补。[②] 所有权绝对是个人主义的典型表现，个人主义发展到极端就可能沦为一种原子主义，个人默视任何社会事务而成为冷漠、算计的财产动物。[③] 权益与权益之间的冲突不可避免，电梯加装有助于提升中高楼层业主房屋的使用便利，但同时也会对低楼层业主的房屋所有权构成妨害。社会共同体成员之间一定程度上应当相互照应，个人对于社会共同体的其他成员负有一定的扶助和照顾的责任，在必要时有义务为了保全他人法益而牺牲自己价值较小的法益。

与袋地所有人必要通行情形类似，电梯加装对中高楼层业主带来的便利远远大于其可能对低楼层业主造成的妨害。老旧小区住户年龄通常偏大，安装电梯极大便利了中高楼层业主的出行，有助于改善居民生活环境、提升居民幸福指数。同时，加装电梯等老旧小区改造工程，还有助于推动城市建设转型，促进经济高质量发展，其具有正外部性。电梯加装可能会对低楼层业主通风、采光、消防安全等带来实质性妨害，但通常并不影响房屋的基本居住功能。通常来讲，电梯加装对中高楼层业主带来的便利，远远超过其对低楼层业主带来的妨害。如果中高楼层业主希望通过加装电梯使得自己出行更加便利，就不可避免地对低楼层业主造成必要的妨害。如果加装电梯必须经过低楼层业主同意，则低楼层业主可能利用其谈判优势地位实施“敲竹杠”等行为，最终导致协议难以达成，中高楼层业主便难以享有电梯加装带来的便利。因此，低楼层业主对加装电梯可能造成的妨害原则上负有容忍义务。不得主张消除危险请求权。

---

① 参见申卫星《物权法原理》，中国人民大学出版社，2016，第243页。

② Brückner, Kommentar zum BGB §917, in Münchener Kommentar zum BGB, 8. Aufl., C. H. Beck, 2020, Rn. 1.

③ 参见谢鸿飞《〈民法典〉物权配置的三重视角：公地悲剧、反公地悲剧与法定义务》，《比较法研究》2020年第4期。

但是，在个案中，如果低楼层业主因电梯加装遭受的不利益超出了电梯加装给其他业主带来的便利，法院应当支持低楼层业主的消除危险请求权。比如，低楼层业主患有基础性疾病，加装电梯带来的通风、采光影响，将导致其完全无法居住房屋，且其不具备更换住所的条件。此时，为了保护业主的健康权，法院应当支持其停止加装电梯的诉求。

综上所述，电梯加装中相邻权规范可以作为排除低楼层业主防御请求权的规范基础，加装电梯属于中高楼层业主相邻权的行使，低楼层业主对此负有容忍义务。

三　低楼层业主合法权益的保障

如前所述，低楼层业主对于加装电梯给自己权益行使造成的妨害负有容忍义务，无法主张排除妨害、消除危险请求权。但从另一方面讲，法律也不应忽视对低楼层业主合法权益的保障。笔者认为，可以从两个方面强化对低楼层业主的权益保障。一方面，通过适用比例原则，将加装电梯给低楼层业主可能造成的妨害控制在最小限度；另一方面，通过赋予低楼层业主牺牲补偿请求权，填补其因加装电梯而遭受的损害。

（一）比例原则的审查功能

比例原则发源于德国警察法领域，主要用于判断行政机关行使公权力干涉公民权利是否具有妥当性。比例原则由适当性、必要性和均衡性三个子原则组成，要求公权力行使之目的和手段之间处于合比例的关系。适当性原则要求行政机关所采取手段至少应当有助于目的实现；必要性原则要求当存在数个可以实现同一目的手段时，行政机关应当选择对公民权利干预最小之手段；均衡性原则要求行政机关所采取的手段与其所要达到的目的之间必须合比例。近年来，比例原则的发展正在经历范式转型，逐渐从行政法向民法、刑法等部门法渗透。[①] 部分民法学者主张将比例原则引入民法，“比例原则作为目的理性的集中体现，作为成本收益分析的另一种表达，在私法中也应具有普适性”。[②]

笔者认为，将比例原则引入民法具有正当性。电梯加装构成了对低楼层业主所有权行使的限制，应当符合比例原则的要求。具言之，电梯加装有助于中高楼层业主出行便利之目的，可以提高不动产利用之便利，一般符合适当性原则；但如果中高楼层房屋长期闲置或者业主并没有加装电梯的实际需求，各地政府也不宜强制推行加装电梯。必要性原则要求加装电梯施工方案，应当选择对低楼层业主通风、采光、消防、应急疏散等方面妨害最小的方案，以期将可能之妨害降到最低。如《佛山市既有住宅

① 参见蒋红珍《比例原则适用的范式转型》，《中国社会科学》2021 年第 4 期。

② 纪海龙：《比例原则在私法中的普适性及其例证》，《政法论坛》2016 年第 3 期。

加装电梯管理办法》便要求新增的电梯井和连廊的尺度以满足基本交通需要为限，不得以加装电梯为名增加非交通必要的使用面积。① 均衡性原则要求电梯加装对中高楼层业主带来的便利，应当与电梯加装成本和对低楼层业主可能造成的妨害符合比例关系。如前所述，在个案中，如果低楼层业主因电梯加装遭受的不利益超出了电梯加装给其他业主带来的便利，法院应当支持低楼层业主的防御请求权。

（二）低楼层业主的牺牲补偿请求权

加装电梯满足了中高楼层业主出行便利的需要，但不可避免地对低楼层业主所有权行使造成了实质性妨害，低楼层业主因此遭受了特别牺牲（Aufopferung）。此时，应赋予低楼层业主牺牲补偿请求权，以平衡当事人间的利益关系。低楼层业主对加装电梯对自己可能造成的妨害负有容忍义务，但是有权就自己所遭受的损害要求中高楼层业主予以补偿。

1. 牺牲补偿请求权的规范基础

《民法典》第 296 条规定："不动产权利人因用水、排水、通行、铺设管线等利用相邻不动产的，应当尽量避免对相邻的不动产权利人造成损害。"这一规定删除了原《物权法》第 92 条中行使相邻权造成损害应当给予赔偿的规则。之所以删除损害赔偿规则，是因为造成损害应当给予赔偿，可以由侵权责任编调整，无须在物权编中作出特别规定。② 但是，相邻关系中义务人承担的是一种牺牲责任，其实质是基于比例原则对各方的法益进行位阶对比和成本收益权衡的结果，与侵权责任的构成要件并不相同。③ 中高楼层业主加装电梯虽然给低楼层业主造成了妨害，但并没有违法性，更谈不上具有过错，不符合侵权责任的构成要件。《民法典》第 1165 条第 1 款关于过错侵权责任的一般条款，无法成为低楼层业主请求补偿损失的请求权基础。

《民法典》生效前，权利人权利因更高位阶法益而受到限制，从而请求获益方补偿其遭受的损失，部分法院适用《侵权责任法》第 24 条（公平责任条款）处理。如在"忠县洋渡镇锐折生猪养殖场、重庆忠都高速公路有限公司财产损害赔偿纠纷案"中，最高人民法院认为，忠县至丰都高速公路修建项目系合法修建，不存在侵害锐折养殖场合法权利的主观故意或过失，不属于《侵权责任法》第 6 条规定的情形，但根据《侵权责任法》第 24 条，应当适当分担锐折养殖场的部分损失。④ 笔者认为，《民法

① 参见《佛山市既有住宅加装电梯管理办法》（佛府办〔2018〕37 号）附件《佛山市既有住宅加装电梯技术规程》。

② 参见黄薇主编《中华人民共和国民法典释义》（上），法律出版社，2020，第 577 页。

③ 参见谢鸿飞《〈民法典〉物权配置的三重视角：公地悲剧、反公地悲剧与法定义务》，《比较法研究》2020 年第 4 期。

④ 最高人民法院（2018）最高法民申 4976 号民事裁定书。

典》生效后，公平责任条款（《民法典》第 1186 条）无法作为权利人牺牲补偿请求的请求权基础。首先，《民法典》第 1186 条将《侵权责任法》第 24 条中的“可以根据实际情况”修改为“依照法律的规定”，该规范由完全法条转变为转引型不完全法条，公平责任的适用被严格限定在法律明文规定的情形中。诸如前述的“忠都高速公路案”“电梯加装案”等案例，《民法典》及其他法律中都没有适用公平责任的具体规范。其次，《民法典》第 1186 条的法律后果为双方分担损失。但在“电梯加装案”中，低楼层业主的损失完全是由让位于中高楼层业主更高法益造成的，让低楼层业主分担部分损失并非妥当。

“电梯加装案”中，中高楼层业主的行为与准征收制度存在类似性。准征收是指国家以增进公共利益为目的，通过抽象行政行为、具体行政决定或在事实上对私有财产权造成特别牺牲，严重影响私人财产经济价值，从而应当给予经济或其他补偿的法律制度。[①] 我国《宪法》第 13 条确立了“财产权保护——应予补偿的公用征收”的“二元结构”，并未规定准征收制度，但在《石油天然气管道保护法》第 14 条第 2 款、《风景名胜区条例》第 11 条第 3 款等单行法中规定了财产权因公共利益受损可依法获得补偿。电梯加装中强制牺牲低楼层业主的权益，固然有推进城市更新和开发建设方式转型、扩大内需促进经济增长的考量，但更多的是为了保障中高楼层业主的个人利益，不符合准征收制度的构成要件。为了保护中高楼层业主更高法益而牺牲低楼层业主法益，低楼层业主的防御请求权被排除，本质是对低楼层业主法益“私法上的征用”。[②] 低楼层业主的牺牲补偿请求权，宜在私法体系中寻找其请求权基础。

笔者认为，加装电梯中低楼层业主的牺牲补偿请求权基础，可以类推适用现有牺牲补偿规范。私法上的牺牲补偿请求权（Aufoferungsanspruch）是指权利人本应享有的防御请求权（Abwehranspruch），因更高法益保护之必要而被剥夺时，权利人享有请求补偿其损害的权利。[③]《民法典》虽然在相邻关系规范群中没有规定权利人的牺牲补偿请求权，但在其他制度中存在牺牲补偿请求权规范。如《民法典》第 182 条第 2 款规定：“危险由自然原因引起的，紧急避险人不承担民事责任，可以给予适当补偿。”有学者便将其解释为受害人的牺牲补偿请求权。[④] 在添附制度中，一方当事人的物权基于经济效用等原因为他人物权所吸收从而让位于更高法益，就其损害，应赋予其牺牲补偿请求权。而《民法典》第 322 条（添附规则）第 2 句中规定因确定物的归属造成另

① 参见王玎《论准征收制度的构建路径》，《行政法学研究》2021 年第 2 期。

② 关于“私法上的征用”，参见张谷《论〈侵权责任法〉上的非真正侵权责任》，《暨南学报》（哲学社会科学版）2010 年第 3 期。

③ 参见〔德〕鲍尔、施蒂尔纳《德国物权法》（上册），张双根译，法律出版社，2004，第 551 页。

④ 参见张谷《论〈侵权责任法〉上的非真正侵权责任》，《暨南学报》（哲学社会科学版）2010 年第 3 期。

一方损害的，应当给予补偿，便属于牺牲补偿请求权规范。[①]

上述牺牲补偿规范具有其共同的特点，也具有不同于其他请求权的独特品性。权益间发生冲突在所难免，当为了保护价值更高法益不得不牺牲价值较低法益且较高的交易成本阻却了双方自愿达成法益移转合意时，设定特别牺牲义务是更为可取的选择。如紧急避险中行为人可以为了保全自己更大价值的法益而强制牺牲他人价值更小的法益，相邻关系中为了不动产使用便利可以利用对方不动产。权利人负有特别牺牲义务，意味着对于为保全更高法益而对自己法益的干扰行为，权利人丧失了防御请求权，不可主张正当防卫，也不可主张排除妨害、消除危险、恢复原状。权利人负有特别牺牲义务时，其法益被强制移转至价值更高的权利人手中，双方之间法益平衡状态被破坏。此时，基于利益平衡的需要，应当赋予牺牲人牺牲补偿请求权，以恢复法益平衡状态。与侵权损害赔偿不同，此时牺牲补偿义务人的行为并没有违法性，不构成侵权行为。

虽然电梯加装纠纷中法律并没有明确规定低楼层业主的牺牲补偿请求权，但其完全符合牺牲补偿的一般法理。低楼层业主的部分法益让位于中高楼层业主对电梯使用的便利，从而遭受了特别牺牲。解释论上，可以通过整体类推的方法构建低楼层业主牺牲补偿请求权的请求权基础。从多数针对不同构成要件赋予相同法律后果的法律规范中得出“一般法律原则”，该原则在评价上同样可以适用到法律并未规整的案件事实之中，这一法律适用方法被称为整体类推。[②] 如前所述，《民法典》第182条第2款、第322条属于典型的私益牺牲补偿请求权规范，故而可以运用整体类推的方法，通过整体类推上述规范，形成牺牲补偿的一般法律原则，并作为电梯加装纠纷中低楼层业主牺牲补偿请求权的规范基础。

2. 牺牲补偿请求权的主体

低楼层房屋所有权人可以主张牺牲补偿请求权，没有争议，但居住权人、承租人等所有权之外的其他权利人，能否主张牺牲补偿请求权？德国学界通说认为，承租人、用益物权人等所有权之外的不动产使用人，也可以类推适用《德国民法典》第906条第2款主张牺牲补偿请求权。[③]

笔者认为，牺牲补偿请求权的主体，应当进行适当扩张。首先，居住权人有权主张牺牲补偿请求权。居住权人对房屋享有占有使用权，也享有《民法典》第236条规定的排除妨害请求权和消除危险请求权。电梯加装行为排除了居住权人的防御请求权，对其房屋居住造成了实质妨害，应当赋予其补偿请求权。赋予居住权人牺牲补偿请求

---

① 参见陈晓敏《论房屋租赁中装饰装修附合的法律后果》，《法学》2019年第9期。

② 参见〔德〕拉伦茨《法学方法论》，陈爱娥译，商务印书馆，2003，第260页。

③ 参见〔德〕M. 沃尔夫《物权法》，吴越、李大雪译，法律出版社，2004，第162页。

权，并不排除所有权人之权利，所有权人和居住权人就牺牲补偿成立按份债权。就居住权人和所有权人份额分配，应根据居住权剩余期限和建筑物剩余的合理使用年限比例确定。如果设立居住权的法律行为未明确居住权期限，根据《民法典》第370条，居住权人死亡时居住权消灭。此时，法院可以合理估算居住权的剩余期限，以确定居住权人和所有权人就牺牲补偿分配的份额。

其次，抵押权人不能主张牺牲补偿请求权。加装电梯会对低楼层业主房屋使用产生实质性妨害，但抵押权人本身没有占有、使用抵押物的权利。加装电梯行为可能造成低楼层房屋价值降低，从而影响抵押权实现。加装电梯造成低楼层房屋价值减少，本质上是低楼层业主所有权的部分内容被强制转让给中高楼层业主。对此，可以类推适用《民法典》第406条，要求抵押人将补偿款提存或者提前清偿债务，而不必赋予其牺牲补偿请求权。

最后，不宜赋予承租人牺牲补偿请求权。牺牲补偿请求权是对权利人消除危险请求权被排除的补偿，而承租人作为占有人依据《民法典》第462条享有占有消除危险请求权。德国学界通说认为，相邻权行使给对方造成实质妨害的，应当赋予承租人牺牲补偿请求权，但不动产临时占有人，如某停车场使用人不享有牺牲补偿请求权。[①] 可见，即使在德国法上，也并非占有人一律可以享有牺牲补偿请求权。从我国房屋租赁实践来看，房屋租赁尤其是住宅租赁，租期较短。如果低楼层房屋承租人对租赁物的占有、使用因加装电梯受到了妨害，其可以依据《民法典》第723条主张减少租金。赋予承租人牺牲补偿请求权的必要性有限，并且还会导致多个权利人间如何分配牺牲补偿份额的难题。

3. 牺牲补偿请求权的补偿数额

低楼层业主享有的牺牲补偿请求权，在范围上应当是对其所有权受到妨害而造成损失的全额补偿。低楼层业主对加装电梯对其造成的妨害负有容忍义务，其本质与征收类似，因他人法益具有更高位阶，导致低楼层业主必须容忍侵害，但其有权就自己所遭受的损害要求侵害人予以补偿。[②] 因此，低楼层业主有权就加装电梯给自己所有权行使带来的全部损失，要求其他业主予以补偿，从而保证所有权的完整价值继续保留在低楼层业主处。

电梯加装前后低楼层业主对房屋主观价值的变化，法官通常难以衡量。低楼层业主牺牲补偿请求权的数额，原则上可以通过比较电梯加装前后低楼层业主房屋市场价

① 参见〔德〕M. 沃尔夫《物权法》，吴越、李大雪译，法律出版社，2004，第162页。

② 参见〔奥地利〕海尔姆特·库齐奥《侵权责任法的基本问题》（第1卷：德语国家的视角），朱岩译，北京大学出版社，2017，第242页。

值的差额进行计算。德国学界也通常认为，难以确定相邻权行使给对方造成的损失时，可以从不动产交易价值的减少出发认定损失。[①]

司法只是多元化纠纷解决中的一环，若将所有的电梯加装纠纷均交由司法解决并由法官个案衡量低楼层业主的补偿数额，需要耗费大量的司法成本。因此，各地区有必要出台相应的指导方案，引导业主通过协商达成一致方案。目前各地出台的电梯加装管理办法或只是强调电梯加装应当重点征求通行、采光、通风等可能受到不利影响的业主的意见，[②] 或强调电梯加装应当尽量减少对相邻业主通风、采光、日照、噪声、通行等不利影响，[③] 或明确如果加装电梯对业主专有部分产生不利影响，业主提出补偿要求的，由业主之间协商解决。[④] 但就具体的补偿范围，现有的电梯加装管理办法尚缺乏明确规定。本文建议，未来各地可以根据低楼层业主房屋本身的价值和加装电梯对低楼层业主房屋使用造成的影响程度，确定相对明确的补偿数额指导标准，引导业主达成补偿协议。

4. 牺牲补偿的支付方式

对于《德国民法典》第906条第2款规定的牺牲补偿请求权，债务人可以通过定期金或一次性结算的方式支付。[⑤] 笔者认为，我国电梯加装引起的牺牲补偿，宜采用一次性支付方式。他物权关系中的物上之债的特点是债务与物权并存，随物走而不是随人走，不注重主体的人格和身份，而是以标的物为媒介，物权人对特定物享有支配利益的同时要负担给付义务。[⑥] 中高楼层业主因加装电梯而享有出行便利，牺牲补偿是其行使相邻权的“对价”，理论上讲，该债务应与物权并存，中高楼层业主转让房屋所有权后，应当由受让人继续支付，采取定期金的支付方式，更为科学。

但是，物上之债的设立和功能，取决于登记制度的支持力度。[⑦] 如果无法将债务内容纳入登记范围，便让其作为物上之债产生对第三人的约束力，欠缺正当性。中高楼层业主加装电梯属于行使相邻权之行为，而相邻权作为不动产所有权本身所固有的内容，无须进行登记。[⑧] 将中高楼层业主的牺牲补偿债务纳入登记范围，存在技术障碍。一次性支付牺牲补偿后，中高楼层业主恒享有电梯加装带来的便利，低楼层业主恒受电梯加装造成妨害的约束。补偿支付后，支付方和受领方房屋所有权可能发生转移。

① 参见〔德〕M. 沃尔夫《物权法》，吴越、李大雪译，法律出版社，2004，第158页。
② 如《青岛市既有住宅加装电梯暂行办法》（青政办学〔2021〕11号）。
③ 如《赣州市中心城区既有住宅加装电梯暂行办法》（赣市府办发〔2021〕5号）。
④ 如广西壮族自治区《关于加快推进既有住宅加装电梯工作的指导意见》（桂建发〔2018〕18号）。
⑤ Klaus Müller & Peter Gruber, Sachenrecht, Verlag Franz Vahlen München, 2016, Rn. 169.
⑥ 参见常鹏翱《物上之债的构造、价值和借鉴》，《环球法律评论》2016年第1期。
⑦ 参见汪洋《民法典意定居住权与居住权合同解释论》，《比较法研究》2020年第6期。
⑧ 参见李永军主编《民法学教程》，中国政法大学出版社，2021，第327页。

中高楼层房屋受让人可以继续享有电梯加装带来的便利，而无须支付牺牲补偿；低楼层房屋受让人需要承受电梯加装带来的约束，而没有权利要求支付牺牲补偿。但是，中高楼层房屋因加装电梯会带来市场价值的升值，低楼层房屋因加装电梯造成妨害会导致市场价值的贬值，市场机制可以矫正上述权利义务错位现象。此外，牺牲补偿一般数额不大，一次性支付通常不会对债务人正常生活产生不利影响。

四 结语

老旧小区加装电梯在给中高楼层业主带来出行便利的同时，也确实可能会给低楼层业主的采光、通风、出行、消防疏散等造成妨害。但是，基于更高法益保护的需要，法律强制牺牲低楼层业主的部分权益，具有正当性。中高楼层业主加装电梯，属于行使相邻权行为，低楼层业主应当配合，其无权主张消除危险等防御请求权。电梯加装给低楼层业主造成的妨害，应尽量控制在最小限度内。同时，应当赋予低楼层业主牺牲补偿请求权，以补偿其因加装电梯而受到的损失。对此，可以通过整体类推的法律适用技术，从《民法典》第 182 条第 2 款、《民法典》第 322 条第 2 句等牺牲补偿请求权规范中抽象出一般原理，作为低楼层业主牺牲补偿请求权的规范基础。

Tolerance Obligations and Sacrifice Compensation Claims for Low-rise Building Owners in Elevator Installation

Han Fupeng

Abstract: The installation of elevators in old residential areas facilitates the travel of owners of middle and high-rise buildings, but it may also hinder the lighting and ventilation of owners of the low-rise buildings. In order to protect the higher legal interests of the owners of mid-and high-rise buildings, the owners of the low-rise buildings have the obligation to tolerate this, and cannot claim the right of defense such as removing obstacles and eliminating dangers. This duty of tolerance can be justified within the framework of adjacent relationship. The elevator installation should be limited by the principle of proportionality, and the disturbance to the owners of the low-rise buildings should be limited to a minimum. At the same time, the owners of the low-rise buildings should be given the right to claim compensation for sacrifice to make up for the losses they suffered from the elevators installation. Owners and occupiers of low-rise buildings have the right to claim compensation for sacrifice, while lessees and mortgagees do not. Sacrifice compensation shall apply the principle of full compensation, and the amount shall be the total loss suffered by the owners of the low-rise buildings.

Keywords: Elevator Installation; Adjacent Relationship; Obligation to Tolerate; Sacrifice Compensation Claim

装饰装修工程具备折价或者拍卖条件的认定原理与方法*

——以《新建设工程司法解释（一）》第37条为分析对象

张先贵　方世振**

摘　要： 司法实践中就认定装饰装修工程具备折价或者拍卖条件存在不同的做法，亟须从中提取出认定装饰装修工程具备折价或者拍卖条件的认定范式以正确理解与适用装饰装修工程价款优先受偿权。从宏观层面审视，装饰装修工程价款优先受偿权具有弱者保护的核心功能，以此为基础，在认定装饰装修工程是否具备折价或者拍卖条件的过程中，应先做“减法”，排除质量不合格的工程、家庭居室装修工程、涉及公共利益的工程与违法工程等不宜折价或者拍卖的情形；再做“加法”，将装饰装修工程是否导致建筑增值、发包人是否为建筑所有权人、装饰装修工程是否与建筑物形成紧密附合作为认定装饰装修工程具备折价或者拍卖条件需综合考量的因素。

关键词： 装饰装修工程；优先受偿权；弱者保护；折价拍卖

一　问题的提出

《最高人民法院关于审理建设工程施工合同纠纷案件适用法律问题的解释（一）》〔法释（2020）25号〕（以下简称《新建设工程司法解释（一）》）第37条以《最高人民法院关于审理建设工程施工合同纠纷案件适用法律问题的解释（二）》〔法释（2018）20号〕（以下简称《建设工程司法解释（二）》）第18条为基础，对装饰装修工程价款优先受偿制度进行了实质性的修改，其中最重要的，就是提出了装饰装修工程价款优先受偿权的适用前提，即装饰装修工程具备折价、拍卖的条件。

遗憾的是，作为装饰装修工程价款优先受偿权的构成要件之一，装饰装修工程究竟具备何种条件方得以被折价、拍卖，司法解释并未给出明确的回应，最高人民法院民事审判第一庭认为针对此问题应至少作如下两点解释：（1）工程整体被折价拍卖时，其价款中必须包含装饰装修工程的价值，并且这种价值能被单独计算；（2）装饰装修

---

* 本文是2021年度教育部哲学社会科学研究重大课题攻关项目“民法典民族性表达与制度供给研究”（21JZD033）的阶段性成果。

** 张先贵，法学博士，上海海事大学法学院教授，博士生导师，研究方向为物权法、土地法；方世振，上海海事大学法学硕士研究生，研究方向为物权法、土地法。

工程的发包人并非必须是建筑的所有权人。[①] 然而，前述解释缺乏对装饰装修工程语境下的探讨，不足以指导装饰装修工程价款优先受偿权的适用。从学理层面来看，对于工程不宜折价、拍卖的情形，多数学者仅作了简要的阐述；[②] 对工程具备折价或者拍卖条件的理解，学界亦似乎并未作出正面的回答。而实务中对认定装饰装修工程是否具备折价、拍卖条件存在不同的做法。

在绿地集团成都置业有限公司、浙江中天精诚装饰集团有限公司等装饰装修合同纠纷案中，装饰装修施工的内容是外墙抹灰、面砖，已与建筑物形成附合，因而法院认为该情形下装饰装修工程不宜被折价或拍卖。[③] 在四川武盾实业总公司、兴文县粤华置地有限公司建设工程施工合同纠纷案中，装饰装修施工的内容为消防工程，其功能无法独立于建设工程实现，其价值更难以进行独立评估，因此法院认为该工程不宜被折价、拍卖。[④] 在吉安市登云装饰工程有限公司、吉安尚汇贸易有限公司等装饰装修合同纠纷案中，由于案涉装修施工的内容为商铺的内部装修，其已与建筑物形成紧密附合，而被告登云公司又非商铺的所有权人，法院认为案涉工程不具备折价或者拍卖条件。[⑤] 与之相反的，在上海成侃建设工程有限公司与上海康澳食品有限公司建设工程施工合同纠纷案中，法院认为，发包人是否为建筑物所有权人并非影响工程能否被折价或者拍卖的决定性条件，因为该案中发包人与建筑物所有权人的租赁合同期限较长，案涉工程的投资也较大，即使发包人并非建筑物的所有权人，只要建筑物所有权人同意转租，或者原告或案涉工程的买受人能与建筑物的所有权人重新达成租赁协议，案涉工程是可以被折价或者拍卖的。[⑥] 在重庆渝鸥消防工程有限公司与重庆绅帝富达实业发展（集团）有限公司合同纠纷案中，虽然案涉工程系消防工程，涉及公共利益，但消防工程被折价或拍卖后并不影响其功能的发挥，因此法院认为该工程可以被折价或拍卖；[⑦] 而在广东省广弘华侨建设投资集团有限公司与广东工贸职业技术学院装饰装修合同纠纷案中，法院则指出所有涉及公益的建筑一律不宜被折价、拍卖。[⑧] 在河南欣德源建设工程有限公司与邓州市羽凌资纺织有限公司建设工程价款优先受偿权纠纷案中，案涉工程属于违法工程，未取得相应的审批手续，无法进行权属登记，故法院认为案

① 参见最高人民法院民事审判第一庭编著《最高人民法院新建设工程施工合同司法解释（一）理解与适用》，人民法院出版社，2021，第387~388页。

② 参见陈东强《建设工程价款优先受偿权的行使与规制》，《山东法官培训学院学报》2018年第5期；孙华璞《关于适用合同法第二百八十六条若干问题的思考》，《人民司法》2019年第13期。

③ 参见四川省成都市中级人民法院（2021）川01民终21039号民事判决书。

④ 参见四川省文兴县人民法院（2021）川1528民初2029号民事判决书。

⑤ 参见江西省吉安市中级人民法院（2020）赣08民初134号民事判决书。

⑥ 参见上海市金山区人民法院（2021）沪0116民初12064号民事判决书。

⑦ 参见重庆市九龙坡区人民法院（2019）渝0107民初11806号民事判决书。

⑧ 参见广东省广州市白云区人民法院（2019）粤0111民初32227号民事判决书。

涉工程不宜被折价、拍卖。①

通过整合分析各地法院认定装饰装修工程具备折价或者拍卖条件的不同做法，能够窥见各地法院对认定“具备折价或者拍卖的条件”的标准尚不统一，由此带来了诸多“同案不同判”的现象。导致前述现象的主要原因，是各法院对装饰装修工程具备折价或者拍卖条件的理解存在差异。如前所述，装饰装修工程具备折价或者拍卖的条件是装饰装修工程价款优先受偿权的构成要件之一，其认定标准的不明确将直接影响装饰装修工程价款优先受偿权的正确适用。

《新建设工程司法解释（一）》第 37 条所规定的装饰装修工程具备折价或者拍卖条件的认定范式为何？具体而言，在司法实践中，究竟如何理解装饰装修工程具备折价或者拍卖的条件？据此，本文分三步展开论述。首先，从价值取向的角度出发，从宏观层面对装饰装修工程具备折价或者拍卖条件的法原理进行释明。其次，通过做“减法”的方式，以实证研究为方法论，排除不宜折价、拍卖的情形。最后，通过做“加法”的方式，提出认定装饰装修工程具备折价或者拍卖条件需综合考量的因素。

二　装饰装修工程具备折价或者拍卖条件的法原理释明

（一）价值取向：弱者保护的核心功能

价值取向的背后是法的本质与灵魂之所在，一项法律制度的构建与展开，均由其价值取向所决定。② 因此，笔者从价值取向的角度出发，欲对装饰装修工程具备折价或者拍卖条件认定的法原理探而求之，以期从宏观层面对装饰装修工程具备折价或者拍卖条件的认定提供指引。需要特别说明的是，装饰装修工程是否具备折价拍卖的条件是装饰装修工程价款优先受偿权的构成要件之一，在价值取向层面，仍应当以优先受偿权制度为论述的出发点。

优先受偿权肇始于罗马法中的嫁奁返还制度。随着罗马帝国中丈夫休妻的现象愈发常见，被休的妇女时常因缺少生活费用而穷困潦倒，对于上述问题，罗马法的解决方法是将“妻之嫁资返还优先权”设为一种法定抵押权，其效力肇始于婚姻关系建立之时，并且在顺位上优先于丈夫对财产所设之抵押权。③ 法律将顺位视为主体的利益，优先则意味着资源的固定，其核心表彰的是债权的重要性，④ 此为优先受偿权的最本质的内涵。需要注意的是，优先受偿权所保障的债权是法律规定的特定债权，包括债权

① 参见河南省邓州市人民法院（2019）豫 1381 民初 2814 号民事判决书。

② 参见张先贵《我国土地用途管制改革的法理求解》，《法学家》2018 年第 4 期。

③ 参见孙东雅《民事优先权研究》，中国法制出版社，2018，第 30 页。

④ 参见辜江南《顺序权与中国民法典》，《河北法学》2021 年第 3 期。

主体、客体与内容的法定。优先权的设立主要围绕债权主体展开，其主要的功能在于以保护弱者利益的方式维护社会的公平正义，如“妻之嫁资返还优先权”“受监护人求偿优先权”，而这两项“索要优先权”亦被视为现今优先权的雏形。① 从上述优先权可以发现，享有优先受偿权的主体属于法律关系中弱势的一方，而优先权所特定的客体与内容，均随着主体而确定，基于社会公平的理念，保障弱者权利成为民法掺入强制干预的缘由。②

具体到建设工程领域，作为一个微利行业，建设工程领域的承包人始终处于弱者地位，建设工程价款优先受偿权代表着承包人的利益，承包人所享有债权之重要性亦由此体现。除此之外，还需要明确的是，建设工程合同依据客体的不同，可分为勘察合同、设计合同与施工合同，享有装饰装修工程优先受偿权的主体宜限定为施工合同的主体，而不包括勘察、设计合同的主体。在建设工程中，施工人员多为文化程度较低的农民工，普遍具有文化程度低、组织管理薄弱等特点，在建筑装饰装修过程中，农民工付出的是体力劳动，而设计人员付出的是脑力劳动，相较而言，施工人员更宜被认定为弱势一方，从而受到优先受偿权的保护。

自 2003 年年底开始，建设部与劳动和社会保障部就对农民工工资拖欠的问题采取了一系列有效措施。③ 除此之外，国务院于 2019 年公布了《保障农民工工资支付条例》，其中第四章是对工程建设领域的特别规定。笔者以“农民工”为关键词在住建部官网上检索，以 2012 年至 2022 年为时间段，共得到 374 条检索结果，并归纳总结出了每条结果所聚焦的农民工问题的具体类型，具体见图 1。④ 在全部有效样本中，提及农民工工资问题共 320 次，农民工教育培训问题共 77 次，农民工组织管理问题共 34 次，农民工住房保障问题共 26 次，法律服务问题共 9 次，其他公共服务问题共 73 次。总体看来，最近十年里，农民工作为一个弱势群体，其工资问题一直是国家与社会共同关切的话题。政策的倡导在法律层面的具象化便是制度的建立，设立装饰装修工程价款优先受偿权之根本目的便由此而来。

（二）性质辨析：一种特殊的留置权

对权利理论研究的展开，既是对制度设计科学性的阐明，也是对制度有效运行的

① 参见孙东雅《民事优先权研究》，中国法制出版社，2018，第 32 页。

② 参见胡玉鸿《弱者权利保护基础理论研究》，商务印书馆，2021，第 307 页。

③ 参见《建设部党组成员齐骥在全国外来务工人员思想政治工作研讨会上的发言》，中华人民共和国住房和城乡建设部官网，https：//www.mohurd.gov.cn/xinwen/jsyw/200611/20061103_ 165454.html，最后访问日期：2022 年 4 月 10 日。

④ 因部分检索结果可能关注农民工问题的多个类型，故图 1 中各个类型的数量之和大于样本总数。

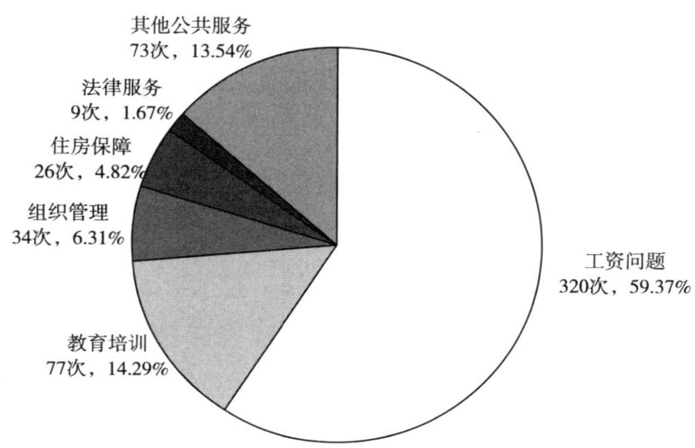

图1　住房与城乡建设部官网2012年至2022年关于“农民工”信息检索情况

理论支撑。[①] 关于优先受偿权的性质辨析，学界存在明显的分歧，整体看来，主要有法定优先权[②]、法定抵押权[③]、留置权[④]三种观点。

就法定优先权而言，我国实定法上的优先受偿权分散在各个民商事法律的规定中，并未构建统一的优先受偿权制度，如《民法典》中的建设工程价款优先受偿权、《海商法》中的船舶优先权、《民用航空器法》中的民用航空优先权等。[⑤] 不同于担保物权制度规范的统一，优先受偿权的分散规定表明我国现行法似乎是在力求避免其成为一项单独的物权，换言之，从教义学的视角出发，我国并不存在法定优先权的概念。

就法定抵押权而言，虽然法定抵押权之特性得到了理论和实务中的认可，[⑥] 但法定抵押权何以优先于意定抵押权受偿、装饰装修工程价款优先受偿权作为一种未公示的

① 参见张先贵《中国语境下土地发展权内容之法理释明——立足于“新型权利”背景下的深思》，《法律科学（西北政法大学学报）》2019年第1期。

② 持此类观点的文献有石佳友《〈民法典〉建设工程合同修订的争议问题》，《社会科学辑刊》2020年第6期；王永祥《建设工程优先受偿权的几个行使要点》，《人民论坛》2019年第11期；万挺、冯小光、张闻《论附着建设工程价款优先受偿权建筑物转让规则》，《法律适用》2018年第21期；陈琪《论建筑工程优先受偿权与占有保护》，《人口与经济》2012年第S1期。

③ 持此类观点的文献有李后龙、潘军锋《建设工程价款优先受偿权审判疑难问题研究》，《法律适用》2016年第10期；孙华璞《关于适用合同法第二百八十六条若干问题的思考》，《人民司法》2019年第13期；李建星《〈民法典〉第807条（建工价款的优先受偿权）评注》，《南京大学学报》（哲学·人文学科·社会学科）2021年第4期。

④ 持此类观点的文献有范悦《〈民法典〉动产留置规则的解释论——兼论〈民法典〉第448条与〈劳动法〉的衔接》，《河北法学》2021年第10期；黄如宝《关于承包人留置权的分析和探讨》，《同济大学学报》（社会科学版）2001年第3期。

⑤ 参见田土城、王康《论民法典中统一优先权制度的构建》，《河南师范大学学报》（哲学社会科学版）2016年第6期。

⑥ 参见李世刚《论法定不动产担保物权隐秘性削减的修法趋势——以法国和台湾地区的经验看我国〈合同法〉第286条》，《法学杂志》2016年第11期。

法定抵押权何以对抗善意第三人这些与抵押权相关的基本问题，不仅在解释优先受偿权时存在冲突，而且并未受到学界重视。

笔者认为，装饰装修工程优先受偿权的性质更贴近留置权。优先受偿权在其权利外观的表达上是与留置权的留置功能相结合的，而留置权的内在机理在于通过赋予债权人一项强大的权利，以免去权利无法救济的担忧，使债权人得以尽心工作。[①]《新建设工程司法解释（一）》第 9 条第 3 项与第 14 条均规定了在建设工程未经竣工验收情形下，发包人擅自使用工程所要承担的法律后果，进言之，对建设工程的验收是承包人交付其所建工程的必然程序，这说明在建设工程竣工验收之前，承包人始终为建设工程的实际控制人。如前所述，优先受偿权的行使必然借助留置权的留置功能，而留置的前提是留置权人对财产具有支配能力，在建筑装饰装修过程中，施工人员亲临现场进行施工，对建筑物具有一定的支配能力，发包人因被法律课以一定的风险而难以排除承包人对建筑物的支配。此外，从法体系效应上来看，《民法典》第 456 条规定了留置权的受偿顺位优先于其他担保物权，《民法典》第 416 条所规定的“超级动产抵押权”虽优先于其他抵押权受偿，但仍无法对抗留置权，由此可见，留置权的受偿顺位优先于其他担保物权，这一属性与优先受偿权相似，将装饰装修工程价款优先受偿权视为一种特殊的留置权更有利于维护法体系的内在逻辑与基本秩序。综上所述，装饰装修工程价款优先受偿权更宜被视作一种特殊的留置权，这将影响到认定装饰装修工程具备折价或者拍卖条件需综合考量的因素。

三 “减法”：装饰装修工程不宜折价或者拍卖的情形

若要正确理解装饰装修工程如何方能具备折价、拍卖的条件，首先要厘清问题的反面，即不宜折价、拍卖的情形，而后通过作“减法”将其排除在外。实际上，民法维护社会公共秩序功能之实现，倚仗于对民事法律关系中的利益冲突设置相应的协调规则，[②] 而作“减法”的过程本质上就是对冲突的利益作衡量的过程。需要注意的是，由于装饰装修工程通常都附着于建筑物之上，对于装饰装修工程不宜折价、拍卖的情形这一问题有时需要转化成整个建设工程不宜折价、拍卖的情形来解答。据此，笔者以现行法体系是否明确为界，对工程不宜折价或者拍卖的情形作分类论述。

（一）现行法体系下已明确的不宜折价或者拍卖的工程

1. 质量不合格的工程

《新建设工程司法解释（一）》第 38 条规定：“建设工程质量合格，承包人请求

---

① 参见范悦《〈民法典〉动产留置规则的解释论——兼论〈民法典〉第 448 条与〈劳动法〉的衔接》，《河北法学》2021 年第 10 期。

② 参见王铁《法律规范类型区分理论的比较与评析》，《比较法研究》2017 年第 5 期。

其承建工程的价款就工程折价或者拍卖的价款优先受偿的，人民法院应予支持。”第 39 条规定：“未竣工的建设工程质量合格，承包人请求其承建工程的价款就其承建工程部分折价或者拍卖的价款优先受偿的，人民法院应予支持。”上述两个条文是对承包人的建设工程价款优先受偿权成立条件的规定，即最首要的条件为建设工程质量合格。[①] 进言之，工程质量是建设工程的核心要素，若工程质量不合格，不仅优先受偿权无以成立，工程亦不具备理想中的实用性，则其应被认定为不宜折价、拍卖。因此，质量不合格的工程不具备折价、拍卖的条件。

2. 家庭居室装修工程

《最高人民法院关于人民法院民事执行中查封、扣押、冻结财产的规定》第 6 条规定：“对被执行人及其所扶养家属生活所必需的居住房屋，人民法院可以查封，但不得拍卖、变卖或者抵债。”依《家庭居室装饰装修管理试行办法》，家庭居室的装饰装修是由业主或住宅使用人自行或者委托他人对居住的房屋进行修饰处理的工程建设活动，在此情形下订立的装饰装修合同，发包人即为房屋的居住人。作为住宅使用人实际居住的房屋，家庭居室以保障住户有所居为实现其价值的最终目的，若将其折价、拍卖，将使得居住人居无定所，这与法律所提倡的正义理念不符。由此，家庭居室的装饰装修工程不具备折价、拍卖的条件。

（二）现行法体系下未明确的不宜折价或者拍卖的工程

1. 涉及公共利益的工程

公共利益主要由国家利益与社会公共利益共同构成，被视为限制民事权利的主要边界。[②] 在当代功利主义的视阈下，当多重利益交织而发生冲突时，若要使得社会整体功利达到最大化，必然要承认集体权益的优先性。[③] 具体到建设工程领域，当工程涉及公共利益时，行使优先受偿权逃不开承包人利益与公共利益的碰撞，承包人这一群体的利益应当为公共利益这一集体性利益作出让步，因此，从价值取向的角度来看，涉及公共利益的工程不宜被认为具备折价、拍卖的条件。结合体系解释与类推解释，亦可得出前述结论。《民法典》第 399 条规定，为公益目的成立的非营利法人的公益设施不得抵押，虽然笔者认为优先受偿权在某种程度上近似留置权，但因其与抵押权同属于担保物权范畴之内，在类推解释的方法论指导下亦可适用。换言之，《民法典》所规定的不得抵押的公益工程亦属于不宜折价、拍卖的情形。同理，国家机关的办公场所、辅助社会公共服务运转的公用建筑等，若成为装饰装修工程优先受偿权之客体，将对

① 参见程新文、刘敏、谢勇《〈关于审理建设工程施工合同纠纷案件适用法律问题的解释（二）〉的理解与适用》，《人民司法》2019 年第 4 期。

② 参见冉克平、谭左财《〈民法典〉中的国家利益表达及其效果》，《社会科学战线》2022 年第 3 期。

③ 参见刘舒杨《当代功利主义公共利益思想论析》，《政治学研究》2020 年第 3 期。

其功能造成影响，进而对公共利益造成损害，亦属于优先受偿权之客体不宜包含之列。

涉及公共利益的工程是否具备折价、拍卖的条件？如前所述，从价值取向与解释论的角度来看，这一问题的答案是明确的。然而真正的问题在于，应当如何界定公共利益？哪些工程属于涉及公共利益的工程？

公共利益的概念，学界并未统一，有的学者认为，在中国法体系下公序良俗与公共利益是同一概念。① 从公序良俗与公共利益在法域分布与保护路径上的差异来看，不宜将二者概念混淆，《民法典》所规制的是平等主体之间的私法关系，是个体与个体之间民事法律关系的具体规则，而对公共利益难以周全。②至于公共利益的边界，诚如前述，学界并未统一公共利益的内涵，在笔者看来，既然公共利益的边界模糊不清，不如将视角聚焦于建设工程这一领域，跳出概念的桎梏，结合实证研究，以对个案进行分析的方式来明确何为涉及公共利益的工程。

笔者在"威科先行"数据库分别以"公益建筑""公益建设工程""公共利益工程"为关键字进行检索，共检索到146篇裁判文书，剔除无关裁判书15篇、重复裁判书9篇后，最终选定有效裁判书122篇。通过对样本中有效案例的整理与裁判结果的归纳，发现法院对涉及公共利益建筑的认定，主要有如图2所示的类型。在全部的有效样本中，实务中将案涉工程认定为涉及公共利益的工程的主要有四类，分别为公共交通工程（33例）、公共服务工程（59例）、学校工程（5例）、征用征收工程（25例）。其中，公共交通工程主要为轨道、公路工程，其功能是完善城市公共交通；公共服务工程主要为水电、文化工程，其功能是方便社区治理、改善居民生活；学校工程的建设主要为教育事业添砖加瓦；征用、征收工程则是为了城镇发展与保障居民的住房需求。

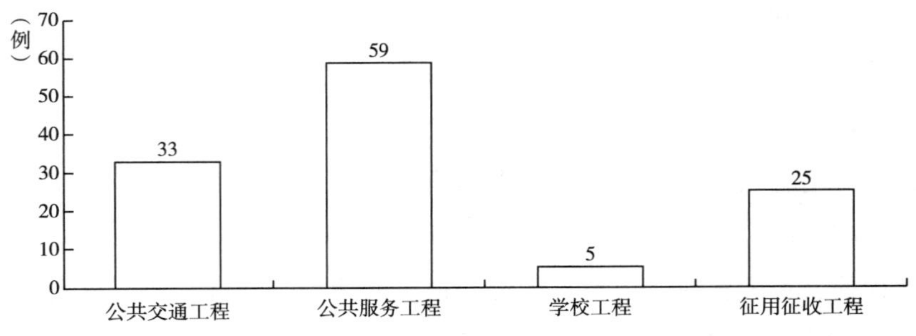

图2　工程涉及公共利益的案件数量分布

① 参见王轶、关淑芳《认真对待民法总则中的公共利益》，《中国高校社会科学》2017年第4期。

② 参见张钦昱《〈民法典〉中的公共利益——兼论与公序良俗的界分》，《暨南学报》（哲学社会科学版）2021年第7期。

总体来说，实务中对工程是否涉及公共利益的判定，主要是从工程本身所发挥的功能出发，若工程本身所发挥的功能是为社会公众或国家相关政策服务的，则应当被认定为涉及公共利益。与之相反的，如浙江省建工集团有限责任公司与浙江云海药业有限公司建设工程施工合同纠纷案①中，案涉工程中药材加工生产线的功能在于为企业获取私利，将其折价或拍卖并不会对社会公众或国家利益造成任何损害，故而法院认为其依性质可以折价或者拍卖。质言之，法律对涉及公共利益的工程的保护的重心并非在于工程建设者，而是公共利益，将其折价、拍卖可能会导致工程自身功能的变化，从而间接地损害社会公共利益。

因为抵押权与装饰装修工程优先受偿权在价值取向上存在质的差异，后者是针对特殊主体所享有之特殊债权的特殊保护，故在类推适用《民法典》第399条时，应当注意扩张解释的限度。具言之，涉及公共利益的工程之所以不宜成为装饰装修工程价款优先受偿权之客体，是因为一旦如此便会对公共利益造成损害，换个角度来说，只要权利的行使不影响涉及公共利益的工程的功能运转，则仍属于“具备折价、拍卖条件”的情形。如在四川省中盛华居建设工程有限公司、四川鑫涌鑫房地产开发有限公司建设工程合同纠纷案②中，虽然案涉工程是保障性住房，属于涉及公共利益的工程，一般来说，不宜通过拍卖、折价的方式处理。但案涉工程又属于南江县人民政府的回购项目，发包人将工程折价给承包人之后，政府仍要向承包人主张回购，因而该过程中所进行的折价并未使工程所发挥的功能发生实质性的变更，亦正因如此，法院判决承包人可以在对案涉工程在南江县人民政府回购款中行使优先受偿权。由此可见，某公益建筑被拍卖后，若买方仍愿意保持其原有的功能继续经营，则该建筑宜被认定为具备折价、拍卖的条件。

2. 违法工程

实务中，对于违法工程是否宜被折价拍卖，存在不同的裁判结果。笔者在“威科先行”数据库分别以“优先受偿”、“违法建筑”和“优先受偿”、“违法工程”为关键词检索，以“建设工程合同纠纷”为过滤条件，共得到188份判决书。在全部样本中，剔除37个无效案例，最终得到有效样本151份。通过对有效样本的整理与归纳，案件的裁判结果可分为两大类，即“违法工程能够折价、拍卖”与“违法工程不宜折价、拍卖”。如图3所示，违法工程被判定为能够折价、拍卖的案件有57例，约占有效样本的37.7%；被判定为不宜折价、拍卖的有94例，约占有效样本的62.3%。总体来讲，各地法院在此问题的认定上存在很大差异。

① 参见浙江省高级人民法院（2008）浙民一终字第276号判决书。

② 参见四川省南江县人民法院（2020）川1922民初964号判决书。

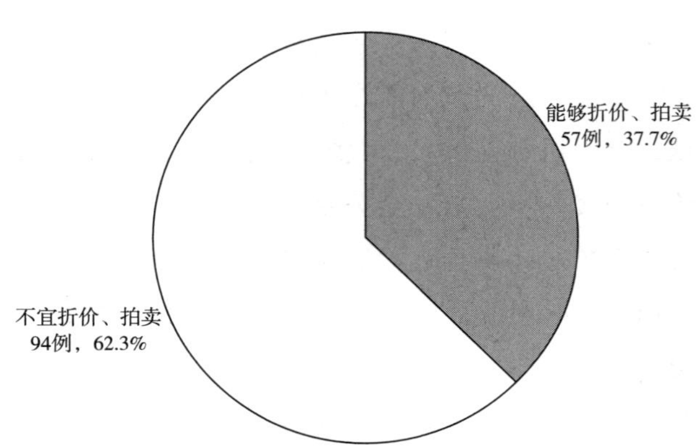

图 3 违法工程能否折价、拍卖的裁判结果数量对比

在学理层面，有的学者将违法工程分为“程序违法”与“实质违法”两种，认为“程序违法”的工程在开始施工后能够获得行政许可的补正，从而转化成为合法的工程，因而其承包人可以享有优先受偿权；“实质违法”的工程无法经事后程序得到前述补正，则其承包人不享有优先受偿权。① 笔者不认同此观点，理由在于：我国房屋管理部门和土地管理部门是依法对房地产权属登记享有专有管辖权的行政机关，对违法工程的行政处理决定着建筑物或保留或拆除的命运，由此可见，违法建造的行为属行政法的调整范畴。② 正因如此，为防止法秩序的偏离，私法的解释宜在公法引导之下展开，③ 申言之，将违法工程是否具备折价、拍卖的条件以“程序违法”与“实质违法”为界线进行区分，实质上就是通过解释的方法使得“程序违法”的工程避开了行政法上的强制性规范，这无疑是将私法的地位置于公法之上。笔者认同“程序违法”的工程基于物尽其用原则对相关的行政审批进行事后补正，因为“程序违法”的工程一般来说工程质量是合格的，仅是未进行及时的行政审批，若因此被拆除，难免造成资源的浪费。故问题的核心在于，“程序违法”工程的承包人不宜行使优先受偿权。因为“程序违法”工程的行政审批手续事后补正是行政法规制的范畴，主要体现物尽其用的价值取向，而行使优先受偿权是私法规制的范畴，体现的是该制度弱者保护的功能，将二者予以切割，并不会影响到现有法体系的基本秩序，亦是我们认定不宜折价、拍卖的工程的重要切入点。

诚如前述，违法工程的承包人不宜享有优先受偿权，理由如下。首先，违法工

① 参见高印立《规则与裁判：民法典下建设工程司法解释适用与拓展》，法律出版社，2021，第 320 页。

② 参见黄刚《违法建筑之上存在权利吗?》，《法律适用》2005 年第 9 期。

③ 参见常鹏翱《违法建筑的公法管制与私法因应》，《法学评论》2020 年第 4 期。

程不仅是对国土空间规划的破坏，还极易滋生安全隐患，如漏水漏电、火灾、垮塌等问题，[①] 正因如此，对建筑行为及建设工程的行政审批方被法律视为必要。虽然“程序违法”的工程可以依事后补正程序转变为合法工程，但发包人仍要被行政法课以一定的法律责任，由此看来，不论是“程序违法”还是“实质违法”，违法工程始终不是法律所倡导的。其次，工程是否涉嫌违法应由专属行政机关管辖，而不在人民法院民事审判范围，若承认违法工程之上可以行使优先受偿权，无疑系对违法工程之上的权利予以确认。在此方面，《最高人民法院第八次全国法院民事商事审判工作会议纪要》亦提出：“应避免通过民事审判变相为违法建筑确权。”最后，消极对待违法工程承包人的优先受偿权能够形成一种事前预防的机制，完善违法建筑治理机制。目前，各级政府在不断完善治理机制的过程中，逐渐认识到事前预防的地位，因此将其作为社会治理的重要方向。[②] 从现实层面来看，违法工程因其牵涉不同主体之间的利益协调而成为城市治理过程中的难点与痛点，[③] 而现行的规制路径又存在治理机制陈旧、难以解决现有社会矛盾的问题。[④] 由此看来，事前预防似乎成为当下完善违法建筑治理机制的最优解。消极对待违法工程承包人的优先受偿权正是事前预防的一种形式，它在源头对承包人违法建造行为发挥着一定的阻却作用。

四　“加法”：认定装饰装修工程具备折价或者拍卖条件需综合考量的因素

在“减法”的任务完成之后，接下来的作业则要聚焦“加法”。威尔伯格认为：“在庞大的法律制度中其内在的独立价值和所要实现的目的具有多元性。因此，对于法律的理解和阐释不应仅依据某个单一的理念。”[⑤] 如动态系统论所倡导的，对法律效果的把握宜依靠法官通过相互关联的多因素予以综合考量。[⑥] 由此，本文所指的“加法”，意指法院在裁判装饰装修工程是否具备折价或者拍卖条件时需要综合考量的因素。对此，笔者提出三个因素，唯望做一块引玉之砖，就教于方家时贤。

（一）装饰装修工程是否导致建筑物增值

增值，即在制造或销售过程中增加的或创造的产品或商品的价值，其中不包括原

① 参见沈福俊《法律应当如何保障行政权的有效行使——以〈行政强制法〉第44条和上海市拆除违法建筑规定为分析起点》，《东方法学》2016年第1期。

② 参见朱力、邵燕《社会治理机制的新转向：从事后倒逼到事前预防》，《社会科学研究》2017年第4期。

③ 参见张先贵《中国语境下土地开发权内容之法理澄清——兼论土地资源上权利群与权力群配置基点的转型》，《法律科学（西北政法大学学报）》2020年第5期。

④ 参见沈菊生、王伯承《整体性治理与组织化发展：城乡结合部社会治理途径的新探索——以上海城郊S村违法建筑整治为例》，《山东农业大学学报》（社会科学版）2021年第2期。

⑤ 〔奥〕海尔穆特·库齐奥《动态系统论导论》，张玉东译，《甘肃政法学院学报》2013年第4期。

⑥ 参见胡学军《民法典“动态系统论”对传统民事裁判方法的冲击》，《法学》2021年第10期。

料和供应费用、包装费或一般管理费用。诚如前述，装饰装修工程的作用在于完善建筑物的使用功能和美化建筑物，业主由此在物质和精神上获得收益，质言之，装饰装修工程的最终目的是使建筑物增值。因此，将优先受偿范围限定在装饰装修工程使建筑物增值限度之内更为妥当。[①]

需要注意的是，并非所有装饰装修工程都能使建筑物增值。若装饰装修工程无法与建筑物本身的经营业态匹配，不仅无法使建筑物增值，还会造成恢复、除渣等额外费用。在此情形下，不仅优先受偿权不复存在，承包人还需要承担一定的违约责任。除此之外，因装饰装修工程优先受偿权是就工程价款优先受偿，在增值的部分小于工程价款的情况下，行使优先权的范围限定在装饰装修工程使建筑物增值限度之内。由此，对建筑物增值部分的认定的意义便得以体现。

问题在于，装饰装修工程通常与整个建筑物构成一个整体，这造成了司法裁判中对建筑物增值部分的认定存在较大的困难。依《房地产估价规范》（GB/T 50291－2015），现行的主流估价方法主要有比较法、收益法、成本法和假设开发法，具体选用何种估价方法，主要取决于估价对象所在地的房地产市场状况等客观条件。在笔者看来，对装饰装修工程增值部分的评估，更宜采用比较法，即以装饰装修工程为变量，比较未进行装修的同类建筑与已进行装修的同类建筑之差价，以剥离出增值的范围。除此之外，在认定增值范围的过程中，还需要注意以下两个问题。

第一，装饰装修工程导致建筑物增值的部分不等同于施工合同中约定的工程价款。建设工程合同在本质上属于承揽合同，发包人给予承包人工程价款，在性质上应属于承包人的报酬，由此观之，其与装饰装修工程导致建筑物增值的部分并不存在直接关联。

第二，影响建筑物市场价格的因素多样，如经济条件、政策因素、市场环境等，装饰装修工程只是其中一项，建筑物的市场价格受多因素的影响时刻在发生着波动。虽然装饰装修导致建筑物增值的部分自竣工时起自始存在，但其并不等同于建筑物市场价格上涨的部分。因此，排除装饰装修之外其他变量的最优解，是将时间点划定在装饰装修工程竣工之日，以当日建筑物的市场价格为标准，方可将装饰装修工程使建筑物增值的部分剥离出来。

（二）发包人是否为建筑物所有权人

司法实践中，发包人非建筑物所有权人的情况十分常见，如发包人以租赁、联营的方式实际占有建筑物等情形。《建设工程司法解释（二）》第18条排除了发包人非

① 参见最高人民法院民事审判第一庭编著《最高人民法院新建设工程施工合同司法解释（一）理解与适用》，人民法院出版社，2021，第386页。

建筑物所有权人时承包人享有优先受偿的权利，主要是出于便于执行的角度考虑，建筑物非发包人的财产，若以行使优先受偿权为由将其进行拍卖于法无据。《新建设工程司法解释（一）》删去了原条文中的但书条款，将强制性规范转化为了任意性规范，为装饰装修工程优先受偿权的行使提供了更多自由的空间。

问题的难点在于，当发包人非建筑物所有权人时，装饰装修工程优先受偿权的行使是否全无限制？对于上述问题宜作否定的回答。《民法典》第 715 条规定了承租人对租赁物的改善或增设他物须经出租人同意，否则应承担相应责任，换言之，出租人同意与否在装饰装修工程中起关键作用。[①] 由此，笔者认为，可以建筑物所有权人同意为界线进行讨论。

因建筑物所有权人的同意实质上是其与建筑物使用人达成的添附合意，而在没有特别约定的情况下，装饰装修物的权属亦因添附制度的相关规范归建筑物所有权人所有，即建筑物所有权人因装饰装修工程而获得利益，所以这种同意宜被视为一种近似于担保的行为。若建筑物所有权人同意发包人装修，则其宜被视为已然认识到建筑物存在承包人行使权利时被折价或者拍卖的风险，即承包人可能会向发包人行使装饰装修工程优先受偿权。由此，在建筑物所有权人同意装修的情形下，承包人行使装饰装修工程优先受偿权的行为并无不当。若建筑物所有权人不同意装修，诚如前述，即建筑物所有权人不愿为建筑物使用权人提供此种“担保”，承包人与发包人之间的债权仅为普通债权，不具有优先性，此时建筑物不具备折价、拍卖的条件。

（三）装饰装修物是否与建筑物产生紧密附合

实践中，并非所有的装饰装修物都与建筑物形成紧密附合，在笔者看来，未与建筑物形成紧密附合的装饰装修物经拆除后是可以单独拍卖的。有的学者认为，未与建筑物形成附合的装饰装修物经拆除后成为动产，不再属于“工程”，承包人因此无法享有优先受偿权。[②] 笔者不认同此观点，理由如下。首先，装饰装修工程系承包人劳动的结晶，而装饰装修物是否与建筑物形成紧密附合则取决于装饰装修物的物理性质，二者因所处截然不同之范畴而使得后者无论如何也无法完全否定前者。其次，将未形成紧密附合的装饰装修物拆除，确实有违反物尽其用原则之嫌，然而，在此情境下的物尽其用原则保护的是发包人的利益，相较于保护在装饰装修工程合同法律关系中较为弱势的承包人的优先受偿权来说，后者更值得提倡。最重要的是，对未与建筑物形成

① 参见周彦宇《出租屋中装修或面临的法律问题》，威科先行，https：//law. wkinfo. com. cn/professional-articles/detail/NjAwMDAxNDgwNjA%3D？q=%E5%87%BA%E7%A7%9F%E5%B1%8B%E4%B8%AD%E8%A3%85%E4%BF%AE%E6%88%96%E9%9D%A2%E4%B8%B4%E7%9A%84%E6%B3%95%E5%BE%8B%E9%97%AE%E9%A2%98，最后访问日期：2022 年 3 月 29 日。

② 参见高印立《规则与裁判：民法典下建设工程司法解释适用与拓展》，法律出版社，2021，第 296 页。

紧密附合的装饰装修物进行折价或拍卖具有实践合理性。前已述及，优先受偿权的实现必然借助留置功能的发挥，我国现行法仅规定了动产留置制度，装饰装修物被拆除后成为动产，实际上更有利于优先受偿制度与实定法的衔接。鉴于此，笔者以装饰装修物是否与建筑物产生紧密附合为界，对装饰装修工程具备折价或者拍卖条件的情形进行阐述。

装饰装修工程价值之实现依托于工程主体，换言之，脱离载体的装饰装修工程违背了工程的目的，将难以发挥其效用与功能。在装饰装修物与建筑物已形成紧密附合的情形下，拆除装饰装修物不仅将使其失去原有的价值，还会对建筑物原有的外观形态造成破坏，若将其单独拆除拍卖，不仅违背物尽其用之原则，更易造成经济上的浪费。在此情形下，装饰装修工程是否具备折价、拍卖的条件，取决于整个工程能否被折价、拍卖。

在装饰装修物未与建筑物形成紧密附合的情形下，拆除后的装饰装修物与建筑物可被视为两个整体，对装饰装修物的拍卖不会对建筑物造成影响，在此情形下装饰装修物能够被单独拍卖，换言之，在此情形下，装饰装修工程具备折价或者拍卖的条件。需要注意的是，只有拆除后不影响本身价值或对本身价值影响较小的装饰装修物方可被认为具备折价、拍卖的条件，否则，装饰装修物将无被拆除之必要。

五　结语

随着社会经济的发展，装饰装修工程不再仅满足于最基本的居住需求，装饰装修行业亦作为一个新兴行业存在于社会生活中。《新建设工程司法解释（一）》提出了行使装饰装修工程优先受偿权的前提，即具备折价、拍卖的条件，但现行规范并未对此条件作出明确的解释。本文从宏观层面通过对装饰装修工程具备折价或者拍卖条件的原理释明，探明装饰装修工程价款优先受偿权具有弱者保护的核心功能，其设立之目的亦由此而来。由此，本文以宏观层面的价值取向为论述基础，在微观层面提出对装饰装修工程具备折价或者拍卖条件的认定方式，即先作“减法”，排除质量不合格的工程、家庭居室装修工程、涉及公共利益的工程、违法建筑等不宜折价、拍卖的工程；而后再作“加法”，综合考量装饰装修工程是否导致建筑物增值、发包人是否为建筑物所有权人、装饰装修物是否与建筑物产生紧密附合三个因素来作出认定。

Principles and Methods of Determining Whether Decoration and Renovation Works are Eligible for Discount or Auction —Taking Article 37 of the Interpretation of the Supreme People's Court on the Application of Law in the Trial of Construction Contract Dispute Cases (I) as the subject of Analysis

Zhang Xiangui　Fang Shizhen

Abstract: In judicial practice, there are different approaches to determine whether the decoration and re novation works has discount or auction conditions, and it is urgent to extract the paradigm to determine whether the decoration and re novation works has discount or auction conditions, which is the premise to ensure the correct understanding and application of the priority of compensation of the decoration and re novation works. From the macro level, the priority of rompensation of decoration and renovation works has the core function of protecting the weak, based on this, in the process of determining whether the decoration and re novation works has the conditions for discount or auction, "subtraction" should be done first to exclude the unqualified quality of the project, the family room decoration project, the project involving public interest and the illegal project and other circumstances that are not suitable for discount or auction; then do "addition", whether the decoration and renovation works lead to building value-added, whether the contractor is the owner of the building, whether the decoration and renovation works form a close partnership with the building as the factors to be considered when determining whether the decoration and renovation works are eligible for discount or auction.

Keywords: Decoration and Renovation Works; Priority of Compensation; Protection the Weak; Discounted Auction

学术争鸣

我国让与担保制度的解释论*

——以《民法典担保制度解释》第68条为分析对象

张 尧**

摘 要：在我国让与担保的实践中，不动产让与担保及股权让与担保等形式是主流，其利用要因并不是弥补动产抵押制度的缺失。《民法典担保制度解释》第68条并未将让与担保的标的物限定为不动产或股权，这本质上是为了缓解中小微企业融资难的局面，信用授受双方可基于自身的融资需求而选择设立担保物权抑或让与担保。让与担保在学理上并无买卖式或让与式的区分，交易架构多表现为“附买回的买卖+租赁”抑或“附买回的买卖+借用”的形式，只要是为了担保债权的实现而将标的物的所有权等权利移转给债权人，都属于让与担保，皆应循担保权的构成对其效力进行解释。在《民法典担保制度解释》第45条允许事先约定自行变卖或拍卖的背景下，让与担保的权利移转形式或可被解释为当事人对自行变价的事先约定，允许债权人自行进行归属清算或处分清算。

关键词：让与担保；卖渡担保；利用要因；担保权；清算

一 问题的提出

以“买卖”房屋、生产设备等形式行“让与担保”之实的行为，在我国经济活动中并不鲜见，亦为我国司法实践乃至民法理论中的热门议题。对于“买卖型担保”“后让与担保”等新提法已有大量讨论，其背后的焦点乃是让与担保制度。就让与担保而言，德日等国早已通过学说和判例的共同作用而认可其效力，将其作为一种非典型担保形式，承认其担保功能。与之相较，在我国，让与担保真正摆脱物权法定、流质（流抵）禁止以及虚伪意思表示的桎梏，被允许作为一种非典型担保形式而获得物权效力，则要追溯到《全国法院民商事审判工作会议纪要》（法〔2019〕254号，以下简称《九民纪要》）第71条的规定。

继《九民纪要》第71条对让与担保的效力加以规定之后，伴随着我国《民法典》

---

* 本文是2021年度教育部哲学社会科学研究重大课题攻关项目“民法典民族性表达与制度供给研究”（21JZD033）的阶段性成果。

** 张尧，法学博士，对外经济贸易大学法学院助理教授，研究方向为担保法律制度。

的施行，《最高人民法院关于适用〈中华人民共和国民法典〉有关担保制度的解释》（法释〔2020〕28 号，以下简称《民法典担保制度解释》）在第 68 条中规定了一般意义上的让与担保，针对实践中的让与担保的形式，分别对约定了清算义务的让与担保（第 1 款），约定了流抵、流质条款的让与担保（第 2 款），以及附回赎条款的让与担保的效力进行规定，并在第 69 条中结合股权让与担保的特性，否定作为名义股东的债权人对原股东出资不足或抽逃出资的行为承担连带责任。该解释无疑为司法实践提供了有力指引，但其在理论和实践层面上仍存在些许讨论空间，例如相较于德日等国的让与担保制度，我国所确立的让与担保制度是否有其相对独立的特性？《民法典担保制度解释》所确立的有关让与担保的效力规则是否有其局限性？在《民法典》及其司法解释施行的背景下，立足条文以解释论审视让与担保制度，重新解读所谓"买卖型担保""后让与担保"等提法，具有更为重要的现实意义。对此，本文拟以《民法典担保制度解释》第 68 条为分析对象，从解释论上分析我国的让与担保制度，以进一步廓清法律适用中的困惑。

二　我国让与担保制度的利用要因

通常认为让与担保具有两方面的制度优势：一方面，让与担保可使债务人在不移转标的物的占有、使用的同时，从债权人处获得融资；另一方面，让与担保可使债权人摆脱繁杂的担保物权实现程序。而且，让与担保可以满足新型财产权利或利益的融资需求。[①] 从比较法来看，作为一种非典型担保形式，让与担保制度的出现更多的是弥补动产抵押权制度的缺失，以满足中小企业的融资需求。传统民法对担保物权制度的架构大多是遵循"不动产抵押权+动产质权"的模式，但中小企业大多难以提供不动产或不动产权利为债权人设立抵押权，其所持的具有担保价值的财产多为具有动产属性的生产设备、原材料、产品或半成品等财产，在缺失动产抵押权制度的前提下，如以这些财产提供担保，通常只能在获得融资的同时而将前述财产交予债权人。如此，中小企业虽获得了融资，却无法继续占有、使用和收益前述财产，这就使得中小企业通过融资而扩大再生产的目的落空。在此情形下，中小企业通过设立动产让与担保，就可在实现融资的同时，对作为担保财产的动产继续占有、使用和收益。正是基于此种融资需求，动产让与担保才得以通过学说和判例的共同作用而在德国法等比较法上获得承认。

但并非所有国家的让与担保制度皆以弥补动产抵押权的缺失为目的。与德国法不

① 参见王闯《关于让与担保的司法态度及实务问题之解决》，《人民司法》2014 年第 16 期；我妻栄『新訂担保物権』（岩波書店，1968 年）595-596 頁。

同，日本法除了动产让与担保之外，还承认不动产让与担保。而且，日本法上的让与担保并不是为了弥补动产抵押制度的缺失而出现的，反而是从不动产让与担保中产生的。在日本法上，不动产让与担保与附买回的买卖制度具有同质性，且从具体的交易架构来看，所谓的不动产让与担保，是通过“附买回的买卖+租赁”的形式创设出来的。[①] 从日本法史来看，其在通过法典近代化而承认作为定限物权的抵押权和质权之前，就已存在不动产权利移转担保，主要表现为“本物返”以及“本钱返”等形式，[②] 即通过附买回的买卖形式而在当事人之间进行不动产的权利移转，若债务人将作为买卖对价的“本钱”（即金钱）或“本物”（谷物等）返还给债权人，即可取回该不动产。在禁止土地买卖的德川时代，相当于附买回的买卖的“本物返”以及“本钱返”，与不动产的“入质”（相当于占有质）相混同，[③] 曾发挥了土地买卖的作用。[④] 明治时期之后，土地买卖的禁令得以解除。在这一时期，为了担保债权的实现，债务人将政府所发行的表征土地所有权的地券移转给债权人，这一担保形式在民间习惯中被广泛运用。[⑤] 地券制度虽于1889年（明治二十二年）被废除，但在日本民法制定之后，此种买卖型担保被买回制度予以继受，获得了承认。[⑥] 就买回制度而言，因为日本民法采纳了物债二分的潘德克吞体系，所以只能将其规定在债权编的买卖合同之下，但其主要功能为担保功能，且可以合法地回避流质禁止。对于当事人所达成的“附买回的买卖+租赁”，在对其效力进行判定时，究竟是将其视为买卖抑或担保存有争议。日本的早期判例仅是从其具备的买卖形式出发而进行简单观察，其后进入否定当事人之间存在真正的买卖意图的怀疑时代（或称“过渡期”），[⑦] 伴随着德国法上的信托行为理论及其相关批判被介绍到日本，让与担保的概念及理论才逐渐成形。由此可见，日本法上的让与担保并不是为了弥补动产抵押权制度的缺失，而是缘起于债权人希冀通过此种形式而在债务人不履行债务时无须清算即可获得不动产的所有权。

与之相对，在我国，2002年12月23日提交第九届全国人大常委会第三十一次会议审议的《中华人民共和国民法（草案）》的“物权法编”（第二编）曾在担保物权分编之中专门规定了“让与担保权”一章（第26章），对让与担保的内涵、设立方式、

---

① 近江幸治『担保制度の研究—権利移転型担保研究序説—』（成文堂，1989年）8頁。

② 中田薫『法制史論集（第二巻）』（岩波書店，1938年）369頁。

③ 小早川欣吾『日本担保法序説』（法政大学出版局，1979年）302頁；大竹秀男＝牧英正編『日本法制史』（青林書院新社，1978年）202頁参照。

④ 宮川澄『日本における近代的所有権の形成』（御茶の水書房，1978年）40頁参照。

⑤ 福島正夫「財産法（法体制準備期）」鵜飼信成ほか編『日本近代法発達史 1』（勁草書房，1958年）57頁；日本勧業銀行調査部『日本勧業銀行史』（日本勧業銀行調査部，1953年）78頁参照。

⑥ 近江幸治「不動産の変則担保—内的相互関係とその歴史—」篠塚昭次ほか編『現代金融担保法の展開：高島平蔵教授還暦記念』（成文堂，1982年）109頁参照。

⑦ 松本烝治「賣渡抵當及動産抵當論」法学協会雑誌31巻4号（1913）62頁。

担保物收益的归属，以及担保物被查封、扣押或当事人（担保物的占有人及让与担保的权利人）破产时的权利归属等进行了详细规定。[①] 其后，在《物权法》的立法过程中，围绕是否应规定让与担保，主要存在赞成与反对两种观点。赞成的观点认为，让与担保可以有效防止第三人对担保财产进行干预，其可以为当事人提供更多的担保方式和融资渠道，且让与担保的设定人可以继续占有担保物。同时，该制度在许多国家得到了广泛运用，而我国"实践中也出现了以让与担保方式进行的交易，比较典型的就是商品房买卖中的'按揭'制度、进口押汇业务等"，若不规定让与担保制度，将造成法律与实践的脱节。[②] 故而，应在物权法中规定让与担保制度。但与之相对，部分观点则认为，动产抵押等制度可以替代让与担保的功能，而以动产设立让与担保难以解决公示问题，可能损害第三人的利益，且与禁止流质契约的法律规定相冲突。同时，我国实践中存在的按揭是"抵押、保证、回购等多种措施"的复合，与让与担保并不相同，故而反对在物权法中设立让与担保制度。[③] 因此，在2005年《物权法（草案）》提交第三次审议时，鉴于"让与担保主要涉及动产担保，而我国对动产担保已经做了较为全面的规定"，[④] "让与担保"一章被删除。由此可见，在我国《物权法》立法时，秉持的基本判断是"让与担保=动产抵押"，在已经规定动产抵押制度的前提下，将让与担保排除在外亦为当然之举；[⑤] 而且立法之时，在我国普遍的民商事交易中并无广泛运用让与担保的交易实践，[⑥] 这也使让与担保丧失了明文化的契机。

在《物权法》施行之后，直至《最高人民法院关于审理民间借贷案件适用法律若干问题的规定》（法释〔2015〕18号，以下简称《民间借贷规定》）第24条规定的出台，[⑦] 让与担保又重新回到了学理及司法裁判的视野之中。该条所针对的"让与担保"，[⑧] 主要是以不动产让与担保为主，即当事人在签订民间借贷合同的同时，又订立房屋买卖合同，借款合同到期后借款人不能还款的，出借人通过请求履行买卖合同以

① 参见何勤华、李秀清、陈颐编《新中国民法典草案总览（增订本）》（下卷），北京大学出版社，2017，第1521页。

② 参见《让与担保制度的有关情况》，载全国人民代表大会常务委员会法制工作委员会民法室编著《物权法立法背景与观点全集》，法律出版社，2007，第648页。

③ 参见《让与担保制度的有关情况》，载全国人民代表大会常务委员会法制工作委员会民法室编著《物权法立法背景与观点全集》，法律出版社，2007，第648~649页。

④ 参见《全国人大法律委员会关于〈中华人民共和国物权法（草案）〉修改情况的汇报（2005年6月24日十届全国人大常委会第十六次会议）》，载全国人民代表大会常务委员会法制工作委员会民法室编著《物权法立法背景与观点全集》，法律出版社，2007，第27页。

⑤ 参见贲寒《动产抵押制度的再思考——兼评我国民法（草案）对动产抵押与让与担保制度之规定》，《中国法学》2003年第2期。

⑥ 参见王卫国、王坤《让与担保在我国物权法中的地位》，《现代法学》2004年第5期。

⑦ 该司法解释通过之后历经了两次修正，在2020年12月23日进行了第二次修正之后，原第24条规定被变更为第23条。

⑧ 参见杜万华主编《最高人民法院民间借贷司法解释理解与适用》，人民法院出版社，2015，第409页。

获得债权的满足。对于此种形态的“让与担保”,《民间借贷规定》第 24 条是从担保的实质出发,不允许当事人通过请求履行买卖合同而取得标的物(主要表现为房屋)的所有权。在借款人不能还款时,则按照清算法理进行处理,由出卖人“申请拍卖买卖合同标的物,以偿还债务”。若拍卖所得的价款与应偿还借款本息之间存在差额,借款人或出借人有权主张返还或补偿,从而避免流质效果的出现。在这一时期,除了不动产让与担保之外,司法实践中还出现了大量的股权让与担保纠纷。[①]

其后,《九民纪要》第 71 条针对约定了清算义务的让与担保以及约定了流抵、流质条款的让与担保的合同效力(第 1 款)和物权效力(第 2 款)作出了规定。该条规定虽未将让与担保中所转让的“财产”限定为不动产或股权,但“实践中,让与担保纠纷主要以买卖合同、股权转让等案由出现”,[②] 而且“一些市场主体之所以设定股权让与担保,而不是设定股权质押,主要是为防止公司重大资产处置等情况下导致用于担保的股权非正常贬损”。[③] 该规定为《民法典担保制度解释》第 68 条所承继,其在对约定了清算义务的让与担保(第 1 款)和约定了流抵、流质条款的让与担保(第 2 款)的效力进行明确的基础上,增设了附回赎条款的让与担保的效力的相关规定(第 3 款),并于第 69 条中明确了股权让与担保中的特殊问题(即作为名义股东的债权人无须对原股东出资不足或抽逃出资的行为承担连带责任)。

由此可见,我国让与担保制度的利用要因不同于德国法,并不是弥补动产抵押制度的缺失。尤其是就动产抵押制度而言,我国《民法典》第 403 条将原《物权法》第 188 条和第 189 条第 1 款进行了整合,进一步确立了一般动产抵押权的对抗制度,[④] 并于第 404 条将原只适用于浮动抵押制度的正常经营活动中的买受人规则,扩张至一般

① 参见广东省珠海市中级人民法院(2013)珠中法民二终字第 400 号民事判决书;江苏省南京市中级人民法院(2013)宁商初字第 174 号民事判决书;江苏省盐城市中级人民法院(2013)盐商初字第 0152 号民事判决书;江苏省盐城市中级人民法院(2013)盐商初字第 0202 号民事判决书;山东省高级人民法院(2014)鲁商终字第 274 号民事判决书;安徽省芜湖市中级人民法院(2014)芜中民一初字第 00043 号民事判决书;福建省福州市中级人民法院(2014)榕民初字第 1900 号民事判决书;福建省厦门市中级人民法院(2014)厦民终字第 410 号民事判决书;广东省深圳市中级人民法院(2014)深中法民终字第 2014 号民事判决书;湖南省岳阳市中级人民法院(2014)岳中民一初字第 73 号民事判决书;江苏省南京市中级人民法院(2014)宁商终字第 397 号民事判决书;广东省高级人民法院(2015)粤高法民四终字第 196 号民事判决书;辽宁省高级人民法院(2015)辽民二终字第 00266 号民事判决书;广东省深圳市中级人民法院(2015)深中法民终字第 1258 号民事判决书;云南省昆明市中级人民法院(2015)昆民五终字第 86 号民事判决书;江苏省淮安市中级人民法院(2015)淮中商终字第 00104 号民事判决书;黑龙江省哈尔滨市中级人民法院(2015)哈民三商终字第 341 号民事判决书;吉林省长春市中级人民法院(2015)长民五终字第 431 号民事判决书;辽宁省阜新市中级人民法院(2015)阜民三初字第 26 号民事判决书;等等。

② 最高人民法院民事审判第二庭编著《〈全国法院民商事审判工作会议纪要〉理解与适用》,人民法院出版社,2019,第 407 页。

③ 最高人民法院民事审判第二庭编著《〈全国法院民商事审判工作会议纪要〉理解与适用》,人民法院出版社,2019,第 77~78 页。

④ 参见黄薇主编《中华人民共和国民法典物权编释义》,法律出版社,2020,第 501 页。

动产抵押制度。在此背景之下，我国的动产抵押制度已经能够满足中小企业在不移转动产的占有、使用和收益的同时获得融资的制度需求。我国民商事交易中广泛运用的不动产让与担保及股权让与担保，成为《民法典担保制度解释》第 68 条和第 69 条的主要实践基础①。② 同时，从这两种形式的让与担保的利用要因来看，债权人之所以选择让与担保，而非法律所明确规定的不动产抵押或股权质押，主要是因为债权人可以通过所有权或股权的移转而增强对担保财产的控制，抑或是债权人自身期冀通过此种担保形式而回避有关流质禁止的规定，从担保财产中获得超出债权数额的利益。

三　让与担保的形式之辨

（一）让与担保与买卖型担保

如前所述，在通过订立房屋买卖合同而担保民间借贷合同实现的情形下，我国《民间借贷规定》第 24 条将其界定为“让与担保”，据此，借款到期后借款人不能还款，出借人不得请求履行买卖合同。在此情形下，将其界定为“让与担保”就意味着可以直接导入清算法理，为拒绝出借人所提出的履行买卖合同的请求提供正当依据。但在我国大量的“将订立买卖合同作为民间借贷合同的担保”的司法案例中，当事人订立买卖合同之后，并未将买卖合同的标的物（主要为房屋）的所有权移转给债权人（出借人），或是仅办理了房屋买卖的网签备案手续，③ 或是仅办理了预告登记手续。④ 从形式来看，此种形态的买卖型担保并非让与担保。正因如此，我国有学者将其称为

---

① 除了不动产让与担保与股权让与担保之外，在融资融券、进口押汇及信托收据等业务中也存在让与担保的实践。具体可参见龙俊《民法典物权编中让与担保制度的进路》，《法学》2019 年第 1 期；薛启明《中国法语境下的动产让与担保：体系定位与功能反思》，《法学论坛》2016 年第 2 期；向逢春《论让与担保在我国实施的社会基础——以市场经济活动中进口押汇和融资融券关系为范例》，《政治与法律》2013 年第 3 期；李磊、刘保玉《让与担保存废论——基于实证考察的分析》，《人民司法（应用）》2018 年第 28 期。

② 参见姚辉、李付雷《“理性他者”的依归——让与担保实践争议探源与启示》，《中国人民大学学报》2018 年第 6 期。

③ 参见江西省新余市中级人民法院（2021）赣 05 民终 284 号民事判决书；重庆市第四中级人民法院（2021）渝 04 民终 136 号民事裁定书；湖南省高级人民法院（2020）湘民终 1241 号民事判决书；云南省高级人民法院（2020）云民终 608 号民事判决书；四川省高级人民法院（2020）川民终 199 号民事判决书；江苏省镇江市中级人民法院（2020）苏 11 民终 3788 号民事判决书；湖南省株洲市中级人民法院（2020）湘 02 民终 2310 号民事判决书；河北省廊坊市中级人民法院（2020）冀 10 民终 5877 号民事判决书；河南省郑州市中级人民法院（2020）豫 01 民终 15736 号民事判决书；浙江省舟山市中级人民法院（2020）浙 09 民终 474 号民事判决书；四川省绵阳市中级人民法院（2020）川 07 民终 3077 号民事判决书；山东省威海市中级人民法院（2020）鲁 10 民终 2201 号民事判决书；广东省高级人民法院（2019）粤民再 351 号民事裁定书；江西省高级人民法院（2017）赣民终 585 号民事判决书；等等。

④ 参见湖北省高级人民法院（2020）鄂民终 670 号民事判决书；湖南省高级人民法院（2020）湘民终 600 号民事裁定书；黑龙江省高级人民法院（2019）黑民再 354 号民事裁定书；黑龙江省绥化市中级人民法院（2020）黑 12 民再 64 号民事判决书；湖南省高级人民法院（2019）湘民终 332 号民事判决书；黑龙江省高级人民法院（2014）黑高商终字第 30 号民事判决书；等等。

"后让与担保",[①] 以区别于真正的让与担保。[②] 从《民间借贷规定》第 24 条的释义来看，起草者认为"后让与担保"与让与担保的区别主要体现为标的物所有权移转时间的不同，除此之外并无二致,[③] 由此来证成比照让与担保规则而导入清算法理的正当性。[④] 但从性质来看，我国的"后让与担保"与让与担保并不具有共通性，反而存在本质差异。

在买卖型担保中，如果买卖合同标的物的所有权并未移转，在债务到期之后，债权人只能请求债务人履行债务，期冀从债务人的给付行为中获得债权满足，而不能支配该标的物。所谓的"后让与担保"，并非让与担保，并不具有物权效力。[⑤] 这也是《民间借贷规定》第 24 条仅能通过导入清算法理而允许"出借人申请拍卖买卖合同标的物以偿还债务"，却无法就债权人能否从拍卖标的物所得金额中获得优先满足进行规定的根本原因。就让与担保而言，无论是归属清算抑或处分清算，无论是所有权构成抑或担保权构成，债权人对标的物都享有物权性的权利，从而使其可以对抗债务人（借款人）侧的其他一般债权人，从担保物中获得优先满足。而在买卖合同标的物的所有权并未移转给债权人的"后让与担保"中，若债务人侧存在其他债权人，即使债权人（出借人）在债务到期后可以申请拍卖买卖合同标的物，也难以确保其从拍卖所得金额中获得优先满足的地位。从该角度来看，此种形态的"后让与担保"既未扩大债务人侧的一般财产，也未能使债权人就特定财产而取得优先受偿的地位，债权人的债权能否获得实现仍取决于债务人的一般财产状况。如此，在买卖合同标的物的所有权并未移转的情形下，对此种类型的买卖型担保冠以"后让与担保"的名义，反而会混淆其与让与担保的界限。

诚然，在此形态的买卖型担保中，也存在将买卖合同标的物的所有权移转给债权人的情形，依据让与担保的法理对其加以解释亦属当然。但在债务人未将买卖合同标的物的所有权移转给债权人的多数情形下，循让与担保的法解释路径并不妥当。在此情形下，我国有学者将其解释为"代物清偿预约"[⑥]、"附停止条件的代物清偿合意"[⑦]

---

① 参见杨立新《后让与担保：一个正在形成的习惯法担保物权》，《中国法学》2013 年第 3 期。

② 也有学者认为"后让与担保的实质是未来物上的抵押权"。具体可参见董学立《也论"后让与担保"——与杨立新教授商榷》，《中国法学》2014 年第 3 期。

③ 参见杜万华主编《最高人民法院民间借贷司法解释理解与适用》，人民法院出版社，2015，第 413~414 页。

④ 参见最高人民法院民事审判第一庭编著《最高人民法院新民间借贷司法解释理解与适用》，人民法院出版社，2021，第 346 页。

⑤ 参见庄加园《"买卖型担保"与流押条款的效力——〈民间借贷规定〉第 24 条的解读》，《清华法学》2016 年第 3 期。

⑥ 参见高治《代物清偿预约研究——兼论流担保制度的立法选择》，《法律适用》2008 年第 8 期。

⑦ 参见陆青《以房抵债协议的法理分析——〈最高人民法院公报〉载"朱俊芳案"评释》，《法学研究》2015 年第 3 期。

抑或“抵销预约”[①]，其在形式上类似于日本法上的假登记担保。此种形态的买卖型担保与不动产让与担保的共通性在于，债权人希冀通过不经清算的途径而履行买卖合同，从而获得远超债务额的利益。故在对此种形态的买卖型担保效力进行判定时，法解释的重心在于排除其所具备的流质性。从日本法的经验来看，让与担保与假登记担保都会产生回避流质禁止的效果，在法解释上对债权人课以清算义务即可。据此可见，排除买卖型担保的流质性，并不意味着必须将其等同于“让与担保”。无论是让与担保抑或买卖型担保，法解释的起点均在于究竟是将其作为买卖抑或担保对待。而买卖或担保的判定，通过解释当事人的意思表示即可实现。通过对交易价款及交易条件等内容进行综合考量，确定当事人订立买卖合同的目的是否在于担保所借款项的偿还，在判定买卖仅为形式而担保为目的之后，即可导入清算法理，拒绝债权人不经清算而取得买卖合同标的物所有权的请求。准以此言，通过将此种类型的买卖型担保解释为“让与担保”而为导入清算法理提供正当依据，反而是法解释学上的“舍近求远”。

（二）狭义的让与担保与广义的让与担保

就让与担保的形式而言，如前所述，《民法典担保制度解释》第 68 条承继了《九民纪要》第 71 条的规定，在对约定了清算义务的让与担保（第 1 款）和约定了流抵、流质条款的让与担保（第 2 款）进行规定的基础上，增设了附回赎条款的让与担保的效力规定（第 3 款）。之所以如此规定，是因为该司法解释的起草者认为“让与担保有广义和狭义之分。广义让与担保，包括买卖式担保和让与式担保。所谓买卖式担保，又称卖与担保、卖渡担保等，是指以买卖方式移转标的物的所有权，而以价金名义通融金钱，并约定日后将该标的物买回的制度。狭义让与担保，仅指让与式担保，又称为信托让与担保，是指债务人（或第三人）为担保债务清偿，将担保标的物之所有权移转给债权人，在债务清偿后，标的物之所有权回归于担保人；在债务届时未能得到清偿时，债权人有就担保物优先受偿的权利”。[②] 在我国学界，将让与担保区分为广义和狭义的论述也时常可见。[③] 从用语及内涵来看，此种区分显然是来自日本法，尤其是关于卖渡担保或卖与担保的论述。

---

① 参见章晓英《“以房抵债”与抵销预约——〈最高人民法院公报〉载“朱俊芳案”评释》，《西部法学评论》2016 年第 1 期。

② 最高人民法院民事审判第二庭：《最高人民法院民法典担保制度司法解释理解与适用》，人民法院出版社，2021，第 566 页；林文学等：《关于“非典型担保”及“附则”部分重点条文解读》，《人民法院报》2021 年 2 月 25 日，第 7 版。

③ 参见梁慧星、陈华彬《物权法》（第 4 版），法律出版社，2007，第 383 页；王利明主编《中国民法典学者建议稿及立法理由 · 物权编》，法律出版社，2005，第 33 页；刘保玉、吕文江主编《债权担保制度研究》，中国民主法制出版社，2000，第 266 页；陈本寒主编《担保法通论》，武汉大学出版社，1998，第 333 页；徐千寻《权利移转型担保的裁判法理》，《北方法学》2019 年第 6 期。

从日本法史来看，日本法确曾将让与担保区分为广义与狭义，即卖渡担保和让与担保。如前所述，伴随着德国法上的信托行为理论及其相关批判被介绍到日本，让与担保的概念及理论才逐渐成形。在 1902 年（明治三十五年），围绕在债权人破产的情形下债务人能否取回标的物这一问题，冈松参太郎详细介绍了德国法上的信托行为学说及其相关的理论批判，即信托行为是当事人之间所进行的超过目的范围的有效法律行为，该行为尽管具有目的与手段不相符的特征，但其与民法所规定的虚伪表示不同，并无欺骗他人的意思，当事人之间存在与外在表示一致的意思，只是其上附着对该行为的效力进行限制的意思。在让与担保的情形下，当事人仅是选择与其目的不相适应的手段，但其存在采取该手段的真实意思，故让与担保属于信托行为，并不属于虚伪表示。因此，在债权人破产的情形下，为了支持债务人取回标的物，冈松参太郎采纳了“关系所有权”理论，即依据信托行为说，认为债权人在对第三人的关系上是标的物的权利人，而在其与债务人之间的内部关系上债务人仍是权利人。[①] 该理论被提出之后，最早为东京控诉院 1911 年（明治四十四年）的判决所采纳，但直至大判 1912 年（明治四十五年）7 月 8 日的判决出现之前，该理论并未取得支配地位。[②] 多数裁判仍是奉行“内外部共同移转说”，认为信托行为所引起的权利移转将产生绝对效力，不应对内部关系和外部关系的权利归属者进行区分，而债权人仅负担不得在担保目的之外行使其对标的物享有的权利这一债务。[③] 在此背景之下，在大判 1912 年（明治四十五年）7 月 8 日的一个判决中，[④] 日本大审院明确采纳了“关系所有权”理论，对内外部的权利归属者进行区别，作为信托行为的让与担保仅导致标的物的权利在外部关系上发生移转。由此，该理论在其后的司法裁判中短暂占据了支配地位。[⑤]

在该理论为多数司法裁判所采纳之后，多数学者对此展开激烈的批判，认为就标的物上存在的一个所有权而区分内部关系和外部关系的权利主体，在法理上存在谬误。[⑥] 同时，如果无法通过当事人之间的意思而创设所谓的“关系所有权”，则不应承认区分内部关系和外部关系的效果。[⑦] 若当事人的意思在于绝对移转标的物的权利，则应认为该权利在当事人之间发生绝对移转。[⑧] 仅是为了证成债务人在债权人破产的情形

---

① 岡松参太郎「信託行爲ノ効力ニ關スル学説ヲ批評ス」内外論叢第 1 巻第 4 号（1902）95 頁以下、5 号（1902）129 頁以下、（1902）6 号 131 頁以下参照。

② 近江幸治『担保制度の研究—権利移転型担保研究序説—』（成文堂，1989 年）93-97 頁参照。

③ 松本烝治「賣渡抵當及動産抵當論」法学協会雑誌 31 巻 4 号（1913）63-66 頁参照。

④ 大判明治 45 年 7 月 8 日大審院民事判決録 18 輯 691 頁。

⑤ 近江幸治『担保制度の研究—権利移転型担保研究序説—』（成文堂，1989 年）110-112 頁参照。

⑥ 鳩山秀夫「賣渡名義ヲ以テナシタル擔保ノ法律關係」法学志林 12 巻 6 号（1910）66 頁。

⑦ 松本烝治「賣渡抵當及動産抵當論」法学協会雑誌 31 巻 4 号（1913）66-67 頁参照。

⑧ 松本烝治「賣渡抵當及動産抵當論」法学協会雑誌 31 巻 4 号（1913）67 頁。

下对标的物享有取回权，而排斥内外共同移转型的信托行为，在原则上采取“关系所有权”，实际上是与当事人之间的真实意思相悖的，尤其是从当事人的目的来看，债权人希望通过让与担保而获得比抵押权及质权更为强力的权利，若承认债务人对标的物享有取回权，反而与其目的相悖。[①] 故而，在让与担保的情形下，就所有权的归属而言，债权人在内部关系和外部关系上皆应是标的物的所有人，仅负担不得在担保债权实现的目的之外行使所有权的债务。如果债务人履行了债务，债权人应将标的物的所有权返还给债务人，而在债务人不履行债务的情形下，债权人应从标的物的变价款中扣除债务额，将剩余的金额返还给债务人。同时，因为债权人是在内外部关系上取得了标的物所有权，若债权人违反当事人之间的约定而在担保债权实现的目的之外滥用所有权，该行为一般有效，其应对债务人负担债务不履行的损害赔偿责任。[②]

由此，日本法上的“关系所有权”理论逐渐式微，司法裁判亦开始从当事人意思表示的内容出发而对让与担保的效力进行认定，让与担保的标的物的所有权究竟仅是在外部关系上移转给债权人，抑或是在内外关系上共同移转给债权人，取决于对当事人真意的探究。根据当事人意思表示的内容，内外共同移转型的让与担保逐渐被承认，但标的物所有权仅在外部关系上发生移转的让与担保仍被视为主要形态。[③] 但其后，大连判1924年（大正十三年）12月24日判决认为，[④] 标的物的所有权归属于不同的权利主体（即相对的所有权）的让与担保应被视为例外形态，原则上应以内外共同移转型的让与担保为主。该判决改变了日本大审院之前的裁判态度，其所持的观点短暂成为当时的通说。[⑤] 在这一时期，将内外共同移转型的让与担保视为主要形态，而将外部移转型的让与担保视为例外的裁判态度，为高利贷资本攫取农村土地提供了助力。[⑥] 就该判决所持观点而言，日本学界对其进行了激烈批判。日本大审院一直以来的裁判态度皆认为让与担保仅是为了债权担保的目的而在当事人之间移转标的物的所有权，故债权人对该标的物所享有的权利应限定在债权担保的必要限度内。如将内外共同移转型的让与担保作为主要形态，则让与担保将成为流担保型的担保形式。[⑦] 且从实际的交易形态来看，内外共同移转型的让与担保仅是少数，大部分仍是在内部关系上并不移

---

① 中島玉吉「賣渡抵當ニ就テ」京都法学会雑誌9巻9号（1914）110頁。

② 鳩山秀夫「賣渡名義ヲ以テナシタル擔保ノ法律關係」法学志林12巻6号（1910）66-67頁参照。

③ 柚木馨=高木多喜男『新版注釈民法（9）·物権（4）』（有斐閣，1998年）840頁。

④ 大連判大正13年12月24日大審院民事判例集3巻555頁。

⑤ 中村萬吉『日本民法論·財産編』（東山堂書房，1926年）300頁；末川博『民法大意』（弘文堂書房，1927年）479-480頁参照。

⑥ 近江幸治『担保制度の研究—権利移転型担保研究序説—』（成文堂，1989年）14頁参照。

⑦ 我妻栄「判例売渡抵当法」『民法研究Ⅳ·担保物権法』（有斐閣，1967年）59頁以下参照。

转让与担保标的物的所有权。[①] 故而，原则上将当事人之间的意思视为内外共同移转型的让与担保并不妥当。[②]

有鉴于此，大判 1933 年（昭和八年）4 月 26 日判决采纳了裁判官前田直之助提出的理论，对“卖渡担保”和“让与担保”进行概念上的区分。[③] 实际上，在该判决出现之前，日本法上并不存在让与担保这一概念，借助财产权移转形式的所有担保合同皆被称为“卖渡担保”或“卖渡抵押”。[④] 该判决对让与担保的概念进行了明确界定，将“卖渡担保”与“让与担保”的效力进行区分。所谓卖渡担保，是指当事人之间并无债务继续存续，以买卖为原因而移转标的物的权利。在该类型的担保中，支付一定的价金（多是买卖价款和利息）而取回标的物并非出卖人的义务。出卖人取回权利的方式包括附解除条件的物权合同、附买回的买卖及再买卖预约。而让与担保则是以债权担保为目的而移转标的物的权利，债务继续存续，债务消灭之后该标的物的权利当然回复于债务人处，但在债务人不履行债务的情形下，债权人可以处分该标的物，同时可以请求债务人继续清偿尚未履行的债务。[⑤] 该判决改变了一直以来日本的判例用语，明确区分了卖渡担保和让与担保，具有划时代意义，[⑥] 但就其提出的卖渡担保与让与担保的概念区分而言，在对当事人之间的法律行为进行解释时，即使当事人采用买卖、租金或抵销等术语，也不能直接据此认定当事人之间不再存在债权债务关系。[⑦] 在权利移转型担保中，当事人通常会期冀债权债务关系继续存续。[⑧] 而且，在对当事人的意思进行判定时，很难认定其究竟是卖渡担保抑或让与担保。故而，权利移转型担保原则上应被解释为让与担保，即使卖渡担保在形式上采取买卖形式，也应尽可能将其效力等同于让与担保，以防止债权人从中牟取暴利，对债务人的利益进行保护。[⑨]

由此可见，区分卖渡担保与让与担保仅是日本法上一时的解释技术，[⑩] 其在日本的让与担保制度发展史上确有一时的价值和意义。自大判 1933 年（昭和八年）4 月 26 日

---

① 小野久「賣渡擔保と所有權の移轉」法曹公論 30 巻 4 月号（1926）40 頁。

② 末弘嚴太郎「賣渡擔保——不動産の賣渡質——債權者の擔保物取毀と債務者の救濟手段——擔保物所有權が内部的にも債權者に移轉したりや否やの擧證責任」法学協会雑誌 43 巻 12 号（1925）2333-2334 頁参照。

③ 大判昭和 8 年 4 月 26 日大審院民事判例集 12 巻 767 頁。

④ 四宮和夫『総合判例研究叢書・民法（17）』（有斐閣，1962 年）3 頁。

⑤ 前田直之助「賣渡擔保附信託行爲」法曹会雜誌 8 巻 9 号（1927）41 頁参照。

⑥ 四宮和夫『総合判例研究叢書・民法（17）』（有斐閣，1962 年）9 頁。

⑦ 我妻栄「『売渡担保』と『譲渡担保』という名称について」我妻栄『民法研究Ⅳ・担保物権』（有斐閣，1967 年）136 頁。

⑧ 我妻栄「『売渡担保』と『譲渡担保』という名称について」我妻栄『民法研究Ⅳ・担保物権』（有斐閣，1967 年）135 頁。

⑨ 植林弘「譲渡担保と売渡担保」柚木馨ほか編『判例演習（物権）』（有斐閣，1963 年）278 頁。

⑩ 越智通「譲渡担保の法的構成に関する若干の考察（一）」私法学研究 8 号（1983）11 頁。

判决之后，让与担保与卖渡担保的概念区分仅在1933年（昭和八年）到1934年（昭和九年）期间为司法裁判所接受，但因这两个概念的判定标准及法律效果等的差异并不明确，[①] 此种概念上的区分目前已被抛弃。[②] 在让与担保的概念之外，再行确立卖渡担保这一概念并无任何实益。[③] 毕竟，在卖渡担保中，因被担保的债权不再存续，债权人可以不经清算而获得标的物的所有权，并不适合作为法律认可的担保手段。[④] 因此，大判1933年（昭和八年）4月26日判决所确立的卖渡担保与让与担保的概念区分甚至被认为是虚构出来的，并不存在卖渡担保与让与担保的对立概念。[⑤] 只要当事人是为了担保的目的而移转标的物的权利，就不应拘泥于合同所使用的语句，而应将其认定为让与担保。[⑥]

准以此言，我国《民法典担保制度解释》第68条虽是将让与担保区分为广义（第3款）与狭义（第2款），但并未因此而区分其法律效果，值得赞赏。但我国让与担保的概念确立并未经历日本法上的发展史，并无必要将其区分为狭义或广义。而且，为何将买卖式界定为广义，而将让与式界定为狭义，并无学理依据。同时，让与担保的内在结构在于“为担保而移转所有权等权利”，让与担保中“让与”表明了其形式，其内涵为所有权等权利的移转，而“担保”为其目的。无论让与担保，抑或“为担保而移转所有权等权利”，都是经过学理提炼而抽象出来的称谓。[⑦] 在实践中，虽然当事人可以直接以让与担保设定合同为名设立让与担保，但让与担保大多是通过附买回的买卖合同这一形式而设立的。同时，因我国《民法典》并未就买回制度作出明确规定，债务人买回标的物时所支付的价款并未被限定为原买卖价金，溢价买回亦被允许。故而，若债务人希望继续占有、使用和收益该标的物，可以与债权人订立租赁合同或借用合同。在订立租赁合同的情形下，债权人可以通过租金的形式取得利息，到期之后债务人支付相当于本金数额的回购款即可取回标的物的所有权。在订立借用合同的情形下，债务人若欲取回标的物的所有权，则需要支付相当于本金加上利息的数额，进行溢价回购。但无论是“附买回的买卖+租赁”抑或是“附买回的买卖+借用”，皆为让与担保的本来形式，是未经学理提炼的交易结构。由此，在《民法典担保制度解释》第68条第1款和第2款对让与担保的基本内涵已作界定的基础上，并无必要对附回赎

① 高木多喜男『担保物権法（第4版）』（有斐閣，2005年）331頁参照。

② 四宮和夫『総合判例研究叢書·民法（17）』（有斐閣，1962年）21頁；道垣内弘人=佐伯仁志「対談·民法と刑法（4）·非典型担保（1）」法学教室226号（1999）56頁。

③ 越智通「譲渡担保の法的構成に関する若干の考察（一）」私法学研究8号（1983）11頁。

④ 槙悌次『譲渡担保の意義と特徴』（一粒社，1976年）9-10頁参照。

⑤ 近江幸治『担保制度の研究—権利移転型担保研究序説—』（成文堂，1989年）266頁。

⑥ 松岡久和『担保物権法』（日本評論社，2017年）308頁。

⑦ 近江幸治『民法講義Ⅲ·担保物権（第3版）』（成文堂，2020年）第286页。

条款的让与担保再作补充规定。诚然，就附回赎条款的让与担保而言，第 68 条第 3 款规定的出台可以明晰其让与担保属性，为司法裁判发挥指引作用。但在我国学理上，卖渡担保与让与担保的区分应被摒弃，而《民法典担保制度解释》第 68 条亦未确立三种形态的让与担保，让与担保只有一种形态，即为了担保债务的履行而将债务人或第三人的财产转移给债权人。只要满足该形态，无论当事人所订立的合同被冠以让与担保合同抑或买卖合同等之名，均应被归入让与担保的范畴之内，服膺于让与担保的效力规范。

四　让与担保的有效性与清算规则的导入

（一）让与担保的有效性

无论是域外法抑或我国法，让与担保在获得法律认可的过程中，其效力争议主要集中在三方面，一为其是否属于虚伪意思表示，二为其是否有悖于流质禁止，三为其是否有悖于物权法定原则。[①] 从让与担保的法解释论的发展来看，前述三方面争议皆有相应的解释方法予以缓和，虚伪意思表示的质疑可为信托行为等理论化解，回避流质禁止的质疑可通过强制导入清算义务而消解，违反物权法定的质疑可经习惯法源的认可而摆脱。在我国法上，尤其是在我国《民法典》通过之后，在处理民事纠纷时，法律没有规定的，可以在不违背公序良俗的前提下适用习惯（第 10 条），物权法定的桎梏由此得以缓和。同时，在债务履行期限届满前，抵押或质押的当事人约定流担保条款的，只能依法就抵押财产优先受偿（第 401 条和第 428 条），这将流质禁止的否定评价射程局限于当事人所约定的担保物权实现方式，而非扩张至整个合同效力抑或物权效力。同时，虽然我国《民法典》第 146 条规定基于虚伪意思表示而实施的民事法律行为无效，但让与担保并不属于虚伪意思表示，其与虚伪意思表示存在本质差异，这在法解释上已然分明。由此，在我国法上，让与担保的有效性证成亦不再受困于法解释技术。

但从本质上来看，学理抑或判例是否应承认让与担保的效力，并不是法解释技术的问题，而是取决于现行的担保制度能否满足工商经济发展过程中的融资需求。在未确立动产抵押权制度的立法例上，承认让与担保的效力可以满足中小企业不移转标的物所有权而进行融资的需求。而在已经承认动产抵押抑或动产让与担保的立法例上，尤其是在不动产抵押抑或股权质押已获广泛承认的背景下，不动产让与担保抑或股权让与担保等融资担保形式仍为当事人广泛采纳，这表明信用授受双方的融资需求已逸

① 参见姚辉、李付雷《“理性他者”的依归——让与担保实践争议探源与启示》，《中国人民大学学报》2018 年第 6 期。

出传统的担保物权形式。

如前所述，在我国法上，债权人通过不动产让与担保或股权让与担保，或是期冀从中攫取远超债权数额的利益，或是为了使自身所享有的担保权益不受债务人行为的影响，维系担保物的价值。就前者而言，从市场信用供给来看，如果中小企业等债务人可以通过不动产抵押或股权质押等形式从银行等处获得融资，很难想象其会选择让与担保等非典型担保形式，尤其是在其明知债权人希冀通过让与担保而攫取远超债权数额的利益的情形下，仍甘愿接受让与担保的形式以获得信用的供给，这已表明中小企业等债务人难以通过法律所认可的担保物权形式而从市场获得正规融资。就后者而言，信用供给方所关注的则主要是维系担保物价值，降低债权实现的风险，① 这是股权质押所难以实现的功能。对于此类难以通过担保物权形式的扩张而解决的制度需求，如果予以否认，则会加剧中小企业等信用需求方所遭遇的“融资难”的处境。对此，我国《民法典担保制度解释》从优化国内营商环境、服务实体经济的角度出发，认为“着力缓解中小微企业融资难、融资贵问题，切实规范担保交易秩序，更好发挥物的流转效用，是优化营商环境的重要内容。因缺乏银行可接受的有效担保，是造成中小微企业融资难的重要成因之一。如何寻求新的有效担保方式，规范担保交易秩序，已经成为经济发展中的重要环节”。② 因此，为丰富担保交易的类型、拓宽获得信贷的途径，而承认让与担保等非典型担保的效力，就成为必然。

由此可见，在我国法上，现有的担保物权制度难以满足中小微企业的融资需求，是让与担保等非典型担保形式的效力获得认可的关键。否则，在我国《民法典》所确立的担保物权制度已获极大扩张的背景之下，断无必要承认以不动产、动产或股权等所设立的让与担保。尤其是依据我国《民法典》的规定，法律、行政法规未禁止设定抵押的财产或权利皆可成为抵押权的标的物，《物权法》所确立的浮动抵押制度亦被整合到一般动产抵押制度之中。而且，在庭外执行已获认可的基础上，担保物权的实现程序亦日趋高效。在此背景之下，让与担保的制度优势正逐渐丧失。但在我国金融担保实践中，让与担保的运用并未根绝，中小微企业的“融资难”仍是难题，这或表明担保物权制度的扩张并非缓解中小微企业“融资难”的真正途径，不能完全解决融资担保之需。尤其是就中小微企业的融资而言，即使新型的动产和权利担保为担保物权制度的扩张所涵盖，但其能否为银行等主流的信用供给主体广泛接受，以及能否实现授信，皆取决于其能否真正降低中小微企业自身所存在的信贷风险。而在非正规金融

---

① 参见蔡立东《股权让与担保纠纷裁判逻辑的实证研究》，《中国法学》2018 年第 6 期。

② 《民二庭负责人就〈最高人民法院关于适用〈中华人民共和国民法典〉有关担保制度的解释〉答记者问》，最高人民法院网，http：//www. court. gov. cn/zixun-xiangqing-284441. html，最后访问日期：2021 年 4 月 4 日。

中，担保制度的规则越明确，其对信用供给方的吸引力就越小，这也是日本在制定《假登记担保法》之后此种非典型担保形式日趋式微的主要原因。故而，我国《民法典担保制度解释》第68条并未将让与担保的适用对象局限为不动产或股权，而是将其规定为“财产”。为融资之便，除新型的财产权利或利益之外，当事人亦可以我国《民法典》所明定的不动产（权利）、动产（权利）抑或集合财产设定让与担保。如此，与我国《民法典》所确立的担保物权体系的功能相重合的让与担保体系亦得以确立，存在融资需求的信用授受双方究竟是选择担保物权抑或让与担保，取决于其自身的制度需求。

（二）让与担保的担保权构成与清算规则的导入

在信用授受双方期冀通过让与担保进行融资的需求获得认可后，应采取所有权构成抑或担保权构成而确立让与担保的双方当事人的权利义务内容，就成为法解释论的核心内容。所谓所有权构成抑或担保权构成，本质上是在让与担保的当事人所欲达成的目的与其所借助的交易形式之间存在龃龉时，究竟应依循外在形式抑或内在真意来解释让与担保的效力。若循外在的形式（权利移转）进行解释，债务人已将标的物的权利转移给债权人，债权人即成为标的物的所有人，当事人之间所达成的不得在担保目的之外行使所有权的约定只构成权利行使的限制，如债权人违反该约定则只产生赔偿责任。此即所有权构成，其对债务人利益的保护过于薄弱。若循内在真意（担保目的）进行解释，则债务人只是为了担保的目的而将标的物的权利移转给债权人，故债权人仅应被解释为担保权人，债务人仍为该标的物的所有权人。此即担保权构成，其可以解决所有权构成对债务人利益保护不足的缺陷，其在理论上可细分为授权说、设定者保留权说、物权性的期待权说以及担保权说。① 但在我国法上，让与担保的发展并未经历从所有权说到担保权说的过渡，授权说、设定者保留权说以及物权性的期待权说等学说也未曾占据主流地位。在我国《民法典》采纳功能主义进路的背景下，第388条将让与担保、所有权保留和融资租赁等具有担保功能的合同都纳入担保合同之中，凡是能够通过登记等方式进行公示的，均认可其具有对抗效力。② 由此，循担保权说而对让与担保的效力进行解释似是法解释论上的更优选择。

在依据担保权构成对让与担保的效力进行解释时，若债务人不履行到期债务，对标的物仅享有担保权的债权人不能当然取得标的物的所有权，对标的物的价值进行清算则成为必要，否则债权人通过让与担保而攫取远超债务金额的利益就会成为现实。尤其是不动产让与担保等形式中，已如前述，其所具备的暴利性构成让与担保的利用

① 近江幸治『民法講義Ⅲ・担保物権（第3版）』（成文堂，2020年）304-305頁参照。

② 参见最高人民法院民法典贯彻实施工作领导小组主编《中华人民共和国民法典物权编理解与适用》（下），人民法院出版社，2020，第995页。

要因。故而，在债务人不履行债务时，债权人就负有清算义务，必须将标的物的价值超出债务金额的部分返还给债务人，不足部分仍由债务人进行清偿。在学理上，让与担保的清算方式分为归属清算和处分清算。所谓归属清算，是指债权人对标的物的价值进行公正估价后，将标的物的估价金额超过债务金额的部分返还给债务人，由此取得标的物所有权的清算方式；而处分清算，则是指债权人将标的物处分给第三人，债权人从买卖价款中实现债权，并将该买卖价款超过债务金额的部分返还给债务人的清算方式。

但从我国《民法典担保制度解释》第 68 条规定来看，其与《九民纪要》第 71 条保持一致，虽然承认了让与担保的效力，却并未采纳归属清算或处分清算的方式，反而是借助担保物权的实现规则以排除让与担保的暴利性。债权人请求对该财产享有所有权的，人民法院不予支持，而只能参照《民法典》关于担保物权的规定对财产折价或者以拍卖、变卖该财产所得的价款优先受偿。究其根本，这是为了与我国《民法典》第 401 条和第 428 条针对流质契约所为的处理保持一致。[①] 如此，让与担保等非典型担保形式的实现均与担保物权保持一致，适用统一的规则，这也符合功能主义进路的基本精神。[②]

然而，从解释论的角度来看，一方面，虽可参照担保物权而对让与担保的效力进行解释，但在物债二分的体系之下，即使采纳功能主义进路，也难以弥合让与担保与担保物权在形式上的差异。如前所述，让与担保虽在形式与目的上存在龃龉，但其在设立时所采取的附买回的买卖等形式并非虚伪意思表示，而是当事人达成的真意，且让与担保的债权人在形式上已然取得标的物的所有权等权利，无视该形式而要求让与担保的债权人依据有关担保物权的规定，重新与债务人就让与担保的实现方式进行协议，未达成协议的，请求人民法院进行拍卖或变卖，从程序来看并不经济。另一方面，无论是我国《民法典》所规定的担保物权人只能依法就担保财产优先受偿（第 401 条和第 428 条），抑或对让与担保的债权人课以清算义务，都是为了避免债权人不经清算而取得担保标的物的所有权。但为排除当事人所达成的约定的暴利性，担保物权的实现程序并非唯一选择。同时，让与担保在本质上并非担保物权，采纳担保权构造并不意味着必然将让与担保等非典型担保直接解释为担保物权抑或抵押权等，亦无须强行套用担保物权的实现程序。《民法典担保制度解释》第 68 条亦仅是规定“参照适用”，而非直接适用。“参照民法典关于担保物权的规定”亦只是为了避免债权人不经清算而攫取暴利。即使让与担保的债权人请求对该财产享有所有权，在对其课以清算义务的背景下，亦非不可接受。

---

① 参见最高人民法院民事审判第二庭《最高人民法院民法典担保制度司法解释理解与适用》，人民法院出版社，2021，第 569 页；程啸、高圣平、谢鸿飞《最高人民法院新担保司法解释理解与适用》，法律出版社，2021，第 337 页。

② 参见纪海龙《民法典动产与权利担保制度的体系展开》，《法学家》2021 年第 1 期。

此外，从《民法典担保制度解释》第 45 条规定来看，其旨在“建立高效的担保权执行程序，支持庭外执行这一要求”,[①] 故“当事人约定当债务人不履行到期债务或者发生当事人约定的实现担保物权的情形，担保物权人有权将担保财产自行拍卖、变卖并就所得的价款优先受偿的，该约定有效”（第 45 条第 1 款）。由此，我国法上的担保物权的实现程序并不仅限于公力实现，在当事人已就担保物权的实现方法进行事先约定的情形下，私的实现（自行拍卖或变卖）在某种程度上亦被允许。[②] 但从该规定来看，其仅允许当事人就自行拍卖或变卖进行约定，而不得就折价进行约定。这或是因为折价的方式“可能会不公平，或者损害抵押人的其他债权人的合法权益”,[③] 但无论是自行拍卖还是变卖亦都存在该问题。而且，即便是我国《民法典》第 411 条所规定的当事人事后达成折价、拍卖或变卖协议，亦存在损害其他债权人合法利益的可能性，否则，该条第 1 款亦无须规定“协议损害其他债权人利益的，其他债权人可以请求人民法院撤销该协议”。无论是我国《民法典》第 411 条抑或《民法典担保制度解释》第 45 条规定的担保物权实现程序，皆因其未能在协议折价或变卖等程序中将其他债权人纳入其中，故其他债权人只能通过事后行使撤销权以保护其合法利益。况且，不同于《物权法》第 186 条和第 211 条，依据我国《民法典》第 401 条和第 428 条的规定，即使当事人约定以折价的方式实现抵押权或质权，该约定亦并非无效。[④] 如此，当事人约定自行折价的情形不应被排除在外。准以此言，在私的实现被允许的背景下，要求让与担保的债权人参照担保物权的实现程序似为不妥。由此，在让与担保中，当事人所达成的在债务人不履行债务时标的物的所有权等权利即归于债权人的约定，可被进一步解释为“自行变价程序+以标的物的全部价值折抵债务总额（包括本金及利息等在内）”的结合体，只需要将超额折抵的部分金额返还给债务人即可排除其暴利性，而无须将自行变价程序亦纳入无效的射程之内。[⑤] 让与担保的债权人有权将标的物自行折价或拍卖、变卖，进行归属清算或处分清算，并就所得的价款优先受偿，对于超出债务数额的部分应返还给债务人，不足部分仍由债务人继续履行。

---

① 《民二庭负责人就〈最高人民法院关于适用《中华人民共和国民法典》有关担保制度的解释〉答记者问》，最高人民法院网，http：//www. court. gov. cn/zixun-xiangqing-284441. html，最后访问日期：2021 年 4 月 4 日。

② 之所以将其称为“在某种程度上亦被允许”，是因为“即使认定当事人在抵押合同中约定抵押权人可自行实现担保物权，但在因抵押人的原因导致抵押权人无法自行实现担保物权时，还是应通过诉讼或者非诉方式请求人民法院拍卖、变卖抵押财产，从而实现抵押权，而不能采取私力救济的方式，自行扣押抵押财产并对抵押财产进行拍卖、变卖以优先受偿”。具体可参见最高人民法院民事审判第二庭《最高人民法院民法典担保制度司法解释理解与适用》，人民法院出版社，2021，第 407 页。

③ 程啸、高圣平、谢鸿飞：《最高人民法院新担保司法解释理解与适用》，法律出版社，2021，第 337 页。

④ 参见最高人民法院民事审判第二庭《最高人民法院民法典担保制度司法解释理解与适用》，人民法院出版社，2021，第 407 页；黄薇主编《中华人民共和国民法典物权编释义》，法律出版社，2020，第 498~499 页。

⑤ 参见高圣平《动产让与担保的立法论》，《中外法学》2017 年第 5 期。

五　结语

在我国让与担保的实践中，不动产让与担保及股权让与担保等形式是主流，其利用要因并非弥补动产抵押制度的缺失。尤其是在我国法上，动产抵押制度已被确立，中小企业等债务人可以在保有标的物的占有、使用和收益的前提下实现融资，而无须借助让与担保制度。但《民法典担保制度解释》第 68 条并未将债务人或第三人有权设立让与担保的标的物限定为不动产或股权，而是将其规定为“财产”。由此，对于我国《民法典》所规定的动产、不动产或相关权利等，当事人除设立担保物权之外，还可以设立让与担保。这本质上是为了缓解中小微企业融资难的局面，信用授受双方可以基于自身的融资需求而选择设立担保物权抑或让与担保。

就让与担保而言，其在学理上并无买卖式或让与式的区分，只要是为了担保债权的实现而移转标的物的所有权等权利给债权人的，都属于让与担保，皆应循担保权的构成对其效力进行解释。参照《民法典》关于担保物权的实现程序而排除让与担保所具备的暴利性，虽符合功能主义进路的基本做法，但不应将其仅局限于此，甚至将归属清算的方式排除在外。尤其是在《民法典担保制度解释》第 45 条允许事先约定自行变卖或拍卖的背景下，在对让与担保中的所有权归属约定进行解释时，仅将其限定为折抵价格的约定无效即可，让与担保的权利移转形式可被解释为当事人对自行变价（折价或拍卖、变卖）的事先约定，允许债权人自行进行归属清算或处分清算。准以此言，《民法典担保制度解释》第 68 条第 2 款所规定的“债权人请求对该财产享有所有权的，人民法院不予支持”似应被解释为，人民法院不支持债权人不经清算而对该财产享有所有权。由此，该条或可被解释为，让与担保的债权人请求对该财产享有所有权的，人民法院不予支持，但可在判决书主文中明确，其仅在将该财产的估价或变价金额通知债务人并支付清算金之后才能确定地享有所有权。

Analysis of Security by Transfer in China —Based on Article 68 of Judicial Interpretation of the Civil Code on Security System

Zhang Yao

Abstract: In the practice of security by transfer in China, security by transfer of ownership in the immovable property and security by transfer of shareholder rights are the mainstream, and the main reason why security by transfer was created is not to make up for the lack of the mortgage on movable property. According to Article 68 of Judicial Interpretation of the Civil Code on Security System, the subject matter of security by transfer should not be limited to immovable property and shareholder rights, which is essentially to alleviate the financing difficulties of small and medium-sized enterprises. The credit granting and receiving parties can choose to create a security interest or a security by transfer based on their own financing need. There is no distinction between security by transfer and security by sale in theory. Most of the transaction structures are in the form of "sale with buyback+lease" or "sale with buyback+borrowing". If the ownership of the subject matter is transferred to the creditor for the purpose of ensuring the enforcement of an underlying claim, it should be defined as security by transfer and its effectiveness should be interpreted in accordance with the security right. Since the agreement on self-sale or self-auction should be allowed according to Article 45 of Judicial Interpretation of the Civil Code on Security System, the form of security by transfer may be interpreted as the agreement on enforcement, and the creditor may, upon the agreement, have the priority right to appraise and accept the collateral, or apply the proceeds obtained from auction or sale of the collateral to satisfy his claim against the debtor.

Keywords: Security by Transfer; Security by Sale; Main Reason for Use; Security Right; Liquidation

破产中抵押预告登记的效力

胡巧莉[*]

摘　要：《民法典担保制度解释》第52条规定了抵押预告登记在一般情形和破产情形中的优先受偿效力。基于抵押预告登记和抵押本登记在公示公信效力、权利顺位效力等方面的功能类似性，即便预购人作为抵押人破产时房地产开发企业尚未办理建筑物所有权首次登记，仍可参照适用加速到期规则，将抵押预告登记拟制为抵押本登记，从而发挥优先受偿效力。在建筑物尚未竣工时，优先受偿的范围为将来建造完毕的商品房，若建筑物灭失则可及于其代位物。在预购人作为抵押人未破产但房地产开发企业破产的情形下，如果在破产受理后通过投资续建使得建筑物符合办理所有权首次登记的条件，则抵押权人可主张优先受偿，但投资人的共益债权在续建增值部分优先于抵押权人的优先受偿权。如果在房地产开发企业破产受理后，建筑物仍不符合办理所有权首次登记的条件，仅在房地产开发企业作为抵押人时，才可依据《民法典担保制度解释》第52条第2款的规定将抵押预告登记拟制为抵押本登记，此时可通过意思表示解释的方法将抵押权的类型解释为在建建筑物抵押。

关键词：抵押预告登记；破产保护效力；拟制；优先受偿

一　引言

预告登记作为兼具物权性与债权性的制度，核心功能是担保以不动产物权变动为目的的债权请求权顺利实现。[①] 抵押预告登记是商品房预购中最为常见的保障按揭贷款的担保手段。商品房预购交易涉及的主体通常包括房地产开发企业、预购人、银行，其典型的交易结构是预购人向银行申请按揭贷款，将预售商品房“抵押”给银行按揭贷款，办理所涉商品房的抵押预告登记，并由房地产开发企业提供阶段性保证。[②]《民法典》第221条与《不动产登记暂行条例实施细则》第85条明确了预告登记的限制物权处分效力和顺位效力，[③] 但没有明确抵押预告登记能否发挥优先受偿效力。《企业破

---

*　胡巧莉，中南财经政法大学法学院硕士研究生，研究方向为民商法学。

①　参见程啸《不动产登记法研究》（第2版），法律出版社，2018，第793页。

②　参见袁野《〈民法典〉中预告登记的效力修正与体系展开》，载刘云生主编《中国不动产法研究（2021年第1辑·总第23辑）：农村集体产权制度改革》，社会科学文献出版社，2021，第202~204页。

③　参见程啸《论抵押权的预告登记》，《中外法学》2017年第2期。

产法》亦未对抵押预告登记是否具有破产保护效力具以明文。对于抵押预告登记在破产程序中是否具有优先受偿效力，实务中呈现肯定说和否定说两种观点，其争议焦点是抵押预告登记与抵押本登记的区别、承认其优先受偿效力是否违反物权法定原则、预购商品房竣工是否属于抵押权设立的条件等。[①]

《最高人民法院关于适用〈中华人民共和国民法典〉有关担保制度的解释》（以下简称《民法典担保制度解释》）第52条第2款规定了抵押预告登记在破产中的优先受偿效力。在抵押人破产的情形下，只要抵押财产属于破产财产且该行为不属于破产临界期实施的偏颇性破产行为，抵押预告登记权利人则可在相应财产范围内主张优先受偿，但破产申请受理后抵押财产的增益部分除外。该款规定虽肯认了抵押预告登记在破产程序中的优先受偿效力（破产保护效力），但在解释论上仍存在以下问题，需要进一步思考。

第一，《民法典担保制度解释》第52条第1款与第2款的适用关系为何，如何解释“办理建筑物所有权首次登记”这一条件的具体指向。

第二，在预购人作为抵押人破产但不符合本登记条件时，将抵押预告登记拟制为抵押本登记进而产生优先受偿效力的理论基础为何，正在建造但尚未竣工情形下与建筑物灭失情形下的优先受偿范围是否有所不同。

第三，《民法典担保制度解释》第52条第2款仅规定了抵押人破产时的法律效果，适用的典型情形是预购商品房抵押中预购人破产的情况。如果预购人未破产，而是房地产开发企业破产，会对抵押预告登记的拟制效力和受偿范围产生何种影响。

二　预购人破产且符合本登记条件时抵押预告登记的效力

《民法典担保制度解释》第52条第1款和第2款规定了不同情形下抵押预告登记的效力，区分适用的重要标准在于是否满足本登记条件，即“办理建筑物所有权首次登记”。在预购人作为抵押人且破产被受理时，如果用以设定抵押的客体已经符合本登记条件，就面临着应适用该条哪一款规定的问题。这涉及对第52条第1款、第2款之间的适用关系和“符合本登记条件”这一要件的理解。

（一）《民法典担保制度解释》第52条两款的适用关系

有观点认为，抵押预告登记并不能创设真正意义上的物权，赋予其优先受偿效力

---

① 参见中国建设银行股份有限公司黄山市分行与袁某、白某等金融借款合同纠纷案，安徽省黄山市中级人民法院（2014）黄中法民二初字第0003号民事判决书；中国银行股份有限公司胶州支行与周某、刘某某等金融借款合同纠纷案，山东省青岛市中级人民法院（2015）青金商终字第37号民事判决书；赵某某与新疆海里行房地产开发有限公司商品房预售合同纠纷案，新疆维吾尔自治区乌鲁木齐市中级人民法院（2015）乌中民四终字第1246号民事判决书；交通银行股份有限公司大连金州支行与巴某某金融借款合同纠纷案，辽宁省大连市中级人民法院（2015）大审民再终字第41号民事判决书。

的法理基础不足，[①] 应从体系解释的角度将该条第 2 款建立在第 1 款的基础上，将是否已经办理建筑物所有权的首次登记、预告登记与本登记所涉财产范围是否一致、预告登记是否已经失效等要素作为判断破产中抵押预告登记可否拟制为抵押本登记的标准。与此类似的观点指出，在抵押人破产时，可以参照适用《企业破产法》第 117 条第 1 款中对破产财产分配时债权人附生效条件或解除条件的债权这一处理方法，人民法院从拍卖抵押财产所得价款中扣除抵押权担保的债权数额并将其提存，待抵押权预告登记转为抵押权本登记后则可用于实现抵押权人的优先受偿权。若未能转为抵押权本登记，则该部分价款用于清偿申请执行人的债权。[②]

本文认为，将满足本登记条件作为抵押预告登记发挥优先受偿效力的基础，有待商榷。首先，体系解释通常需要以文义解释作为适用的前提和基础，只有在文义出现复数解释的情况下，才需要通过体系解释来确定法律文本的含义。[③]但第 2 款的文义解释中，并不存在与第 1 款中规定的"已经办理建筑物所有权首次登记"等相关的表述，表述上也不存在歧义，无须适用体系解释的方法。

其次，第 2 款并非直接赋予抵押预告登记优先受偿效力，而是通过加速到期的原理将抵押预告登记"拟制"为抵押本登记，从而发挥抵押本登记的优先受偿效力。该款的规范目的在于维持抵押人破产时抵押预告登记的顺位保全效力，在本登记条件无法满足时（无法办理建筑物所有权首次登记），保障抵押预告登记权利人依据抵押预告登记就破产受理时的抵押财产价值优先受偿的权益。若第 2 款的适用必须以满足第 1 款中的要件为前提，则会架空该款的规范目的，无法突出破产情形下将抵押预告登记拟制为抵押权本登记的特殊性。但需要注意的是，并非所有的破产情形均可适用第 2 款。如果当事人在已经办理了建筑物所有权首次登记后才破产，则可直接适用第 1 款的规定。

此外，《民法典担保制度解释》第 52 条第 2 款的适用情形为房地产企业未办理建筑物所有权首次登记且抵押人破产，但该款并未言明"抵押人"的具体指向。由于抵押预告登记的典型适用领域是预购商品房贷款抵押，《城市房地产抵押管理办法》第 3 条第 4 款明确将该种情形下的抵押人限定为"购房人"。"购房人"分为自然人与企业，我国目前仅有《企业破产法》，仅有部分地区开展了个人破产或者个人债务清理的试点工作，因此该款的抵押人一般指向商品房预购的企业主体。[④] 房地产开发企业作为抵押

① 参见徐聪《抵押预告登记效力研究——以〈担保制度解释〉第 52 条为分析对象》，《山东科技大学学报》（社会科学版）2021 年第 5 期。

② 参见程啸、高圣平、谢鸿飞《最高人民法院新担保司法解释理解与适用》，法律出版社，2021，第 332～333 页。

③ 参见王利明《法律解释学导论——以民法为视角》（第 2 版），法律出版社，2017，第 288 页。

④ 对于个人破产的正式规定，我国目前仅有《深圳经济特区个人破产条例》（深圳市第六届人民代表大会常务委员会公告第 208 号）。但浙江、江苏等地也已开展个人破产或者个人债务清理机制的试点工作。

人以未售出的商品房楼栋或者其他建筑物作抵押预告登记向银行贷款的情况较为少见，故并非该款调整的典型类型。

（二）符合本登记条件的界定

《民法典担保制度解释》第52条第1款中“建筑物所有权首次登记”（即本文使用的“本登记条件”）具体指向何种登记，存在一定的争议。一种观点认为第1款规定的“建筑物所有权首次登记”指的是房地产开发企业在建筑物竣工验收后就建筑物所有权办理的首次登记（又称为“大产证”）。相反的观点则认为其指的是预购人自房地产开发企业处取得建筑物所有权而办理的首次登记（又称为“小产证”）。[①] “建筑物所有权首次登记”的性质认定，会对何种情形下能够发挥抵押预告登记的优先受偿效力以及何种程度上保护抵押预告登记权利人的优先受偿权益产生重要影响。

本文认为将符合本登记条件解释为“大产证”较为合理。首先，如果将其理解为“小产证”，则抵押权人需要先等待预购人办理完毕“小产证”后，才可向法院起诉主张实现优先受偿权。实践中阻碍抵押权人实现优先受偿的情形多为房屋已经具备物权登记条件，但是预购人怠于办理“小产证”或者抵押本登记。[②] 且《不动产登记操作规范（试行）》第9.3.2条要求国有建设用地使用权及房屋所有权转移登记应当由当事人双方共同申请，更是为预购人恶意阻碍本登记办理留下了空间。

其次，当商品房具备办理抵押登记条件时，购房人怠于办理登记的行为属于购房人为自己的利益而不正当地阻止条件成就，据此否定抵押权预告登记权利人对所涉房屋优先受偿的期待利益，转而让房地产开发企业承担阶段性保证责任，实为不妥。实务中有观点认为应当参照附条件民事法律行为的相关法律规定，将债权人行使优先受偿权的条件因义务人恶意阻却而依法视为已成就。[③] 这意味着办理“小产证”并非实现抵押权优先受偿的必要条件，只要购房人不存在拒绝办理房屋过户登记的实质性理由，当房地产开发企业已办理建筑物所有权首次登记时，抵押预告登记转为抵押本登记的条件实际上已经具备。原因在于，只要预告登记尚未失效，原则上预购人都应当办理

① 参见最高人民法院民事审判第二庭《最高人民法院民法典担保制度司法解释理解与适用》，人民法院出版社，2021，第459页。

② 参见中国农业银行股份有限公司福州台江支行、陈某等金融借款合同纠纷案，福建省福州市中级人民法院（2021）闽01民终5703号二审民事判决书；中国工商银行股份有限公司宜宾分行、杜某金融借款合同纠纷案，四川省宜宾市中级人民法院（2019）川15民终2864号二审民事判决书；中国工商银行股份有限公司南部支行与黎某、黎某某金融借款合同纠纷案，四川省南部县人民法院（2020）川1321民初6146号一审民事判决书。

③ 参见中国工商银行股份有限公司福清支行、福清融侨置业有限公司金融借款合同纠纷案，福建省福州市中级人民法院（2020）闽01民终3456号二审民事判决书；青岛农村商业银行股份有限公司莱西支行、董某金融借款合同纠纷案，山东省青岛市中级人民法院（2019）鲁02民终11205号二审民事判决书；中国建设银行股份有限公司青岛市分行诉刘某某等借款合同纠纷案，山东省青岛市中级人民法院（2016）鲁02民终9314号二审民事判决书。

房屋过户登记手续并协助预告登记权利人办理抵押本登记。

最后，司法实践中在适用第 52 条第 1 款时亦多认为办理建筑物所有权首次登记指向的是房地产开发企业办理“大产证”的义务。[①]

因此，将第 1 款中规定的“建筑物所有权首次登记”解释为“大产证”，既可避免预购人作为抵押人时恶意不配合办理“小产证”或抵押本登记所导致抵押权人无法优先受偿的情况，亦与实践中为提高效率而出现的“所有权登记”与“抵押本登记”合并办理的模式相符合，[②] 通过“中间省略登记”[③] 的方式减少抵押权人的诉累。

综上所述，预购人（企业）破产受理时，如果房地产开发企业已经按照要求办理了“大产证”，则满足了将抵押预告登记转为抵押本登记的实质条件，此时直接适用《民法典担保制度解释》第 52 条第 1 款的规定即可，无须适用第 2 款规定的破产情形下的特殊拟制规定。

三　预购人破产且不符合本登记条件时抵押预告登记的拟制及效力

预购人作为抵押人破产时，其预购的商品房可能仍处于建造过程中尚未竣工，因而无法办理建筑物所有权首次登记。由于不符合本登记条件，此时无法适用《民法典担保制度解释》第 52 条第 1 款的规定，应适用该条第 2 款的规定在破产情形下将抵押预告登记拟制为抵押本登记并发挥优先受偿效力。但需要进一步厘清的是拟制背后的理论基础以及优先受偿的范围。

（一）不符合本登记条件时的拟制基础

1. 抵押预告登记与抵押本登记的功能相似性

拟制的实质是对两个不同的具体事实的同等评价，即在不改变某抽象要件表述的前提下，将原本不能满足该要件的具体事实另行评价为满足该要件，以使原本仅适用于另一个不同事实的法律效果亦能对该事实适用。[④] 抵押预告登记与抵押本登记属于两个不同的具体事实，将抵押预告登记拟制为抵押本登记从而发挥抵押权在破产中的优先受偿效力，拟制的理论基础在于两者具有功能上的相似性。

---

① 参见河南安阳商都农村商业银行股份有限公司、河南青建置业有限公司等金融借款合同纠纷案，河南省安阳市中级人民法院（2021）豫 05 民终 5229 号二审民事判决书；中国农业银行股份有限公司恩平市支行、梁某某等金融借款合同纠纷案，广东省恩平市人民法院（2021）粤 0785 民初 1697 号一审民事判决书；中国建设银行股份有限公司讷河支行、魏某某等金融借款合同纠纷案，黑龙江省讷河市人民法院（2021）黑 0281 民初 3529 号一审民事判决书。

② 《自然资源部、国家税务总局、中国银保监会关于协同推进“互联网+不动产登记”方便企业和群众办事的意见》（自然资发〔2020〕83 号）第 8 点指出：“具备条件的地方，可以将预购商品房预告登记与预购商品房抵押预告登记、转移预告登记与抵押预告登记、预告登记转本登记合并办理。”

③ 参见龙俊《民法典中的债之保全体系》，《比较法研究》2020 年第 4 期。

④ 参见张焕然《论拟制规范的一般结构——以民法中的拟制为分析对象》，《法制与社会发展》2021 年第 4 期。

不可否认的是，抵押预告登记在物权领域与债权领域的“两栖”特征决定了其构造上的复杂性，尤其是以预购商品房为标的的抵押预告登记，在实践层面面临着无法通过市场流通提供优先受偿价值的质疑，[①] 在理论层面面临着对“物权客体特定”原则和“物权法定”原则的挑战。因此，在赋予抵押预告登记一定物权效力的同时往往需要限制相应效力的性质与范围。[②] 有学者以不可混淆抵押预告登记与抵押本登记的功能和违反物权法定原则为由，否定抵押预告登记权利人的优先受偿权，[③] 并在此基础上指出，既然抵押预告登记不具有抵押本登记的物权优先性，则缺乏别除权的基础权利，无法在破产程序中享有优先权。[④] 实践中亦有观点认为预告登记是非典型担保方式，在权利性质上属于物权化的债权，且法律并未明文规定其具有优先受偿效力，其与别除权的基础权利即担保物权存在区别。[⑤]

上述观点一定程度上忽视了抵押预告登记和抵押本登记在功能上的相似性。抵押本登记的目的在于保证抵押权实现的顺位效力，即同一抵押物上多个抵押权之间的相互关系。[⑥] 抵押预告登记的权利保全效力在于担保将来其可转为抵押本登记这一请求权的实现，保障抵押本登记请求权的优先性。[⑦] 但抵押预告登记的担保作用不能被简单地视为对抵押本登记请求权的“担保”，其间接担保的是抵押本登记请求权所引发的抵押权的顺位效力，最终目的在于担保抵押权的实现。

但不宜直接将抵押预告登记视为抵押本登记，有观点认为登记部门在预售商品房抵押合同或在建工程抵押合同上记载备案后，实质上就是抵押权登记，[⑧] 这一观点可能导致对担保物权法定的悖反。

因此，抵押预告登记的本质为敦促抵押权实现的临时手段，主要功能是保障债权人将来能够实现担保物权。一方面，抵押预告登记旨在担保债权请求权；另一方面，预告登记又被赋予了相应的物权保护效力。[⑨] 登记的目的在于产生公示公信的保护效果，以保护第三人的合理信赖；抵押预告登记同样具备此种效果。抵押人与抵押权人

① 参见常鹏翱《预购商品房抵押预告登记的法律效力》，《法律科学（西北政法大学学报）》2016年第6期。

② 参见张双根《物权法释论》，北京大学出版社，2018，第295页。

③ 参见王利明《论民法典物权编中预告登记的法律效力》，《清华法学》2019年第3期；崔建远《实体法与程序法相辅相成——法释［2016］5号之解读、评论与升华》，《现代法学》2016年第6期。

④ 参见李忠鲜《论担保权在破产中的别除机制》，《河北法学》2019年第6期。

⑤ 参见吴某某与大庆市仁和房地产开发有限公司别除权纠纷案，黑龙江省大庆市中级人民法院（2015）庆商终字第371号二审民事判决书。

⑥ 参见程啸《不动产登记法研究》（第2版），法律出版社，2018，第646页。

⑦ 参见金俭《不动产预告登记制度的搁浅与重启——以我国〈民法典〉颁行为契机》，《政治与法律》2020年第12期。

⑧ 参见金俭《不动产预告登记制度的搁浅与重启——以我国〈民法典〉颁行为契机》，《政治与法律》2020年第12期。

⑨ 参见程啸《不动产登记法研究》（第2版），法律出版社，2018，第787页。

就预购商品房办理抵押预告登记后，保全的债权即被载入不动产登记簿，对欲将该预购商品房作为物权变动对象的后手交易方产生公示公信的效力。在此意义上，抵押预告登记与抵押本登记的差异仅在于期限。作为一种预先的排他性保全，如果将抵押预告登记的效力与普通债权的效力并列，则不当剥离了抵押预告登记本身具有的权利顺位效力与权利满足效力（破产保护效力）。[①]

此外，抵押预告登记的担保作用在强制执行程序中也得到了肯认。根据《最高人民法院关于人民法院办理执行异议和复议案件若干问题的规定》第30条的规定，"金钱债权执行中，对被查封的办理了受让物权预告登记的不动产，受让人提出停止处分异议的，人民法院应予支持；符合物权登记条件，受让人提出排除执行异议的，应予支持"。排除强制执行和抵御破产是民事权利具有物权性效力的两大重要特征，该条规定已经赋予预告登记的权利排除强制执行的效力，那么参照该规定的规范意旨，赋予预告登记在破产程序中的优先保护效力属应有之义。[②] 无论是在强制执行程序中还是破产程序中，支持抵押预告登记的对抗效力的本质均在于保障对约定的抵押物的优先受偿效力，防止当事人办理抵押预告登记的目的落空。对强制执行程序中与破产程序中的抵押预告登记的效力采相同的处理态度亦有利于形成法律适用体系上的统一。

综上，我国《民法典担保制度解释》第52条第2款从规范层面对抵押预告登记的破产优先效力作出了规定，为理论层面与实践层面的争议提供了适用指引。该款在一定条件下有限地承认抵押预告登记的破产保护效力，并非将抵押预告登记完全等同于抵押本登记，只是在考虑两者功能相似性的基础上，通过省略登记手续的方式减少当事人权利实现的诉累。

2. 破产加速到期规则的参照适用

将抵押预告登记拟制为抵押本登记的另一理论基础是破产程序中的加速到期规则。正如上文所指出的，抵押预告登记与抵押本登记的差异在于期限，即是否到达履行正式设立抵押权义务（本登记）的期限。依据《企业破产法》第46条第1款的规定，在破产申请被受理时，无论债权的履行期限是否届至，均视为到期。该种处理模式可简称为"破产加速到期理论"，加速到期使得履行期偏离原债务规划，"提前"届满会产生以下体系效应：第一，债务人更容易陷入迟延履行；第二，债权人对次债务人可"提前"行使代位权与撤销权；第三，在多方参与破产程序的视角下破产债务人之清偿

① 参见王利明《物权法研究》（上卷），中国人民大学出版社，2013，第359~361页；孙宪忠《中国物权法总论》，法律出版社，2014，第384页。

② 参见最高人民法院民事审判第二庭《最高人民法院民法典担保制度司法解释理解与适用》，人民法院出版社，2021，第458页。

因加速到期而不构成偏颇清偿。[①]

有观点指出，依据破产加速到期规则背后的法理，在抵押义务人陷入破产时，应直接将抵押预告登记视为已经满足转化为本登记的条件，抵押预告登记权利人因此享有优先受偿利益，如此则可保障企业破产程序的顺利进行。[②] 加速到期规则的适用并不会彻底改变债权人与债务人原本的权利义务，仅通过单方丧失期限利益的方式达到利益平衡。[③] 该利益平衡的目的可为法定，亦可由当事人意定。破产情形中，《民法典担保制度解释》第 52 条第 2 款则直接明文规定了抵押预告登记的破产保护效力，以维护破产程序中各方当事人的利益平衡。

在所涉建筑物已经办理建筑物所有权首次登记，抵押人破产的情形下，直接将抵押预告登记拟制为抵押本登记并不会对各方主体的期限利益产生损害。在预购人作为抵押人时，提前将抵押预告登记转化为抵押本登记可有效减轻预购人的偿债压力。不仅银行方可因此获得优先受偿，亦可解除房地产开发企业阶段性保证责任的负担。在房地产开发企业作为抵押人时，提前将抵押预告登记转化为抵押本登记有利于减轻房地产开发企业的偿债压力，也可以保证银行方优先受偿的利益。而房地产开发企业用于抵押的房产为未出售给预购人的商品房，也不会影响预购人对预购商品房的相应权益。

在建筑物未能办理所有权首次登记，抵押人破产的情形下，抵押预告登记保全的债权既不属于共益债务，亦不属于别除权的适用范围。《民法典》第 221 条采取未经预告登记权利人同意嗣后物权变动无效的规范模式排除预告登记至本登记期间的中间处分行为，使其不发生物权效力，实际上对权利人形成了物权保护得以完整实现的合理期待。[④] 如果完全否定抵押预告登记的优先性，则在破产清算时只能将其列为普通债权，处于清偿顺序的最后顺位。由此，抵押预告登记权利人只能按比例获得清偿或者完全得不到清偿。这一后果与抵押预告登记本身所具有的权利保全和顺位效力不匹配，可能会损害抵押预告登记权利人对优先受偿的期待利益。

综上，参照适用破产加速到期规则将抵押预告登记拟制为抵押本登记而发挥优先受偿效力，能够有效地平衡破产程序中各方主体的利益。一方面，可以为银行这一房地产市场资金提供方提供特殊保护。抵押预告登记无法转化为抵押权登记并非银行方

---

① 参见李建星《法定加速到期的教义学构造》，《法商研究》2019 年第 1 期。

② 参见最高人民法院民事审判第二庭《最高人民法院民法典担保制度司法解释理解与适用》，人民法院出版社，2021，第 458 页；李玉林《〈民法典〉预告登记制度的司法适用——以效力问题为中心》，《法律适用》2021 年第 8 期。

③ 参见李建星《法定加速到期的教义学构造》，《法商研究》2019 年第 1 期。

④ 参见包晓丽《预告登记法律效力之理解与完善》，《重庆社会科学》2019 年第 11 期。

的过错，若因房地产开发企业或预购人的过错导致其享有的抵押权无法实现优先受偿，使其沦为普通债权人的清偿顺位，可能会损害银行放贷的积极性并影响房地产市场的融资发展，[①] 因此需要对银行这一特殊主体赋予例外的优先受偿权。[②] 另一方面，可以避免预购人陷入在无法按期取得房产所有权登记的情形下仍需要向银行支付贷款的困境。破产清算的周期往往较长，在预购人办理按揭贷款的情况下，通过加速到期规则使得银行获得优先受偿权，则可有效减轻预购人的偿债压力。

需要注意的是，在办理了建筑物所有权首次登记，符合本登记条件的情形下，抛弃期限利益将预售商品房抵押预告登记拟制为抵押本登记并发生优先受偿效力并无法律上的障碍。但在未办理建筑物所有权首次登记的情形下，抛弃期限利益而将抵押权预告登记转化为本登记的问题在于：该抵押权是针对预售商品房的抵押权还是尚未建造完毕的在建建筑物的抵押权？后文将区分不同的情形予以讨论。

（二）抵押预告登记对“待履行合同解除权”的限制

在破产情形中，破产管理人享有对待履行合同的解除权，这一权限可能会阻却抵押预告登记拟制为抵押本登记这一过程。根据《企业破产法》第18条的规定，破产管理人对于待履行合同继续履行或者行使解除权享有法定的选择权，该选择权的正当性来源于对债权平等原则中实质公平的考量。[③] 赋予破产管理人该种权限的意义在于实现债务人责任财产的最大化，以促进全体债权人的利益平衡。[④] 为符合破产管理人解除权的规范目的，应限制其对待履行合同的自由裁量权，保障在积极层面上使得破产财产利益增加，消极层面上未使得破产财产利益减损。[⑤]

抵押人与抵押预告登记权利人签订的抵押合同内容包括履行抵押本登记的义务，在此意义上，抵押合同属于待履行的合同，可由破产管理人决定继续履行或者予以解除。但本文认为不宜肯认破产管理人在破产程序中对已经办理了抵押预告登记的合同行使解除权。原因有二。第一，抵押预告登记合同并非双务合同，不满足管理人解除权所要求的“双务合同”这一要件。实践中抵押人通常在借款关系中设立抵押权但并不影响抵押合同作为单务合同的性质，当债务人被宣告破产时，抵押权人并不因此负有对待给付义务，不应纳入管理人行使解除权的适用范畴。[⑥]

第二，经抵押预告登记的权利与普通债权的性质并不相同，抵押预告登记赋予其

---

① 参见夏正芳、李荐《房地产开发企业破产债权的清偿顺序》，《人民司法》（应用）2016年第7期。

② 参见程啸《论抵押权的预告登记》，《中外法学》2017年第2期。

③ 参见许德风《破产法论：解释与功能比较的视角》，北京大学出版社，2015，第135页。

④ 参见李永军《破产法——理论与规范研究》，中国政法大学出版社，2013，第116页。

⑤ 参见李永军《论破产管理人合同解除权的限制》，《中国政法大学学报》2012年第6期。

⑥ 参见 Dorothea Assmann, *Vormerkung*, S. 250. 转引自庄加园《预告登记的破产保护效力》，《南京大学学报》（哲学·人文科学·社会科学版）2014年第6期。

所担保的债权一定的排他性和优先性，并由此产生破产保护效力，对破产管理人的解除权具有对抗效力，且破产管理人此时继续履行经抵押预告登记的商品房买卖合同并不会对破产财产造成不利影响。抵押预告登记足以表明其所担保的债权请求权将来会取得相应的权利顺位，即便是在破产程序中，也应在符合一定条件的情形下被视为完整性的权利（即拟制为抵押本登记）。① 若允许破产管理人直接解除该合同，那么即便是在满足本登记的条件下，抵押预告登记权利人亦无法实现相应的物权效力。此外，抵押预告登记权利人无法通过《企业破产法》第 42 条第 1 款主张共益债务清偿，抵押预告登记产生的优先效力完全为破产管理人的解除权所排斥，其担保的债权最终沦为普通债权与其他一般债权人平等受偿，一定程度上架空了抵押预告登记的制度功能。

比较法上亦认为抵押预告登记能够对抗破产管理人的解除权。如有日本学者认为破产管理人不得阻碍预告登记向本登记的实现，破产宣告前预告登记的不动产属于破产财团时可通过本登记取得所有权而对抗破产程序中的其他债权人。② 德国法上有观点认为预告登记的保全效力和完全效力可延展至破产程序中，此种延展具体表现为破产管理人必须对预告登记权利人继续履行合同并协助其办理本登记。③ 破产管理人对于抵押预告登记背后所担保的债权请求权无权拒绝履行，原因在于预告登记所发挥的法律效果已经十分接近物权制度中对于担保物权完整权利的保护。④

因此，破产管理人解除权的适用范围应被限缩解释。当破产管理人的选择权与抵押预告登记权利人的利益发生冲突时，应当肯认抵押预告登记的破产保护效力，协助其继续履行合同，并且在符合相应条件的情形下办理抵押本登记从而使得相应的债权获得优先受偿效力。⑤ 质言之，抵押预告登记作为一种具有保全效力的担保手段，虽对破产程序中平等清偿的理念有所突破，⑥ 但仅因考虑到全体债权人的公平受偿而否定抵押预告登记具有的权利优先效力，则会对抵押预告登记权利人形成不平等的对待。抵押预告登记权利人不应作为普通债权人在破产程序中等待平等受偿，⑦ 而是有权要求破产管理人继续履行以实现抵押预告登记的物权优先效力。

（三）对优先受偿范围的认定

1. 正在建造且尚未竣工情形下的受偿范围

预购人在房地产尚未竣工的情形下破产，房地产开发企业尚未基于建造事实取得

① 参见〔德〕M. 沃尔夫《物权法》，吴越、李大雪译，法律出版社，2004，第 215 页。

② 参见吴春岐《论预告登记之债权在破产程序中的法律地位和保障》，《法学论坛》2012 年第 1 期。

③ 参见徐银波、孟涛《预告登记效力规则的反思与完善》，《安徽大学学报》（哲学社会科学版）2021 年第 3 期。

④ 参见〔德〕M. 沃尔夫《物权法》，吴越、李大雪译，法律出版社，2004，第 215 页。

⑤ 参见李永军《论破产管理人合同解除权的限制》，《中国政法大学学报》2012 年第 6 期。

⑥ 参见 Dorothea Assmann，*Vormerkung*，S. 5. 转引自庄加园《预告登记的破产保护效力》，《南京大学学报》（哲学 · 人文科学 · 社会科学版）2014 年第 6 期。

⑦ 参见尹思雨《抵押预告登记优先受偿效力的解释论》，《西南政法大学学报》2022 年第 1 期。

建筑物所有权，亦未办理建筑物所有权首次登记，所以预购人无法取得预购房屋的所有权。但依据《民法典担保制度解释》第 52 条第 2 款的规定，可以直接将抵押预告登记拟制为抵押本登记从而发挥抵押权的优先受偿效力，拟制后产生别除效力，该预购房屋不属于参与破产分配的破产财产。抵押财产经审查属于破产财产后，权利人可于受理破产申请时在抵押财产的价值范围内优先受偿。

关键问题在于，预购人用以抵押预告登记的客体是尚未取得所有权属证明的预购商品房，且此时尚处于建造过程中，将抵押预告登记拟制为抵押本登记所发挥的效果是以现已建造完毕的部分为受偿对象还是以未来建造完毕的商品房为受偿对象？即此时优先受偿的范围是否需要以破产受理时的抵押财产价值为限？这一问题涉及预购人、房地产开发企业、银行以及破产程序中其他债权人等多方主体的利益衡量。

对预购人而言，由于其尚未取得房屋所有权属证书，已经建造完成的房屋部分实际上并不属于预购人的财产。如果将受偿范围限于已经建造完毕的部分，其价值显著低于建造完毕时的商品房，严重降低了预购人的偿债额。对房地产开发企业而言，对尚未建造完成的预购商品房进行变现，不仅存在变价难度，也会影响整体建设工程的施工进度。且房地产开发企业为预购人的按揭贷款提供了阶段性保证，如果只以已经建造完毕的部分优先受偿，无法达到足额清偿的效果，房地产开发企业则需要承担保证责任。

为更大程度地发挥拟制的效果，不妨将受偿范围设置为商品房建造完毕后的价值。对银行而言，抵押预告登记保全的是以建造完毕的商品房作为抵押财产而获得优先受偿的请求权。待到商品房竣工并取得所有权属证明后，该商品房将具有更高的市场流通性，更容易变现，偿债价值显著增加，从而能够更好地实现银行的债权利益。对其他债权人而言，由于预购人与银行已经办理了抵押预告登记，具有公示公信效力，其他债权人应知悉该预购商品房已经设有未来大概率会转化为抵押本登记的抵押预告登记，对其公平受偿的利益也不会造成损害。

预购人以预购商品房抵押的实质是将嗣后取得的特定将有财产作为担保物。有观点指出，将有债权处分相对于现有财产处分会更加显著地减少处分人的责任财产，降低处分人的偿债能力，不利于对普通债权人的保护。[①] 以预购商品房设立抵押预告登记，虽然保全的是抵押权人未来要求抵押人配合办理抵押本登记的请求权，但不可忽视的是该请求权具有权利保全和权利顺位效力，不同于一般的债权请求权。抵押预告登记具有的公示公信力和限制物权处分效力足以对抗普通债权人基于公平清偿原则而提出的请求。因此，将设定在预购商品房上的抵押预告登记拟制为抵押本登记的目的

① 参见张静《将有债权处分的法律构造与顺位安排》，《法学》2022 年第 2 期。

不在于使银行以既有的尚未完工的在建建筑物实现低效且低价的受偿，而是通过赋予其抵押权的效果使其具有别除效力，从而使将来确定取得的抵押财产从参与破产分配的破产财产中预先剥离出来，更好地保护抵押预告登记权利人的优先受偿权。

2. 建筑物灭失情形下优先受偿效力及于代位物

预购人作为抵押人，在其破产受理时仍不符合本登记条件的极端情况是仅存在建设用地使用权，并不存在相应的建筑物。导致建筑物不存在的原因可能是房地产开发企业尚未开始建造即宣告破产，亦可能是建造完毕后因不可归责于双方当事人的原因而灭失。在尚未开始建造即宣告破产的情形下，未取得商品房预售许可，亦无法办理预售商品房预告登记和抵押预告登记，因此不存在拟制的问题。

在建造完毕后灭失的破产情形中，需要区分房地产开发企业是否已经就建筑物办理了建筑物所有权首次登记。若已经办理，则应适用《民法典担保制度解释》第 52 条第 1 款的规定，将抵押预告登记拟制为抵押本登记，抵押预告登记权利人对设定抵押的建筑物基于抵押权而享有优先受偿权。特殊的是，此时优先受偿的对象已经由完整的建筑物转化为由该建筑物所衍生的代位物。根据《民法典》第 390 条和《民法典担保制度解释》第 42 条的规定，担保期间，担保财产毁损、灭失或者被征收等，担保物权人可以就获得的保险金、赔偿金或者补偿金等优先受偿。被担保债权的履行期限未届满的，也可以提存该保险金、赔偿金或者补偿金等。有观点认为，抵押预告登记并不保障物权变动之实现，与担保物权等典型物权相比，不应具有代位效力。[①] 该观点显然与《民法典担保制度解释》第 52 条第 1 款的拟制结构不相符合，在已经办理建筑物所有权首次登记的情形下，实际上已经具备将抵押预告登记转化为本登记的实质条件，将其拟制为抵押权而发生优先受偿效力符合效率安排，并非径直由抵押预告登记发挥优先受偿效力。

因此，即便已经办理建筑物所有权首次登记的建筑物灭失，其所负担的抵押预告登记基于法律规定直接发生抵押本登记的效果，效力当然及于具有替代价值的代位物，且不属于被担保债权的履行期限尚未届满时需要将保险金、赔偿金或者补偿金提存的情形。如果房地产开发企业并未办理建筑物所有权首次登记该建筑物即灭失，则需要适用《民法典担保制度解释》第 52 条第 2 款的规定，经审查抵押财产属于破产财产的情形下，优先受偿范围及于代位物。

在抵押人是房地产开发企业的情况下，其办理建设用地使用权证后才能够开始建造房地产。我国《民法典》第 397 条采“房地一体”规则，建筑物及其占用范围内的

---

① 参见杜万华主编、最高人民法院民事审判第一庭编著《最高人民法院物权法司法解释（一）理解与适用》，人民法院出版社，2016，第 160~161 页。

建设用地使用权一并抵押。对占用范围的界定，应以被处分或查封的房屋面积与宗地上规划的房屋总面积的比例为标准。[①] 在建筑物灭失后，该建筑物占用范围内的建设用地使用权需要与建筑物的代位物一并作为优先受偿的客体。若仅将其“拟制”为建设用地使用权的抵押，则不当减损了抵押预告登记权利人的优先受偿范围。因此，为维持抵押权背后的担保价值的交换性，[②] 不宜单独剥离该建设用地使用权而实现优先受偿。如果在破产受理时，建筑物尚未竣工而未办理建筑物所有权首次登记，因不可归责的原因已经灭失，那么应适用《民法典担保制度解释》第52条第2款的规定，在建建筑物灭失所产生的保险金、赔偿金或者补偿金和在建建筑物占用范围内的建设用地使用权经审查属于破产财产后，预告登记权利人可主张优先受偿。

四　房地产开发企业破产对抵押预告登记效力的影响

《民法典担保制度解释》第52条第2款的典型情形是预购人作为抵押人破产时，抵押预告登记的效力问题。但实践中更为普遍的情形是，预购人作为抵押人未破产，而房地产开发企业破产，资金链断裂导致无法正常完成建设工程按期交房。[③] 房地产开发企业破产情形中，关键在于判断破产时是否符合本登记条件：办理建筑物所有权首次登记。如果符合，抵押权人可根据《民法典担保制度解释》第52条第1款的规定主张优先受偿的效果，需要讨论的是不同情形下优先受偿的范围。如果不符合本登记条件但存在在建建筑物，则需要考虑抵押权人能否主张将预购商品房抵押解释为在建建筑物抵押而优先受偿。

（一）符合本登记条件时房地产开发企业破产的情形

1. 破产受理时已符合本登记条件

如果房地产开发企业在破产受理时已经办理了建筑物所有权首次登记，但是尚未办理“小产证”将房屋所有权移转至预购人名下，抵押权人如何就该财产优先受偿？根据《民法典担保制度解释》第52条第1款的规定，“经审查已经办理建筑物所有权首次登记，且不存在预告登记失效等情形的，人民法院应予支持，并应当认定抵押权自预告登记之日起设立”。在房地产开发企业办理“大产证”后破产的情形下，将抵押预告登记拟制为抵押本登记实际上省略了由“大产证”切割为“小产证”并将房屋所

① 参见常鹏翱《论“地随房走”规则中“占用范围”的界定》，《现代法学》2021年第3期。

② 参见张双根《物权法释论》，北京大学出版社，2018，第157~158页。

③ 参见徐某某与威海广信房地产开发有限责任公司普通破产债权确认纠纷上诉案，山东省高级人民法院（2020）鲁民终116号二审民事判决书；陈某、湖北隆图置业有限公司破产债权确认纠纷案，湖北省宜昌市中级人民法院（2021）鄂05民终2934号二审民事判决书；马某某、日照丽城建设发展有限公司等破产债权确认纠纷案，山东省威海市中级人民法院（2021）鲁10民终1766号二审民事判决书。

有权移转至预购人的过程。

该种拟制的效果同样应延伸至房地产开发企业的破产程序中，抵押权人可直接向房地产开发企业主张就已经办理建筑物所有权登记的房屋优先受偿。如果否认这种拟制效果在房地产开发企业破产中的延伸，将会增加抵押权人实现优先受偿的诉累。《企业破产法》第 38 条规定，“人民法院受理破产申请后，债务人占有的不属于债务人的财产，该财产的权利人可以通过管理人取回”。据此，预购人需要先向房地产开发企业主张取回权从而获得预购房屋的所有权，然后按照抵押合同的约定将抵押预告登记转为抵押本登记，抵押权人才能主张就该抵押财产优先受偿。

在此种复杂的模式中，可能遇到的问题是，房地产开发企业仅办理建筑物所有权首次登记，预购人并未办理“小产证”，破产程序中对该房屋的认定以“所有权”为标准，该房屋则会被归于破产财产的范畴用于公平受偿，预购人无法正常行使取回权，抵押权人亦无法行使优先受偿的权利。且前文提及实务中多存在预购人恶意不及时办理“小产证”或者抵押本登记的情况，严重阻碍了抵押预告登记权利人的受偿利益实现。这样的处理结果过度重视登记手续的作用，未对预购商品房领域中的利益关系结构予以特别关注，显然不符合《民法典担保制度解释》第 52 条规范目的中体现的抵押预告登记拟制后应发挥的优先受偿效力。

因此，在房地产开发企业破产时已经办理了建筑物所有权首次登记的情形下，抵押权人可依据《民法典担保制度解释》第 52 条第 1 款的规定直接向房地产开发企业主张别除效力，就设定抵押的房屋优先受偿。

2. 破产受理后通过续建符合本登记条件的情形

房地产开发企业破产后并非意味着会直接进入破产清算的流程，可能会开展重整计划并对尚未建造完毕的建筑物进行续建盘活。司法实践中房地产开发企业续建盘活的典型案例如房地产开发企业资金链断裂陷入破产清算，公司原法定代表人筹资对尚未竣工的在建工程予以续建并完成竣工验收等手续，使相应破产债权可就该工程变价款项获得优先受偿。[①] 实践中亦有抵押预告登记权利人通过分摊续建费用，从而在竣工验收后获得相应的优先受偿权利的情况。[②] 还有在房地产开发企业重整案件中通过引入投资人以共益债务方式盘活存量资产的情况，将项目利益留存给债权人，最终在法律框架下最大程度保护了消费性购房者优先权人、真实购房人、债权人和投资人等各方

① 南通华瑞置业有限公司破产清算案，参见《2012－2017 年南通法院破产审判典型案例》，海安法院网，http：//www. hafy. gov. cn/html/fayuanwenhua/diaoyanyuandi/anlipingxi/2018/0625/3413. html，最后访问日期：2022 年 7 月 19 日。

② 参见傅远泓《论预告登记权利人的破产保护》，《山东社会科学》2020 年第 9 期。

利益。[①] 那么，如果房地产开发企业通过破产重整程序续建建筑物并使其符合本登记条件，此时能否直接适用《民法典担保制度解释》第52条第1款的规定，使抵押权人就设立抵押预告登记的房屋优先受偿?

这一问题涉及重整程序中如何处理续建投资人的利益与抵押权优先受偿范围之间的关系。这就需要对续建投入的资金和续建成功的建筑物进行定性。对于续建资金的性质，根据《最高人民法院关于适用〈中华人民共和国企业破产法〉若干问题的规定（三）》第2条的规定，管理人或者其他承担破产管理义务的债务人在经过决议和许可后可以为债务人继续营业而借款。借款债权人可主张参照适用《企业破产法》第42条第4项要求获得优先受偿，但不可主张优先于此前已就债务人特定财产享有担保的债权清偿。据此，续建资金的性质属于共益债务。

按此逻辑，如果该续建的部分是房地产开发企业用于设定抵押的特定财产，则续建资金的借款债权人并不能主张优先于该抵押权人受偿。若该续建的部分不属于房地产开发企业用于设定抵押的特定财产，则续建资金的借款债权人可主张相应优先受偿的权益。但这种立场未考虑到投资人对于续建增值部分的贡献，并增加了其资金回笼的风险。在破产重整过程中，第三人投入资金完成了建筑物的建造，此时却直接赋予抵押预告登记的权利人对建造完成后的建筑物享有优先受偿权，可能会损害第三人的利益，并给破产重整带来诸多风险，不利于破产重整制度的推行。[②] 易言之，如果续建完成后，采取抵押权人直接就该房屋优先受偿的模式，共益债务的债权人（即续建投资人）的利益将得不到有效的保障。这会极大地限制投资人出资续建的意愿，也会增加债权人会议对重整计划执行后受偿结果的质疑，最终损害商品房预购人的利益，这显然不利于房地产市场的健康发展。

相对于有担保的债权、建设工程款债权、商品房买卖消费者债权，共益债务处于劣后地位。实践中，投资人并不会仅因为续建投资被认定为共益债务就投资续建。投资人可能进一步要求在重整计划草案中规定此共益债务在清偿顺位上优先于有担保的债权、建设工程款债权、商品房买卖消费者债权等。因此，重整续建作为一种能够有效增加优先受偿数额的方式，抵押预告登记权利人作为受益方需要在考虑投资人利益的基础上作出一定让步。

具言之，在房地产开发企业重整成功并取得建筑物所有权登记时，抵押权人根据《民法典担保制度解释》第52条第1款的法律拟制而取得优先受偿地位，但是优先受

① 参见上海悦合置业有限公司破产重整案，上海市第三中级人民法院（2020）沪03破54号民事裁定书。

② 参见最高人民法院民事审判第二庭《最高人民法院民法典担保制度司法解释理解与适用》，人民法院出版社，2021，第460页。

偿的范围应有所限制。对于破产受理时已经确认的抵押房屋价值，抵押权人可以无条件优先受偿。但是对于接受投资人的款项而续建增值的部分，需要承认共益债权人对增值部分的“超级优先权”，抵押权人在增值部分的受偿地位劣后于投资人。增值部分指的是破产受理时该建筑物的价值与续建销售完毕的收入之间的差额，投资人的债权需要从增值部分优先受偿，以尽可能地覆盖投资人的投资回报，抵御房地产开发企业破产重整中的投资风险。

需要注意的是，这不能与《民法典担保制度解释》第 51 条第 2 款所规定的在建建筑物抵押权的受偿模式混为一谈。首先，预售商品房抵押预告登记与在建建筑物抵押在抵押对象、登记类型上均存在本质区别。其次，在建建筑物抵押权的效力范围限于已办理抵押登记的部分，因此不及于新增、续建的部分，而预购商品房抵押预告登记时即以将有财产为抵押对象，本身就包括新增、续建的部分。之所以采取上述对优先受偿范围作出限制的方式，目的是保护重整程序中投资人的利益，而非将在建建筑物优先受偿的规则适用于预购商品房抵押预告登记的优先受偿范围。

（二）不符合本登记条件的效力

无论是房地产开发企业破产受理时不符合本登记条件，还是受理后通过重整续建仍不符合本登记条件，均无法适用《民法典担保制度解释》第 52 条第 1 款的规定，无法将抵押预告登记拟制为本登记进而产生优先受偿的效果。实践中有抵押权人提出能否以在建建筑物为优先受偿的对象，保障其优先受偿的利益。由于缺乏明确的拟制规范，实务中对该主张多持否定态度，理由主要为：第一，预购商品房抵押权预告登记与在建建筑物抵押登记的法律意义并不一致，两者在抵押人、抵押客体、担保对象等方面存在区别。第二，将预购商品房抵押权预告登记等同于在建建筑物抵押登记，并据此认定预购商品房抵押预告登记权利人已享有抵押权，从而可以优先受偿的观点，与抵押权客体范围不相吻合，亦与现实的不动产抵押登记和预告登记制度存在矛盾。① 第三，在建建筑物抵押登记主要解决的是在建工程的融资问题，其抵押价值主要体现在土地方面，这与预购商品房抵押主要体现在房屋价值以及预告登记主要解决的是购房人与银行之间的贷款风险问题存在本质的区别。②

上述观点虽为《民法典担保制度解释》实施前的观点，但仍具有合理性。现行的

① 参见中国农业银行股份有限公司南海松岗支行与陈某某等金融借款合同纠纷上诉案，广东省佛山市中级人民法院（2017）粤 06 民终 1002 号二审民事判决书；中国工商银行股份有限公司防城港市港口支行诉彭某某等金融借款合同纠纷案，广西壮族自治区高级人民法院（2018）桂民终 583 号二审民事判决书。

② 参见中国农业银行股份有限公司常德武陵支行与陈某某等金融借款合同纠纷上诉案，湖南省常德市中级人民法院（2017）湘 07 民终 1803 号二审民事判决书；徽商银行股份有限公司安庆扬子江支行诉余某某等金融借款合同纠纷案，安徽省安庆市迎江区人民法院（2017）皖 0802 民初 692 号二审民事判决书。

《民法典担保制度解释》第52条只是有限地承认抵押预告登记的优先受偿效力。只有在已经办理建筑物所有权首次登记或者抵押人破产的情形下，才可将抵押预告登记拟制为抵押本登记而保护抵押权人的优先受偿权益。在预购人作为抵押人这一典型情形下，若预购人未破产，而房地产开发企业破产且未满足办理建筑物所有权首次登记，则不属于第52条的适用情形。此时抵押权人可以就商品房抵押贷款合同履行不能要求解除合同并要求返还相应的贷款款项或者直接要求房地产开发企业承担阶段性保证责任。[①]

例外的情形在于，预购人并非抵押人，房地产开发企业作为抵押人在建造过程中破产，即便不符合本登记条件，也满足了《民法典担保制度解释》第52条第2款的适用要件。此时，抵押预告登记的对象实际上转化为在建建筑物和占用范围内的建设用地使用权。《民法典担保制度解释》第52条第2款虽肯认将抵押预告登记拟制为抵押本登记并发生优先受偿效力，但并未言明究竟是发挥何种抵押权的优先受偿效力。在担保领域中，担保物权设定之际并不要求财产特定，但在实现担保物权时，财产必然特定。[②] 由于此时仅存在在建建筑物及其占用范围内的建设用地使用权，与抵押预告登记时的财产范围并不一致，直接拟制为预售商品房的抵押权不符合物权客体特定原则，亦与其担保价值不相匹配。较为合理的方案是将抵押预告登记解释为在建建筑物抵押本登记而发生优先受偿效力。然而，此时发生了抵押权类型的转换，关键在于如何解释是否存在以在建建筑物抵押的意思表示。

首先，在进行预售商品房抵押预告登记时，其描述的抵押客体为预售商品房，从抵押价值的层面而言包含了“在建建筑物”这部分权益内容，至少可以推知当事人并不反对在建建筑物这部分作为抵押客体，即存在一定的“默示合意”。当抵押预告登记设立之初的抵押类型在抵押权实现时发生了变化，通过解释和推定的方式将其转换为更符合事实的抵押类型并实现相应效果，可尽量避免拟制技术对现有抵押权固有类型的破坏。

但这并不意味着预售商品房抵押预告登记等同于在建建筑物抵押登记，两者存在区别。在登记性质上，在建建筑物抵押权的效力范围限于现存的建筑物部分，为抵押本登记，而预售商品房办理抵押预告登记时可能并无现存的预售商品房，仅为抵押预告登记。在尚未竣工的情形下作此推定，主要是考虑到维持物权客体特定原则的需要，强行将在建建筑物拟制为已经办理所有权首次登记的商品房不符合抵押权设立的逻辑。

① 参见林某、中国农业银行股份有限公司上思县支行金融借款合同纠纷案，广西壮族自治区防城港市中级人民法院（2020）桂06民终113号二审民事判决书；中国工商银行股份有限公司重庆沙坪坝支行与蒋某某、韦某等金融借款合同纠纷案，重庆市沙坪坝区人民法院（2019）渝0106民初17376号一审民事判决书。

② 参见谢鸿飞《担保财产的概括描述及其充分性》，《法学》2021年第11期。

其次，该款的拟制本就属于事后视角的拟制，目的在于解决“烂尾楼”情形下如何保障抵押预告登记权利人的优先受偿利益，至于当事人是否存在以在建建筑物抵押的意思并不在其考量范围。将抵押权类型解释为在建建筑物抵押与现存的抵押客体相符合，满足了抵押财产特定的要求。此外，将其解释为在建建筑物抵押并不存在对第三人利益的损害。根据《不动产登记暂行条例实施细则》第 78 条第 1 款的规定，申请预购商品房抵押登记需提交预购商品房预告登记的材料，又根据该法第 86 条第 4 款的规定，“申请预告登记的商品房已经办理在建建筑物抵押权首次登记的，当事人应当一并申请在建建筑物抵押权注销登记，并提交不动产权属转移材料、不动产登记证明”。因此，当事人申请商品房抵押预告登记时，第三人设立的在建建筑物抵押权已被注销登记，该预购商品房上不会附有第三人的在建建筑物抵押权，事后将抵押预告登记权利人的抵押类型解释为“在建建筑物抵押”不会对第三人的受偿利益产生损害。

在优先受偿的范围上，如果是破产时即不符合本登记条件，不存在第三人投资续建的情况，则抵押权人可就相应的在建建筑物主张优先受偿。如果存在重整程序中第三人投资续建的情况，对于续建增值的部分应认定为具有更高“优先权”的共益债权，需要优先于抵押权人的受偿。

五 结语

预购商品房抵押的实质是以将有财产为担保权的客体而进行预先处分，体现了现代财产担保的纵向延伸，“透支性”预先处分成为一种交易类型。[①] 抵押预告登记具有物权领域和债权领域的双栖特征，从而引发了理论界与实务界对其在破产程序中是否享有优先受偿效力的争论。《民法典担保制度解释》第 52 条一定程度上回应了这一争议，有条件地肯认了抵押预告登记在一般情形和破产程序中的优先受偿效力。

为突出破产情形下将抵押预告登记拟制为抵押本登记的特殊规范目的，对《民法典担保制度解释》第 52 条第 2 款的适用无须以第 1 款中要求的“房地产开发企业办理建筑物所有权首次登记”为适用前提。预购人作为抵押人时破产，即便建筑物正在建造尚未竣工，基于抵押预告登记本身具备的“担保作用”和对破产中加速到期规则的参照适用，仍可适用该条第 2 款将抵押预告登记拟制为抵押本登记发挥优先受偿效力。抵押财产的价值范围宜认定为将来取得的建造完毕的商品房，以更好地体现抵押预告登记的预先排他性保全效力，维护预告登记权利人的合理信赖。在建筑物灭失的情形下，及于灭失所产生的代位物。

在预购人作为抵押人时未破产，而房地产开发企业破产的情形下，该条规定并未

① 参见张静《将有债权处分的法律构造与顺位安排》，《法学》2022 年第 2 期。

给出明确的适用规则，可通过判断是否符合本登记条件考虑能否适用该条第 1 款的规定。其中较为特殊的情形是，房地产开发企业如果在破产受理后通过投资续建符合本登记条件，则投资人的共益债权在续建增值部分优先于抵押权人的优先受偿权。这是实践中预告登记权利人为增加破产主体的责任财产应作出的妥协。需要注意的是，虽然第 52 条第 2 款的典型适用情形是预购人破产，但房地产开发企业作为抵押人时破产仍可通过解释予以适用。

《民法典担保制度解释》第 52 条有条件地承认抵押预告登记的优先受偿效力，虽解决了一部分现实问题，但也侧面反映出抵押预告登记在我国物权法规范体系中较为模糊的地位。抵押预告登记作为一项效果上“弱于”抵押本登记的产物，其与抵押财产限制转让①、担保物权优先顺位②等问题具有密切联系，仍待理论层面上对其体系定位、规范功能和制度价值作出更为完备且细致的研究，以实现超出“具体规则”本身的体系融贯。

Effectiveness of Advance Notice Registration of Mortgage in Insolvency

Hu Qiaoli

Abstract: Article 52 of the Interpretation of the Guarantee System of the Civil Code provides for the priority effect of the advance notice registration of mortgage. Based on the functional similarity between the advance notice registration of mortgage and the registration of mortgage in terms of public credibility and subordination of rights, even if the real estate development enterprise has not yet registered the first registration of building ownership at the time of the pre-purchaser's insolvency as the mortgagee, the advance notice registration of mortgage can still be ficted as the registration of mortgage with priority effect by reference to the application of the accelerated expiry rule. The scope of the priority of payment is the completed construction of the commercial properties while the building is not yet completed, and in the event of the loss of the building, it can be extended to the subrogated property. In the case that the pre-purchaser is not insolvent but the real estate development enterprise is insolvent, if the

① 参见常鹏翱《限制抵押财产转让约定的法律效果》，《中外法学》2021 年第 3 期。

② 参见章诗迪《民法典视阈下抵押权预告登记效力再探讨——中国光大银行股份有限公司上海青浦支行诉上海东鹤房地产有限公司、陈思绮保证合同纠纷案评析》，《苏州大学学报》（法学版）2020 年第 4 期。

conditions of the first registration of ownership are met through the renewal of the investment after the insolvency is accepted, the joint interest claim of the investor will have priority over the priority of the mortgagee in value-added component. If the conditions for this registration are not met even after the real estate development enterprise has been admitted to bankruptcy, the advance notice registration of mortgage may be ficted as a mortgage registration only when the enterprise is a mortgagee in accordance with Article 52 (2) of the Interpretation of the Guarantee System of the Civil Code, at this point, the type of mortgage may be interpreted as a mortgage on a building under construction by means of an interpretation of meaning.

Keywords: Advance Notice Registration of Mortgage; Insolvency Protection Effect; Fiction; Priority of Payment

论未经村民会议决议的农村集体产权交易合同效力的认定[*]

姜 楠[**]

摘 要：未经村民会议决议的农村集体产权交易合同效力认定在司法裁判中形成了“无效说”与“有效说”两种观点。裁判分歧的产生不利于法律规范适用效果的统一。这一问题的解决之道在于明确未经村民会议决议的农村集体产权交易合同效力认定的规范意旨，充分考虑农村集体产权交易制度改革的现实需求。未经村民会议决议的农村集体产权交易合同不应当一概认定无效，对未经村民会议决议的农村集体产权交易合同效力认定应当进行类型化处理，限定未经村民会议决议的农村集体产权交易合同无效的认定范围，进而为农村集体产权交易的顺利展开提供有力的支持。

关键词：集体产权；合同效力；裁判立场

一 引言

农村集体产权是集体所有制财产的重要组成部分，是保障集体经济组织存续和运行的重要物质基础。在实施乡村振兴战略的背景下，壮大和发展集体经济是巩固脱贫攻坚成果、推动社会主义新农村建设的必由之路。随着我国农村经济社会的不断发展，农村集体产权的数量和价值亦随之不断增加。① 但是，由于缺乏市场化交易机制的作用和激励，实践中多数农村集体产权未能得到有效利用而处于“沉睡”状态，农村集体产权资源未能得到有效配置。② 部分地区的农村集体产权人怠于行使集体产权的监督管理职责，进而导致农村集体资产流失，严重损害了集体成员的合法权益。如何更好地发挥集体产权在壮大集体经济、保障集体成员的根本利益方面的作用是农村集体产权制度改革需要解决的现实问题。2016 年《中共中央、国务院关于稳步推进农村集体产

* 本文是国家社科基金重大项目“农村集体产权制度改革的法治保障研究”（19ZDA156）的阶段性成果。

** 姜楠，法学博士，吉林大学马克思主义学院副教授，博士生导师，吉林大学司法数据应用研究中心、吉林大学财产法研究中心研究员，研究方向为民法学、农村土地法治。

① 全国无集体经济经营收入的村由 2014 年的 32.3 万个减少到 2018 年的 19.5 万个，集体经济经营收入在 5 万元以上的村由 12.7 万个增加到 19.9 万个。随着农村集体经济不断壮大，农村集体产权的数量和价值必然会随之增加。参见夏英、张瑞涛《农村集体产权制度改革：创新逻辑、行为特征及改革效能》，《经济纵横》2020 年第 7 期。

② 以河南省为例，截至 2017 年河南省农村集体经济总值除土地以外的账面资产达 536 亿元，村均资产 116.5 万元。大量的农村资产盘不活，难以发挥应有作用，严重阻碍了农村集体经济的发展壮大。参见丁浩、汪瑞《产权交易平台助推信阳农村产权改革》，《农村·农业·农民》2017 年第 12 期。

权制度改革的意见》明确指出，农村集体产权制度改革应当适应健全社会主义市场经济体制新要求，探索农村集体所有制有效实现形式，盘活农村集体资产。十四五期间，深化农村集体产权制度改革仍然是农村改革的重点任务之一。以农村集体产权制度改革政策精神为指引，以市场化为导向盘活农村集体资产成为提高农村集体产权利用效率、防止农村集体资产流失、推进农村集体产权制度改革的有效路径。随着农村集体产权交易日趋活跃，农村集体产权交易纠纷的数量亦随之增加。诸多农村集体产权交易纠纷争议的焦点集中在如何认定未经村民会议决议的农村集体产权交易合同的效力。人民法院对于这一争议形成的裁判观点将对农村集体产权交易起到司法导向作用，因而值得重视和研究。

二 未经村民会议决议的农村集体产权交易合同效力认定之裁判分歧

农村集体产权是农村集体资产的法律表现形式。从类型化的角度出发，农村集体产权主要包括三类：一是以土地资源性资产为客体的财产权；二是以集体经营性资产为客体的财产权；三是以集体非经营性资产为客体的财产权。[①] 以集体所有的资产为客体的权利均属于农村集体产权。例如，集体所有的资金、集体对外投资所形成的股权。农村集体产权交易在法律制度层面表现为农村集体产权人对于农村集体产权的法律处分或在农村集体产权之上设立负担。[②] 因此，农村集体产权交易主要表现为转让农村集体产权或以农村集体财产为客体为他人设定相应的民事权利。其主要特征有二。

第一，农村集体产权交易的主体为农村集体产权人以及集体成员或集体成员以外的主体。在农村集体产权制度改革前，农村集体产权交易多数在农村集体产权人与集体成员之间进行。随着农村集体产权制度改革的不断深化，农村集体产权交易逐步走向市场化，交易主体的范围随之不断扩大。农村集体产权人与集体成员以外主体之间的交易数量亦随之增加。

第二，农村集体产权交易的对象为农村集体产权。与一般产权相比，农村集体产权具有权利主体特殊、产权种类多样、分布的非集中性的特质。

在司法实践中，法院对于如何认定未经村民会议决议的农村集体产权交易合同效力产生分歧，形成了“无效说”与“有效说”两种观点。例如，内蒙古自治区高级人民法院在“托克托县古城镇西黑沙图村民委员会与云某某返还原物纠纷再审案”中认为，《中华人民共和国村民委员会组织法》（以下简称《村民委员会组织法》）第 24

① 参见方志权《农村集体产权制度改革：实践探索与法律研究》，上海人民出版社，2015，第 34 页。

② 民法视野下，依据大陆法系民法物债二分的基本特征，属于物权范畴的农村集体资产要依循物权设立、转让规则，以租赁等债权为表现形式的农村集体产权依循债权设立、转让规则。

条不属于效力性强制性规范，而是属于管理性强制性规范，农村集体产权交易合同即使未经村民会议决议，该类合同亦为有效合同，故涉案的两个合同属于有效合同。[①] 而河南省高级人民法院在“安阳市殷都区西郊乡北流寺村民委员会、郭某某租赁合同纠纷再审案”中认为，依据《村民委员会组织法》第24条，当事人双方签订的租赁协议未经村民会议讨论决定为无效协议。[②] 其显然将未经村民会议讨论决定作为认定合同效力的考量因素。最高人民法院在“太原晨光房地产开发有限公司、太原市晋源区晋源街道庞家寨村村民委员会企业借贷纠纷再审审查与审判监督案”中认为，晨光公司与庞家寨村委会签订的《还款承诺书》中约定，庞家寨村委会自2011年9月20日起按照年利率15%向晨光公司支付利息。依据《村民委员会组织法》第24条，还款利息的支付构成对集体资产的处分，这一决定应当经村民会议讨论决定。庞家寨村委会未能举证证明已经过庞家寨村民会议讨论决定，故该支付借款利息的约定无效。可见，最高人民法院在裁判中对于未经村民会议决议的农村集体产权交易合同效力认定上支持了“无效说”这一观点。[③]

上述三个案件中交易合同的内容分别为集体土地租赁以及资金借贷利息的支付。集体土地租赁法律关系的建立意味着在集体土地之上设立租赁债权，集体土地所有权人取得租赁债权，该租赁债权属于农村集体产权。集体土地的租赁属于农村集体产权交易的范畴。支付资金借贷所产生的利息是对集体所有货币资产的处分，亦属于农村集体产权交易的范畴。因此，三个案件中的交易合同均属于农村集体产权交易合同，具有相同的法律性质。此外，上述农村集体产权交易合同的共同点在于交易合同约定的交易事项未经村民会议讨论决定。三个案件争议焦点所涉及的交易合同具有相同法律性质且具有均未经村民会议讨论决定的特征。在裁判对象具有同质性的情形下，最高人民法院与地方高级人民法院之间产生了分歧。

这一裁判分歧的产生事实上与裁判者对于农村集体产权交易的认识存在密切联系。改革开放初期，随着经济体制改革的不断深入，政社合一的人民公社组织被废除，以政经分离为指导思想的农村组织形式逐步确立。按照中央政策的精神，各类农村集体产权应当归入集体经济组织而与农村政治组织脱钩。但是受到当时历史条件的限制，在短时期内集体经济组织在我国农村地区不能全面建立。因此，中央政策没有强制农村地区建立集体经济组织，而是允许各个地区根据自身的实际情况决定是否建立集体

---

① 参见内蒙古自治区高级人民法院（2018）内民再63号民事裁定书。

② 参见河南省高级人民法院（2021）豫民再11号民事判决书。

③ 参见最高人民法院（2020）最高法民申1042号民事裁定书。

经济组织。[①] 没有条件建立集体经济组织的农村地区，农村集体资产事实上归属于村委会等政治组织，由其负责管理、经营。集体经济组织成为农村集体产权的主体有利于集体产权摆脱行政权力的干预，为农村集体产权交易创造了一定条件，但是，由于缺乏中央政策以及法律的明确规定，农村集体产权交易仍然处于被禁止的状态。这一状态成为一种传统，禁止农村集体产权交易逐渐成为人们普遍接受的规则。

随着我国农村经济社会的不断发展，农村集体产权数量不断增加。但是这些产权是否可以通过交易方式实现自由流转，既有法律没有予以明确规定。绝大多数情况下，囿于集体具有鲜明的公有制属性，农村集体产权的交易仍然被限制、被禁止或者被设定了苛刻的交易条件，使得农村集体产权价值趋于固化，难以发挥其应用的作用。自发形成的、非正式的农村集体产权交易机制固然在促进农村集体产权交易的过程中发挥了一定的积极作用，但是由于缺乏明确的规则指引以及有效的监督管理，这一交易机制不具有运行的稳定性和规范性，进而影响农村集体产权交易安全，抑制农村集体产权交易规模的扩大和交易效率的提升。这一时期，基于逐利性的动机，探索农村集体产权交易的实践活动日趋活跃，农村集体产权交易过程中形成的规则成为基于群体内演化而形成的内在规则，[②] 在其作用之下农村集体产权禁止流转的传统观念逐渐松动，允许农村集体产权交易正逐渐成为人们意识中可以接受的规则。这一变化印证了这样一种论断：当人们面对一种既有规则，其亦能似乎看到另外一种对立的规则。规则只能展现其相对的稳定性，而流动且可变性才是其永恒的特质。[③] 传统观念与非传统观念之间形成了分歧，对于农村集体产权能否不受限制进行交易也产生了不同的认识，法院裁判观点亦会受此影响。持“无效说”观点的裁判者具有一种受传统观念影响的保守主义倾向，而持“有效说”观点的裁判者具有一种摆脱传统观念影响的非保守主义的倾向。

然而，在现代法治社会中，统一法律适用是法院的主要功能。这一功能在具体案件处理过程中，即表现为除特殊情形外，法院裁判对于同一规范的理解和适用应当秉持一贯性。不同的法院对于同一规范的理解和适用没有贯彻这一原则即会造成法律适用的非同一性现象的产生。而这一现象的产生与人们对法律的预期——实现

---

① 《中共中央关于一九八四年农村工作的通知》明确指出，政社分设以后，农村经济组织应根据生产发展的需要，在群众自愿的基础上设置，形式与规模可以多种多样，不要自上而下强制推行某一种模式。原公社一级已经形成经济实体的，应充分发挥其经济组织的作用；公社经济力量薄弱的，可以根据具体情况和群众意愿，建立不同形式的经济联合组织或协调服务组织；没有条件的地方也可以不设置。

② 参见〔德〕柯武刚、史漫飞《制度经济学：社会秩序与公共政策》，韩朝华译，商务印书馆，2000，第119页。

③ 参见〔美〕本杰明·卡多佐《司法过程的性质》，苏力译，商务印书馆，1998，第13页。

正义相背离，因为对相同事物进行相同处理是正义的基本内涵。[①] 因此，未经村民会议决议的农村集体产权交易合同效力认定这一裁判分歧的产生不利于法律规范适用的统一。

三　未经村民会议决议的农村集体产权交易合同效力认定裁判分歧原因之分析

我国没有以农村集体产权交易为核心内容的法律。但《村民委员会组织法》第24条规定："涉及村民利益的下列事项，经村民会议讨论决定方可办理：（一）本村享受误工补贴的人员及补贴标准；（二）村集体经济所得收益的使用；（三）本村公益事业的兴办和筹资筹劳方案及建设承包方案；（四）土地承包经营方案；（五）村集体经济项目的立项、承包方案；（六）宅基地的使用方案；（七）征地补偿费的使用、分配方案；（八）以借贷、租赁或者其他方式处分村集体财产；（九）村民会议认为应当由村民会议讨论决定的涉及村民利益的其他事项。村民会议可以授权村民代表会议讨论决定前款规定的事项。法律对讨论决定村集体经济组织财产和成员权益的事项另有规定的，依照其规定。"

值得注意的是，《村民委员会组织法》第24条中的"村民会议"应当作广义解释。一是已经成立相应的集体经济组织的农村地区，集体经济组织对农村集体资产享有法定的经营、管理的权利，集体经济组织代表集体行使农村集体产权的处分权（《民法典》第262条），此时的"村民会议"应当特指由集体经济组织成员所组成的村民会议。[②] 二是没有成立集体经济组织的农村地区，集体经济组织的职能由村民委员会代为行使（《民法典》第101条第2款），此时的"村民会议"是指一般意义上的村民大会或村民代表会议。两种民主决议的参与主体虽然不同，但其组成人员均属于集体成员的范畴。根据《村民委员会组织法》第24条，农村集体产权交易的相关事项需要由村民会议决议，立法者事实上将农村集体产权交易的规制纳入集体成员利益保护的范畴，其通过设置集体成员利益保护规范达到了规制农村集体产权交易的目的。

其一，农村集体产权是集体对其享有的不动产、动产、债权、股权、知识产权等具有财产属性权利的总称。与一般性的产权交易不同，农村集体产权交易需要经过集

---

① 参见〔古希腊〕亚里士多德《尼各马可伦理学》，廖申白译注，商务印书馆，2003，第132~134页。

② 《土地管理法》第63条第2款规定："前款规定的集体经营性建设用地出让、出租等，应当经本集体经济组织成员的村民会议三分之二以上成员或者三分之二以上村民代表的同意。"《农村土地承包法》第19条第3项规定："（三）承包方案应当按照本法第十三条的规定，依法经本集体经济组织成员的村民会议三分之二以上成员或者三分之二以上村民代表的同意。"《村民委员会组织法》对于"村民会议"未作详细规定，但应与《土地管理法》第63条第2款、《农村土地承包法》第19条第3项有关村民会议的规定作相同解释，即区分为集体经济组织成员的村民会议以及一般性的村民大会或村民代表会议。

体成员民主决议，原因在于，作为交易对象的农村集体产权具有一定特殊性。一是农村集体产权归属于农民集体。依据《民法典》第260条、第261条，农村集体产权的主体应当为农民集体。农民集体是由本集体成员组成，因而是具有复合性的主体。农村集体产权主体的特殊性决定了农村集体产权的处分应当经过集体成员民主决议。农村集体产权的主体为集体，而集体是特定区域内集体成员的集合体，集体产权主体的集合性决定了以集体产权交易为内容的意思表示需要由组成成员或成员代表以决议的方式形成。农村集体产权交易需要集体产权主体——农民集体作出相应的意思表示。没有农民集体以农村集体产权交易为内容的意思表示的形成，农村集体产权交易便无从谈起。二是农村集体产权具有一定公益性特质。农村集体产权是特定区域的集体成员集体享有的产权，这一类产权具有保障集体成员生存和发展的基本功能，是壮大集体经济的重要物质基础。农村集体产权的交易往往会对集体成员利益产生重要影响。因此，农村集体产权交易需要经过农民集体成员的决议，以防止农民集体成员的合法权益受到不当侵害。因此，农村集体产权交易需经集体成员民主决议的本质特征与《村民委员会组织法》第24条通过村民会议决议方式实现保护村民利益的规范意旨相契合。

其二，农村集体产权交易在法律制度层面表现为农村集体产权人对于农村集体产权的法律处分。这一法律处分主要表现为转让农村集体产权或以农村集体财产为客体为他人设定相应的民事权利。依据交易相对人的不同，农村集体产权交易可以划分为农村集体产权的内部交易与农村集体产权的外部交易。农村集体产权的内部交易是指农村集体产权人与集体成员形成的以集体财产为对象的交易。例如，农村集体产权人将集体所有的土地承包给集体成员、向集体成员分配农村集体财产收益以及发放福利性补助金。农村集体产权的外部交易是指农村集体产权人与集体成员以外的主体形成的以农村集体财产为对象的交易。例如，农村集体产权人为集体成员以外的主体设定集体经营性建设用地使用权。从《村民委员会组织法》第24条列举的需要经村民会议决议的事项来看，以借贷、租赁或者其他方式处分村集体财产属于集体产权交易范畴，其他未列举的农村集体产权交易事项亦可以归入“村民会议认为应当由村民会议讨论决定的涉及村民利益的其他事项”。《村民委员会组织法》第24条作为规制农村集体产权交易的法律依据具有一定的正当性和合理性。

《村民委员会组织法》第24条作为规制农村集体产权交易的法律依据虽然明确，但亦产生了如何认识村民会议决议对农村集体产权交易合同效力影响的问题，即农村集体产权交易涉及集体成员利益，需“经村民会议讨论决定方可办理”，但是并没有明确农村集体产权交易没有经过村民会议决议的法律后果，即农村集体产权交易合同是否有效。《民法典》出台前，依据最高人民法院于2009年出台的《最高人民法院关于适用〈中华人民共和国合同法〉若干问题的解释（二）》第14条，合同只有违反法律、行政法规的效力性强制性规定才能被认定无效；违反管理性强制性规定的，不能认定合同无效。《民法典》第153条第1款规定："违反法律、行政法规的强制性规定的民事法律行为无效。但是，该强制性规定不导致该民事法律行为无效的除外。"该规定虽然没有明确区分效力性强制性规定和管理性强制性规定，但从法律解释论角度出发，"该强制性规定不导致该民事法律行为无效的除外"的表述其实包含了进一步区分效力性强制性规定和管理性强制性规定的含义，所谓"该强制性规定不导致该民事法律行为无效"指向的是违反管理性强制性规定的民事法律行为并不一定认定无效。[①]《民法典》第153条第1款但书表明，违反法律强制性规定的法律行为并非一概无效，某些法律强制性规定尽管要求民事主体不得违反，但是民事主体违反这一强制性规定并不导致法律行为无效的效果，而是应当由违法者承担相应的法律责任。例如，水果店销售农业种子，其与农民签订种子买卖协议，其销售种子的行为超出其经营范围，应当承担相应的法律责任，但是其与农民之间签订的种子买卖合同并非无效。[②] 这一规定事实上要求裁判者在判断强制性规范的效力时应当从规范目的的角度出发，具体判断强制性规范所规制的对象究竟为何。从规范性质的角度来看，《民法典》第153条第1款但书的内容在一定程度上具有引致条款的性质，违反法律强制性规定的认定还要分析由其引致的其他的法律规范究竟属于何种强制性规范，产生怎样的效力。[③]

依据上述规定，法官在对未经村民会议决议的农村集体产权交易合同效力认定的关键在于对《村民委员会组织法》第24条如何进行性质识别。法官如果将其认定为效力性强制性规范，则未经村民会议决议的农村集体产权交易合同将被认定无效。法官如果认定其为管理性强制性规范，则未经村民会议决议的农村集体产权交易合同将被认定有效。

这一裁判思路的应用虽然满足了形式逻辑的要求，但其仍然面临规范性质认定的实质标准究竟为何的拷问。就未经村民会议决议的农村集体产权交易合同效力的识别而言，《最高人民法院关于适用〈中华人民共和国合同法〉若干问题的解释（二）》第14条、《民法典》第153条第1款虽然明确了区分效力性强制性规范和管理性强制性规范的倾向，但是对于如何在裁判中认定某一规范是效力性强制性规范还是管理性强制性规范没有予以明确规定，民法理论上亦欠缺较为一致的认识。[④] 在法律规范层

① 参见王利明、杨立新、王轶、程啸《民法学》（第6版·上），法律出版社，2020，第213页。
② 参见黄薇主编《中华人民共和国民法典总则编释义》，法律出版社，2020，第408页。
③ 参见苏永钦《私法自治中的经济理性》，中国人民大学出版社，2004，第34~35页。
④ 参见郑晓剑《比例原则在民法上的适用及展开》，《中国法学》2016年第2期。

面，效力性强制性规范与管理性强制性规范仅仅具有形式区分的意义。在司法裁判过程中，对于该案件适用的某一规范究竟属于效力性强制性规范还是管理性强制性规范需要法官作出实质性判断。但在效力性强制性规范与管理性强制性规范的实质区分标准缺乏法律、司法解释明确规定的情况下,① 法官在对某一强制性规范进行识别时缺乏统一标准，不同的法官从不同的角度对某一规范的性质形成不同的认识，进而导致裁判分歧的产生。

四　消除未经村民会议决议的农村集体产权交易合同效力认定裁判分歧之策略

（一）未经村民会议决议的农村集体产权交易合同效力裁判理念的应然选择

从经验主义角度出发，法官处理一个案件时首先要通过自由解释制定法而不是单纯的抠字眼而获得一个规则，然后适用这一规则于特定的案件事实。② 在解释制定法的过程中，法官需要考量一些法律意义以及法律意义以外的会影响裁判结果的要素。在这些要素中，价值判断与公共政策的倾向是两个值得重视的要素。③

未经村民会议决议的农村集体产权交易合同效力认定涉及的法律价值判断问题是如何在保护农村集体产权、防止集体资产流失与维护交易安全、保护交易相对人之间作出选择。如果法律判断的价值倾向于前者，则未经村民会议决议的农村集体产权交易合同应当被认定无效；如果法律价值判断倾向于后者，未经村民会议决议的农村集体产权交易合同应当被认定有效。而法律的价值判断需要综合考虑法律规范的宗旨、社会发展现实、法律适用合理性等多种要素。将《村民委员会组织法》第 24 条作为规制农村集体产权交易的法律规范，要求农村集体产权交易经过村民会议决议，其宗旨在于保护农村集体产权、防止集体资产流失。法官如果单纯地考虑这一因素，只要农村集体产权交易没有经过村民会议决议，农村集体产权交易合同就应当被认定无效。但是，从社会发展以及法律适用是否合理的角度出发，这一裁判理念显然过于极端。

就社会发展的现实状况而言，社会主义市场经济体制不断深化和完善，市场化交易规则的地位已经得到公认并得以巩固。随着中央关于农村集体产权改革政策的出台，

① 由于法律及司法解释没有明确效力性强制性规范与管理性强制性规范的区分标准，表明法律已经授权民事法官就法律行为的效力给出答案，此时民事法官亦非僭权。参见冉克平《论效力性强制规范与私法自治——兼析〈民法总则〉第 153 条第 1 款》，《山东大学学报》（哲学社会科学版）2019 年第 1 期。

② 参见〔美〕理查德·波斯纳《法官如何思考》，苏力译，北京大学出版社，2009，第 80 页。

③ 李蕊：《公共服务供给权责配置研究》，《中国法学》2019 年第 4 期。

农村集体产权交易得到了政策的支持和认可。① 随着我国农村集体产权制度改革的不断推进，农村集体产权交易日趋活跃。保障农村集体产权交易规范而有序进行是深化农村集体产权制度改革的重要措施。党的十八届四中全会明确提出，任何改革必须于法有据。农村集体产权的管理具有明显的科层制特征，国家在确认和建立农村集体产权制度以及保障农民集体及其成员利益方面具有重要作用。以国家公权力为后盾的裁判机制对于引导、促进以及保障农村集体产权交易将起到重要作用。

由此可见，农村集体产权的功能不仅仅限于权利人对其以静态化的利用方式保障集体成员的生存和发展，而是具有了通过市场流通方式使其保值、增值，进而支持集体成员走向共同富裕、壮大集体经济的新的功能内涵。而农村集体产权参与市场交易必然需要遵循市场交易基本规则。维护市场交易秩序以及交易安全是最为重要的基本规则之一，是市场交易的核心规则。因此，在这一社会现实背景下，单纯以《村民委员会组织法》第24条的规范宗旨为理由认定未经村民会议决议的农村集体产权交易合同无效，彻底否定农村集体产权交易，显然不合时宜。

从法律适用合理性角度出发，合同无效是法律否定合同正当性的最为严厉的手段。合同无效意味着当事人需要履行返还财产、赔偿损失等法定义务，加重了当事人的履行成本。同时，当事人的合理预期由于法律强制手段的介入而无法得到满足，当事人通过缔结合同所要达到的目标无法实现。因此，认定合同无效的适用应当具有谦抑性，其适用的范围应当具有明确而严格的界限。法官对于未经村民会议决议的农村集体产权交易合同不能一概认定无效，而是需要秉持尽量限缩认定合同无效范围的裁判理念。

（二）确立类型化的裁判标准指导审判实践

未经村民会议决议的农村集体产权交易合同效力认定的类型化应当以特定的外在的、可识别的要素为标准。农村集体产权交易合同本质上属于民事合同，虽然这一合同并非《民法典》中予以明确规定的典型合同，但是具有一般民事合同基本构成特征，其主要构成要素包括合同主体以及合同标的。两项基本要素亦是使其与其他类型的合同进行区分的重要标识性要素。民事合同这两项构成要素亦反映了“人”与“财”是

① 2014年出台的《国务院办公厅关于引导农村产权流转交易市场健康发展的意见》明确指出，引导农村产权流转交易市场健康发展，事关农村改革发展稳定大局，有利于保障农民和村集体经济组织的财产权益，有利于提高农村要素资源配置和利用效率，有利于加快推进农业现代化。2016年出台的《中共中央 国务院关于稳步推进农村集体产权制度改革的意见》明确指出，鼓励地方特别是县乡依托集体资产监督管理、土地经营权流转管理等平台，建立符合农村实际需要的产权流转交易市场，开展农村承包土地经营权、集体林权、“四荒”地使用权、农业类知识产权、农村集体经营性资产出租等流转交易。县级以上地方政府要根据农村产权要素性质、流转范围和交易需要，制定产权流转交易管理办法，健全市场交易规则，完善运行机制，实行公开交易，加强农村产权流转交易服务和监督管理。维护进城落户农民土地承包权、宅基地使用权、集体收益分配权，在试点基础上探索支持引导其依法自愿有偿转让上述权益的有效办法。农村集体产权属于农村产权范畴，中央政策鼓励农村产权的流转即意味着鼓励农村集体产权的流转。

市民社会两项基本构成要素的特征。[①] 农村集体产权作为交易对象，其种类繁多，难以完全纳入合同效力评价范畴。相比而言，以交易相对人是否为集体内部成员为标准，农村集体产权交易合同可以分为内部交易与外部交易。交易主体的不同对于合同效力能够产生相应的影响。基于农村集体产权的特殊属性，这一产权的交易要照护到集体及其成员的利益，交易主体的身份要素在此成为评价合同效力的重要要素。这一评价标准的确立符合现代合同法为保护特定主体（具体人格），在规则设计中注重对特定的主体进行保护的价值理念。[②] 因此，合同主体作为未经村民会议决议的农村集体产权交易合同效力认定的类型化的评价要素更为合理。依循此思路，未经村民会议决议的农村集体产权交易合同效力应当依据如下情形进行认定。

其一，以全体村民为交易相对人的未经村民会议决议的农村集体产权交易合同的效力认定。这种交易往往表现为村集体制定对于全体村民具有拘束力的方案，通过这一方案的执行实现交易目标。例如，村集体经济组织将集体所有的土地发包给村民（《农村土地承包法》第5条），这种交易行为表现为村集体经济组织以民主决议的方式制定发包方案，该发包方案对于村集体经济组织全体成员以及集体经济组织具有拘束力。发包方案发挥了农村集体产权交易合同的职能，发包方案的执行即可视为农村集体产权交易合同的履行。该类方案涉及全体村民的利益，具有较强的公共属性。由于农村集体产权交易相对人为全体村民，不涉及善意第三人利益保护问题。此时，裁判立场应当倾向于确保农村集体产权内部交易的公平、公正。因此，村集体对于以全体村民为交易相对人的农村集体产权交易方案的制定未经村民会议决议的，应当认定该方案无效。

其二，以村民为交易相对人的未经村民会议决议的农村集体产权交易合同的效力认定。村民虽然是农村集体产权交易的相对方，但同时其亦是村集体成员。村民获得农村集体产权交易是否经过村民会议决议这一信息的成本较低。同时，村民作为交易相对人在农村集体产权交易没有经过村民会议决议的情况下，可以通过行使相应的集体成员权方式促进村民会议决议的形成。作为交易相对人其应当积极行使相应的集体成员权，促进村民会议决议程序的启动。作为交易相对人的村民，如果不积极行使上述权利，意味着对自己的权利不够关心，而法律不应当保护不关心自己权利的人。同时，参照公司法的相关规定，股东与公司之间的交易属于关联交易，不得损害公司利益（《公司法》第21条）。村民与本集体以农村集体产权为交易对象，类似于股东与公司之间的关联交易。在这一交易过程中，村民极易利用其成员地位损害集体利益，而村民会议决议是确保集体利益免受内部成员侵害的必要措施。因此，农村集体产权交易相对人为村民，且该交易

① 参见周江洪《典型合同与合同法分则的完善》，《交大法学》2017年第1期。

② 参见崔建远《合同法总论》（上卷），中国人民大学出版社，2008，第13页。

合同未经村民会议决议的，应当认定无效。但是，法官对于交易相对人为村民且未经村民会议决议的农村集体产权交易合同不能一概认定无效，还应当作如下考量。

一是法官在对交易相对人为村民个体且未经村民会议决议的农村集体产权交易合同效力进行认定时，应当衡量交易行为是否会对集体利益造成损害或有损害之虞。《村民委员会组织法》第 24 条“涉及村民利益的下列事项，经村民会议讨论决定方可办理”的表述体现了该规范具有保护村民利益的功能。但值得注意的是，由于个体村民利益具有复杂性和多样性的特征，抽象性的法律规范难以对其予以有效的严密保护。这里的“村民利益”应当解释为全体村民的整体利益。因此，以上述法律规范为依据认定农村集体产权交易合同是否有效，应当以该交易是否会对村民整体利益造成损害或有损害之虞为衡量标准。如果未经村民会议决议的农村集体产权交易合同不会对村民整体利益造成损害或有损害之虞，该合同应当被认定有效。这里的“损害集体成员整体利益或有损害集体成员整体利益之虞”应当以集体资产经过该交易后是增加或减少为判断标准。如果农村集体产权交易能够使集体资产有所增加，则该交易不应当被认定损害村民整体利益或有损害村民整体利益之虞。例如，村委会在未经村民会议决议的情况下将村集体所有的土地出租，村委会按照合同约定收取租金，此时村集体资产因租赁合同的履行有所增加，没有损害村民整体利益，因而不应当以该租赁合同未经村民会议决议而认定其无效。[①] 如果农村集体产权交易使集体资产有所减少，则交易应当被认定损害村民整体利益或有损害村民整体利益之虞。

二是法官在对交易相对人为村民个体且未经村民会议决议的农村集体产权交易合同效力进行认定时，应当考虑该交易合同的履行情况。法官在否定合同效力时，应当考虑裁判的实际效果，即否定合同效力不能造成过高的成本。如果执行认定合同无效的裁判成本过高，认定合同无效则不具有正当性。例如，在集体土地租赁过程中，承租人在土地之上已经投入了大量资本修建工厂用于生产，虽然该租赁合同未经村民会议决议，但是该合同不能被认定为无效。原因在于：认定合同无效，意味着承租人要拆除已经修建的厂房，出租人要返还承租人已经支付的租金。对于承租人而言，拆除厂房意味着遭受巨大损失；对于出租人而言，极有可能已经将该租金用于其他用途之开销，其不得不采取对外借款方式获得资金用以返还租金，出租人的财务负担陡然增加。因此，未经村民会议决议的农村集体产权交易合同的当事人已经履行合同，认定合同无效将给双方当事人造成较高的执行成本时，法官不应当认定该合同无效。[②]

① 参见河南省高级人民法院（2020）豫民申 7300 号民事裁定书。

② 参见“徐某 1 与徐某 2 租赁合同纠纷再审审查与审判监督案”，江西省高级人民法院（2020）赣民申 1480 号民事裁定书。

三是法官在对交易相对人为村民个体且未经村民会议决议的农村集体产权交易合同效力进行认定时，还应当考虑当事人以未经村民会议决议为由主张农村集体产权交易合同无效是否有违诚实信用。法官在审理此类案件过程中应当对主张合同无效当事人是否具有下列情形进行审查：首先，作为交易相对人的村民是否积极行使集体成员权，促使村民会议对于该合同进行决议；其次在交易合同已经履行的情况下，该当事人是否在合理期间对合同未经村民会议决议提出异议。村民作为农村集体产权交易相对人，其未采取必要措施促使村民会议对于农村集体产权交易合同进行决议，主张农村集体产权交易合同无效的，应当不予支持。当事人任何一方在合同已经履行的情况下，在合理期限未提出异议，其行为使得对方当事人相信其对合同的效力和内容已予以认可，因而形成了合理信赖。其主张合同无效显然与其行为相违背，违反诚实信用原则，其主张应当不予以支持。①

其三，以村民以外的主体为交易相对人的未经村民会议决议的交易合同的效力认定。就交易相对人是村民以外的主体而言，法官在认定未经村民会议决议的农村集体产权交易合同效力过程中，应当考虑如何在保护农村集体产权、防止集体资产流失与促进农村集体产权交易之间进行有效平衡，而不能为了保护集体产权、防止集体资产流失而牺牲市场交易秩序和交易相对人的利益简单地认定合同无效。② 因此，农村集体产权交易合同一方当事人为集体成员以外的主体的，未经村民会议决议的农村集体产权交易合同亦不应当认定无效。法官对于合同效力的认定应当依据具体情况加以认定。

一是在合同未履行的情况下，法官应当认定非经村民会议决议的农村集体产权交易合同为效力待定合同。在理论上，对于违反法律强制性规定的法律行为赋予其效力

---

① 山东省高级人民法院在“邹平市黄山街道办事处溪河村村民委员会、邹平市腾辉房地产开发有限公司（原邹平县腾辉房地产开发有限公司）合资、合作开发房地产合同纠纷二审案”中认为，涉案合同签订于2010年10月，涉案工程中的溪河新村项目中高层商住楼、多层住宅均已完工。高层商住楼已售出，并由业主入住、使用；多层住宅楼经一审法院组织现场勘查，已符合入住条件；腾辉茗居商住楼完工后住宅楼部分已全部售出并由业主入住；腾辉书香苑高层住宅部分除4号楼外已全部售出，已由业主入住。而本案诉讼发生于2018年8月22日，溪河村委作为村民会议的召集主体和涉案合同的当事人，称对发生在其周围的、持续时间达8年之久的开发项目“不知具体细节”，本院不能认同。溪河村村委会以“未经村民会议讨论决定便已签订”涉案合同，“村集体并不知具体细节，已严重违反村民委员会组织法强制性规定，严重侵害村民集体利益”为由，主张涉案合同无效，本院不予支持。参见山东省高级人民法院（2019）鲁民终2461号民事判决书。本案中，合同已经履行多年且村委会未就该合同未经村民会议决议提出异议，后又以该合同未经村民会议决议为由主张合同无效显然违反诚实信用原则。

② 云南省高级人民法院在“开远市灵泉街道办事处南路村泸江村民小组、红河州凯诚房地产开发有限公司合资、合作开发房地产合同纠纷二审案”中认为，泸江村民小组在本案中并没有主张凯诚公司在签订《合作补充协议》等系列协议时存在恶意，故泸江村民小组作为群众自我管理的基层自治性组织，其是否依法履行法律规定的民主议定程序，为其内部组织管理程序问题。如仅以其违反民主议定程序为由宣告合同无效，有碍交易的稳定性和安全性。参见云南省高级人民法院（2020）云民终30号民事判决书。

待定的法律效果亦是一种合理的处理方式。① 合理期间内，村民会议成员可以对该交易合同进行表决，依据表决结果认定合同效力。② 同时，允许农村集体产权交易合同相对人依据《民法典》有关效力待定民事法律行为的相关规定行使催告权和撤销权。

二是在合同已经履行或已经履行完毕的情况下，当事人以及村民在合同履行过程中未就交易合同未经村民会议决议及时提出异议的，法官应当推定农村集体产权交易合同已经经过村民会议决议认可，该合同为有效合同，不得以未经村民会议决议而认定该合同无效。

（三）出台司法解释明确《村民委员会组织法》第24条的规范属性

在成文法传统下，法律表述中的不确定性概念需要进一步阐述，以达到准确适用的效果。裁判机关对于法律适用中的争议问题不能保持“沉默”，③ 因此司法解释具有其不可替代的重要价值。就未经村民会议决议的农村集体产权交易合同的效力认定而言，法官对非经村民会议决议的农村集体产权交易合同效力进行认定，倾向于对《村民委员会组织法》第24条进行规范识别，即明确其究竟属于效力性强制性规范还是属于管理性强制性规范。但由于缺乏判断效力性强制性规范还是管理性强制性规范的依据，法官对于某一规范属于效力性强制性规范还是管理性强制性规范的认定存在较大差异。因此，未经村民会议决议的农村集体产权交易合同效力的认定尚需要明确该类案件的裁判依据——《村民委员会组织法》第24条的规范性质。最高人民法院应当通过制定相应司法解释的方式明确《村民委员会组织法》第24条的规范性质，即其究竟属于效力性强制性规范还是属于管理性强制性规范。

但鉴于《村民委员会组织法》第24条规范内容涵盖范围较广，最高人民法院不宜对这一规范的性质作笼统认定，而是应当借鉴前述确立类型化的裁判标准的经验，对其性质同样进行类型化处理。

一是将《村民委员会组织法》第24条中列举的“本村享受误工补贴的人员及补贴标准”、“村集体经济所得收益的使用”、“本村公益事业的兴办和筹资筹劳方案及建设承包方案”、“土地承包经营方案”、“村集体经济项目的立项、承包方案”、“宅基地的使用方案”以及“征地补偿费的使用、分配方案”视为以全体村民为交易相对人的农村集体产权交易合同，其未经村民会议决议的，认定无效，该部分规范属于效力性强制性规范。

---

① 参见苏永钦《私法自治中的经济理性》，中国人民大学出版社，2004，第34页。

② 陕西省高级人民法院在“全某某与陕西新福兴房地产开发有限公司房屋拆迁安置补偿合同纠纷再审案”中认为，拆迁过渡费问题涉及每户村民的利益，应当由每户村民与新福兴公司分别进行约定。由于范南村村委会与新福兴公司在签订《协议书》时，并未得到包括申请人全某某在内的所有村民的授权，范南村村委会与新福兴公司签订《协议书》的行为应属效力待定的民事行为，该民事行为经权利人追认后即为有效。参见陕西省高级人民法院（2018）陕民申1592号民事裁定书。

③ 参见杨敬之《论司法解释的合法性控制》，《政法论坛》2021年第2期。

二是《村民委员会组织法》第24条中列举的“以借贷、租赁或者其他方式处分村集体财产”的交易合同，如果交易相对人为集体成员的未经村民会议决议的农村集体产权交易合同，应当认定无效。但是下列情况除外：首先，该交易合同不会对村民整体利益造成损害或有损害之虞；其次，该交易合同已经履行，执行法律确定的合同无效规则成本过高的；最后，主张该交易合同无效的当事人有违诚实信用原则的。如果交易相对人为集体成员以外的主体，未经村民会议决议的合同未履行的，应当认定其为效力待定合同；已经履行且当事人在合理期限内未就合同未经村民会议决议提出异议的，应当认定该交易合同有效。

综上所述，《村民委员会组织法》第24条只有部分内容具有效力性强制性规范的性质，未经村民会议决议的农村集体产权交易合同无效情形范围得以限缩。

五　结语

未经村民会议决议的农村集体产权交易合同的效力认定应当作类型化处理：一是以全体村民为交易相对人的未经村民会议决议的农村集体产权交易合同无效。二是以村民为交易相对人的未经村民会议决议的农村集体产权交易合同不能一概认定无效，而是应当充分考虑交易行为是否会对集体利益造成损害或有损害之虞、交易合同的履行情况、当事人以未经村民会议决议为由主张农村集体产权交易合同无效是否有违诚实信用原则。三是以村民以外的主体为交易相对人的未经村民会议决议的农村集体产权交易合同效力认定，在合同未履行的情况下，应当认定非经村民会议决议的农村集体产权交易合同为效力待定合同；在合同已经履行或已经履行完毕的情况下，当事人以及村民在合同履行过程中未就交易合同未经村民会议决议及时提出异议的，应当推定农村集体产权交易合同已经经过村民会议决议认可，该合同为有效合同。最高人民法院应当对《村民委员会组织法》第24条的规范性质以司法解释的方式予以进一步明确，进而达到限缩未经村民会议决议的农村集体产权交易合同无效范围的目的。

On the Determination of the Effectiveness of Collective Property Right Transaction Contract without the Resolution of the Villagers' Meeting

Jiang Nan

Abstract: The determination of the effectiveness of collective property right transaction contract without the resolution of the villagers' meeting has formed two views of "invalidity theory" and "effectiveness theory" in judicial judgment. The emergence of this judicial difference is not conducive to the unification of the judicial application effect of legal norms. The way to solve this problem is to clarify the normative intention of the effectiveness determination of collective property right transaction contracts without the resolution of the villagers' meeting, and fully consider the practical needs of the reform of rural collective property right transaction system. Collective property right transaction contracts without the resolution of the villagers' meeting should not be deemed invalid, and the effectiveness determination of collective property right transaction contracts without the resolution of the villagers' meeting should be typed and limit the scope of invalidity of collective property right transaction contracts without the resolution of the villagers' meeting, so as to provide strong support for the smooth development of rural collective property right transaction.

Keywords: Collective Property Right; Effectiveness of the Contract; Judgment Position

不动产实务

非股权式合作开发房地产的物权归属

王勤劳*

摘　要：非股权式合作开发房地产本质上为合伙开发。共同开发型非股权式合作开发形成的房产，由合作各方共有。单方开发型非股权式合作开发形成的房产，出名开发人为合法建造人并原始取得所有权。隐名开发人与出名开发人约定建成房产归各方共有或分别所有，只发生债权效力，隐名开发人不能据此直接取得所有权。出名开发人和隐名开发人不能基于合伙关系直接共有建成房产所有权，只能准共有“要求出名开发人移转建成房产所有权的债权”，但在合作目的实现即合伙关系终止时，分割并实现该债权与按约定分割建成房产并无实质区别。

关键词：合作开发房地产；物权变动；案外人执行异议；合伙

一　问题的提出

合资、合作开发房地产为最高人民法院确定的三级案由，[①]意指各方约定共同出资开发房地产，共享开发利益，共担开发风险，包括股权式合作与非股权式合作两种模式。[②]股权式合作，既可以表现为一方以增资扩股或受让股权等方式成为既有目标公司股东，与该目标公司原有股东一道，以该目标公司名义从事项目开发；也可以表现为合作各方投资设立新的项目公司，并以该项目公司名义开发房地产。非股权式合作，合作各方不发生股权联系，不产生新的开发实体，各方仅按约定提供建设用地使用权等实物或者资金，按约定分割开发形成的房产或利润，按约定分担风险。因开发名义不同，非股权式合作可分为共同开发型和单方开发型两种类型。以合作各方名义共同取得建设用地使用权（或将一方建设用地变更登记为各方共有建设用地），共同办理项目报建和规划审批、施工许可、预售许可等手续，共同进行工程招投标并与中标人签订建设工程施工合同的，属于共同开发型非股权式合作。与此相反，合作各方仅以一方名义办理前述相关手续和实施相关事宜，即便组建了“合作开发办公室”“联建办公

* 王勤劳，法学博士，西南政法大学民商法学院副教授，研究方向为民法学。

① 合资、合作开发房地产纠纷在《民事案件案由规定》中的位序为：第四部分“合同、准合同纠纷”项下的“十、合同纠纷”中的“90、房地产开发经营合同纠纷（2）合资、合作开发房地产合同纠纷”。

② 《最高人民法院关于审理涉及国有土地使用权合同纠纷案件适用法律问题的解释》第 12 条规定：“本解释所称的合作开发房地产合同，是指当事人订立的以提供出让土地使用权、资金等作为共同投资，共享利润、共担风险合作开发房地产为基本内容的合同。”

室”等联合管理机构，也只能认定为单方开发型非股权式合作。在单方开发型非股权式合作，以其名义办理相关手续和实施相关事宜的一方称为出名开发人，其他各方则相应地称为隐名开发人。有学者认为，挂靠开发亦为合作开发之一种，①具体从属于单方开发型非股权式合作。诚然，实践中有不少挂靠开发的情形，当事人亦签订合作开发协议或联合建房协议，②也存在出名开发人和隐名开发人，本质上均为隐名开发人借用或依仗出名开发人的房地产开发企业资质。但二者的区别也是明显的：单方开发型非股权式合作中的出名开发人也要对房地产开发进行实质性的投入，并依约分享开发利益和承担开发风险；挂靠开发中出名开发人无须进行实质性投入，通常约定其仅收取固定管理费，且无须负担开发风险。故笔者认为挂靠开发并非真正意义上的合作开发，但考虑到二者之间存在隐名开发人借用或依仗出名开发人资质这一共性，在认定开发形成房地产的物权归属时也确实存在法理上的共通性，故后文相关论述中有时也对二者不作特别区分。

股权式合作开发形成的房产，由实际从事开发活动的房地产开发公司取得所有权，合作各方通过各自在公司持有的股权最终分享开发利益，自不待言；共同开发型非股权式合作开发形成的房产，由合作各方共同取得所有权，并最终根据约定分割房产或其销售价款，亦无疑问。唯单方开发型非股权式合作开发形成的房产，其物权应如何归属，易滋纠纷。纠纷发生并诉至法院后，在案由确定方面，除合资、合作开发房地产纠纷外，还通常涉及所有权确认和案外人执行异议之诉两个案由。综观各级法院之判决，目前达成了大致统一的认识，具体而言：出名开发人的债权人查封合作开发形成的房产，隐名开发人以该房产系合作各方共有为由提出执行异议，该异议不能成立，房产被认定为出名开发人一方享有物权。若仅在合作开发各方内部发生纷争，隐名开发人诉请确认其对开发形成的房产拥有物权，法院多判决予以支持。问题在于，前述裁判立场的法理依据何在？是否完全正确？若并非完全正确，又存在哪些问题？并如何消除和克服这些问题呢？

二　隐名开发人不能因合法建造原始取得所有权

《民法典》第 231 条规定，因事实行为设立物权的，自事实行为成就时发生效力。建造房产属于事实行为，房产建成即事实行为成就，建造人旋即取得建成房产的所有权。事实行为引发物权变动时，之所以不另附加公示要件，动产无须交付，不动产无须登记，主要是出于以下理由。第一，事实行为之成就，必然产生特定的事实效果，

① 参见谢晓斌《房地产开发经营中挂靠开发合同效力探析》，《法制与经济》2013 年第 11 期。

② 参见最高人民法院（2017）最高法民申 2004 号民事裁定书。

必然带来物理或技术品质上的事态变化，[①]该事态变化必然引发相应的法律后果，在物权法领域即表现为物权变动。房产一旦建成，即宣告了一项新的不动产从无到有的诞生，若非得登记后才产生物权，岂不意味着该不动产上出现了权利空档，并沦为无主财产，断不符合人们一般的生活习惯和通常的社会观念。[②]第二，彰显劳动价值。事实行为与法律行为的区别在于不以意思表示为要素，但其与法律行为一样受特定人的目的或意志之支配，而在该目的或意志支配下的事实行为多表现为特定人之劳动，事实行为所带来的事实效果也多为该劳动之成果，由行为人取得物权，正是对其劳动的肯定和奖赏，不仅能有效维护物的价值，而且也能有效激励人们创造价值。第三，事实行为本身也具有一定的权利外观，能发挥一定的公示作用。[③]例如，先占无主动产的事实行为、种植庄稼的事实行为、出海捕鱼的事实行为显然也能向外界释放出其将正当取得该无主物、农作物和鱼类所有权的强烈信号，其公示效果未必不如以法律行为变动物权时的交付。既然事实行为已能公示物权变动，再附加其他公示要求无异于画蛇添足，无益于事。那么，建造房产这一事实行为之权利外观为何？其又如何发挥物权变动公示的作用呢？

诚然，相对于房产建成后的买卖、抵押、租赁等法律行为，建造行为的确不以意思表示为要素，但与占有无主动产、种植庄稼等其他事实行为相比，建造房产之行为在结构上更为复杂，也包括了更多的“意思表示”内容，甚至可以说，建造房产这一抽象的事实行为是由一系列法律行为和行政许可行为复合而成的。具体而言，通过出让或转让取得建设用地、签订建设工程勘察设计施工合同、购买建筑材料、聘请开发管理人员等为法律行为，取得建设用地规划许可、建设工程规划许可、施工许可、预售许可等为行政许可行为，至于建筑工人施工等事实行为则乃对建设工程施工合同这一法律行为之履行，其本身处于从属性地位而不具有独立的法律意义。与此相反，通过出让或转让取得的建设用地使用权证（不动产权证）、通过向行政主管机关申请取得的建设用地规划许可证、建设工程规划许可证、施工许可证、预售许可证等在房地产开发进程中更具有决定性作用，这些证照显然也更具有权利外观之属性，更能发挥物权公示之作用。由于建设用地规划许可证、建设工程规划许可证、施工许可证、预售许可证均以建设用地使用权证为基础，其权利主体也与建设用地使用权人保持一致，故建造房产之公示最终落脚到建设用地使用权证。建设用地使用权人即为外界普遍认同的房产建造人，因其建造行为本身固有的公示作用，一旦所建房产竣工验收合格，

① 参见常鹏翱《事实行为的基础规范》，《法学研究》2010 年第 1 期。

② 参见王利明《物权法研究》（上卷），中国人民大学出版社，2013，第 293 页。

③ 参见房绍坤《论因事实行为导致的物权变动》，《山东社会科学》2014 年第 10 期。

其就当然原始取得该建成房产的所有权。

《城市房地产管理法》第61条规定，在依法取得的房地产开发用地上建成的房产，应当凭土地使用权证书申请办理首次登记，该条显然也将建成房产的所有权与建设用地使用权直接关联。《民法典》第352条规定，建设用地使用权人建造的建筑物，所有权属于建设用地使用权人，但是有相反证据证明的除外，亦与此同。也许有人认为，在单方开发型非股权式合作以及挂靠开发等情形中，隐名开发人可援引《民法典》第352条之但书，通过举证证明其实际投资参与开发，特别是实际出资取得开发用地使用权之事实，打破“建设用地使用权人建造的建筑物属于该建设用地使用权人所有”之法律推定，从而对开发建成的房产取得所有权或共有权。然而，单方开发型非股权式合作以及挂靠开发中的隐名开发人以出名开发人的名义取得建设用地使用权，与借名买房（包括与出名人共同买房）并将房产登记在出名人名下的行为性质和法律结构完全相同。关于出名人名下登记的效力，近年来的民事裁判普遍认为其使出名人取得房产所有权,①并为一些法院的司法政策文件直接确认。②也就是说，出名人的登记并非《民法典》第220条所规定的登记错误，借名人也不能援引《最高人民法院关于适用〈中华人民共和国民法典〉物权编的解释（一）》第2条之规定，请求确认其享有物权。参照前述借名买房之法理，对登记于出名开发人名下的建设用地使用权，隐名开发人也不能请求确认其对该建设用地享有物权。至于《民法典》第352条之但书，根据立法者的解释，其主要适用于开发商与有关部门约定市政公共设施建设和权属之情形，即约定由开发商在房地产开发过程中配套建设相关市政公共设施，设施所有权属于国家。此刻，该部分建筑物、构筑物或设施就并非当然归建设用地使用权人所有，而应依照有充分证据证明的事前约定认定其权属。并且，通过交易后续取得建设用地使用权的权利人也必须遵循该权属划分之约定。③基于前述解释，该条但书与隐名开发毫无关系，隐名开发人断无可能通过该但书证成其建设用地使用权进而证成其对建成房产享有物权。

在《民法典》编纂过程中，尽管有学者主张废弃《物权法》第30条之“合法”要件，认为违法建造也涉及建成房产的物权归属问题，“合法”要件将导致违法建筑物

---

① 截至2021年3月5日，在最高人民法院、高级人民法院涉及借名买房的124个裁判案例中，绝大多数均认定出名人取得房产所有权，借名人依约对出名人享有相应债权。

② 《北京市高级人民法院关于审理房产买卖合同纠纷案件若干疑难问题的会议纪要》（京高法发〔2014〕489号）第10条、《广东省高级人民法院关于审理房产买卖合同纠纷案件的指引》（粤高法〔2017〕191号）第28条均规定，借名人起诉出名人，请求确认房产为自己所有，不予支持；请求出名人办理过户登记，可予支持。

③ 参见胡康生主编《中华人民共和国物权法释义》，法律出版社，2007，第322~323页。

权属不明,[①]但《民法典》第231条仍承袭《物权法》第30条之规定，仍坚持“合法建造”之表述。一般认为，本条中之“合法”意指符合《土地管理法》《城乡规划法》《城市房地产管理法》《建筑法》等规划、建筑领域的管制要求。建造房产不仅在实体上不得违反这些管制要求，而且在程序上必须获准相应的行政许可，表现为取得建设用地规划许可证、建设工程规划许可证、施工许可证等证照。笔者认为，除满足前述具有公法色彩的管制要求外，“合法”还要求建造人对房产建造所涉素材具有私法上的正当权源，尤其是应当拥有建设用地使用权。若对建设用地并不拥有正当而充分的权源，不仅很难获得后续的规划和施工方面的许可，而且建成的房产侵占他人的建设用地，构成侵权行为和民事不法，最终也难以通过建造行为原始取得建成房产的所有权。如此一来，“合法”要求在实体上具有正当充分的私法权源并不违反公法的管制要求，在程序上应取得建设用地使用权证、建设用地规划许可证、建设工程规划许可证、施工许可证等证照，由于这些证照的权利人或持有者均为出名开发人，即只有出名开发人才满足“合法”要件，将隐名开发人作为建造人或将其与出名开发人作为共同建造人，均不满足“合法”要件。唯有出名开发人才满足“合法”要件，便只有出名开发人能根据《民法典》第221条原始取得建成房产的所有权。

我国曾有学者[②]和判例[③]认为，单方开发型非股权式合作中的隐名开发人虽未显名，但建设开发的过程即投入资金物化为建筑物的过程，建成房产不过是各方投入资金的转换形态，当然应归合作投资方共同所有，开发所需规划许可和施工许可仅为行政管理手段，并非确定物权归属的根据。在崇立公司与信达陕西分公司、佳佳公司案外人执行异议之诉一案中，崇立公司与佳佳公司签订联建协议，约定佳佳公司提供建设用地和施工图纸，并负责规划建设等相关手续，崇立公司承担设计蓝图范围内全部建安费用。一旦双方投资达到项目总价的25%~30%，佳佳公司将项目整体过户给崇立公司并收取固定费用，后续建设、经营和销售由崇立公司负责，利润归崇立公司所有。项目竣工后，双方再次签订协议，确认项目所涉全部房产及收益归崇立公司。信达陕西分公司申请执行佳佳公司名下的案涉项目房产，崇立公司提出案外人执行异议，陕西省高级人民法院裁定驳回该异议。崇立公司遂向陕西省高级人民法院提起案外人执行异议之诉，该院一审判决认为，佳佳公司与崇立公司出资合作开发案涉房产，二者均为房产建造人，共同对建成房产享有所有权。双方在项目竣工后协议确认全部房产归

---

① 参见黄忠《违法建筑的私法地位之辨识——〈物权法〉第30条的解释论》,《当代法学》2017年第5期。

② 参见高艺可、常航《原始取得还是登记生效——执行异议之诉中合作开发房产的物权权属认定》,《法制与社会》2018年第26期。

③ 参见广东省高级人民法院(2010)粤高法民一终字第104号民事判决书。

崇立公司，系对共有财产之分割，崇立公司据此取得案涉房产的所有权。[①]信达陕西分公司提起上诉，最高人民法院判决认为，案涉房产开发的立项、规划、建设过程中，崇立公司均非行政审批机关确立的建设方即合法建造人，其不能因建造而原始取得案涉房产所有权，案涉房产所有权人为佳佳公司。[②]受本案中最高人民法院裁判立场的影响，后续同类案件的生效判决也秉承了同样的立场。[③]

综上，从建造行为对外公示的角度，只能将建设用地使用权证、建设用地规划许可证、建设工程规划许可证、施工许可证上载明的一方认定为"建造人"。从建造行为合法性的角度，也只有前述证照载明一方进行建造才能满足"合法"要求。有学者认为我国判例开创性地以"合法"要件认定所有权归属，[④]笔者认为，我国判例并非以"合法"来认定权属，更严谨的表达应当是，"建造人"的识别依据和"合法"的认定标准完全一致，从而产生了以"合法"来认定权属的印象。而且，不仅单方开发型非股权式合作开发，在挂靠开发的情形，也应以建设用地使用权证等相关证照为依据，认定建成房产归出名开发人所有。这是因为，出名开发人出资多少乃至是否出资，更多呈现为量的区别，而隐名开发人借出名开发人之名进行或参与开发则为质的一致，而法律关系本质上的一致性，必将导致法律效果的同一性，最高人民法院关于挂靠开发房地产的一系列裁判，也完全认同该结论。[⑤]

三　隐名开发人不能因"物权约定"直接取得所有权

如前所述，合作开发不等于共同建造，出名开发人才是合法建造人，建成房产归出名开发人所有。无论借名开发人有多大投入或者以何种方式投入，其投资行为本质上均系对出名开发人之融资，进而与出名开发人形成债权债务关系。然而，房地产开发实践中，隐名开发人与出名开发人往往在合作开发协议中明确约定建成房产归各方共有或分别所有。例如，胡某某与铂隆凯特公司所有权确认纠纷一案中，双方以铂隆凯特公司名义合作开发长宁金城福安广场项目，约定胡某某与铂隆凯特公司对该项目（包括建成房产）分别享有55%和45%的权益，即约定双方按份共有建成的房产；[⑥]南

① 参见陕西省高级人民法院（2015）陕民一初字第00037号民事判决书。

② 参见最高人民法院（2016）最高法民终763号民事判决书。

③ 参见最高人民法院（2017）最高法民申2004号民事裁定书，最高人民法院（2017）最高法民申4076号民事裁定书，最高人民法院（2017）最高法民终94号民事判决书，最高人民法院（2020）最高法民终199号民事判决书。

④ 参见周江洪、陆青、章程主编《民法判例百选》，法律出版社，2020，第163页。

⑤ 参见最高人民法院（2017）最高法民申496号民事裁定书，最高人民法院（2018）最高法民申694号民事裁定书，最高人民法院（2019）最高法民申4341号民事裁定书。

⑥ 参见最高人民法院（2017）最高法民终94号民事判决书。

昌百货公司、赛福尔公司与新洪公司合资、合作开发房地产合同纠纷一案中，南昌百货公司和新洪公司以新洪公司名义合作开发，约定建成房产中裙楼1~3层归南昌百货公司所有，其余部分归新洪公司所有，即约定建成房产为各方分别所有；[①]天羿公司与东阳公司案外人执行异议之诉一案中，天羿公司、万强公司以万强公司名义合作开发，约定双方各分取若干面积的商品住宅和商业用房，即约定物业分配的具体方法。[②]当事人也可能在合作开发协议中约定按比例分配建成房产的售后利润，例如，富山宝公司与福星公司等合作开发房地产合同纠纷一案中，富山宝公司、福星公司以后者名义合作开发金银城项目，并约定双方按3：1的比例分配利润。最高人民法院认为，利润分配约定并非不动产物权分配之约定。[③]但在笔者看来，前述认识过于形式化。这是因为，双方约定分配售后利润，显然系将利润作为各方共有的对象，而利润毕竟从建成房产转化而来，故利润分配约定本质上仍为建成房产共有之约定。问题在于，隐名开发人能否根据前述“物权约定”直接取得建成房产的所有权？

“物权约定”本质上为法律行为，在将法律行为作为物权变动的原因时，有意思主义（公示对抗主义）与形式主义（公示要件主义）两种立法例。相对于意思主义，形式主义在制度逻辑上更为顺畅自然，而且为物权变动当事人提供了更为充分的公示激励，也具有更为完整的公示效果，能更充分地实现物权变动环节交易自由、交易效率和交易安全的有机统一。[④]我国民法一定程度上采取了形式主义，除土地承包经营权的设立和转让、地役权和动产抵押权的设立等法律特别规定的情形外，动产物权变动必须交付，不动产物权变动必须登记。因此，在合作开发房产的所有权已经由出名开发人原始取得的前提下，包括前述“物权约定”在内的旨在让该物权关系发生变动的一切法律行为，均不能直接发生物权变动的效力，所谓“物权约定”也只能发生债权法上的效力，物权变动必须有待登记之完成。就登记的具体流程而言，为贯彻不动产登记连续性原则，以清晰地反映物权变动的轨迹，应首先根据《城市房地产管理法》第61条为出名开发人办理建成房产的首次登记，再根据合作开发协议中的“物权约定”，办理从出名开发人到隐名开发人的移转登记，或者从出名开发人单方登记变更为与隐名开发人的共有登记。

在我国民事审判中，隐名开发人根据“物权约定”已经完成登记，法院确认和保护其物权固无疑问。在前述南昌百货公司、赛福尔公司与新洪公司合资、合作开发房地产合同纠纷一案中，约定归南昌百货公司的裙楼1~3层已登记到南昌百货公司名下，

① 参见最高人民法院（2011）民申字第777号民事裁定书。

② 参见最高人民法院（2017）最高法民申4076号民事裁定书。

③ 参见最高人民法院（2010）民一终字第45号民事判决书。

④ 参见孙鹏《物权公示论——以物权变动为中心》，法律出版社，2004，第31~40页。

法院判决支持了南昌百货公司对新洪公司的物权主张。[①]而在富山宝公司与福星公司等合作开发房地产合同纠纷一案中，福星公司将其名下的合作开发项目置换给金安城公司，法院认为隐名开发方富山宝公司对项目并不享有物权，不妨碍置换合同发生效力。[②]在天羿公司与东阳公司案外人执行异议之诉案、崇立公司与信达陕西分公司等案外人执行异议之诉案中，因隐名开发人尚未依“物权约定”完成相应的不动产登记，法院均认定隐名开发人并未取得物权，并不享有足以排除强制执行的权益。[③]此外，在挂靠开发的情形中，即便隐名开发人证明了挂靠开发之事实，即便出名开发人完全认可隐名开发人对建成房产拥有物权，法院也均认为隐名开发人不得以“物权约定”为由排除出名开发人债权人的强制执行。[④]

但当案件不涉及出名开发人的债权人或项目（包括建成房产）的受让人，而仅仅在出名开发人和隐名开发人之间发生争议时，法院通常支持隐名开发人确认物权的诉讼请求。例如，海利公司与天纵公司约定，以天纵公司名义受让土地、办理相关许可证，由海利公司全部出资、自负盈亏并负责项目具体实施，楼房产权归海利公司所有。后双方发生纠纷，海利公司诉请确认登记在达益公司（原天纵公司）名下的房产归其所有。法院认为海利公司与天纵公司之约定以及海利公司实际出资开发之事实，能够打破不动产登记的权利推定效力。在资质借用的双方当事人之间，按照约定确认权属并不违反物权公示原则，支持了海利公司的诉讼请求。[⑤]何某某以昌盛公司名义开发领秀中原项目，约定何某某承担该项目的一切义务和责任，并对该项目享有完整的权利。后双方发生纠纷，何某某将昌盛公司诉至法院，要求确认该项目产权归其所有。法院认为，不动产登记应区分外部效力和内部效力，外部效力是基于物权公示公信原则，以保护善意第三人对登记的信赖；内部效力意指根据当事人的真实意思表示确定真正权利人。领秀中原项目登记在昌盛公司名下，乃何某某借用昌盛公司资质开发项目的必然行为，并不涉及所开发房地产产权的转移，昌盛公司不得以何某某借用其资质以及诉争不动产未办理变更登记为由对诉争房产主张权利，何某某有权依据合同约定主张登记在昌盛公司名下的房地产产权。[⑥]这种以案件是否涉及第三人为标准，而对隐名一方权利作出不同定性的判例立场，其学理依据为“事实物权”理论。“事实物权”

---

① 参见最高人民法院（2011）民申字第 777 号民事裁定书。

② 参见最高人民法院（2010）民一终字第 45 号民事判决书。

③ 参见最高人民法院（2017）最高法民申 4076 号民事裁定书，最高人民法院（2016）最高法民终 763 号民事判决书。

④ 参见最高人民法院（2017）最高法民申 496 号民事裁定书，最高人民法院（2018）最高法民申 694 号民事裁定书，最高人民法院（2019）最高法民申 4341 号民事裁定书。

⑤ 参见最高人民法院（2019）最高法民申 2036 号民事裁定书。

⑥ 参见最高人民法院（2012）民抗字第 17 号民事判决书。

乃是相对于法律物权之概念，法律物权为通过法定公示方法推定的物权，事实物权则为与法律物权相分离的，能够对抗法律物权人的真实物权。在涉及第三人时优先保护法律物权，不涉及第三人时优先保护事实物权。[①]那么，此等裁判立场及其学理解释果能证成吗？

笔者对前述裁判立场及其学理解释实难赞同。前文已经反复强调，出名开发人因合法建造而原始取得建成房产的所有权，无论是其建设用地使用权登记还是建成房产的首次登记，均为正当适法的登记，该登记不存在任何法律上的错误，全然不存在隐名开发人以合作或挂靠开发之事实打破不动产登记权利推定效力，进而从法律物权回归事实物权之问题。在涉及第三人时，隐名开发人的权利不能对抗第三人，其并非事实物权而乃债权；在不涉及第三人时，隐名开发人主张债权或主张物权差别并不太大，[②]法院支持其债权主张即给人一种其拥有事实物权的假象。而实际的情况是，即便不涉及第三人，隐名开发人主张债权或者物权仍有细微的区别。具体而言，由于隐名开发人与出名开发人之“物权约定”仅有债权法上的效力，出名开发人不能直接原始取得物权，故“物权约定”不得作为确定物权归属的根据，而只能成为隐名开发人要求出名开发人履行的对象。也就是说，隐名开发人只能对出名开发人提起给付之诉而非确认之诉，其获得胜诉的生效判决后，应当办理移转登记而非更正登记。令人欣慰的是，已经有判决充分认识到了这一问题。例如，华晋公司与军威公司合作开发军威新能源创新园，约定军威公司提供建设用地并负责办理规划和建设手续，并向华晋公司收取合作项目的地上楼面面积占地费；华晋公司自行投资完成建设与销售，并以建设成果及销售收益为其合作开发收益。针对华晋公司要求确认合作开发的房地产归其所有的诉讼请求，法院认为前述约定仅使双方形成债权债务关系，并不产生相关建筑物所有权及建设用地使用权变动的法律效力。[③]在前述胡某某与铂隆凯特公司所有权确认纠纷一案中，隐名开发人胡某某以出名开发人铂隆凯特公司为被告，诉请直接确认对铂隆凯特公司名下的项目拥有55%的权益，也未获法院支持。[④]可以说，无论案件是否涉及第三人，隐名开发人均不得仅以“物权约定”主张物权，问题在于，隐名开发人的债权人能否基于该“物权约定”，强制执行出名开发人名下的项目或建成之房产呢？

鸿大公司与吕某某签订联合开发协议，约定共同建设棚改项目鸿福家园和共济新家园，项目建设用地使用权登记在鸿大公司名下，双方各自组织施工建设，按4：6的

① 参见孙宪忠、常鹏翱《论法律物权和事实物权的区分》，《法学研究》2001年第5期。

② 参见张伟强《借名登记问题的经济分析——兼论物债何以二分》，《法学杂志》2019年第8期。

③ 参见最高人民法院（2020）最高法民终199号民事判决书。

④ 参见最高人民法院（2017）最高法民终94号民事判决书。

比例分担开发成本并各自销售分得的房产（锁定了房号）。协议约定的 25 栋楼在建 24 栋，尚有 1 栋未开工时，吕某某因刑事犯罪被采取强制措施，双方的联合开发协议被判决解除。后鸿大公司全面负责全部工程，包括建成此前未开工的楼栋。在两个项目并未清算的情况下，吕某某的债权人曲某某申请法院查封了协议约定的且由吕某某组织施工、完成主体部分建设的部分房产。鸿大公司诉请法院确认该房产为其所有并停止执行。本案经过一审①、二审②和再审，③法院均认为，协议对联建房产进行分割和处分，虽未进行登记，但在足以认定基于建造事实取得不动产物权的情况下，该分配行为当然产生物权分割和变动的法律后果，各方依协议取得不动产物权。本案三级法院的判决均认可隐名开发方基于"物权约定"直接取得物权，与本文前述结论大相径庭。笔者认为，其判决基点仍为不涉及第三人时（曲某某为吕某某的债权人，其权利依附于吕某某，并非与吕某某的权利主张形成对抗关系的第三人），尽管项目和房产登记在鸿大公司名下，但吕某某基于"物权约定"对相关房产拥有事实物权，鸿大公司之所以不能对抗曲某某的强制执行，乃因为其本就不能以法律物权对抗吕某某的事实物权。诚然，本案中法院保护债权人曲某某本身无可厚非，检察机关以项目和房产登记在鸿大公司名下并属于鸿大公司所有为由而提起抗诉亦并无必要。但保护债权人曲某某不一定非得认可吕某某基于"物权约定"享有的事实物权。更为符合法教义学的解释是，吕某某基于"物权约定"对鸿大公司享有针对特定房产的债权，曲某某查封并强制执行该债权，作为债务人的鸿大公司应配合和协助针对该债权的强制执行。若法院如此判决，不仅判决实效并无二致，而且顺乎法律逻辑，检察机关也无由抗诉，能有效节约司法资源，早日案结事了。

四　隐名开发人不能因合伙关系直接取得所有权

虽然合资、合作开发房地产与合伙合同④均为最高人民法院《民事案件案由规定》中确定的独立案由，但并不意味着二者彼此隔绝。在共同开发型非股权式合作开发中，各方互约出资、共同开发、共享盈利、共担风险，显然具有合伙合同的特征，构成典型的临时性、一次性、偶然性合伙，此种房地产合作开发合同更确切的名称应为合伙开发房地产合同，可以适用《民法典》"合伙合同"一章所确立的规则，⑤合作开发房

① 参见辽宁省瓦房店市人民法院（2010）瓦民初字第 4578 号民事判决书。

② 参见辽宁省大连市中级人民法院（2014）大民二终字第 00717 号民事判决书。

③ 参见辽宁省高级人民法院（2017）辽民再 1 号民事判决书。

④ 合伙合同纠纷在《民事案件案由规定》中的位序为：第四部分"合同、准合同纠纷"项下"十、合同纠纷"中的"127、合伙合同纠纷"。

⑤ 参见曹慧《合伙合同法律规范对合作开发房地产合同纠纷审判的意义》，《山东科技大学学报》（社会科学版）2021 年第 1 期。

地产这一概念在该场域甚至完全多余，可予废除。[①]针对单方开发型非股权式合作开发，有学者认为其与共同开发型非股权式合作开发大为不同，后者为“联建”，前者为“参建”；后者为合伙型联营，前者为合同型（协作型）联营。[②] 然而，相对于共同开发型非股权式合作开发，单方开发型非股权式合作开发除缺少“共同开发”这一要素，也具备“共同投资”“共享盈利”“共担风险”三项要素，也完全符合《民法典》第967条“合伙合同是两个以上合伙人为了共同的事业目的，订立的共享利益、共担风险的协议”之概念界定。故不少学者认为单方开发型非股权式合作开发也构成合伙，[③]在前述鸿大公司与吕某某合作开发房地产纠纷一案中，辽宁省人民检察院也对该观点予以认同。[④]

我国法律规定了两类合伙，一类是《民法典》规定的合伙合同，合伙人之间不成立新的实体，可称为契约型合伙；另一类是合伙人之间不仅签订合伙协议，而且在此基础上登记成立合伙企业，可称为团体型合伙。关于契约型合伙与团体型合伙的财产归属，法律规定有所不同。由于合伙企业属于典型的非法人组织，具有民事主体资格，《合伙企业法》第20条规定，合伙人的出资以及以合伙企业名义取得的收益和其他财产均为合伙企业的财产。[⑤]关于契约型合伙之财产，《民法通则》第32条规定，合伙人投入的财产，由合伙人统一管理和使用。合伙经营积累的财产，归合伙人共有。《民法典》编纂过程中，有学者建议在“合伙合同”一章中明确规定合伙财产为全体合伙人共同共有，[⑥]但《民法典》第969条最终仅规定，合伙人的出资以及因合伙事务依法取得的收益和其他财产，属于合伙财产。虽然本条未明确契约型合伙财产之归属，但解释上应认为合伙财产为全体合伙人共同共有。原因有二。第一，“合伙财产”这一概念本身即意味着其与合伙人个人财产相区隔，肯定不属于合伙人个人所有，而契约型合伙并非民事主体，故该财产只能为合伙人共有。第二，虽然《民法典》第974条规定合伙人对合伙财产享有一定份额，但该条同时规定合伙人转让份额必须取得其他合伙人一致同意，加之第969条第2款规定在合伙合同终止前，合伙人不得请求分割合伙财

① 参见刘俊《房地产合作开发几个基本法律问题探讨》，《学术论坛》2007年第2期。

② 《民法通则》第51~53条分别规定了法人型联营、合伙型联营、协作型联营三种联合经营模式，《民法典》摒弃了联营这一概念。参见刘俊《房地产合作开发几个基本法律问题探讨》，《学术论坛》2007年第2期；王洪平《论合作开发房地产中的物权认定与债务承担》，《山东社会科学》2012年第6期。

③ 参见姜鹏宇等《挂靠开发房地产项目不能解释成合伙取得物权——以司法案例为视角》，《牡丹江大学学报》2019年第1期。

④ 参见王鸿晓、王传力《联建房屋未登记也可对抗普通债权人的执行异议》，《人民司法（案例）》2018年第23期。

⑤ 民办非企业单位等合伙企业之外的团体型合伙，通说亦承认其非法人组织地位，其合伙财产也应归合伙组织所有。

⑥ 参见梁慧星主编《中国民法典草案建议稿附理由·合同编》（下册），法律出版社，2013，第1097页。

产，明显不符合按份共有之特征，只能认定为共同共有。[①]既然契约型合伙之合伙财产属于全体合伙人共同共有，而单方开发型非股权式合作开发亦构成契约型合伙，隐名开发人缘何不能因合伙关系而取得对建成房产的所有权呢？尤其是，在隐名开发人与出名开发人一道对合作开发所生债务承担连带责任的情况下，[②]若其不能与出名开发人共有建成之房产，在权利义务配置上岂不有失均衡？

消除前述疑问之关键，在于对契约型合伙中合伙人共有之理解，该共有与《民法典》“共有”一章中所规定的共有不能等量齐观。“共有”一章中共有的对象为特定的动产或不动产，即便《民法典》第310条规定共同享有用益物权和担保物权可参照共有的规定，共有也仍为物权法上的概念，系数人分享一项物权（包括所有权、用益物权、担保物权）。然而，契约型合伙中合伙人共有的对象为合伙财产，合伙财产为集合性概念，除动产和不动产等物权之外，还包括债权、知识产权、商业秘密、客户关系等有形或无形的权利或利益。也就是说，契约型合伙中的共有，既可能表现为合伙人分享一项物权，也可能表现为合伙人分享一项债权或其他权利（利益），而合伙人分享一项债权或其他权利（利益），即民法理论上的准共有。根据《民法典》第970条，合伙事务由全体合伙人共同执行，也可以依照合伙合同约定或全体合伙人决定委托一个或数个合伙人执行，执行事务的合伙人为合伙之利益且以合伙名义取得之财产，当然属于合伙财产。与此相反，若合伙人事务执行人以自己的名义取得财产，即便系为合伙之利益而取得，也不能直接成为合伙财产，而只能首先归属于该事务执行人，再由事务执行人移转给合伙，从而成为合伙财产。日本学者对此作出的解释是，根据《日本民法典》第671条，合伙与其事务执行人的关系可准用委托人与受托人关系之相关规定，而《日本民法典》第646条规定，受托人处理委托事务中以自己名义为委托人取得的财产或权利应当移转于委托人。合伙事务执行人类似于受托人，其以自己名义为合伙取得的财产或权利也应当移转于合伙，“移转”即权利变动，只有“移转”即权利变动后，这些财产和权利才能成为合伙财产。[③]对此，也许有人会提出疑问，合伙经营形成的财产与夫妻关系存续期间取得的财产一样，都被法律规定为共同共有，夫妻关系存续期间，即便夫妻一方以自己的名义且仅为自己个人利益取得的财产也属于夫妻共有财产，为何合伙关系存续期间，合伙人以自己名义且为合伙利益取得的财产必须首先归属于该合伙人？这是因为，合伙关系存续期间，合伙财产并不吸收和排斥

---

① 参见王利明主编《中国民法典评注·合同编》(4)，人民法院出版社，2021，第2069页。

② 参见江苏省高级人民法院2008年12月21日印发的《关于审理建设工程施工合同纠纷案件若干问题的意见》第24条规定：“合作开发房地产合同中的一方当事人作为发包人与承包人签订建设工程施工合同，承包人要求合作各方当事人对欠付的工程款承担连带责任的，人民法院应予支持。”

③ 参见〔日〕鈴木祿彌編集『新版註釈民法』(17)，(有斐閣，2003) 57頁。

合伙人个人财产，即合伙人除了与其他合伙人共有的合伙财产外，还存在大量的个人财产。合伙人新取得财产，可能是因执行合伙事务而取得的合伙财产，也可能是为自身利益而取得的个人财产。合伙人取得财产之名义不仅为其行为之外观，也成为区分合伙人个人财产与合伙财产之外观，以维系社会交易和保护不特定的第三人利益。但在婚姻关系存续期间，只要没有约定财产为夫妻分别所有，除《民法典》第1063条规定专属于夫妻一方的财产外，[①]夫妻另无个人财产，全然不存在区分夫妻共有财产和个人财产之必要，故纵然夫妻一方以自己的名义且仅为自己个人利益取得财产，也自动纳入夫妻共有财产范围。本文业已指出，单方开发型非股权式合作开发本质上亦为契约型合伙，出名开发人即合作各方（全体合伙人）共同决定的事务执行人，虽然其出名实施的开发活动系为合作各方（合伙）利益，但毕竟整个开发活动仅以其单方名义进行，根据前述法理，建成房产（执行合伙事务取得的财产）也只能首先归出名开发人所有，再由出名开发人移转给合作各方（合伙）。

合伙事务执行人以自己名义为合伙利益取得的财产首先归属于该合伙人，系从财产直接归属的角度而言，由于取得该财产的合伙人负担向合伙（全体合伙人）移转这些财产之义务，故合伙（全体合伙人）对该事务执行人拥有要求其移转这些财产的债权，该债权也属于合伙财产，也可以被全体合伙人“共有”。民法理论认为，在合伙清算前，即便合伙债权给付标的可分，合伙人也均不得主张分割该债权，而只能由全体合伙人共同行使，任何合伙人不仅不能要求债务人向自己一人给付债权之全额，也不能要求债务人向自己一人给付相应的份额。即便合伙债权的债务人为合伙人之一，也不能从合伙债权总额中扣除负担债务的合伙人所对应的份额。但在合伙清算时，各合伙人将按份额分割合伙债权，对合伙负担债务的合伙人可以其分割取得的债权与相应份额的债务相抵销（也可以说该额度的债权因混同而消灭），从而仅需要分别向其他合伙人履行其各自分割取得的额度。[②]基于前述分析，在单方开发型非股权式合作开发中，合作各方（全体合伙人）本来也“共有”请求出名开发人移转建成房产或销售利润的债权，但该“共有”债权徒具理论意义。这是因为，若各方约定开发完成后分割实物，虽开发完成时合作各方（全体合伙人）取得请求出名开发人移转建成房产的债权，但同时合作已经完成（合伙终止），约定分割实物的条件也已经成就；若各方约定分割利润，虽约定利润产生时合作各方（全体合伙人）取得请求出名开发人移转利润的债权，但同样彼时合作已经完成（合伙终止），约定分割利润的条件也已经成就。而合作各方

① 《民法典》第1063条规定：“下列财产为夫妻一方的个人财产：（一）一方的婚前财产；（二）一方因受到人身损害获得的赔偿或者补偿；（三）遗嘱或者赠与合同中确定只归一方的财产；（四）一方专用的生活用品；（五）其他应当归一方的财产。”

② 参见〔日〕鈴木禄彌編集『新版註釈民法』（17），（有斐閣，2003）79-80頁。

约定的实物或利润分割方法，完全可以理解为各方（全体合伙人）预定的合伙终止时合伙财产的分割方法。故没必要为追求法律逻辑之圆满，先由合作各方（全体合伙人）行使其“共有”的对出名开发人的债权，再分割汇入合伙财产的房产或利润，而应采取更为简明的办法，由出名开发人按约定将相应的房产或利润移交给隐名开发人。

综上，合伙人共有合伙财产并不等于对合伙经营期间合伙人取得的财产，全体合伙人一定享有所有权，对合伙财产之共有除合伙人分享一项所有权外，还包括分享债权等其他财产权益。合伙人对合伙债务承担连带责任之风险，也并非只能对应合伙人分享一项所有权这一纯粹物权层面之共有，合伙人“共有”债权等其他财产权益，享有合伙经营的终极利益才是其对合伙债务承担连带责任真正的法理基础。仅仅因为合伙人暂不分享一项所有权，不“共有”特定动产和不动产，即担心权利与义务失衡，实乃杞人忧天！

The Ownership of Cooperative Real Estate Development in a Non-equity Alliance

Wang Qinlao

Abstract: In nature, cooperative real estate developmentin a non-equity alliance is a form of partnership. Real estate built up during joint development in a non-equity alliance is co-owned by all parties. In the case of unilateral development in a non-equity alliance, the nominal developer is the rightful builder and the initial owner of real estate created. The covenant that real estate shall be co-owned or independently owned by the beneficial developer and the nominal developer has a debt effect but cannot directly empower the beneficial developer to acquire the ownership. The nominal developer and the beneficial developer shall not directly co-own the real estate created via partnership, but quasi-own the claim of handing over ownership of real estate against the nominal developer. However, when purposes of partnership have been reached so that the partnership shall be terminated, dividing and realizing the claim or separating the real estate created under previous agreement has no considerable distinctions.

Keywords: Cooperative Real Estate Development; Transformation of Property Rights; Objection to Enforcement by an Outsider; Partnership

借用资质开发房地产执行异议之诉的裁判规则

李洪威[*]

摘　要：借用资质开发房地产，现实中存在纯借用资质型、土地使用权转让型、合作开发型三种交易模式。出名人被其债权人申请强制执行时，借名人是否可请求排除强制执行，司法实践中存在登记主义、实质利益、外观主义、物权期待权四种不同裁判路径。根据“房地一致”原则，借名人不能因建造房屋的事实行为取得房屋所有权，仅依据合同关系对出名人享有请求其转让房地权利的债权，不应将借名人界定为“隐名权利人”或“实际权利人”。借名人虽不享有物权，但可依据《执行异议复议规定》第28条排除强制执行。该条文中“签订买卖合同”之要件应作扩张解释，借名人与出名人签订房地产开发资质借用合同、建设用地使用权转让合同的，应视为符合该要件。

关键词：执行异议；合作开发房地产；借用资质；物权期待权

一　引言

基于规避法律或政策等原因，实践中常见借用他人资质、以他人名义实施法律行为的现象，如借名买房、借名买车、隐名持股、借名持有证券等。当名义权利人被其债权人申请强制执行时，实际权利人是否可请求排除强制执行，在理论及实务中均存在较大争议。对此，《最高人民法院关于审理执行异议之诉案件适用法律问题的解释（一）（向社会公开征求意见稿）》［以下简称《执行异议之诉司法解释（一）》（征求意见稿）］第13条拟对此作出规制，制定了支持/不支持实际权利人排除执行两种方案。[①] 其中，“案外人借用资质开发房地产”亦被列入了“隐名权利人”的情形中。

---

*　李洪威，法律硕士，北京市第一中级人民法院法官助理，研究方向为合同法。北京市第一中级人民法院柳适思法官在本文写作过程中提供了宝贵意见，谨此致谢！

①　《执行异议之诉司法解释（一）》（征求意见稿）第13条第1款：金钱债权执行中，人民法院对登记在被执行人名下的财产实施强制执行，案外人以下列理由提起执行异议之诉，请求排除强制执行的，方案一为人民法院不予支持，方案二为经查证属实，且不违反法律、行政法规强制性规定，亦不违背公序良俗的，人民法院应予支持：（一）案外人借用被执行人名义购买不动产或者机动车等，其系被执行不动产或者机动车等的实际权利人；（二）案外人借用被执行人房地产开发资质开发房地产，其系被执行建设用地使用权、房屋所有权的实际权利人；（三）案外人借用被执行人名义对有限责任公司出资，其系被执行股权的实际出资人；（四）案外人借用被执行人的银行、证券账户，其系被执行账户中资金、证券的实际权利人。

但是，“借用资质”之表述是否能涵盖所有房地产开发人执行异议之诉的情形？将房地产开发资质借用人列为“隐名权利人”或“实际权利人”，是否妥当？房地产开发资质借用人是否有权排除执行？本文试对上述问题进行讨论分析，以期对借用资质开发房地产执行异议之诉裁判规则的建构有所助益。

二　借用资质开发房地产执行异议之诉司法裁判现状

笔者在“中国裁判文书网”“威科先行法律信息数据库”，以“执行异议之诉”为案由，以“2017年7月1日至2022年6月30日”为裁判时间，以“房”及“借用资质”或“挂靠”或“合作开发”为裁判理由或全文关键词进行检索，共获得1800余篇裁判文书。经逐一阅读筛选，排除涉及建设工程价款优先权、抵押权、预告登记、被拆迁人优先权的案件，共获得114篇相关裁判文书。① 样本案例共同的事实为：借名人借用出名人资质开发房地产，或双方合作开发房地产，出名人的债权人请求执行土地或房屋，借名人作为案外人提出执行异议。

（一）借用资质开发房地产的交易模式

样本案例中，借名人与出名人约定的交易模式存在以下三种类型。

第一，纯借用资质型。借名人借用出名人资质，以出名人名义受让建设用地使用权并开发建设房地产项目。借名人承担土地使用权出让金、建设工程款、税金等全部费用，并承担全部风险，享有全部收益。出名人仅向借名人收取固定的资质借用费用。

第二，土地使用权转让型。出名人已从政府处受让建设用地使用权，后将项目交由借名人开发。借名人自担风险、自负盈亏，出名人向借名人收取固定的土地使用权转让费用。

第三，合作开发型。出名人提供建设用地使用权，借名人提供建设资金，双方合作开发项目，共同承担风险，开发后按照特定比例分享利润，或按照特定区域分配房屋。

其中，纯借用资质型、土地使用权转让型案例共58篇（占比约51%）。此类案件的借名人借用出名人资质，独立承担项目开发风险，属《执行异议之诉司法解释（一）》（征求意见稿）第13条“借用资质开发房地产”的典型情形。

合作开发型案例共56篇（占比约49%）。该类案件中建设用地使用权登记在出名人名下，借名人实际投入资金参与项目开发，共同承担项目开发风险，实质上亦部分借用了出名人的房地产开发资质，本文将此种情形界定为广义的“借用资质开发房地产”情形。

（二）借用资质开发房地产执行异议之诉的裁判路径

对于借名人是否有权排除执行，司法实践中不论是权属认定标准还是执行异议裁

---

① 存在二审、再审等多个审理阶段的案件，以及当事人部分或全部相同且案情类似的串案，均按照1篇计算。

判结果，均存在较大分歧，形成了多种裁判路径。见表1、表2所示。

表1 借用资质开发房地产执行异议之诉不同审级各裁判路径数量及占比①

审级	总计（篇）	登记主义路径	实质利益路径	外观主义路径	物权期待权路径
最高人民法院	10	10（100%）	0（0.00%）	0（0.00%）	0（0.00%）
高级人民法院	30	22（73.34%）	4（13.33%）	1（3.33%）	3（10%）
中级人民法院	53	25（47.17%）	10（18.87%）	1（1.89%）	17（32.07%）
基层人民法院	21	10（47.62%）	3（14.29%）	0（0.00%）	8（38.09%）
合计	114	67（58.77%）	17（14.91%）	2（1.75%）	28（24.56%）

表2 借用资质开发房地产执行异议之诉不同交易模式各裁判路径数量及占比

裁判路径 交易模式	总计（篇）	登记主义路径	实质利益路径	外观主义路径	物权期待权路径
典型借用资质 （纯借用资质型、 土地使用权转让型）	58	43（74.14%）	10（17.24%）	1（1.72%）	4（6.90%）
广义借用资质 （合作开发型）	56	24（42.86%）	7（12.5%）	1（1.78%）	24（42.86%）

1. 登记主义路径

该路径案例共67篇（占比58.77%）。法院认定出名人享有房屋所有权，从而支持债权人，判决准许执行。裁判理由主要有六个。第一，《民法典》规定以登记认定不动产权属，② 因建设用地使用权、房屋所有权登记在出名人名下，“四证”③ 记载的建设单位亦为出名人，故借名人不能取得不动产物权。④ 第二，借名人对出名人享有的权利系基于合同产生的债权，与其他债权相比不具有优先性。⑤ 第三，内部债权不足以对抗相关权属证书的公示性，应对债权人的信赖利益予以保护。⑥ 第四，执行程序的价值取

① 存在二审、再审等多个审理阶段的，按照最终生效文书审级计算，但二审、再审等阶段的争议焦点并非本文研究问题的除外。

② 参见《民法典》第209、214、216、217条。

③ 建设用地规划许可证、建设工程规划许可证、建筑工程施工许可证、商品房预售许可证。

④ 如“刘某某与中国银行股份有限公司楚雄州分行、楚雄海弘房地产开发有限公司等案外人执行异议之诉案”，最高人民法院（2019）最高法民申4341号民事裁定书。

⑤ 如“陈某某与刘某某、永州市瑞天置业有限公司等执行异议之诉案”，湖南省高级人民法院（2018）湘民终605号民事判决书。

⑥ 如“赵某某与利津县利华益恒信小额贷款股份有限公司、东营市润泽房地产开发有限责任公司案外人执行异议之诉案”，最高人民法院（2017）最高法民申2004号民事裁定书。

向是效率，被执行财产的权属判断标准主要应采取形式审查和表面判断原则。[①] 第五，法律对房地产开发设置了资质限制，对于借用他人资质者不应予以特殊保护。[②] 第六，房地产开发系商事行为，借名人应对风险有充分认知，自担风险。[③]

2. 实质利益路径

该路径案例共17篇（占比14.91%）。法院认定借名人对房屋享有实际利益，具体又细分为两种裁判方式。

其一，认定借名人实际享有房屋所有权，判决不得执行（14篇）。裁判理由主要为：首先，不动产权利证书仅具有权利推定效力，借名人对项目进行了实际投入并控制项目建设，应认定其为实际权利人。[④] 其次，虽然相关法律对借用资质行为予以禁止，但该违法行为应由相关行政机关处理，不影响借名人对房屋的权利。[⑤] 最后，借名人实际投入资金，根据权利义务相一致的基本原则，对其应予保护。[⑥]

其二，认定房屋所有权为出名人与借名人共有（3篇）。双方已协议分割的，房屋权属按照双方协议确定，判决不得执行属于借名人的部分。[⑦] 双方未协议分割的，判决驳回借名人关于排除执行的诉讼请求，同时在说理部分指引借名人依据《最高人民法院关于人民法院民事执行中查封、扣押、冻结财产的规定》第12条[⑧]规定，在执行过

① 如“江某某与梁某某、湖北江宇房地产开发有限公司执行异议之诉案”，湖北省武汉市中级人民法院（2021）鄂01民再7号民事判决书。

② 如“陈某某与瞿某某、孝感市德利置业有限公司等案外人执行异议之诉案”，湖北省高级人民法院（2020）鄂民终669号民事判决书。

③ 如“邓某、吴某等与云南昭通昭阳农村商业银行股份有限公司案外人执行异议之诉案”，最高人民法院（2019）最高法民申4714号民事裁定书。

④ 如“中建二局第二建筑工程有限公司与韩城市海燕房地产开发有限责任公司、韩城市新城街道办事处河渎村村民委员会申请执行人执行异议之诉案”，陕西省高级人民法院（2020）陕民终854号民事判决书；“王某与河南祥禄建设工程有限公司、河南省鑫天功置业有限公司执行异议之诉案”，河南省安阳市中级人民法院（2022）豫05民终1607号民事判决书。

⑤ 如“贵州华兴建筑有限公司与张某某、贵州龙里大福房地产开发有限公司案外人执行异议之诉案”，贵州省黔南布依族苗族自治州中级人民法院（2020）黔27民终1054号民事判决书。该裁判文书非最终生效判决，但其理由具有典型性。

⑥ 如“游某与山东美达建工集团股份有限公司、安徽省阜阳市中南置业有限责任公司等案外人执行异议之诉案”，安徽省阜阳市颍州区人民法院（2020）皖1202民初4790号民事判决书。该裁判文书非最终生效判决，但系经该院审判委员会讨论决定，其理由具有典型性。

⑦ 如“段某某与于某某、宁城县鹏博房地产开发有限公司等案外人执行异议之诉案”，内蒙古自治区宁城县人民法院（2018）内0429民初2323号民事判决书。

⑧《最高人民法院关于人民法院民事执行中查封、扣押、冻结财产的规定》（2020年修正）第12条规定：“对被执行人与其他人共有的财产，人民法院可以查封、扣押、冻结，并及时通知共有人。共有人协议分割共有财产，并经债权人认可的，人民法院可以认定有效。查封、扣押、冻结的效力及于协议分割后被执行人享有份额内的财产；对其他共有人享有份额内的财产的查封、扣押、冻结，人民法院应当裁定予以解除。共有人提起析产诉讼或者申请执行人代位提起析产诉讼的，人民法院应当准许。诉讼期间中止对该财产的执行。”

程中另行提起析产诉讼。①

3. 外观主义路径

该路径案例共2篇（占比1.75%）。该路径与登记主义路径的裁判结果相同，但理论基础完全不同。法院认定借名人实际享有房屋所有权，但认为该权利不可对抗外部第三人，从而判决准许执行。② 换言之，因不动产登记具有公示公信的效果，虽然借名人实际享有房屋所有权，但应当保护债权人对不动产登记的信赖利益，进而维护交易安全。该裁判路径案例数量虽少，却与《执行异议之诉司法解释（一）》（征求意见稿）第13条的裁判思路不谋而合。

4. 物权期待权路径

该路径案例共28篇（占比24.56%）。法院认为符合条件的借名人享有物权期待权，适用《最高人民法院关于人民法院办理执行异议和复议案件若干问题的规定》（以下简称《执行异议复议规定》）第28条，以该条文构成要件的成立与否判决不得执行或准许执行。具体又存在两种裁判方式。

其一，以登记主义路径认定出名人享有房屋所有权，但因《执行异议复议规定》第28条规定的构成要件均满足，判决不得执行（26篇）。就"查封前已签订买卖合同"要件的认定，存在三种情形：一是在合作开发型交易模式中，因合作开发合同约定借名人、出名人各分配特定区域房屋，根据《最高人民法院关于审理涉及国有土地使用权合同纠纷案件适用法律问题的解释》（以下简称《国有土地使用权合同司法解释》）第22条③规定，认定双方成立房屋买卖合同关系；④ 二是在土地使用权转让型交易模式中，根据《国有土地使用权合同司法解释》第21条⑤规定，认定双方成立土地使用权转让合同关系；⑥ 三是借名人与出名人签订合作开发合同后，在开发期间又另

① "海口栋梁实业有限公司与海南百卉绿色食品投资有限公司、海南乾坤实业总公司等案外人执行异议之诉案"，海南省高级人民法院（2019）琼民终438号民事判决书。

② 如"马某与李某某、谭某某等案外人执行异议之诉案"，内蒙古自治区赤峰市中级人民法院（2019）内04民终1809号民事判决书。

③ 《国有土地使用权合同司法解释》第22条规定："合作开发房地产合同约定提供资金的当事人不承担经营风险，只分配固定数量房屋的，应当认定为房屋买卖合同。"

④ 如"青岛州威之家市场管理有限公司与青岛市市立医院、青岛工贸中心股份有限公司等案外人执行异议之诉案"，山东省青岛市中级人民法院（2020）鲁02民终11257号民事判决书。

⑤ 《国有土地使用权合同司法解释》第21条规定："合作开发房地产合同约定提供土地使用权的当事人不承担经营风险，只收取固定利益的，应当认定为土地使用权转让合同。"

⑥ 如"王某与内蒙古小环球房地产开发有限责任公司、内蒙古闻都置业有限责任公司案外人执行异议之诉案"，内蒙古自治区呼和浩特市中级人民法院（2019）内01民终3821号民事判决书。

行签订房屋买卖合同或以物抵债合同。[①] 对于其他要件，因借名人在房地产开发过程中的投入已物化为建筑物，应视为已支付全部购房款；借名人实际开发房地产项目，应认定其对案涉房屋构成占有；因案涉项目未完工验收、未办理初始登记、借名人已积极主张权利，未办理过户登记非因借名人原因造成。

其二，以实质利益路径认定或另案判决认定借名人享有房屋所有权，但因借名人未及时办理土地使用权转让手续或房屋过户登记手续具有过错，参照适用《执行异议复议规定》第28条第4项，判决准许执行（2篇）。[②]

（三）司法实践问题分析

分析前述裁判路径，可以发现借用资质开发房地产执行异议之诉的司法实践存在以下问题。

第一，房屋权属认定存在差异。样本案例中，认定房屋所有权归属于出名人的案例共93篇（占比81.58%），归属于借名人的案例共18篇（占比15.79%），归出名人、借名人共有的案例共3篇（占比2.63%），权属认定存在多种观点。

第二，执行异议裁判结果分歧显著。样本案例中，支持出名人的债权人、判决准许执行的案例共72篇（占比63.16%），支持借名人、判决不得执行的案例共42篇（占比36.84%），裁判分歧较为显著。

第三，《执行异议复议规定》衔接失调。在合作开发型、土地使用权转让型案例中，不少案例适用《执行异议复议规定》第28条认定借名人享有物权期待权，可以排除执行。而在纯借用资质型案例中，借名人对房地产项目的控制力更强，承担的风险更高。如前者可受保护而后者不能得到保护，不符合“举轻以明重”的法律逻辑。同时，《执行异议复议规定》第28条各要件的具体认定也尺度不一。

三　“名”“实”之辨：借名人权利定性

执行异议之诉的本质在于对权利优先性的判断。因此，要确定借用资质开发房地产中的借名人是否可排除出名人的债权人的强制执行，首先要对借名人的权利性质进行界定。《执行异议之诉司法解释（一）》（征求意见稿）第13条的两种方案以外观主义是否适用决定房地产开发资质借用人是否可排除执行，此种思路最大的问题在于，

---

① 如“董某某与徐某某、齐齐哈尔和平房地产开发有限责任公司案外人执行异议之诉案”，黑龙江省高级人民法院（2018）黑民终425号民事判决书；“王某某与山东科达集团有限公司、淄博博远置业发展有限公司等案外人执行异议之诉案”，山东省东营市中级人民法院（2019）鲁05民初106号民事判决书。

② “新余市鑫融房地产开发有限公司与江某某、张某某等执行异议之诉案”，江西省高级人民法院（2017）赣民初1号民事判决书；“福建省汽车工业集团有限公司与福建长乐农村商业银行股份有限公司案外人执行异议之诉案”，福建省福州市鼓楼区人民法院（2019）闽0102民初10803号民事判决书。

不当地默认房地产开发资质借用人为“实际权利人”。我国股权转让及机动车转让并非采“登记生效主义”，故隐名持股、借名买车的借名人可能实际取得股权、动产物权，出现“名”“实”不符的情况。非为规避规章与政策规定借名购买房屋，[①] 因出卖人并不在意与何人发生合同关系，且登记的形式要件可通过“登记媒介”理论的解释加以变通，[②] 故借名人亦存在实际取得房屋所有权的可能。但是，借名开发房地产与隐名持股、借名买车、借名买房等情形存在本质区别，房地产开发资质借用人断不能成为建设用地使用权、房屋所有权的“实际权利人”。对此，可从受让建设用地使用权和建造房屋两个阶段进行详细分析。

（一）建设用地使用权受让阶段物权变动分析

在纯借用资质型交易模式下，借名人借用出名人的资质从政府处受让建设用地使用权，此时借名人是否可取得土地权利？因我国建设用地使用权的物权变动采“债权形式主义”，借名人欲受让建设用地使用权需要同时满足实质要件和形式要件。

房地产开发关系国计民生和社会公共安全，我国相关法律及行政法规对房地产开发采取准入许可限制。[③] 借名人一般不具有房地产开发资质，且未经过招投标等法定程序。故政府出让建设用地使用权的意思表示系向出名人这一特定主体作出，不存在将出让意思表示解释成向借名人作出的空间。即便政府知悉并默许出名人与借名人之间的关系，也可适用《民法典》第 925 条关于隐名代理的规定，基于资质和程序的法定性认定该情形属于“有确切证据证明该合同只约束受托人（出名人）和第三人（政府）”的情形。[④] 因此，借名人不能成为建设用地使用权出让合同的主体，与政府之间不存在合同关系，不满足物权变动的实质要件。同时，建设用地使用权未登记在借名人名下，亦不满足物权变动的形式要件。故借名人不能取得建设用地使用权，该权利应归属于出名人。

（二）房屋建造阶段“房地一致”原则的适用

实践中，争议较大的问题是借名人是否可基于合法建造的事实行为取得房屋所有权？《民法典》物权编确立了“房地一致”原则，规定建设用地使用权和房屋所有权

---

① 为规避规章与政策规定借名购买房屋，如规避经济适用房等政策性保障性住房相关规定购买房屋，房屋买卖合同因违背公序良俗而无效，借名人自不能获得房屋所有权。规避限购令是否违背公序良俗存在不同观点，参见司伟《借名买房排除强制执行的法律规则——基于学说与案例的分析与展开》，《法治研究》2021 年第 4 期。

② 参见杨代雄《借名购房及借名登记中的物权变动》，《法学》2016 年第 8 期。

③ 参见《中华人民共和国城市房地产管理法》（2019 年修正）第 30 条；《城市房地产开发经营管理条例》（2020 年修订）第 5、9、34 条等。

④ 参见杨代雄《借名购房及借名登记中的物权变动》，《法学》2016 年第 8 期。

必须一体处分。[①] 但在房屋建造至首次登记期间，房屋所有权是否必须归属于土地权利登记人，则未有明确规定。该问题的关键在于《民法典》第231条（原《物权法》第30条）与《民法典》第352条（原《物权法》第142条）的解释和衔接。《民法典》第231条规定："因合法建造、拆除房屋等事实行为设立或者消灭物权的，自事实行为成就时发生效力。"借名人在出名人之土地上建造房屋，是否属于该条文中"合法"建造的事实行为？《民法典》第352条规定："建设用地使用权人建造的建筑物、构筑物及其附属设施的所有权属于建设用地使用权人，但是有相反证据证明的除外。"借名人建造房屋，又是否属于该条文中"有相反证据证明"的情形？以上两个问题实为同一问题的两面，应作一致回答。

最高人民法院对该问题的观点曾发生过变化。在《〈中华人民共和国物权法〉条文理解与适用》一书中，最高人民法院认为建设用地使用权人基于合作、合资等关系，约定建成后建筑物权属归于他人的，建设用地使用权人不能取得建筑物所有权。[②] 而在《中华人民共和国民法典物权编理解与适用》一书中，最高人民法院的观点则改变为，合作建房原则上应遵循建筑物所有权属于土地使用权人的一般规则，当事人关于建筑物所有权的约定仅具有债权效力。[③]

本文认为，《民法典》第231条的"合法"及第352条的"有相反证据证明"均应采限缩解释，不应包括借名人在出名人之土地上建造房屋的情形。

其一，从体系解释上看，《民法典》第209条[④]已对不动产物权登记公示原则作出规定，除非法律另有明确规定，应以登记确立不动产物权。对于该原则的突破，应采取审慎的态度，否则将导致耗费巨大人力、物力所构建的不动产登记制度的功能大打折扣，对不动产登记的公信力造成破坏。[⑤]《执行异议复议规定》第25条第1款第1项亦规定"未登记的建筑物、构筑物及其附属设施，按照土地使用权登记簿、建设工程规划许可、施工许可等相关证据判断"，以土地使用权归属认定房屋所有权归属与该规定衔接顺畅。[⑥]

① 参见《民法典》第356、357、397、398、417条。

② 最高人民法院物权法研究小组编著《〈中华人民共和国物权法〉条文理解与适用》，人民法院出版社，2007，第431页。

③ 最高人民法院民法典贯彻实施工作领导小组主编《中华人民共和国民法典物权编理解与适用（下）》，人民法院出版社，2020，第783页。

④《民法典》第209条规定："不动产物权的设立、变更、转让和消灭，经依法登记，发生效力；未经登记，不发生效力，但是法律另有规定的除外。依法属于国家所有的自然资源，所有权可以不登记。"

⑤ 参见冉克平《〈民法典〉视域中不动产买受人的法律地位——以"执行异议复议"的修改为中心》，《武汉大学学报》（哲学社会科学版）2021年第3期。

⑥ 否则，该规定中"等相关证据"须扩大解释为包括"借名人实际出资并建造房屋的证据"。另外，《最高人民法院关于人民法院民事执行中查封、扣押、冻结财产的规定》第2条第2款亦有类似规定。

其二，从立法背景上看，《民法典》第 352 条但书规定系为适应不动产登记制度尚不完备的状况。2007 年《物权法》颁布之前，不动产登记政出多门，房地权属登记机构不一，且我国实施住房分配制度，社会观念中登记只是行政管理的手段。[①] 因此，全国人大常委会法工委民法室在其所编的释义书中指出，《民法典》第 352 条的例外情形包括：一是因房地权属分别由不同登记机构办理的，建筑物所有权变更登记已完成但建设用地使用权变更登记尚未完成；二是因政府与开发商的特别约定，房地产项目中的配套设施所有权归国家；三是在公房改制中，单位依法或政策将职工承租的公房出卖给职工，但购房者不享有建设用地使用权。[②] 可见，除因特别约定配套设施归属国家外，其他情形均是为了解决不动产登记制度改革中遗留的问题，与借名人在出名人土地上建房情形并不类似。在不动产登记制度日趋完善的今天，对《民法典》第 352 条的例外情形更应作限缩解释。

其三，从法律统一适用角度看，如前所述，9 篇最高人民法院案例均采登记主义路径，认定房屋所有权归属于建设用地使用权人。例如，最高人民法院公报案例“联建居民对抗执行的条件及认定”（2016）最高法民终 763 号民事判决书指出：“合法建造取得物权，应当包括两个前提条件，一是必须有合法的建房手续，完成特定审批，取得合法土地权利，符合规划要求；二是房屋应当建成。”再如，最高人民法院（2019）最高法民申 4714 号民事裁定书认为，“我国实行‘房地一体主义’的原则，因此，物权法第三十条所称的‘合法建造’，系指权利人在其享有建设用地使用权的土地上、且在办理了相关审批手续的基础上的建造行为”。在房地权属认定上与最高人民法院判决采一致意见，既是统一裁判标准的最佳方式，也是类案检索制度的必然要求。同时，既有裁判中 81.58%的执行异议之诉案件认定房屋所有权归属于出名人，采限缩解释亦有利于与既有裁判思路保持一致，维持司法裁判的稳定性。

其四，从利益平衡的角度看，在认定借名人对房屋不享有所有权的情况下，亦可通过其他路径适当保护借名人的利益（对此本文将于第四部分详细阐述）。

因此，应坚持“房地一致”原则，以土地权利登记为标准认定房屋所有权归属于出名人，借名人不能因建造房屋的事实行为获得房屋所有权。

综上所述，借名人既不能在土地使用权出让阶段通过继受取得获得建设用地使用权，也不能在房屋建造阶段通过原始取得获得房屋所有权，仅依据合同关系对出名人享有请求其转让房地权利的债权。故借名人不具有物权“实际权利人”的地位，根本

---

① 参见冉克平《〈民法典〉视域中不动产买受人的法律地位——以“执行异议复议”的修改为中心》，《武汉大学学报》（哲学社会科学版）2021 年第 3 期。

② 参见全国人民代表大会常务委员会法制工作委员会民法室编《中华人民共和国物权法条文说明、立法理由及相关规定》，北京大学出版社，2007，第 142 页。

不存在“名”“实”问题。《执行异议之诉司法解释（一）》（征求意见稿）第13条应删除第1款第2项，将借名开发房地产与隐名持股、借名买车、借名买房等情形区别开来，单独规制。

四 《执行异议复议规定》第28条之适用

尽管房地权利均归属于出名人，但房地权属认定并不单独决定执行异议之诉的裁判结果，借名人的利益可能通过其他机制予以保护。《执行异议复议规定》第28条（以下简称第28条）规定了无过错不动产买受人排除执行的权利，最高人民法院将该条文的理论基础解释为物权期待权。[①] 但物权期待权的理论解释受到了学者质疑，[②] 甚至有不少学者主张删除该条文。[③] 鉴于学界对该问题已有较多讨论，本文无意从立法论角度就第28条的存废过多展开，下文主要基于解释论的角度对该条文在借用资质开发房地产执行异议之诉中可否适用以及如何适用进行探讨。

（一）《执行异议复议规定》第28条适用之证成

第28条就不动产买受人排除执行权利规定了四个要件：（1）查封前已签订合法有效的书面买卖合同；（2）查封前已合法占有不动产；（3）已支付全部价款，或者已支付部分价款且剩余价款按照法院要求交付执行；（4）非因买受人原因未办理过户登记。借名人可否通过第28条予以保护，关键在于如何理解该条文中的“买卖合同”。

首先需要明确的是，买卖合同一般应为房屋买卖合同，不能为土地使用权转让合同。第28条四个要件指向的对象应当一致，如要件一中的买卖合同为土地使用权转让合同，则要件四应为借名人对土地使用权未办理过户登记不具有过错。然而，土地使用权未过户至借名人名下，一般系因借名人不具有资质或为减少转让税费，借名人对此具有过错，要件四不能满足。[④] 故本文主要从房屋买卖合同的路径分析第28条的适用。

以一典型案件为例。杨某以中宝公司名义开发建设一果蔬市场，施工建设由杨某

---

① 江必新、刘贵祥主编，最高人民法院执行局编著《最高人民法院关于人民法院办理执行异议和复议案件若干问题规定理解与适用》，人民法院出版社，2015，第421~422页。

② 有学者反对以“物权期待权”解释《执行异议复议规定》第28条，主张将“作为公法的民事执行法可对权益冲突作出适当干预和利益平衡”作为该条文的理论基础。参见庄诗岳《中国式不动产物权期待权的批判与反思》，《河北法学》2021年第11期。

③ 参见庄加园《不动产买受人的实体法地位辨析——兼谈〈异议复议规定〉第28条》，《法治研究》2018年第5期；冉克平《〈民法典〉视域中不动产买受人的法律地位——以“执行异议复议”的修改为中心》，《武汉大学学报》（哲学社会科学版）2021年第3期。

④ 仅在极少数情况下，借名人亦具有房地产开发资质，且积极向出名人主张土地使用权过户，此时则可能从土地使用权的路径适用第28条。参见“王某与内蒙古小环球房地产开发有限责任公司、内蒙古闻都置业有限责任公司案外人执行异议之诉案”，内蒙古自治区呼和浩特市中级人民法院（2019）内01民终3821号民事判决书。

组织，建设用地使用权登记在中宝公司名下。杨某支付 561 万元建设用地使用权出让金后，镇市场发展中心又将 561 万元返还杨某作为入股资金共同建设果蔬市场。各方对建成后房屋归属进行了划分。后中宝公司的债权人昊和公司[①]申请强制执行果蔬市场，镇市场发展中心就其分配的房屋提出执行异议。异议获支持后，昊和公司提起执行异议之诉。一审法院认为，镇市场发展中心没有与中宝公司签订合法有效的买卖合同，不符合《执行异议复议规定》相关规定，判决准许执行。二审法院认为，镇市场发展中心返还杨某的 561 万元应认定为购房款；镇市场发展中心已开始装修，实际占有案涉房屋；房屋尚未办理初始登记，镇市场发展中心对未办理过户登记不存在过错。故撤销一审判决，改判不得执行。[②] 同时，杨某也另案提出了执行异议，但法院认为杨某的异议依据不足，裁定驳回杨某的执行异议。[③]

实践中，在一方出地、一方出资的合作开发中，有的约定“出资人分配特定（少部分）房屋，剩余归于出地人”，此时法院多依据《国有土地使用权合同司法解释》第 22 条认定成立房屋买卖合同关系；有的约定“出地人分配特定（少部分）房屋，剩余归于出资人”，此时开发风险主要由出资人承担，法院多依据《国有土地使用权合同司法解释》第 21 条认定成立土地使用权转让合同关系，将出地人分配的房屋认定为出资人支付的土地使用权转让款。在上述中宝公司案中，相关会议纪要载明果蔬市场办公楼 1~4 层产权归镇市场发展中心所有，法院认定成立房屋买卖合同关系。但试问，如镇市场发展中心分配大部分房屋，是否即因成立土地使用权转让合同关系而不能适用第 28 条？本案中杨某亦分配了特定房屋，其与镇市场发展中心的区别仅在于其支付了土地转让款、组织施工建造、分配大部分房屋，为何杨某反而不能获得第 28 条的保护？

实践中的另一倾向是，如借名人与出名人先签订合作开发合同或资质借用合同，后续双方又签订房屋买卖合同，多数案例认为双方成立买卖合同关系。如一案例中，法院认定“徐某某系挂靠和平开发公司开发案涉房屋所在小区的实际开发人，法律、行政法规并不禁止挂靠开发人购买自己开发商铺及车库，应认定和平开发公司与徐某某签订的两份房屋买卖合同系双方的真实意思表示，为有效合同”，且因“徐某某的投入物化在开发房屋之中”，“应认定其交付了全部购房款”，[④] 从而适用第 28 条判决停

① 中宝公司系为案外人鑫华公司债务向昊和公司提供连带保证，从而对昊和公司负有债务。

② “灵宝市市场发展中心与河南昊和企业管理咨询有限公司、灵宝市中宝房地产开发有限责任公司等执行异议之诉案”，河南省高级人民法院（2019）豫民终 711 号民事判决书。

③ “任某申请执行河南鑫华矿冶股份有限公司、灵宝市华宝产业有限责任公司等借款担保案”，河南省三门峡市中级人民法院（2016）豫 12 执异 16 号执行裁定书。

④ “董某某与徐某某、齐齐哈尔和平房地产开发有限责任公司等案外人执行异议之诉案”，黑龙江省高级人民法院（2018）黑民终 425 号民事判决书。

止强制执行。在前述中宝公司案中，因杨某与中宝公司系资质借用关系而非房屋买卖关系，法院未支持其执行异议。但是，如杨某在与中宝公司确立资质借用关系时同时签订一份房屋买卖合同，是否即可因这一纸买卖合同适用第 28 条排除执行？

根据以上考察，本文认为，从法律体系逻辑、意思表示解释、司法解释制定目的、当事人利益平衡等角度分析，不论双方交易模式为合作开发型、土地使用权转让型，还是资质借用型，均应认定借名人与出名人之间存在房屋买卖合同关系，从而赋予借名人适用第 28 条排除执行的权利。

其一，从法律体系逻辑上看，如借名人不能获得第 28 条保护，不符合“举轻以明重”的原则。首先，从合作开发型到土地使用权转让型，再到纯借用资质型交易模式，借名人对房地产项目的控制力逐渐增强，承担的风险也越来越高。如控制力弱、风险低的最前者在执行异议中可获得保护，控制力强、风险高的后二者反而不能获得保护，权利、义务、风险不能匹配。其次，合作开发型交易模式的借名人因分配部分特定房屋而获得第 28 条保护，土地使用权转让型、纯借用资质型交易模式的借名人实质上分配了全部房屋或大部分房屋，却不能获得第 28 条保护，逻辑上不能自洽。最后，事实上，是否成立严格意义上的买卖合同，并非第 28 条是否得以适用最关键的考量因素，如仅机械地根据文义认定构成要件，就会得出“查封前补签买卖合同者即可获得第 28 条保护”的不当结论。

其二，从意思表示分析，借名人与出名人的法律关系可以涵盖或转化为房屋买卖合同关系。在合作开发型、土地使用权转让型、纯借用资质型三种交易模式中，借名人与出名人分别成立房地产合作开发合同、土地使用权转让合同、资质借用合同关系。在合作开发合同中，借名人因分配特定房屋，依据《国有土地使用权合同司法解释》第 22 条成立房屋买卖合同，自无疑义。在土地使用权转让合同中，借名人的合同目的是获得建设用地使用权，而建设用地使用权转让的形式既包括直接转让，也包括在房屋建成后连同房屋所有权一同转让。特别是在借名人不具有开发资质、土地使用权转让合同在法律上不能履行的情况下，该合同只能通过房屋建成后转让房屋所有权的方式履行。[①] 因此，土地使用权转让合同关系可以涵盖或转化为房屋买卖合同关系。而在资质借用合同中，借名人的根本目的是获得房地产项目利益，其范围亦涵盖了房屋买卖。如前所述，法律及行政法规对房地产开发的资质进行了限定。因房地产开发涉及国计民生和公共安全，应认定资质借用合同因违反法律、行政法规的强制性规定和公

① 尽管借名人不具有房地产开发资质，但土地使用权转让合同应为有效。借名人能否取得资质并经有批准权的政府同意转让，系合同履行问题，并不影响合同效力。参见“河南恒昌房地产开发有限公司与李某某、信阳高新技术产业开发区招商局等合同纠纷案”，最高人民法院（2019）最高法民再 379 号民事判决书。

序良俗而无效。根据无效法律行为转换原理，因资质借用包含房屋买卖，且房屋买卖符合出名人与借名人的合同目的和真实意思，故无效的资质借用合同可以转化为有效的房屋买卖合同。[①]

其三，从司法解释制定目的上看，借名人在《执行异议复议规定》第28条的保护范围之内。《执行异议复议规定》第28条、第29条分别对一般不动产买受人和商品房消费者在执行过程中的优先权利进行了规定。不论从体系解释还是从司法实践上看，第28条并不限于保护普通民众对基本生活资料的消费。该条文制定之初，我国房地产开发和登记制度不完善，不动产买受人签订买卖合同后往往不能即时进行登记，如不赋予其排除其他债权人强制执行的权利，将面临不动产另行变价的不测风险。[②] 从执行过程中权利优先性判断的角度分析，对于一般不动产买受人而言，如果其既支付了全部对价又占有了房屋，且登记未完成又非其原因导致，则相比于被执行人的一般债权人，不动产买受人离执行标的物的距离更近。如支持一般债权人强制执行房屋，将令已占有房屋的不动产买受人天然地产生一种抵触情绪和不公平感，不利于社会秩序的稳定。故权衡比较二者的地位，作为公法的执行法有权对权利的优先顺序进行适当调整。就此而言，借名人与一般不动产买受人的地位无异，若其满足支付对价、占有房屋、不具有过错等要件，应当予以相同的保护。

其四，从利益平衡的角度分析，赋予借名人第28条保护更有利于平衡各方利益。借名人投入的资金本属于借名人的责任财产，如果允许出名人的债权人执行借名人投资的房地产项目，将导致出名人的责任财产无偿增加，而借名人的责任财产却不当减少，不符合“权利与义务相一致”的原则，对借名人难谓公平。相反，借名人的投资实质上本不归属于出名人，排除出名人的债权人的执行并不会导致其权益受到损害。需要说明的是，在例外情况下，若债权人系案涉项目的相关交易方，例如项目材料供应商或施工方等，因其提供的对价与案涉房地产项目紧密相关，其愿意与出名人进行交易很大程度基于信赖出名人享有项目房地权利，此时借名人不可获得第28条的保护。[③]

综上，《执行异议复议规定》第28条中“签订买卖合同”之要件应采扩张解释，借名人与出名人签订土地使用权转让合同、资质借用合同的，应视为符合签订房屋买

① 无效行为转换理论及法官裁量标准，参见殷秋实《无效行为转换与法律行为解释——兼论转换制度的必要性与正当性》，《法学》2018年第2期；常鹏翱《无效行为转换的法官裁量标准》，《法学》2016年第2期。

② 参见江必新、刘贵祥主编，最高人民法院执行局编著《最高人民法院关于人民法院办理执行异议和复议案件若干问题规定理解与适用》，人民法院出版社，2015，第421页。

③ 事实上，实践中案涉项目相关交易方作为债权人申请执行出名人，借名人提起执行异议从而导致执行异议之诉的案件数量较少，大多数案件中出名人负担的债务系与作为执行标的的房地产无关的债务，本文的讨论亦基于这一前提。样本案例已排除可识别的债权人为案涉房地产相关交易方的情形。

卖合同之要件，在满足其他要件的情况下可获得第28条保护。

（二）《执行异议复议规定》第28条要件的具体展开

在借用资质开发房地产执行异议之诉中，第28条的四个要件可参考下述规则进行具体认定。

其一，签订合法有效的买卖合同。在合作开发型交易模式中，借名人所分配房屋可特定化的，应认定房屋买卖合同成立。如前所述，在土地使用权转让型或纯借用资质型交易模式中，双方存在土地使用权转让合同或资质借用合同关系的，视为成立房屋买卖合同关系。关于房屋买卖合同的效力，根据《中华人民共和国城市房地产管理法》第45条第1款第4项①规定，商品房预售应取得预售许可证明。但是，《最高人民法院关于审理商品房买卖合同纠纷案件适用法律若干问题的解释》第2条②同时规定，起诉前取得商品房预售许可证明的，商品房预售合同有效。因此，如执行异议之诉前出名人取得房屋预售许可的，应认定房屋买卖合同合法有效。

其二，合法占有不动产。对于不动产的占有，应考量借名人对房屋的控制力和管领力。房屋竣工后借名人已直接占有使用房屋的，例如已开始对房屋进行装饰装修，自应认定其已合法占有房屋。然而，对于借名人占有未经验收合格的房屋是否构成合法占有，则可能存在争议。有观点认为，根据《中华人民共和国建筑法》③ 和国务院《建设工程质量管理条例》④ 的规定，建设工程经验收合格方可交付使用，故买受人基于违法交付的占有不构成合法占有。⑤ 但本文认为，上述规定旨在禁止对未竣工房屋的使用，借名人在开发建设过程中未对房屋进行使用，并不违反上述规定。借名人组织施工方建造房屋、实际控制管理房地产项目的，应认定其已合法占有房屋。

其三，价款支付。借名人对房屋价款的支付，应以借名人对房地产项目实际投入的资金为标准判断。借名人向政府交纳建设用地使用权出让金，向出名人支付固定的土地使用权转让费用，或实际投资建造房屋的，均应认定借名人已支付部分或全部房屋价款。

---

① 《中华人民共和国城市房地产管理法》（2019年修正）第45条第1款规定："商品房预售，应当符合下列条件：（一）已交付全部土地使用权出让金，取得土地使用权证书；（二）持有建设工程规划许可证；（三）按提供预售的商品房计算，投入开发建设的资金达到工程建设总投资的百分之二十五以上，并已经确定施工进度和竣工交付日期；（四）向县级以上人民政府房产管理部门办理预售登记，取得商品房预售许可证明。"此外，原建设部《城市商品房预售管理办法》第6条第2款、原建设部《商品房销售管理办法》第22条第1款亦有类似规定。

② 《最高人民法院关于审理商品房买卖合同纠纷案件适用法律若干问题的解释》（2020年修正）第2条规定："出卖人未取得商品房预售许可证明，与买受人订立的商品房预售合同，应当认定无效，但是在起诉前取得商品房预售许可证明的，可以认定有效。"

③ 参见《中华人民共和国建筑法》（2019年修订）第61条。

④ 参见《建设工程质量管理条例》（2019年修订）第16条。

⑤ 参见司伟、王小青《执行异议之诉中不动产买受人排除强制执行的要件审查》，《人民司法·案例》2019年第23期。

其四，非因买受人自身原因未办理过户登记。2019年《全国法院民商事审判工作会议纪要》第127条第2款规定，“一般而言，买受人只要有向房屋登记机构递交过户登记材料，或向出卖人提出了办理过户登记的请求等积极行为的，可以认为符合该条件。买受人无上述积极行为，其未办理过户登记有合理的客观理由的，亦可认定符合该条件”。根据该条文并结合司法实践，在借用资质开发房地产执行异议之诉中，以下情形应认定为借名人对未办理过户登记无过错：第一，项目未完工验收，房屋未办理初始登记，无法办理过户登记；[①] 第二，借名人与出名人在查封前已向房屋登记机关申请办理过户登记，但因登记程序需要特定时间，在查封前未能完成；第三，借名人在能够办理过户登记之日起的合理时间内积极请求出名人办理过户登记，但出名人不予配合。[②] 其中，积极请求办理过户登记未必要求以诉讼方式进行。[③] 虽然起诉并申请财产保全可使借名人获得在先执行顺序，但考虑到诉讼和执行的成本，借名人应有权决定采取何种策略，不应苛求其必须以诉讼解决纠纷。但是，实践中借名人常常直接以出名人的名义出售房屋获得收益，以减少交易费用。[④] 若借名人因等待向购房人销售房屋而怠于办理房屋过户登记，应认定借名人对未及时办理过户登记具有过错。

五　结语

借名人借用出名人资质开发房地产，出名人被其债权人申请强制执行时，应以登记主义路径确定房屋权利归属，认定建设用地使用权人即出名人为房屋所有权人。借名人不享有物权，仅依据合同关系对出名人享有请求其转让房地权利的债权，但可依据《执行异议复议规定》第28条排除强制执行。《执行异议之诉司法解释（一）》（征求意见稿）第13条第1款第2项对借用资质开发房地产的典型情形作出规定，但未考虑房地产合作开发的情形，应一并予以规定。该条文将借名开发房地产与隐名持股、借名买车、借名买房等情形一并规定，不当地将房地产开发资质借用人界定为“隐名权利人”或“实际权利人”，该表述应予删除。故本文建议删除该条文第2项，新增一条文单独对“房地产开发资质借用人、房地产合作开发人提起的执行异议之诉的处理”予以规定：“金钱债权执行中，人民法院对登记在被执行的房地产开发企业名

① 如“龙岩市新罗区西陂街道排头村民委员会与郑某某、龙岩市国泰房地产开发有限公司执行异议之诉案”，福建省龙岩市中级人民法院（2019）闽08民终583号民事判决书。

② 如“向某某与唐某某、何某等申请执行人执行异议之诉案”，贵州省毕节市中级人民法院（2017）黔05民终2365号民事判决书。

③ 参见江必新、刘贵祥主编，最高人民法院执行局编著《最高人民法院关于人民法院办理执行异议和复议案件若干问题规定理解与适用》，人民法院出版社，2015，第425页。

④ 如“陈某某与瞿某某、孝感市德利置业有限公司等案外人执行异议之诉案”，湖北省高级人民法院（2020）鄂民终669号民事判决书。

下的商品房实施强制执行，案外人以其借用被执行人资质开发房地产或其系房地产合作开发人为由，提起执行异议之诉，请求排除强制执行的，人民法院不予支持，但符合本解释第九条①规定情形的除外。”同时，应于该司法解释的释义书中明确，案外人与被执行人签订房地产开发资质借用合同、建设用地使用权转让合同的，视为符合本解释第 9 条“签订房屋买卖合同”之要件。

Adjudication Rules of Enforcement Objection Actions Concerning the Borrowing of Real Estate Development Qualifications

Li Hongwei

Abstract: There are three transaction modes concerning the borrowing of real estate development qualifications: pure qualifications borrowing, land use right transferring and cooperative development. In case that enforcement is applied for against the lender by its creditor, whether the borrower's right is sufficient to prevent such enforcement, there are four different judgment paths in judicial practice: registration doctrine, substantive interest, appearance doctrine and expectant right of property. According to the principle of "consistency between land and buildings", the borrower cannot obtain the ownership of buildings due to the factual behavior of constructing buildings, and only enjoys the right to request the lender to transfer the real right according to the contractual relationship. Therefore, the borrower should not be defined as "the undisclosed owner" or "the actual owner". Although the borrower does not enjoy the real right, it could prevent the enforcement in accordance with Article 28 of the *Provisions on Reconsideration of Objections to Implementation*. The constituent element of "conclusion of purchase contract" in this article shall be interpreted extensively to the effect that the contract of borrowing real estate development qualifications or the contract transferring the right to use land for construction shall be deemed the contract of purchasing buildings.

Keywords: Enforcement Objection; Cooperative Development of Real Estate; Qualifications Borrowing; Expectant Right of Property

① 即《执行异议复议规定》第 28 条规定。

单方负债型夫妻共有房屋强制执行问题研究*

易夕寒**

摘　要：对于登记在被执行人与其配偶二人名下，以及婚后登记在被执行人配偶个人名下的房屋，执行法院是否可以以及如何执行是困扰理论界和实务界的难题。该问题在司法实践中处理结果迥异，同案不同执的背后，是司法权威的极大受损和法院选择执行、乱执行等负面指摘。实务困惑源于"执行标的权属判断标准"、"审执分离的限度"及"公正与效率的价值取向"三方面认识不一。上述问题的解决方案有二：一是在现行法下，基于公权力法无授权皆禁止原则，不宜由执行法官直接拍卖房屋并执行变价款的50%，但可借鉴第三人到期债权的执行思路折中处理；二是作为立法建议，未来我国的民事执行法应赋予执行法官整体处置房屋后执行50%变价款的权力，同时赋予被执行人配偶提出异议及异议之诉的权利。另外，在房屋拍卖方式选择上，应弃"份额拍卖"而以"整体拍卖"为优选项。

关键词：单方负债；夫妻共有；房屋执行；整体拍卖

一　引言

在《中华人民共和国民法典》（以下简称《民法典》）第1062条所确立的婚后财产共同制背景下，婚后取得之房屋无论登记在夫妻何方名下，原则上都系夫妻共同财产，故当夫妻一方作为被执行人，执行法院在对被执行人的责任财产予以执行时，不可避免牵涉夫妻共同名下甚至配偶个人名下之房屋如何分割与执行的问题。[①] 当然，因配偶系案外人，在对被执行人的责任财产予以执行时，应赋予其相应的程序保障，防止配偶之实体与程序利益不当受损。不过，由于夫妻一方负债之夫妻共有房屋执行，始终涉及执行标的的权属判断、审执分离的限度、公正与效率的矛盾价值选择等复杂内容，

* 本文是西南政法大学2021年校级科研资助项目"程序与实体交互作用下的股权执行问题研究"（2021XZNDQN—01）的阶段性成果。

** 易夕寒，法学硕士，西南政法大学人民法庭研究中心研究员，重庆市渝北区人民法院法官，研究方向为民事诉讼法学。

① 理论上就夫妻一方负债能否执行夫妻共同财产以及共同财产应全部还是部分作为责任财产存在争议，但主流观点认为责任财产原则上应是债务人的全部财产，包括债务人的个人财产和夫妻共同财产中的一半。参见田韶华《论共同财产制下夫妻债务的清偿》，《法律科学（西北政法大学学报）》2019年第5期。本文正是以此为基点展开论述的。

该问题在理论、立法和实务三个维度上都呈现剪不断、理还乱的状态。当下，正值我国民事执行法起草的重要时期，故对该高理论性与强实践性问题加以研讨，实有必要。

二 单方负债型夫妻共有房屋强制执行的实务困惑

单方负债型夫妻共有房屋强制执行是实务中的难点，如下两个案例可以反映其中主要困惑。

案例一：夫妻一方为被执行人，被执行人与其配偶二人名下有房屋一套（未分份额），执行法院能否查封房屋？查封后能否直接拍卖并执行变价款的50%？还是必须先析产，在明确被执行人在房屋中的权利份额后才能拍卖并执行权利份额对应的变价款？

案例二：夫妻一方为被执行人，被执行人名下无财产可供执行，但其配偶名下有婚后取得的房屋一套，执行法官能否直接查封及拍卖房屋并执行变价款的50%？还是必须另行确认该房屋系夫妻共同财产，并在明确被执行人的权利份额后，才能拍卖房屋和执行权利份额对应的变价款？

上述两例在实践中非常普遍，但究竟如何处理，各地法院甚至同一法院的不同法官之间的观点都存在较大差异。以下先对《中华人民共和国民事诉讼法》（以下简称《民诉法》）和执行相关司法解释以及部分地方法院的规定进行分析，寻求规范层面的解答。

（一）《民诉法》和执行相关司法解释的规定

对于案例一，《民诉法》没有涉及。《最高人民法院关于人民法院民事执行中查封、扣押、冻结财产的规定》（以下简称《查封规定》）第12条规定：“对被执行人与其他人共有的财产，人民法院可以查封、扣押、冻结……共有人协议分割共有财产，并经债权人认可的，人民法院可以认定有效……共有人提起析产诉讼或者申请执行人代位提起析产诉讼的，人民法院应当准许。”根据司法解释起草者的观点，“关于对共有财产的分割，一个重要的问题是由哪个部门负责。一种观点主张通过诉讼程序分割，一种观点主张在执行程序中进行分割。两种观点各有长短，前者注重公正，后者注重效率。《查封规定》采纳了通过诉讼进行分割的观点，由被执行人或者其他共有人提起析产诉讼或者申请执行人代位提起析产诉讼……为减少法院不必要的工作量，《查封规定》还规定，在执行程序中，共有人协议分割共有财产，并经债权人认可的，可以认定为有效。”① 详言之，根据《查封规定》第12条，对案例一，执行法官不能直接处置房屋并执行变价款的50%，而应先由相关当事人通过协议或诉讼方式析产，之后执

① 王飞鸿：《〈关于人民法院民事执行中查封、扣押、冻结财产的规定〉的理解与适用》，《人民司法》2004年第12期。

行法官方能拍卖房屋并就被执行人权利份额对应的变价款予以执行。

对于案例二，《民诉法》第 249 条虽规定被执行人不履行义务，法院有权执行被执行人的财产，但哪些财产属于被执行人，执行法官应如何判断，该条却未明确。不过《查封规定》第 2 条对此进行了有益补充。该条规定："人民法院可以查封、扣押、冻结被执行人占有的动产、登记在被执行人名下的不动产、特定动产及其他财产权。未登记的建筑物和土地使用权，依据土地使用权的审批文件和其他相关证据确定权属。财产份额确定后，应对属于被执行人配偶份额部分裁定解除控制性措施。对于第三人占有的动产或者登记在第三人名下的不动产、特定动产及其他财产权，第三人书面确认该财产属于被执行人的，人民法院可以查封、扣押、冻结。"由此可知，执行程序是通过占有和登记等权利外观来识别被执行人的责任财产。因案例二中的房屋仅登记在被执行人配偶个人名下，故除非配偶书面确认房屋全部或部分属于被执行人，否则根据外观主义原则，该房屋非被执行人的责任财产，执行法官不得执行。

因《查封规定》第 2 条倡导执行标的权属判断的形式原则，故从体系解释的角度而言，《查封规定》第 12 条中"被执行人与其他人共有的财产"仅指通过占有和登记的权利外观即能判断财产为共有之情形。换言之，案例二中的房屋因仅登记在被执行人配偶个人名下，形式上非与被执行人共有，故即便从实体法的角度而言该房屋系婚后取得，可能属夫妻共同财产，但执行法官亦不得根据第 12 条的规定，查封、处分该房屋。

（二）部分地方法院的规定

1.《浙江省高级人民法院执行局关于执行共有财产若干疑难问题的解答》

《浙江省高级人民法院执行局关于执行共有财产若干疑难问题的解答》（以下简称《浙江解答》）第 4 条认为，对于被执行人在共有财产中的份额如何确定的问题，有登记公示的，以登记记载为准；未登记但有协议约定的，依其约定；没有约定或约定不明的，按照出资额确定；不能确定出资额的，视为等额享有。虽然就案例二所涉情形，《浙江解答》未予明确，但对案例一，《浙江解答》认为执行法官可直接拍卖房屋并执行变价款的 50%。

2.《江苏省高级人民法院关于执行疑难问题的解答》

《江苏省高级人民法院关于执行疑难问题的解答》（以下简称《江苏解答》）第 4 条规定："生效法律文书仅载明被执行人个人为债务人，对于下列财产，执行法院可以执行。（一）被执行人配偶名下的存款、股权（股份）、金融理财产品等，婚后登记在被执行人配偶单方名下的房产、车辆以及婚后登记在被执行人和其配偶双方名下的房产、车辆等财产……对于处置后变价款的执行，以被执行人在共有财产中所占份额为限。被执行人在共有财产中所占份额，以登记公示为准；没有登记公示的，按照出资额确定；不能确定出资额的，视为等额享有。但对于被执行人配偶单方名下以及被执行人与其配偶双方名下的夫妻共同财产，原则上以二分之一份额为限执行。”显然，按照《江苏解答》，执行法官就上述两例均可直接拍卖房屋并执行变价款的50%。

3.《山东省高级人民法院关于规范查封、扣押、冻结财产的工作指引》

《山东省高级人民法院关于规范查封、扣押、冻结财产的工作指引》（以下简称《山东指引》）第25条规定：在夫妻一方为被执行人的案件中，对被执行人占有的动产、登记在被执行人名下或登记在被执行人及其配偶双方名下的不动产，人民法院可以采取查封、扣押、冻结措施。第26条规定：在夫妻一方为被执行人的案件中，对被执行人配偶单独占有的动产、登记在被执行人配偶名下的不动产，申请执行人以该财产系被执行人与其配偶在婚姻关系存续期间取得，属于夫妻共同财产为由，书面申请查封、扣押、冻结该财产的，人民法院可以查封、扣押、冻结。《山东指引》虽未明确上述两例能否直接拍卖房屋并执行变价款的50%，但已肯定涉案房屋均可查封的做法。

通过分析可知，目前关于单方负债型夫妻共有房屋强制执行的规范路径并不统一。[①] 与之相应，司法实务中也出现了严重的同案不同执问题，即一些执行法官根据《查封规定》第2条和第12条的规定，认为上述两例不能直接拍卖房屋并执行变价款的50%，同时案例二所涉房屋也不能查封；而另一些执行法官则根据《民法典》有关夫妻共同财产和部分地方法院的规定，认为可以查封房屋并直接执行变价款的50%。同案不同执现象的出现，一方面会严重损害司法权威，挫伤司法公信力；另一方面更

① 相关规定还有：《上海市高级人民法院关于执行夫妻个人债务及共同债务案件法律适用若干问题的解答》问题6：“在个人债务案件执行中，执行机构对被执行人的财产应如何采取查封、扣押、冻结等控制性措施？答：个人债务案件，执行机构仅能执行被执行人的个人财产。夫妻一方为被执行人的，实践中可执行的财产可能呈现出三种形态：一是直接由被执行人占有或登记在其名下的财产；二是由被执行人与其配偶共同占有或登记在双方名下的共同财产；三是属于被执行人夫妻共同财产，但被被执行人配偶单独占有或登记在其名下。对此，我们认为应区分处理：对于第一种情形，根据动产依占有、不动产依登记的判断所有权归属的基本原则，可直接视为被执行人的个人财产，采取查封、扣押、冻结等控制性措施。对于第二种情形，其财产权利状况为共同共有，其中包含被执行人应有的份额。根据最高院《关于人民法院民事执行中查封、扣押、冻结财产的规定》第14条的规定，可以采取查封、扣押、冻结等控制性措施并通知被执行人配偶。被执行人在共同财产中所享有的份额由申请执行人与被执行人配偶间协商确定，协商不成的，由被执行人配偶提起析产诉讼或申请执行人代位提起析产诉讼确定。对于第三种情形，虽然被执行人配偶单独占有或登记在其名下的财产应视为其个人财产，但是根据《婚姻法》关于婚姻存续期间所取得的财产为夫妻共同所有的法律原则，在申请执行人提供证据证明该财产是在被执行人婚姻关系存续期间所取得的情况下，执行中可以采取查封、扣押或冻结等控制性措施。但，执行机构已查明该财产为其他生效法律文书确定归被执行人配偶所有的除外。执行机构对被执行人配偶单独占有或登记在其名下的财产采取查封、扣押或冻结等控制性措施的，应当同时通知被执行人配偶并告知其自被告知之日起十五日内可以提出执行异议。被执行人配偶逾期未提异议的，执行机构可依法处分被执行人在该财产中所享有的份额。”《江西省高级人民法院执行局民事执行实务疑难问题解答（一）》4：被执行人名下的财产份额可以通过共有人协议分割共有财产并经债权人认可、共有人提起析产诉讼或者申请执行人代位提起析产诉讼的方式处理。

会导致选择执行，引发执行乱和滋生司法腐败。

三 单方负债型夫妻共有房屋强制执行“乱”的原因剖析

司法实践中，单方负债型夫妻共有房屋强制执行“乱”象频发，就上述两例而言，支持和反对直接等额执行的观点已呈对立之势。有学者认为，以上种种推进执行的方式，涉及“执行程序/诉讼程序”“执行部门的诉讼/另行起诉”“查封阶段/处置阶段”等因素的选择组合。① 笔者进一步认为，分歧产生的主要原因如下。

（一）对执行标的的权属判断标准认识不一

执行程序开启后，执行机关的首要任务是查明被执行人的责任财产。因为只有被执行人的责任财产，才属可供执行的对象。但哪些财产是被执行人的责任财产，又涉及执行标的之权属判断问题。一般而言，权属判断有形式判断和实质判断两种方式。而上述两种判断方式在单方负债型夫妻共有房屋的执行实践中都不乏追随者。

所谓责任财产的形式判断，执行机关可以根据执行标的外在特征进行形式上的权属推论，采取与实体法上的物权公示原则、权利外观主义相一致的“外观调查原则”。②《查封规定》第2条是我国执行标的权属形式判断的主要法律依据。根据该条规定，房屋应按登记簿判断权属，即只有登记在被执行人名下的房屋才属被执行人所有，进而才能被执行。换言之，即便配偶名下的房屋是婚后取得，但只要被执行人非权属登记簿上载明的权利人，执行法官就不得对该房屋采取任何执行措施。当然，申请执行人若认为被执行人配偶名下的房屋确系夫妻共同财产，其可通过协商或另诉的方式来对此予以确定和进行析产。

虽然形式原则在《查封规定》第2条早已明确，同时亦经《最高人民法院关于人民法院办理执行异议和复议案件若干问题的规定》（以下简称《异复规定》）第25条③得以重申，并且权威学者也在不断撰文持续力倡，④ 但遗憾的是，该原则并未在单

① 参见胡婷、王亚新《共有不动产执行中的争议处理——兼论执行立法草案相关条文的内容构成》，《西南政法大学学报》2020年第2期。

② 赖来焜：《强制执行法总论》，元照出版有限公司，2007，第418页。

③ 《异复规定》第25条第1款规定：“对案外人的异议，人民法院应当按照下列标准判断其是否系权利人：（一）已登记的不动产，按照不动产登记簿判断，未登记的建筑物、构筑物及其附属设施，按照土地使用权登记簿、建设工程规划许可、施工许可等相关证据判断；（二）已登记的机动车、船舶、航空器等特定动产，按照相关管理部门的登记判断；未登记的特定动产和其他动产，按照实际占有情况判断；（三）银行存款和存管在金融机构的有价证券，按照金融机构和登记结算机构登记的账户名称判断；有价证券由具备合法经营资质的托管机构名义持有的，按照该机构登记的实际投资人账户名称判断；（四）股权按照工商行政管理机关的登记和企业信用信息公示系统公示的信息判断；（五）其他财产和权利，有登记的，按照登记机构的登记判断；无登记的，按照合同等证明财产权属或者权利人的证据判断。”

④ 参见肖建国《强制执行形式化原则的制度效应》，《华东政法大学学报》2021年第2期；肖建国《执行标的实体权属的判断标准——以案外人异议的审查为中心的研究》，《政法论坛》2010年第3期。

方负债型夫妻共有房屋的执行实践中得到彻底遵守。这主要源于上述情形下，形式物权与实质物权具有天然的紧张关系，造成执行法官与当事人的认识不一。一方面，受我国重实体轻程序的传统思想浸淫，部分执行法官天然排斥简单将权利外观作为权属判断的唯一标准的操作方式，不自觉将实质判断视为当然补充，进而根据《民法典》的相关规定认为，即便涉案房屋仅登记在配偶个人名下，但只要是婚后取得，那么就属夫妻共同财产，法院不但可以查封，并可依据“夫妻共同财产，原则上均等分割”之精神直接进行拍卖并执行变价款的50%。另一方面，纯粹的形式原则也不易为申请执行人所接受，与国民普遍的正义情感相悖。每当出现“穷丈夫（妻子）、富妻子（丈夫）”现象，执行法院却以作为被执行人的丈夫（妻子）无财产可供执行为由终结本次执行程序时，可能遭到申请执行人的执行异议甚至投诉信访。在规范与实践、形式判断与实质判断之间，执行法官可能来回游移，并根据当事人的现实反应来作出“自保”选择。

（二）审执分离的限度模糊不清

民事诉讼由审判和执行两大部分构成，审判旨在判定权利，执行旨在实现权利。尽管审判与执行存在诸多共性，但执行机关与债务人之间的干预关系明显有别于审判程序中法院与被告之间的和平中立关系。干预关系的单向性、主动性、强制性等特征形塑了强制执行程序的面貌，也是近代以来民事执行权与审判权、执行机关与审判机关、执行程序与审判程序分离的内在原因。民事诉讼法学理论中的审执分离，主要就是在这个意义上提出来的。关于审执分离，其至少具有两个以上的层级。执行名义的作出程序与执行程序分离，属于第一层级。该层级的审执分离主要体现为审判庭与执行庭的分别设立，这一目标在我国已经实现。而第二层级的审执分离是以实现执行程序中的两权权能进一步分离为目标，即对于执行程序中发生的争议、异议，属于执行权范畴的，由执行机构行使执行权处理；属于审判权范畴的实体权利义务争议，由审判部门行使审判权加以裁判。① 第二层级的问题显然更为复杂。对此，《中共中央关于全面推进依法治国若干重大问题的决定》曾明确提出要完善司法体制，推动审执分离体制改革试点。目前，对于推进审执分离，几乎已无争议，但审执分离的限度何在，尤其是第二层级的审执分离应该严格还是缓和掌握，仍未必清晰或能轻易达成共识。具体如下。

严格的审执分离认为，审判程序和执行程序应严格分离，审判机构负责执行程序中的实体争议问题，执行机构只负责实施具体执行工作，不享有实体判断权。目前我

① 参见邱星美《执行权与审判权之界域研究——以执行救济为中心》，博士学位论文，中国政法大学诉讼法学系，2016，第2~3页。

国的案外人异议制度受到质疑的主要原因就是执行机构负责实体审查，不符合程序正当性和程序保障原理。这种观点的出现，受到德国“形式原则”影响，即执行机构不允许进行任何实体权利审查。① 严格的审执分离观点下，对于案例一，因被执行人与其配偶的权利份额并不明确，故须另行析产，而析产涉及被执行人与配偶的共有财产分割，系典型的实体判断事项，若各方无法达成一致，则不能由执行法官直接析产。同理，对于案例二，因婚后登记在配偶个人名下的房屋也可能属其个人财产，故房屋是否为共有财产，被执行人究竟享有多少权利份额，显然也属实体判断事项，若各方无法达成一致，亦不能由执行法官直接处理。

相反，缓和的审执分离认为，一方面，实体事项与程序事项，正如诉讼中的法律问题与事实问题一样，看似泾渭分明，但明确区分的难度大；另一方面，若坚守严格的审执分离，一旦遭遇与实体判断沾边的事项就需要立即重回审判程序，这显然与执行程序效率优先的价值追求背道而驰。因此，缓和的审执分离进一步认为，执行程序并非绝对不能进行实体判断，只要赋予相关主体对判断结果不服可通过实体程序予以最终救济的权利即可。正如有学者所指出的那样：“应允许执行程序具有一定的实体判断权，只是这一判断是初步判断、程序判断、外观判断，不具有既判力，在之后的执行救济程序中可能被推翻，这并不违反审执分离原则，执行的效率性与准确性也能够得到保障。”② 进而在缓和的审执分离观点下，对案例一，可直接由执行法官拍卖房屋并对变价款的50%进行执行，若配偶对此不服，可通过异议及异议之诉寻求救济。因此，直接等额执行只是起到初步判断权属的作用，若一方不服，最终仍可通过异议之诉这样的实体程序予以处理，这在终极层面上并未违反审执分离原则，只是审执分离的程度有所缓和而已。同理，对案例二，亦能对配偶名下的房屋直接等额执行，只要赋予配偶提起异议及异议之诉的权利即可。

（三）公正与效率的价值选择摇摆不定

价值取向对诉讼程序的运转具有引领作用，诉讼程序基于一定的价值被设计，又基于该价值而被运作，最后基于该价值而被评价。③ 在国内学术界，对与民事诉讼制度价值追求相关内容议论最多的莫过于公正与效率，通常将公正与效率作为民事诉讼制度的基本价值要求。④ 但公正与效率本身又是一对永恒的价值矛盾体。公正是法律的灵魂，失去公正的法律则失去了存在的正当性；而公正的实现需要以效率为支撑，否则迟来的正义最终也非正义。关于公正与效率之不同理解，同样左右着上述两例的执行方向。

① 参见毋爱斌《审执分离视角下案外人异议制度的变革》，《中南大学学报》（社会科学版）2017年第2期。

② 赵大伟：《共同财产制下夫妻个人债务执行程序的规则建构》，《交大法学》2022年第2期。

③ 参见胡思博《我国当前司法环境下民事诉讼程序价值的保障力度与限度》，《法学杂志》2017年第7期。

④ 参见张卫平《论民事诉讼制度的价值追求》，《法治现代化研究》2021年第3期。

因强制执行旨在实现权利，而并非判断权利，故效率优先兼顾公平作为执行程序的价值取向目前在我国已基本达成共识。① 在效率优先的指引下，执行机构应当及时、迅速、连续执行，以最短的时间实现最多的权利。对于上述两例，若以效率为导向，似乎可由执行法官直接拍卖房屋并执行变价款的50%，否则一味地另行析产将会严重延宕执行程序的快速运行。当然为了兼顾公平，若配偶对此不服，可提出异议及异议之诉来寻求救济。

不过问题的特殊之处又在于，执行程序效率优先兼顾公平的价值前提是争议的权利已经审判程序判定。但在单方负债型夫妻共有房屋执行中，配偶系双方纠纷的案外人，且房屋并未历经析产，也即相关权利尚未全部经过审判程序判定。“权利判定与权利实现”或者“审判与执行”相互交织，是上述两例所形成的复杂局面。申言之，在牵涉案外人利益时，效率优先是否仍是执行程序中畅通无阻的通行证尚有疑问。毕竟在直接等额执行的模式下，即便赋予案外人提起异议及异议之诉的权利，本质上也改变了民事诉讼的攻击防御结构，对作为案外人的配偶明显不公。而正常情况下，本应由申请执行人发起攻击，对被执行人与其配偶二人名下及配偶个人名下的房屋进行析产以确定被执行人享有的权利份额。基于证明责任分配和证明标准的要求，作为攻击方的原告，需要首先提出本证，也就是将涉案房屋是夫妻共同财产以及被执行人在该房屋中享有多少权利份额等待证事实解明至高度盖然性（80%以上）的程度，否则申请执行人就会招致败诉的后果。而配偶作为防御方，对申请执行人的请求，其原本只需要举出反证将法官的心证程度拉低至真伪不明即可，因为事实真伪不明时，是由原告即申请执行人承担败诉风险。显然，这种诉讼结构对配偶更为有利。若赋予执行法官直接等额执行的权力，虽然配偶可以提出异议与异议之诉，但届时配偶成了攻击方，申请执行人反成了防御方，诉讼结构的转变会加重配偶的证明负担，对无辜的案外人来说似乎不公。此时，究竟能否以50%的方式直接执行，尚有疑问。

综上，执行标的权属判断应当遵循形式还是实质标准，审执分离的限度应当严格还是缓和掌握，涉配偶的共有房屋执行应以效率还是公正优先，对以上三问的不同回答是司法实务中单方负债型夫妻共有房屋强制执行混乱不堪的主要原因。

四　现行法框架下单方负债型夫妻共有房屋强制执行的完善进路

（一）现行法框架下单方负债型夫妻共有房屋强制执行的保守进路

我国是成文法国家，法官作为司法者，一般只能适用法律，而不能创制法律，更

① 参见肖建国《中国民事强制执行法专题研究》，中国法制出版社，2020，第7页；董少谋《民事强制执行法学》，法律出版社，2016，第37~38页。

不能在已有明文的情况下背离法律。根据通说，执行实施权系行政权，① 是典型的公权力，而公权力所要遵循的基本准则即“法无授权皆禁止”，② 故对执行实施权的运行，在法有明文时必须遵循，在法无明文时更须克制，不能越权行使。存有疑问的是，现行法框架下，执行实施权的运行除遵循《民诉法》及执行相关司法解释外，是否可将《民法典》等实体法规范作为法律依据？笔者认为，为避免执行权审判化的倾向，同时防止执行法官与审判法官角色混同的现象出现，对执行实施措施的采取，执行法官遵循的法规范原则上只能是《民诉法》及执行相关司法解释，其不得将实体法当然作为行动指南。虽然《民法典》也对夫妻财产进行了规范，但其毕竟主要针对实体领域，且系基于私法立场侧重调整夫妻内部因人身和财产关系引发的纠纷，这显然与主要针对程序领域，以公法立场而处理外部债权人与夫妻一方甚至双方之执行问题的《民诉法》及执行相关司法解释，在功能和属性上存在本质不同。以财产权属判断为例，《民法典》以实体判断为基准，《查封规定》以外观主义为原则。而通说认为执行程序应奉行权属判断的外观主义之原因就在于：“一方面，从法技术的角度说，依据法定的权利公示方法所呈现的权利状态与真正的权利状态具有高度的吻合性，执行法官所判断的形式物权、权利外观往往符合实质物权、真实权利。另一方面，从法政策的立场看，执行程序以快速、及时、不间断地实现生效法律文书中所判定的债权为己任，在价值取向上注重效率；而审判程序以公平地解决双方的权利争议为基点，在价值取向上以追求程序公正和实体公正为其最高目标。如果执行法官像审判法官那样通过雍容华贵的审判程序来判断执行标的权属，不仅导致执行程序与审判程序原理和运作上的混同，而且会极大地侵蚀民事执行的效率价值，背离审执分立的基本宗旨。”③ 如张登科教授所言：“执行机构应依财产之外观，认定是否属于债务人之责任财产，无需确实调查该财产实体上是否为债务人所有。”④ 当然，由于外观主义仅是一种权利表征，这种表征虽然具有高度盖然性，但仍不能完全排除形式物权与真实物权不相一致的情况，此时真实权利人可通过异议与异议之诉来寻求救济。由此可见，执行法官采取执行措施应以《民诉法》及相关司法解释为遵循，而不能将《民法典》等实体法规范当然作为行为准据。故基于稳健保守的立场，上述两例在现行法框架下只能得出如下结论。

对案例一，因《查封规定》第 2 条确立了外观主义原则，而被执行人系该房屋登记

① 参见郑金玉《审执分离的模式选择及难题解决》，《西部法学评论》2015 年第 5 期；洪冬英《论审执分离的路径选择》，《政治与法律》2015 年第 12 期。

② 参见童之伟《“法无授权不可为”的宪法学展开》，《中外法学》2018 年第 3 期。

③ 肖建国：《执行标的实体权属的判断标准——以案外人异议的审查为中心的研究》，《政法论坛》2010 年第 3 期。

④ 张登科：《强制执行法》，三民书局，1998，第 153 页。

权利人之一，且房屋系不可分物，故执行法官可以查封房屋，同时查封房屋有《查封规定》第12条第1款作为规范支撑；但《民诉法》及相关司法解释并未赋予执行法官在查封后直接拍卖并对变价款50%进行执行的权力，故根据公权力法无授权皆禁止原则，执行法官在查封房屋后不得直接采取处分措施，而需要由各方进行协商或诉讼析产。

对案例二，因房屋仅登记在被执行人配偶名下，故根据《查封规定》第2条的规定，执行法官不得查封。同时，现行法上也无支持查封甚至直接处分该房屋并执行变价款50%的规定，基于公权力法无授权皆禁止原则，执行法官亦不得对该房屋采取任何执行措施。

（二）现行法框架下单方负债型夫妻共有房屋强制执行的创新进路

1. 借鉴第三人到期债权执行思路的可行性与必要性

一直以来，我国学界多从立法论的角度论述如何完善法律制度，而对法解释论重视不够，由此导致了法制建设和学术研究的“环中南海”化，即一旦出现问题首先想到的就是如何完善立法，而对如何通过法律解释以增强成文法律的弹性关注甚少。[①] 在公权力法无授权皆禁止原则下，执行实施权虽不能越法而动，但就上述两例，若能通过民事诉讼的法教义学在现行法框架内寻求一种既提升执行效率又能保障程序的“稳中有进”方案也不失为良策。这种立足于现行法的研究方法，按照张卫平教授的观点就是承认和尊重实在法[②]的权威性、确定性和自身的逻辑性。如果出现具体法律规定的矛盾和漏洞，规范研究提供在法律原理和原则框架之下解决和应对的方法。[③] 而民事诉讼法教义学下的夫妻共有财产执行难，是债权人仅获得针对夫妻一方的生效给付判决与对夫妻共同财产进行强制执行之间的紧张关系。[④] 为缓解此种紧张关系，在现行法框架下，可通过借鉴第三人到期债权的执行思路，实现更加积极的折中处理。具体操作方式如下。

就案例一，经申请执行人申请，执行法官可向被执行人及其配偶送达房屋等额执行告知书，载明法院将整体拍卖房屋并执行变价款的50%，若被执行人的配偶对此不服可在收到告知书后15日内提出异议。被执行人的配偶按期提出异议的，法院不得直接执行该房屋，且对提出的异议不进行实质审查。此时，法院在不解除房屋查封的前提下，应告知各方根据《查封规定》第12条的规定及时协商或诉讼析产，待被执行人享有的权利份额确定后再继续执行。当然，被执行人的配偶收到告知书后提出的异议，

---

① 参见周成泓《走向动态：民事诉讼当事人的具体化义务》，《华南农业大学学报》（社会科学版）2010年第2期。

② 这里的实在法包括制定法、法律的基本原理、原则和体系的自洽。

③ 参见张卫平《民事诉讼法学方法论》，《法商研究》2016年第2期。

④ 参见任重《民事诉讼法教义学视角下的“执行难”：成因与出路——以夫妻共同财产的执行为中心》，《当代法学》2019年第3期。

应是关于被执行人对房屋所享权利份额的实体异议。被执行人的配偶对被执行人50%权利份额部分承认、部分异议的，经申请执行人同意，可以在整体拍卖房屋后，执行无异议部分权利份额对应的变价款。

就案例二，经申请执行人申请并提供担保，执行法官可向被执行人及其配偶送达房屋等额执行告知书，载明法院将整体拍卖房屋并执行变价款的50%，若被执行人的配偶对此不服可在收到告知书后15日内提出异议。被执行人的配偶按期提出异议的，法院不得直接执行该房屋，且对提出的异议不进行实质审查。此时，法院应当告知申请执行人在30日内提出析产诉讼，否则法院将解除房屋的查封。当然，被执行人的配偶收到告知书后提出的异议，应是关于被执行人对房屋所享权利份额的实体异议。被执行人的配偶对被执行人50%权利份额部分承认、部分异议的，经申请执行人同意，可以在整体拍卖房屋后，执行无异议部分权利份额对应的变价款。

上述两例虽然都要向被执行人及其配偶送达等额执行告知书，但仅有被执行人的配偶有权提出实体异议并无条件阻止执行，而被执行人对此无权提出异议。理由在于，被执行人对等额执行无非有两种实体异议，一为其权利份额大于50%（甚至100%），二为其权利份额小于50%（甚至0%）。对于前者，因大于50%的主张对其有利，对其配偶不利，故该主张必须经其配偶同意才行。对于后者，因小于50%的主张对其不利，但只要配偶认可其有50%的权利份额，那么根据《查封规定》第2条“对于……登记在第三人名下的不动产……第三人书面确认该财产属于被执行人的，人民法院可以查封”的规定精神，举重以明轻，法院也可执行其配偶认可的50%权利份额对应之变价款。由此可见，对于等额执行告知书，无论被执行人同意与否，其意见均无关痛痒。该告知书对被执行人而言，起到的只是纯粹的告知作用。此时执行程序能否继续推进，仅取决于其配偶的态度。①

之所以上述执行思路可行，原因在于：首先，这种操作方式没有突破现行法。在被执行人的配偶提出实体异议后，房屋执行就此止步，需要另行协商或诉讼析产。此时，双方的攻击防御地位并未改变，并非须由被执行人的配偶提出执行异议或异议之诉方能停止执行。其次，这种操作方式又是在现行法的框架内积极向前迈了一步，那就是借鉴第三人到期债权的执行思路送达等额执行告知书。既然执行法院可以向与被执行人没有亲属关系的第三人送达履行到期债务通知书，基于第三人在15日内没有提出实质性异议而对其进行强制执行，那么执行法院也更是可以向与被执行人联系更为

① 当然，申请执行人的态度亦很重要。不过笔者认为，等额执行有赖于申请执行人提出申请，正因其提出等额执行申请，执行法院才向被执行人及其配偶发出等额执行告知书。一旦告知书发出，执行程序能否继续推进就仅取决于被执行人配偶的态度。

密切且双方财产可能混同的被执行人配偶送达告知书，基于其不提出异议而直接等额执行，相信这也是完全符合立法精神的。

另需要说明，案例一中，被执行人的配偶提出实体异议后，法院不得解除房屋查封的原因在于，就登记外观而言，被执行人仍是权利人，且该房屋系不可分物，因此根据《查封规定》第2条的规定，继续查封于法有据。而案例二中，申请执行人提供担保就能查封被执行人配偶个人名下房屋，且在被执行人配偶提出实体异议后，若申请执行人在30日内不提出析产诉讼则应解除查封的原因在于，虽然房屋从形式外观上而言非被执行人所有，根据《查封规定》第2条的规定，似乎执行法院不应查封，但若从执行程序与诉前财产保全的平滑过渡和有效衔接的整体视角观之，笔者认为执行法院完全可以在申请执行人提供担保的前提下查封房屋。一方面，若被执行人的配偶在收到等额执行告知书后的15日内未提异议，则说明其认可被执行人享有50%权利份额，逆向证明了当初查封的合理性。另一方面，即便配偶在15日内提出了异议，房屋不能直接执行，此时的申请执行人只需要另诉析产，而此前的查封行为就相当于之后将要提起的析产诉讼之诉前财产保全。但诉前财产保全所要查封的标的物并非根据《查封规定》第2条的形式外观原则判断，而应指向争议的标的物即被执行人配偶名下的房屋。就此而言，执行法院当初的查封亦于法有据。当然，从避免查封错误引发的损害赔偿以及督促申请执行人及时析产的角度考虑，结合《民诉法》第104条有关诉前财产保全的规定，必须要求申请执行人在申请查封被执行人配偶个人名下房屋时提供担保，且其必须在被执行人配偶提出异议，法院向其送达不予执行的通知书后30日内提起财产诉讼，否则保全措施应当解除。

上述执行思路具有必要性的原因在于：针对上述两例，因协商析产的成功率较低，若房屋必须在申请执行人另诉析产后才能继续执行，那么一方面会严重影响执行效率，延缓债权人的权利实现；另一方面从实践来看，另诉的结果大多是被执行人享有房屋一半权利份额。[①] 兜兜转转之后，仍然回到了最初的等额执行原点。是故，这种舍近求远的方式是否仍有绝对坚持的必要？公权力法无授权皆禁止原则下，执行实施权的主观能动性是否应当完全丧失？均值得深思。

2. 对可能出现的质疑之回应

（1）沉默作为意思表示之根据

《民法典》第140条规定："行为人可以明示或者默示作出意思表示。沉默只有在有法律规定、当事人约定或者符合当事人之间的交易习惯时，才可以视为意思表示。"在第三人到期债权执行中，第三人的沉默可以作为默认或接受执行的意思表示是基于

① 参见广东省广州市中级人民法院（2022）粤01民终619号民事判决书、福建省泉州市中级人民法院（2020）闽05民终4290号民事判决书、广东省佛山市中级人民法院（2020）粤06民终6065号民事判决书。

《最高人民法院关于人民法院执行工作若干问题的规定（试行）》（以下简称《执行工作规定》）第 49 条的规定，即第三人收到履行到期债务通知书后 15 日内不提出异议，法院可以裁定对其强制执行。而上述两例中，即便被执行人的配偶在收到法院送达的等额执行告知书后未按期提出异议，但在法律未明确规定此时可视为其同意等额执行，且在双方亦未有此种约定和交易习惯的前提下，上述“稳中求进”的创新方案是否妥当，的确面临《民法典》第 140 条的诘难。

不过笔者认为，《民法典》第 140 条的规范对象应是作为平等主体的双方当事人，而等额执行告知书系作为公权机关的法院在执行程序中发出，故被执行人配偶的沉默是否构成意思表示，应通过《民诉法》及其司法解释甚至民事诉讼理论来予以阐释，而非直接从《民法典》和民法理论中寻求解答。因法教义学或规范研究尊重实在法的权威性，是在法律原理和原则框架之下寻找应对之法的研究方法，就此而言，一方面，从理论层面看，在日益强调诉讼促进义务与诉讼协力义务的背景下，被执行人作为当事人，显然有义务积极配合并推动程序的快速运行，否则可能面临逾期提出攻击防御方法的失权制裁；至于被执行人的配偶虽系案外人，但其与房屋处置具有利害关系，且个人亦普遍负有配合诉讼开展与协助执行之公法义务（如证人经合法传唤无正当理由不得拒绝出庭作证），因此在法院送达等额执行告知书后，被执行人之配偶若沉默对待，理论上课以其不利后果能够自圆其说。另一方面，从法规范层面看，《最高人民法院关于民事诉讼证据的若干规定》（以下简称《民事证据规定》）第 4 条规定：“一方当事人对于另一方当事人主张的于己不利的事实既不承认也不否认，经审判人员说明并询问后，其仍然不明确表示肯定或者否定的，视为对该事实的承认。”虽然上述规范的适用阶段在于审判程序，适用主体在于当事人，适用客体在于事实主张，貌似与执行程序中针对被执行人及其配偶的房屋分割事宜存在诸多区别，但实质上，这些区别仅是形式上之不同，基于立法精神和诉讼原理的一脉相承，未必没有将被执行人配偶在收到等额执行告知书后的沉默解释为默认或接受照此执行的可能，至少不能说执行法院接续而来的等额执行全然于法无据，甚至严重违反公权力法无授权皆禁止原则。只不过，因 15 日内未提异议则执行法院将予等额执行的结果对作为案外人的配偶之利益影响甚巨，故参照《执行工作规定》第 45 条和《民事证据规定》第 4 条的规定，笔者建议等额执行告知书必须由执行法院向被执行人的配偶直接送达，且应当在直接送达时再口头阐明 15 日内不提异议的法律后果，并制作执行笔录由其签名确认。

（2）未解除婚姻关系却分割共有房屋之根据

《民法典》第 1066 条规定：“婚姻关系存续期间，有下列情形之一的，夫妻一方可以向人民法院请求分割共同财产：（一）一方有隐藏、转移、变卖、毁损、挥霍夫妻共同财产或者伪造夫妻共同债务等严重损害夫妻共同财产利益的行为；（二）一方负有法定扶养义务的人患重大疾病需要医治，另一方不同意支付相关医疗费用。”根据上述规定，婚姻关系存续期间分割夫妻共同财产必须严格限于以上情形，且无兜底条款裁量适用的空间。从《民法典》的角度出发，在婚姻关系解除前，单方负债型的夫妻共有房屋似乎不能执行。更有实体法学者指出，强制分割夫妻共同财产使得作为局外人的债权人能够拆散夫妻双方组成的财产共同体，有违婚姻的本质。① 不过，针对未解除婚姻关系却分割共有房屋的法律依据问题，亦有观点认为，可将《民法典》第 303 条“……共同共有人在共有的基础丧失或者有重大理由需要分割时可以请求分割……”规定中的“重大理由”解释为“被执行人的个人财产无法清偿债务”，② 进而破除未解除婚姻关系却分割共有房屋的规范梗阻。但基于特别法优于一般法之法理，《民法典》第 1066 条系专就夫妻共有财产分割所作的特别规定，显然应优于第 303 条关于普通共有财产分割的一般规定适用，因此上述“重大理由扩张解释说”不具可行性。不过，即便在《民法典》第 1066 条的规范背景下，未解除婚姻关系也可分割共有财产以供强制执行。理由如下。

一方面，《民法典》主要针对实体领域，且相关规定系基于私法立场侧重调整夫妻内部事务，这显然与主要针对程序领域，以公法立场而处理外部债权人与夫妻一方甚至双方之执行问题的《民诉法》及执行相关司法解释在功能和属性上存在本质不同。因此，在未解除婚姻关系的背景下能否分割共有财产以供强制执行，应从《民诉法》及相关司法解释中寻求规范解答。对此，《查封规定》第 12 条恰有明文规定：“对被执行人与其他人共有的财产，人民法院可以查封、扣押、冻结，并及时通知共有人。共有人协议分割共有财产，并经债权人认可的，人民法院可以认定有效……共有人提起析产诉讼或者申请执行人代位提起析产诉讼的，人民法院应当准许。”由此可知，即便婚姻关系未解除，债权人也可基于上述规定对单方负债型的夫妻共有房屋进行析产。实务中，已有诸多案例如此处理。③

另一方面，倘若婚姻关系未解除，则不能执行被执行人在夫妻共有财产中的相应部分的话，那么在我国略显宽泛的夫妻法定财产共同制背景下，④ 甚至可能出现只要婚

① 参见贺剑《论婚姻法回归民法的基本思路——以法定夫妻财产制为重点》，《中外法学》2014 年第 6 期。

② 参见冉克平《论夫妻债务的清偿与执行规则》，《法学杂志》2021 年第 8 期。

③ 参见广东省广州市中级人民法院（2022）粤 01 民终 619 号民事判决书、安徽省宿州市中级人民法院（2022）皖 13 民终 820 号民事判决书、福建省泉州市中级人民法院（2020）闽 05 民终 4290 号民事判决书。

④ 从《民法典》第 1062 条和第 1063 条的规定来看，除了婚前财产、人身损害赔偿和专属生活用品等极小部分财产属于个人财产外，婚后取得的财产绝大部分都是夫妻共有财产。对此，有观点指出夫妻共有财产的范围应以夫妻协力为标准划定。继承、赠与等因未体现夫妻协力，应是夫妻个人财产。夫妻个人财产范围的扩张，可以降低个人债务执行的复杂程度。参见司吉梅《夫妻个人债务执行研析》，《学术探索》2019 年第 1 期。

姻关系不解除，被执行人及其配偶婚后取得的财产就一直是夫妻共同财产，法院将一直无法执行，债权将一直无法实现的尴尬局面。如此结论，岂不荒谬？届时，夫妻共有财产反倒成为夫妻一方负债后逃避甚至豁免执行的合法理由，这于理不合。有学者明确指出："从财产独立性的角度看，夫妻共同财产与债务人的个人财产之间的区隔并不足以完全抗衡债权人对债务人在夫妻共同财产中潜在份额的强制执行。"① 无论是《民法典》第303条规定的"共同共有人在共有的基础丧失或者有重大理由需要分割时可以请求分割"，还是第1066条规定的两项法定事由，均允许共同财产分割与婚姻关系的存续适度分离。②

五　民事执行法立法背景下单方负债型夫妻共有房屋强制执行的立法建议

现行法框架下，即便经由民事诉讼的法教义学阐释，可借鉴第三人到期债权的执行思路，采取上文所提出的稳中求进之创新方案，但只要被执行人的配偶提出异议，涉案房屋仍应停止执行，执行推进的力度有限。由此，下一步的讨论触及作为远景规划的立法论层面。就立法论而言，上述两例所涉情形除协商解决、代位析产外，至少还有三种方案可供选择：另诉共同债务、申请执行追加和直接等额执行。

（一）另诉共同债务与申请执行追加之方案否定

对于债权人另诉配偶承担共同偿还责任的方案，一方面，其仍落入了代位析产诉讼效率低下的传统窠臼；另一方面，更重要的是，由于《民法典》第1064条③已改弦易辙，在夫妻共同债务认定上强调共债共签、家庭共同生产生活，这与已经废止的且"产生的问题比解决的问题可能还多"的《最高人民法院关于适用〈中华人民共和国婚姻法〉若干问题的解释（二）》（以下简称《婚姻法解释（二）》）第24条④的夫妻共同债务推定规则已明显不同。在此背景下，非有共债共签等情形，另诉配偶共同负债的成功率不大。

对于债权人在执行程序中申请追加配偶为被执行人的方案，因《最高人民法院关

---

① 冉克平：《论夫妻债务的清偿与执行规则》，《法学杂志》2021年第8期。

② 参见朱虎《夫妻债务的具体类型和责任承担》，《法学评论》2019年第5期。

③ 《民法典》第1064条规定："夫妻双方共同签名或者夫妻一方事后追认等共同意思表示所负的债务，以及夫妻一方在婚姻关系存续期间以个人名义为家庭日常生活需要所负的债务，属于夫妻共同债务。夫妻一方在婚姻关系存续期间以个人名义超出家庭日常生活需要所负的债务，不属于夫妻共同债务；但是，债权人能够证明该债务用于夫妻共同生活、共同生产经营或者基于夫妻双方共同意思表示的除外。"

④ 《婚姻法解释（二）》第24条规定："债权人就婚姻关系存续期间夫妻一方以个人名义所负债务主张权利的，应当按夫妻共同债务处理。但夫妻一方能够证明债权人与债务人明确约定为个人债务，或者能够证明属于婚姻法第十九条第三款规定情形的除外……"

于民事执行中变更、追加当事人若干问题的规定》（以下简称《变更追加规定》）实行追加法定，[①] 而该司法解释并未赋予债权人追加执行配偶的权利，且直接追加是已进入历史博物馆的《婚姻法解释（二）》第24条的配套产物，已与当下共债共签、共同生产生活的立法精神相悖，故执行追加方案亦不可行。

（二）直接等额执行之方案证成

比较法上，在采夫妻共同财产制的立法例中，《瑞士民法典》规定对于夫妻个人债务以自有财产和共有财产之一半清偿（第234条）。在《瑞士联邦债务执行与破产法》中，有一节专门规定了“对夫妻共同财产制下的一方配偶的执行”，规定执行部门应将执行文书送达给债务人配偶，执行债务人个人财产及其在共同财产中的应得份额，法院可发布命令分割财产。[②] 此外，其他采夫妻共同财产制的国家，如《葡萄牙民法典》和《西班牙民法典》都规定夫妻一方因个人财产引发的个人债务，以共同财产的一半和债务人个人财产承担责任。[③] 笔者认为，上述比较法上的立法经验值得借鉴。同时亦有诸多学者认为，被执行人及其配偶婚后取得的财产原则上为共同财产，相对于另行诉讼，直接执行一半夫妻共同财产是夫妻个人债务执行的可行方案。[④] 当然，直接等额执行的立法建议能否成立，并非域外如何，我们就应如何简单论证，而应着眼问题本源，就执行效率与程序保障、审执程序的功能区分、形实物权的紧张关系等掣肘理论与实践的重要问题进行恰如其分且符合时宜的全新阐释。以此为基点，笔者拟从公正与效率的价值选择、审执分离的限度和权属判断的外观主义三个方面来展开论述并尝试回应。

1. 公正与效率的价值选择下当事人攻防地位转变之不良反应调试

究竟能否赋予执行法官直接等额执行的权力，所涉的核心问题在于，该立法是否

① 《变更追加规定》第1条规定：“执行过程中，申请执行人或其继承人、权利承受人可以向人民法院申请变更、追加当事人。申请符合法定条件的，人民法院应予支持。”

② 参见《瑞士联邦债务执行与破产法》，载刘汉富主编《国际强制执行法律汇编》，法律出版社，2000，第152~153页。转引自赵大伟《共同财产制下夫妻个人债务执行程序的规则建构》，《交大法学》2022年第2期。

③ 《葡萄牙民法典》第1696条规定：对于由夫妻之一方独自负债之债务，须以该负债一方之个人财产承担，同时以该一方在共同财产中所占之半数补充承担。参见《葡萄牙民法典》，唐晓晴等译，北京大学出版社，2009，第300页。《西班牙民法典》第1373条规定，配偶中的任一方都应以其个人财产偿还自己的债务，如果其独有财产不足以偿还债务，债权人可以要求对双方共有财产进行扣押，并立即通知另一方配偶；《西班牙民法典》第1344条规定，共同财产分割时各获得一半。参见《西班牙民法典》，潘灯、马琴译，中国政法大学出版社，2013，第345、353页。转引自赵大伟《共同财产制下夫妻个人债务执行程序的规则建构》，《交大法学》2022年第2期。

④ 参见赵大伟《共同财产制下夫妻个人债务执行程序的规则建构》，《交大法学》2022年第2期；冉克平《论夫妻债务的清偿与执行规则》，《法学杂志》2021年第8期；田韶华《论共同财产制下夫妻债务的清偿》，《法律科学（西北政法大学学报）》2019年第5期；司吉梅《夫妻个人债务执行研析》，《学术探索》2019年第1期。

会对相关当事人造成实体和程序上的不利。对申请执行人而言，因直接等额执行减少了另诉的程序耗费，且直接等额执行一般也有赖于其提出申请，故对其并无不利。对被执行人及其配偶而言，直接等额执行能缩短执行周期，减少债务利息，对被执行人有利。但在被执行人与其配偶的真实权利份额非五五开时（如一方有过错，应适当少分），则直接等额执行可能损害被执行人或其配偶的利益。① 虽然可将提出异议及异议之诉作为紧随其后的救济渠道，但有观点担心这种短平快的操作方式可能涉及被执行人及其配偶由防御者角色转为攻击者的证明负担加重问题。但是此种担心略显多余，理由如下。

假设执行法官不直接以50%的方式执行，在各方无法协商一致的前提下，为推进执行，案例一的债权人需要另行提起代位析产诉讼，而案例二的债权人也需要另行通过诉讼确认配偶个人名下房屋系夫妻共同财产，并通过诉讼一并明确被执行人在该房屋中的权利份额。对案例一，因债权人系夫妻二人世界的局外人，析产诉讼中其以提出财产平均分割请求为常态，且审判法官一般也以财产平均分割的裁判方式为主流。② 对案例二，基于《民法典》婚姻关系存续期间所取得的财产原则上系夫妻共同财产的规定，债权人只需要举证证明配偶个人名下房屋是在婚姻关系存续期间取得，那么审判法官就应直接推定该房屋系夫妻共同财产。当然，在案例一中，若被执行人的配偶认为50%的份额分割不当，或在案例二中，认为该房屋是其个人财产（如配偶单独接受赠与），其都可根据相关规定进行抗辩并举证证明。③ 不过，既然在诉讼中被执行人的配偶对财产平均分割表示不服也只能自行抗辩并负担客观证明责任，而这与在执行程序中以50%的方式直接执行，其对此不服再提异议及异议之诉的效果又完全一样（均由其负担所享权利份额大于50%的证明责任），故为杜绝舍近求远之弊，不如赋予执行法官直接等额执行的权力，这不仅不会有损程序保障，反能提高执行效率。

2. 审执分离刚性之软化

毫无疑问，配偶个人名下的房屋是否属于夫妻共同财产，以及被执行人在共有房屋中究竟享有多少权利份额属于实体判断事项，根据严格的审执分离原则，这些问题

① 参见童付章《执行夫妻共有财产的法律探讨——以夫妻一方作为被执行人为视角》，《法治研究》2014年第4期。

② 参见陈苇、张鑫《诉讼离婚财产清算中妇女财产权益法律保护实证研究——以我国重庆市某基层人民法院2011—2013年审结的离婚案件为对象》，《河北法学》2016年第8期。

③ 配偶在案例一和案例二中提出诸如被执行人有过错、涉案房屋是父母向其单独赠与应属个人财产等力图使得被执行人少分甚至不分财产的理由，应当由其负担客观证明责任的原因是，上述事实主张与申请执行人提出的涉案房屋是婚姻关系存续期间取得之事实可以两立，因此这属于配偶通过提出事实抗辩进行自我防御的范畴，根据《最高人民法院关于适用〈中华人民共和国民事诉讼法〉的解释》第91条的规定，应由其负担客观证明责任。

应通过审判程序解决。但一味对审执分离原则予以僵化适用，排斥一切合理变通，又会陷入“本本主义”和“教条主义”的泥潭之中。

德国之所以奉行严格的审执分离，是因其采取了分散型的执行体制：执行实施行为由法律素养不高的执行员等负责，而对于适于执行的债权存在、债权已成熟、执行当事人适格等蕴含实体因子的强制执行正当性要素，则通过审判部门付与执行文①这项极为精巧且颇具创意的制度工具来有效区隔执行机关与审判法院的权责。但与德国相反，我国实行的是集中型的执行体制，各级法院都内设执行局，执行程序的推进以专业素养较高的职业法官为中心，且我国未设执行文付与制度。在此背景下，简单作出执行机构不享有任何实体审查权利的判断未免牵强。② 否则，民事执行中产生的判断事项势必只能全部依民事审判程序处理，这必将严重损害民事执行的效率价值，甚至造成执行难问题。③ 实际上，世界各国和地区对于严格的审执分离并非趋之若骛，至少法国已在推行将执行中出现的所有争议均交由执行法官裁判的新路径，同时我国台湾地区在制度上也未采行分散型执行体制和执行文付与制度。

应当说，在我国集中型的执行体制背景下，只有采缓和的审执分离才能与之相契合。尤其是我国目前的执行程序并未贯彻绝对的审执分离理念，执行法院就有关当事人之间的实体争议享有一定的审查权，是我国执行立法的一大特色。④ 实际上，从《变更追加规定》所构建的执行追加之“执行机关形式审查+后置的异议之诉”模式来看，严格的审执分离已被决策部门摒弃。理论上，第三人是否应当被追加为被执行人进而承担责任涉及实体问题，根据严格的审执分离原则，需要经诉讼程序确认后，执行法官才能对第三人进行强制执行。但为实现效率优先兼顾公平的执行价值，最高人民法院认可了执行程序中直接追加的操作方式。当然，第三人若对追加结果不服可根据《变更追加规定》第 32 条的规定另行提起异议之诉。⑤ 故第三人最终应否担责，起终局性和决定性作用的仍是审判程序，审执分离的核心或者底线在此仍然得到了完整坚守。有学者肯定该操作方式，并认为：“对人许可执行之诉先行模式属于古典理论下的产物，确保强制执行的正当性有余，但执行效率不足。毕竟，在诉讼期间，执行机关不能对第三人采取执行措施，须胜诉判决有既判力后，才能启动对第三人的执行程序。

① 关于执行文，可参见刘颖《执行文的历史源流、制度模式与中国图景》，《中外法学》2020 年第 1 期。

② 参见毋爱斌《审执分离视角下案外人异议制度的变革》，《中南大学学报》（社会科学版）2017 年第 2 期。

③ 参见谭秋桂《再论民事执行权的配置——以审执分离体制改革为中心》，载张卫平主编《民事程序法研究》（第 16 辑），厦门大学出版社，2016，第 4 页。

④ 参见卢正敏《论强制拍卖抵押物时租赁权的除去》，《政法学刊》2016 年第 4 期。

⑤ 《变更追加规定》第 32 条规定：“被申请人或申请人对执行法院依据本规定第十四条第二款、第十七条至第二十一条规定作出的变更、追加裁定或驳回申请裁定不服的，可以自裁定书送达之日起十五日内，向执行法院提起执行异议之诉。”

比较而言，《执行变更追加规定》的执行力特别扩张与后诉救济的制度设置更为可取。"[①]

从缓和的审执分离视角观察本文所设两例，当执行法官直接拍卖房屋并执行50%变价款时，只要赋予被执行人配偶提出异议及异议之诉的权利，[②] 那么审执分离原则就不会受到实质性突破，甚至可以说这种缓和的审执分离正是与我国目前所采行的集中型执行体制内生契合的。并且，在程序保障程度不减之前提下，直接等额执行还能大幅提升执行效率。更何况，从司法实践来看，部分被执行人的配偶对直接等额执行的方式也呈默许之势。

3. 权属判断之外观主义的完善

外观主义或形式原则虽是执行标的权属判断的通行标准，但纯粹以占有和登记所构建的权利外观却可能在单方负债型夫妻共有房屋强制执行领域失灵。首先，夫妻财产可能登记在任何一方名下，依据我国婚后所得共同制的夫妻财产制度，夫妻财产无论登记在哪一方名下，都不能改变其夫妻共同财产的性质，以权利登记来判断财产权属的方式在夫妻财产内部的正确性难以得到保障。其次，夫妻个人债务案件执行程序中，机械地以物权形式化来界定财产权属，执行效率也难以得到保障。若债务人配偶依据共同财产制要求法院在执行的债务人名下财产中保留其份额，需要中止执行，等待执行异议（之诉）或析产诉讼的结果。[③] 外观主义之所以能够成为执行标的权属判断的通行标准无非是因为：一方面，在实体法上，法定的权利公示方法具有权利推定效力；另一方面，在程序法上，强制执行追求效率价值，为达到迅速执行之目的，执行机关依据的是格式化、标准化、普适性、形式主义的识别判断标准。概而言之，外观主义所具有的权利真实之高度盖然性和执行运转之高效性，是其被作为执行标的权属判断通行标准的主要原因。故对案例二，只要直接等额执行不会违反外观主义关于高度盖然性和高效性的要求，二者就不会产生正面冲突。基于以下理由，案例二直接以50%执行的方式完全可以与外观主义兼容甚至能够促成外观主义的进一步完善。

第一，婚姻关系存续期间登记在夫妻一方名下的房屋属夫妻共同财产的概率较高，同时夫妻共同财产在分割时也以平均分割为常态，故赋予执行法官直接等额执行的权力符合外观主义对高度盖然性的要求，至少不会与高度盖然性产生严重抵触。

第二，案例二中，放弃将登记作为拟执行房屋权属判断的唯一标准，而通过结婚

① 肖建国：《强制执行形式化原则的制度效应》，《华东政法大学学报》2021年第2期。

② 对于涉及共有与否或份额多寡等实体事项，基于这种主张或理由的争议直接针对的是执行标的本身，必须采用案外人异议以及异议之诉的救济途径，而非执行异议和复议。参见胡婷、王亚新《共有不动产执行中的争议处理——兼论执行立法草案相关条文的内容构成》，《西南政法大学学报》2020年第2期。

③ 参见赵大伟《共同财产制下夫妻个人债务执行程序的规则建构》，《交大法学》2022年第2期。

时间与财产取得时间的先后比较，来判断房屋是否属于夫妻共同财产，这种判断方式对执行程序的高效运转几乎也不会产生影响。因为执行法官此时仅是就婚姻登记时间与财产取得时间作简单的先后判断而已，工作量显然不大，工作内容也并不复杂。尤其是在我国以职业法官为中心所构建的集中型执行体制下，该种简单判断更是没有操作障碍。

第三，外观主义下的权利外观可以有多种表现形式，应不仅限于占有和登记。① 笔者认为，财产取得时间也是一种外观，而这种"时间外观"的出现非但没有冲击以占有和登记所构建的外观主义秩序，反可起到完善外观主义表现形式和巩固外观主义权属判断通行标准之效用，甚至能够实现夫妻财产执行领域的形式物权与实质物权之统一兼顾。故未来的民事执行法不妨将时间外观作为夫妻共有房屋甚至夫妻共有财产执行的权属判断标准之一。

综上所述，在对"公正与效率的价值选择"、"审执分离的限度"和"权属判断的外观主义"等问题进行全新阐释后，可以发现，未来的民事执行法即便废旧立新，针对上述两例作出直接等额执行的新规定，亦不会对被执行人及其配偶的权利造成影响，相反，如此处理还会大幅提升执行效率，该操作方式具有一定立法参考价值。

六　单方负债型夫妻共有房屋整体与份额拍卖之争论厘定

在将被执行人的权利份额从夫妻共有房屋中析出后，随之而来的问题是，执行法院应整体拍卖房屋还是只能拍卖被执行人在房屋中的权利份额？对此，《民诉法》及执行相关司法解释未予明确。《广东省高级人民法院关于进一步规范司法拍卖不动产移交工作的指导意见（试行）》第10条第2项规定：拍卖、变卖执行标的物共有份额或以执行标的物共有份额抵债，且共有物不可以分割使用的，不予清场移交。该条规定从侧面反映出该院认可份额拍卖的做法。但浙江省高级人民法院在《浙江解答》中又认为："在份额已经确定的情况下，共有财产可以分割，并且分割不会减损共有财产价值的，人民法院可以先行实物分割后再予变现。如不能进行实物分割，或分割后会导致共有财产价值明显减损的，应当整体变价后执行相应的价款。"由此可知，对于不可分的房屋，该院坚持整体拍卖的观点。与案例一和案例二能否直接等额执行一样，整体拍卖与份额拍卖在司法实践中亦是争议不断，操作各异。针对所有共有房屋执行都存在的这一共性问题，笔者认为整体拍卖更优，理由如下。

第一，从效率角度而言，若采份额拍卖，因陌生人之间一般不愿形成共有关系，

① 实际上，《查封规定》第2条和《异复规定》第25条除将占有和登记作为外观主义的表现形式外，还将未登记的建筑物、土地使用权的审批文件、规划和施工许可等作为了执行标的的权属判断标准。

故份额拍卖的成交率较低，严重影响执行效率。

第二，从公平角度而言，首先，份额拍卖在成交率降低的同时，成交价亦会随之降低，这会影响被执行人及其债权人的利益。其次，案外人当初选择与被执行人共有（未约定财产分别所有），其应当预见共有人可能因资不抵债而致共有物面临分割的风险，若案外人因房屋整体拍卖遭受损失（如拍卖成交价低于评估价），根据《民法典》第 303 条的规定，其可向被执行人请求赔偿，当然已陷于执行程序的被执行人还有无赔偿能力则是另一问题。最后，因房屋系一整体，无法实物分割，根据《民法典》第 304 条第 1 款“共有人可以协商确定分割方式。达不成协议，共有的不动产或者动产可以分割且不会因分割减损价值的，应当对实物予以分割；难以分割或者因分割会减损价值的，应当对折价或者拍卖、变卖取得的价款予以分割”的规定，只能整体拍卖并分割变价款。当然案外共有人为维护自身权益，防止房屋流落他人之手，可行使优先购买权参与竞买。

第三，从纠纷一次解决的角度而言，若采份额拍卖，因竞买人与案外共有人可能较为陌生，双方在形成共有关系后，容易产生矛盾并再度引发共有物分割的次生纠纷，而问题在于该次生纠纷又会陷入整体拍卖还是份额拍卖的无限循环之中。故为实现纠纷的一次解决，前次拍卖更应整体拍卖。

第四，从避免无益拍卖的角度而言，若房屋已设定抵押，则房屋拍卖成交后，需要将拍卖款项首先用于清偿抵押权人的债权。此时，整体拍卖更能避免无益拍卖的出现和一体保护抵押权人、一般债权人（申请执行人）、被执行人和案外共有人的利益。

七　结语

以本文所设两例为主要表现形式的单方负债型夫妻共有房屋强制执行问题一直都是法院执行工作中的重点、难点甚至痛点。本文在指出实务中同案不同执现象及其产生原因的同时，提出了立足当下和着眼未来的多重解决方案，以期为此难题提供些许应对思路。当然，由于单方负债型夫妻共有房屋强制执行始终涉及作为案外人的配偶的利益，为避免对配偶造成不当影响，在共有房屋执行过程中还应辅以“个人财产执行穷尽”“优先购买权特别保障”① 等配套制度作为平衡。目前，民事执行法的立法工作已进入关键期，我们迫切希望民事执行法能对上述问题予以重点关注并给予强势回应，以结束实务中同案不同执的无序和混乱状态。

① 笔者认为，由于配偶对共有房屋享有部分权利份额，一方面执行法院应当赋予其同等条件下的优先购买权；另一方面，配偶在行使优先购买权时，仅需支付被执行人权利份额对应的拍卖款就可竞得房屋，以更好保障其优先购买权的行使，并促成拍卖成交价的提升。

Research on the Enforcement of the Joint House in Terms of Unilateral Liabilities of a Couple

Yi Xihan

Abstract: For houses registered in the names of the debtor and his spouse, and registered in the spouse's personal name after marriage, whether and how the court can enforce it, is a difficult problem that plagues the theoretical and practical circles. The results of handling this issue in judicial practice are quite different. The different executions of the same cases lead to the great damage to the judicial authority and the negative accusations such as the self-willed execution and arbitrary execution. Practical confusion stems from the different understandings of "the criteria for judging the ownership of the subject matter of execution", "the limit of separation of trial and enforcement" and "the value orientation of justice and efficiency". There are two solutions to the above-mentioned problems: First, under the current law, based on the principle of prohibition without authorization by the law of public power, it is not appropriate for the executive judge to directly auction the house and execute 50% of the changed price; The steady progress is learning from the Third-party maturity obligatory right to seek a more positive compromise. Second, as a legislative suggestion, civil enforcement law in the future should give the executive judge the power to execute 50% of the changed price after disposing of the house as a whole, and at the same time allocate the right of the spouse to raise objections and objection lawsuits as relief. In addition, in the selection of housing auction methods, "share auction" should be abandoned and "whole auction" should be the preferred option.

Keywords: Unilateral Liability; Joint Ownership by Husband and Wife; House Execution; Whole Auction

建设工程价款优先受偿权行使的困境与出路*

——以新《建设工程司法解释（一）》为分析对象

叶　倩　欧阳国**

摘　要： 新《建设工程司法解释（一）》从整体上看内容更加严谨，体系更加完整。但针对建设工程价款优先受偿权某些具体规定的适用仍存在争议，出现各地法院裁判执行不一且说理不清的现象。基于解释论的视角，从新《建设工程司法解释（一）》的条文本身以及建设工程价款优先受偿权设立目的是保护承包人等弱势群体利益的角度出发，可以在以下几个争点上达成共识：一是明确在施工工程质量合格的前提下，转包、违法分包及借用资质中满足条件的三类实际施工人在提起代位权诉讼时，有权一并主张工程款优先受偿；二是建设工程价款优先受偿权不具有人身专属性，可以随债权的转让而转让；三是装饰装修工程合同承包人优先受偿权行使条件应区分发包人是不是建筑物的所有权人；四是行使期限起算点类型化，不局限于工程款结算之日，以及"合理期限"可以由当事人根据建设工程的实际情况进行约定。

关键词： 优先受偿权；建设工程；权利行使

一　问题的缘起

建设工程价款优先受偿权（以下简称"优先受偿权"）制度并非我国独创，从域外立法来看，其他国家也有类似制度。① 就我国对该制度的立法目的来看，主要是解决现实生活中层出不穷的工程款拖欠问题，从而保护农民工的权益。但目前针对拖欠农民工工资问题的相关行政手段较为严格，保留工程款优先受偿权制度是否还有必要？答案是肯定的。因为工程款优先受偿权制度不仅是为了保障农民工工资的支付，承包人、分包人等其他主体的合法利益也受到一体保护，这也是其他国家普遍设立此制度的原因所在。我国《民法典》合同编第 807 条明确了建设工程价款优先受偿权制度，最高人民法院随后通过了《最高人民法院

* 本文是国家社科基金一般项目"统一国土空间用途管制法律问题研究"（21BFX134）的阶段性成果。

** 叶倩，上海海事大学法学院硕士研究生，研究方向为民法学；欧阳国，法学硕士，江西省景德镇市中级人民法院民四庭副庭长，四级高级法官，研究方向为民法学。

① 《德国民法典》第 648 条规定了建筑工程或者建筑工程的一部分的承揽人，以其因合同产生的债权，可以要求定作人让与建筑用地的担保抵押权。《日本民法典》第 303 条和第 327 条规定了不动产工程的先取特权，具有优先于其他债权人受偿的权利。

关于审理建设工程施工合同纠纷案件适用法律问题的解释（一）》（以下简称新《建设工程司法解释（一）》），自 2021 年 1 月 1 日起生效施行，同时也就导致原建设工程《司法解释（一）》、《司法解释（二）》及《最高人民法院关于建设工程价款优先受偿权问题的批复》（以下简称《优先权批复》）失效。新《建设工程司法解释（一）》的施行不仅有利于《民法典》条文适用解释的统一，也有利于民法法律体系的建立，且为解决高速发展的建筑市场的新纠纷争议提供了法律依据。新《建设工程司法解释（一）》中对优先受偿权争议的解释占比较大，且很大一部分是基于旧规定的法律依据而对旧司法解释和《合同法》进行修改并对之前旧法律中已经修改的部分进行整合，对个别条文措辞方面进行优化。但是在实体上对于优先受偿权行使的主体范围、条件、起算点、期限等方面仍存在广泛争议，实体问题的不解决对程序问题也会带来影响。①

二　新司法解释下建设工程价款优先受偿权的行使困境

（一）实际施工人主体范围界定模糊

《民法典》将承包人作为建设工程价款优先受偿权的主体，② 按文义解释，这里的承包人应是指与发包方签订有效合同而未按时获得工程价款的主体，很多地方法院在司法政策文件中遵循了这一规则。③ 即在总承包、分包合同均有效的前提下，承包人对其所承建工程可在发包人欠付工程价款范围限度内主张优先受偿。这一规定强调了建设工程价款优先受偿权的承包人是限定于合法承包的情况。④

实际施工人（违法承包人）又是否享有优先受偿权呢？对此，《民法典》并未作明确规定。新《建设工程司法解释（一）》也只是规定了实际施工人的诉讼主体地位，所以实际施工人是否享有优先受偿权的问题仍需要进一步讨论。⑤ 产生这一问题的

---

① 参见曹明哲《抵押权人与建设工程价款优先受偿权人的利益平衡——以第三人撤销之诉为视角》，载刘云生主编《中国不动产法研究（2021 年第 1 辑 · 总第 23 辑）：农村集体产权制度改革》，社会科学文献出版社，2021，第 313 页。

② 《民法典》第 807 条规定：“发包人未按照约定支付价款的，承包人可以催告发包人在合理期限内支付价款。发包人逾期不支付的，除根据建设工程的性质不宜折价、拍卖外，承包人可以与发包人协议将该工程折价，也可以请求人民法院将该工程依法拍卖。建设工程的价款就该工程折价或者拍卖的价款优先受偿。”

③ 《江苏省高级人民法院建设工程施工合同案件审理指南》：合同无效而取得合法的工程款优先受偿权不符合立法精神，《合同法》第 286 条的语境是以合同有效为前提。《广东省高级人民法院关于在审判工作中如何适用〈合同法〉第 286 条的指导意见》（2004 年出台现已失效）第 2 条：建设工程合同订立总承包合同后，再由总承包人订立分包合同的，在总承包合同、分包合同均有效的情形下，发包人拖欠工程款的，总承包人可以对工程折价或者拍卖价款主张优先受偿权。

④ 参见石佳友《〈民法典〉建设工程合同修订的争议问题》，《社会科学辑刊》2020 年第 6 期。

⑤ 《最高人民法院关于审理建设工程施工合同纠纷案件适用法律问题的解释（一）》（法释〔2020〕25 号）第 43 条规定：“实际施工人以转包人、违法分包人为被告起诉的，人民法院应当依法受理。实际施工人以发包人为被告主张权利的，人民法院应当追加转包人或者违法分包人为本案第三人，在查明发包人欠付转包人或者违法分包人建设工程价款的数额后，判决发包人在欠付建设工程价款范围内对实际施工人承担责任。”

根源其实在于对“实际施工人”这一模糊的主体概念运用，从而导致实务中对“实际施工人”这一主体产生不同的理解，在法律适用中的混乱界定也层见叠出。我国的《民法典》和《建筑法》等相关法律都没有实际施工人（违法承包人）的表述，但在实践中，常常存在违法分包、转包、多层转包、借用资质等违法情形，这些主体是否都包含在实际施工人的范围中？不论是已经废除的原建设工程司法解释，还是新《建设工程司法解释（一）》都没有对“实际施工人”和“承包人”的概念作出准确界定，大多是宽泛地把“实际施工人”界定为无效建设工程合同承包人。①

在司法实践中，关于优先受偿权的确认存在较大分歧，例如表 1 所列举的三个案例，案情基本都是原告方为分包合同的实际施工人，为维护自己的合法权益，诉请确认享有优先受偿权，但是法院作出了截然不同的判决。法院多数肯定性判决认为建设工程合同属于无效情形时，只要工程经验收合格，实际施工人就可以诉讼请求发包人支付工程款并享有优先受偿权②，这实际上撇开了违法行为，赋予了实际施工人承包人的地位，来保障实际施工人的权利。如果合同无效情形下实际施工人享有优先受偿权，则意味着将优先受偿权支配的客体扩展到不当得利之债。③ 法院的否定性判决认为建设工程价款优先受偿权是基于合法有效的建设工程承包合同，而实际施工人是违法承包合同的当事人，有的甚至是未签订承包合同，故不能肯定其享有优先受偿权。如果之后的案件不同的司法机关仍采纳不同的观点，出现同案不同判与裁判的随意性，会影响司法公正。

表 1　实际施工人的优先受偿权案例

案号	裁判说理	裁判观点
（2019）最高法民申 2351 号	当建设工程施工合同无效时，只要工程竣工验收合格，实际施工人的实际付出与案涉合同合法有效，并无不同，此时，肯定实际施工人对案涉工程价款享有优先受偿权，较为公允	实际施工人有优先受偿权
（2019）苏 03 民终 2250 号	工程价款优先受偿权是合同法规定的权利，赋予承包人，专属于承包人，不属于合同法代位权规定的可以代位行使的债权	实际施工人没有优先受偿权
最高人民法院（2015）民申字第 2311 号	合同被确认无效的，当事人承担的是返还财产和根据过错程度赔偿损失的责任，即具有普通债权属性，故无效合同中的承包人不应享有建设工程价款优先受偿权	实际施工人没有优先受偿权

① 《北京市高级人民法院关于审理建设工程施工合同纠纷案件若干疑难问题的解答》第 18 条：《解释》中的“实际施工人”是指无效建设工程施工合同的承包人，即违法的专业工程分包和劳务作业分包合同的承包人、转包人、借用资质的施工人（挂靠施工人）。

② 《最高人民法院关于审理建设工程施工合同纠纷案件适用法律问题的解释》（法释〔2004〕14 号，原建设工程《司法解释（一）》）第 2 条规定：“建设工程施工合同无效，但建设工程经竣工验收合格，承包人请求参照合同约定支付工程价款的，应予支持。”

③ 参见孙科峰、杨遂全《建设工程优先受偿权主体的争议与探究——〈合同法〉第 286 条之分析》，《河北法学》2013 年第 6 期。

综上，无论就理论研究还是司法应用而言，急迫需要厘清实际施工人的主体范围以及明确其是否享有优先受偿权。

（二）建设工程价款优先受偿权能否随工程款债权一并转让不明

债权让与，是指不改变债权关系的内容，债权人通过转让协议将享有的债权转移于第三人。① 建设工程合同的债权人可能会基于抵债、不愿承担追索债务的诉讼时间成本等原因将自己享有的债权转让给第三人，第三人可否基于此而享有工程价款债权的优先受偿权？新司法解释等法律规范对此均未作规定，各地方法院就这一问题试图通过出台相应指导意见来统一裁判规则，但出现了两种观点，如表2所示。第一种观点认为，根据《民法典》第547条规定，② 除专属于债权人自身的从权利外，受让人可取得转让债权的从权利。优先受偿权附属于工程款债权，承包人的优先受偿权随建设工程价款债权转让而一并转移。③ 第二种观点认为，设立优先受偿权旨在保护承包人等主体的利益，具有专属性。因此，承包人将建设工程价款债权转让的，优先受偿权消灭，最高人民法院也持这种观点。④ 在法院审理的具体案件中，针对该问题的裁判规则也存在差异。在河南顺康有限公司与张某某建工合同纠纷中，法院认为《中华人民共和国合同法》第286条（现为《民法典》807条）赋予承包人享有对承建的工程法定优先权，所以承包人转让建设工程价款债权的，该法定优先权作为从权利也一并转让。⑤ 在上海恒泽有限公司诉上海复华有限公司建设工程合同纠纷案中⑥，上海市第二中级人民法院认为：法理上，工程款优先受偿权从属于建设工程价款债权，属于从权利；《合同法司法解释一》⑦ 规定的基于人身依附关系而产生的债权并不包括建设工程价款优先受偿权，其可以随工程款债权的转让而转让。综上，关于建设工程价款优先受偿权能否随工程款债权一并转让这一问题产生了不同的裁判规则和说理，这不仅削弱了司法权

① 参见崔建远《合同法总论》（中卷，第2版），中国人民大学出版社，2016，第439页。

② 《民法典》第547条规定："债权人转让债权的，受让人取得与债权有关的从权利，但是该从权利专属于债权人自身的除外。受让人取得从权利不因该从权利未办理转移登记手续或者未转移占有而受到影响。"

③ 有学者也曾指出："虽然建设工程价款优先受偿权的性质尚存争议，但该争议并不妨碍认可优先受偿权的一个基本特征即附从性——随着主债权的产生、存在、转移及消灭而相应的产生、存在、转移和消灭。"参见王勇《建设工程施工合同纠纷实务解析》（增订第2版），法律出版社，2019，第363页。

④ 最高人民法院（2019）最高法民申3349号民事裁定书指出："……债权转让属于当事人意思自治范畴，债权人转让权利的，从权利随之转让，但专属于债权人自身的除外。建设工程价款优先受偿权为法定优先权，其设立初衷意在通过保护承包人的建设工程价款债权进而确保建筑工人的工资权益得以实现，专属于承包人。在建设工程价款债权转让时，该工程价款的优先受偿权是否随之一并转让，并无明确的裁判意见。就本案而言，张黎明通过债权转让所取得的债权可以被认定为普通金钱债权。"

⑤ 河南省温县人民法院（2017）豫0825民初1243号民事判决书。

⑥ 上海市第二中级人民法院（2020）沪02民初12号民事判决书。

⑦ 《最高人民法院关于适用〈中华人民共和国合同法〉若干问题的解释（一）》第12条规定：专属于债务人自身的债权，是指基于扶养关系、抚养关系、赡养关系、继承关系产生的给付请求权和劳动报酬、退休金、养老金、抚恤金、安置费、人寿保险、人身伤害赔偿请求权等权利。

威也打击了建设工程债权交易市场的发展，所以此争议值得进一步讨论。

表 2　各地方法院关于优先受偿权随债权转让裁判规则情况

法院	法律法规	具体规定
广东省高级人民法院	《关于审理建设工程施工合同纠纷案件若干问题的指导意见》（粤高法发〔2011〕37号）	十五、承包人将建设工程施工合同约定的工程款债权依法转让，债权受让方主张其对建设工程享有优先受偿权的，可予支持。承包人在转让工程款债权前与发包人约定排除优先受偿权的，该约定对承包人以外的实际施工人不具有约束力
河北省高级人民法院	《建设工程施工合同案件审理指南》	37. 建设工程价款优先受偿权与建设工程价款请求权具有人身依附性，承包人将建设工程价款债权转让，建设工程价款的优先受偿权消灭
深圳市中级人民法院	《关于建设工程合同若干问题的指导意见》	31. 承包人将其对发包人的工程款债权转让给第三人的，建设工程价款优先受偿权不能随之转让

（三）装饰装修工程合同承包人优先受偿权行使条件模糊

根据最高人民法院关于装饰装修工程合同的《函复》① 以及《建设工程质量管理条例》② 等相关法律的规定，装饰装修工程合同应属于《民法典》中的典型合同，即建设工程合同。因为装饰装修工程的承包人付出的劳动成果与建筑物存在事实上的联系，合同所指向的是承包人交付的最终产品即装饰装修成果，所以承包人有权以其劳动成果所形成的债权主张优先受偿。但是新《建设工程司法解释（一）》对装饰装修工程承包人的优先受偿权行使要件进行了修改。其一，装饰装修工程具备折价或者拍卖的条件；其二，发包人是装饰装修工程的所有权人，不再是装饰装修工程优先受偿权行使的前提。③

笔者认为本规定修订后适用的难点如下。首先，装饰装修工程优先受偿权行使要件中“具备折价或者拍卖条件”这一要件较难判断。其次，扩大了优先受偿权行使主体的范围，不需要发包人是建筑物的所有权人。如果发包人并非建筑物的所有权人，比如是承租人，那么在承包人完工后，在双方结算过程中，因场地拆迁导致建筑物被拆除，不再具备折价或拍卖的实际条件，承包人享有优先受偿权的可能性会大大降低。

---

① 《最高人民法院关于装修装饰工程款是否享有合同法第二百八十六条规定的优先受偿权的函复》指出：“装修装饰工程属于建设工程，可以适用《中华人民共和国合同法》第二百八十六条关于优先受偿权的规定，但装修装饰工程的发包人不是该建筑物的所有权人或者承包人与该建筑物的所有权人之间没有合同关系的除外。享有优先权的承包人只能在建筑物因装修装饰而增加价值的范围内优先受偿。”

② 根据《建设工程质量管理条例》第2条及《建设工程安全生产管理条例》第2条的规定，“本条例所称建设工程，是指土木工程、建筑工程、线路管道和设备安装工程及装修工程”。因此，装饰装修工程属于建设工程。

③ 《最高人民法院关于审理建设工程施工合同纠纷案件适用法律问题的解释（一）》（法释〔2020〕25号）第37条规定：“装饰装修工程具备折价或者拍卖条件，装饰装修工程的承包人请求工程价款就该装饰装修工程折价或者拍卖的价款优先受偿的，人民法院应予支持。”

最后，该条文的实践合理性也值得商榷。装饰装修工程有其特殊性，严格来说其不属于不动产，几乎不可能做到以工程整体的形式与所在建筑物分离，必然存在附着于建筑物的部分。在这种情况下如何将该装饰装修工程整体折价出售或拍卖？又有谁会愿意去购买该工程？似乎只能将装饰装修工程拆解出售。装饰装修物依据是否与建筑物形成附合划分为附着物和非附着物。后者可以拆除重新利用，价值贬损相对较小，如室内空调、装饰画等；但前者无法拆除或拆除后无法另行使用，价值严重贬损，如地砖。在装饰装修工程中，往往正是那些无法拆除或拆除后严重贬值的部分占据装饰装修工程价款的大部分。这意味着即使可以通过折价或拍卖非附合物，但由于相应折价款或拍卖价款对于工程价款整体而言只是杯水车薪，装饰装修工程承包人的权益仍无法得到保护。唯一可能使该条文具有实际意义的情况是装饰装修工程买受人同时系该工程所在建筑物的承租人或者所有人，只有这种情况下才可能较大程度地保有该装饰装修工程的原价值。

（四）行使建设工程优先受偿权的起算点与期限不清

实现建设工程价款优先受偿权的一个重要内容就是行使权利的起算点和期限的问题。新《建设工程司法解释（一）》的公布也导致原《优先权批复》[①] 规定的优先受偿权起算点失效，关于优先受偿权的起算点又应如何确定呢？新司法解释规定行使优先权的期限起算点为：发包人应当给付工程价款之日。[②] 但这对于起算点的规定仍然有些模糊，不够具体。

首先，该解释忽视了工程款数额的确定是工程价款支付的前提，而数额的确定依赖于工程结算。建设工程施工周期较长，发包人和承包人会持续性投入资金，以确保项目建设的顺利实施。因此，一般来说，建设施工项目签约后，发包人首先支付预付款；其后发包人会根据工程项目进度支付进度款；最后，在工程竣工验收后，发包人和承包人按照合同约定进行工程结算。只有结算完成后，发包人的应付工程款数额才能正式确定。[③] 如图1所示，通常情况下，建设工程结算流程为竣工、验收、结算。因此，竣工结算是承包人行使优先受偿权的前提。如果未实际办理结算的，由于工程款数额尚未确定，承包人不能行使优先受偿权，也不能确定优先受偿权的起算点。

其次，新司法解释忽略了司法实践中一些更复杂的情况。如表3所示，司法实践

---

① 《最高人民法院关于建设工程价款优先受偿权问题的批复》（法释〔2002〕16号）指出："四、建设工程承包人行使优先权的期限为六个月，自建设工程竣工之日或者建设工程合同约定的竣工之日起计算。"

② 《最高人民法院关于审理建设工程施工合同纠纷案件适用法律问题的解释（一）》（法释〔2020〕25号）第41条规定："承包人应当在合理期限内行使建设工程价款优先受偿权，但最长不得超过十八个月，自发包人应当给付建设工程价款之日起算。"

③ 参见唐倩《实际施工人的建设工程价款优先受偿权实证研究》，《中国政法大学学报》2019年第4期。

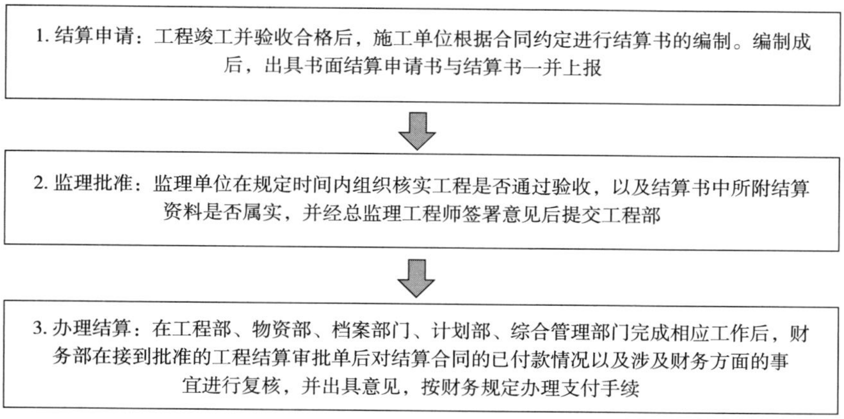

1. 结算申请：工程竣工并验收合格后，施工单位根据合同约定进行结算书的编制。编制成后，出具书面结算申请书与结算书一并上报

2. 监理批准：监理单位在规定时间内组织核实工程是否通过验收，以及结算书中所附结算资料是否属实，并经总监理工程师签署意见后提交工程部

3. 办理结算：在工程部、物资部、档案部门、计划部、综合管理部门完成相应工作后，财务部在接到批准的工程结算审批单后对结算合同的已付款情况以及涉及财务方面的事宜进行复核，并出具意见，按财务规定办理支付手续

图 1　建设工程结算流程

中法官对优先受偿权起算点时间的认定都是工程价款的确定（或结算）之日。但在司法实务中，例如在建设工程合同无效的情况下，应该如何界定起算点？又如，假设优先受偿权按应付工程款之日起算，而发包人和承包人因工程材料价格上涨导致履约能力不足等原因造成工程结算的延迟，超过合同约定的结算时间双方才完成结算，在上述情况下，由于没有结算，应付工程款数额尚未确定，承包人则无法行使优先受偿权。再如发包人进入破产程序，工程项目停工且未竣工又没有结算时，所谓“应当给付之日”又该如何确定？

表 3　具体案件中建设工程价款优先受偿权行使的起算点情况

案号	起算点时间	裁判说理
（2020）最高法民终 1042 号	工程价款确定之日起	建设工程优先受偿权应当从发包人应给付建设工程价款之日起算，即从本案工程价款确定之日起算。首开公司应付工程款之日为城建公司提交工程结算文件之日
（2020）皖民申 1618 号	结算作出之日起，而不是《工程结算书》签订之日后 28 天	承包人主张优先受偿权起算点为约定的《工程决算书》签字的时间后 28 天缺乏事实依据；该案工程款在工程完工（或交付使用）一年内决算办理完毕后就应付清，即起算点为工程款结算作出之日
（2020）辽民申 4039 号	签订《工程结算定案书》之日起	承包人主张优先受偿权起算点是双方签订还款协议之日起，但是这将会严重侵害该建设工程抵押权人和其他债权人的利益。不允许发包人和承包人通过约定的方式改变优先受偿权的行使起算点，起算点应为双方签订《工程结算书》之日

最后，承包人能否通过优先受偿的方式获得工程价款，首要取决于其是否在法定期限内主张优先受偿权。确定合适的行使期限可以在发包人不履行支付价款义务时保

障承包人的权利；还可以促成双方当事人对工程价款的及时清算，降低因付款期限过长而出现对承包人不利的后果。笔者认为优先受偿权期限过短会不利于保护施工单位的合法利益；期限过长，会使社会关系处于不确定的状态之中，不利于经济社会的发展。新司法解释把优先受偿权行使期限从6个月延长至18个月，但这不意味着所有承包人行使优先受偿权的最长期限均延长至18个月。法条说的是“最长不得超过18个月”，所以18个月只是合理期限的上限，关键是根据何种标准来确定合理期限、如何规范法院自由裁量的边界和范围，这是优先受偿权面临的关键问题。

三　解释论视角下建设工程价款优先受偿权行使困境的破解之维

（一）实际施工人在特定情况下享有优先受偿权的主体地位

在法律的学习和研究过程中，要有民法体系化科学思维的理念，即能够运用体系化思维，避免适用和解读法典时的碎片化和随意化。① 界定实际施工人的主体范围是解决实际施工人是否有优先受偿权这一争议的第一步。笔者认为“实际施工人”这一措辞，可以表明“建设工程合同无效”。但是，“实际施工人”并非可以适用于所有无效的建设工程合同。根据新《建设工程司法解释（一）》第43条的规定，该条解释涉及三方当事人的两个法律关系：一是承包人和发包人之间的建设工程合同关系；二是实际施工人和承包人之间的转包或者违法分包关系。② 原则上当事人各方应当根据各自的法律关系，请求各自的合同相对人承担债务。但该条突破了合同相对性，可以解释为从保护农民工等建筑工人利益的角度出发，允许实际施工人请求发包人在应付工程款范围内承担责任。从解释论的角度出发，对该条的解释应当从严把握。首先，该条文只包括了转包和违法分包两种情形，而在转包和分包中又具体分为层层转包与单一转包、层层分包与单一分包。在层层转包与层层分包中，工程经历了多次流转，中间环节的转包人和分包人并未实际施工，不属于实际施工人的范畴，最高人民法院界定为“有关人员”或“项目管理人”。③ 但最后一环实际施工的主体仍应认定为实际施工人。其次，该条文未规定借用资质中的实际施工人可以请求发包人在未付工程款范围内承担责任。从文义解释的角度看，实际施工人的范围不包括借用资质中的实际施工人。然而，新《建设工程司法解释（一）》第1条规定了认定合同无效的四种情形，对于未取得建筑业企业资质或者超越资质等级的合同当事人，使用的是“承包人”；对于借用有资质的建筑施工企业名义的合同当事人，则使用“实际施工人”一词。因此，从

① 参见孙宪忠《民法体系化科学思维的问题研究》，《法律科学（西北政法大学学报）》2022年第1期。

② 参见谢勇、郭培培《论实际施工人的民法保护》，《法律适用》2021年第6期。

③ 最高人民法院（2021）最高法民申5114号民事裁定书。

体系解释的思维角度，“实际施工人”实际包含三类主体：转包、违法分包以及借用资质中实际施工的劳动主体。

明确这三类主体，这也符合立法者旨在保护承包人等弱势主体的意图。因为“承包人”即使因无承包资质或超越资质等原因订立合同而导致合同无效，发包人仍可基于合同相对人的地位请求损失赔偿。而非“实际施工人”与发包人之间并无施工合同，“实际施工人”只与“承包人”之间签订转包或者非法分包合同，或者借用有资质的建筑企业名义与承包人签订委托协议，与发包人并未直接相对，这时实际施工人不能基于合同来寻求救济。①

实际施工人主体范围界定的模糊导致了关于其是否享有优先受偿权有较大的争议，存在肯定说和否定说。持肯定说观点的理由主要有：《合同法》第 286 条（现为《民法典》807 条）所解决的是施工人的垫资问题，并没有明确享有优先受偿权的工程款一定要基于合法合同，因此应保护实际施工人的垫资行为。② 若工程已验收合格的实际施工人权益得不到保障，其付出的劳动力、时间将无从得到等价补偿。故此，当工程质量合格、承包人怠于向发包人主张权利造成实际施工人利益受损，则实际施工人可代位行使主债权和优先受偿权，但应限于发包人欠付工程款的范围内。持否定说观点的理由主要有：一是，认为优先受偿权属于担保物权，是作为确保建筑施工人取得工程款的权利，其行使的前提是发包人怠于支付约定的工程款额，其针对的客体是建筑施工人建造的工程项目，其实现的方式是对发包人的其他财产变价受偿。而担保物权处于主债权的从属地位，主债权的无效使担保物权当然无效。③ 二是，在合同无效的情况下，《合同法》保护承包人追偿工程价款的合法权利只有请求折价补偿的权利，而不包括优先受偿权。④ 新《建设工程司法解释（一）》第 43 条⑤也并未规定其有优先受

---

① 参见李建星《〈民法典〉第 807 条（建工价款的优先受偿权）评注》，《南京大学学报》（哲学·人文科学·社会科学版）2021 年第 4 期。

② 参见张晟杰《当前形势下工程价款优先受偿权的若干法律实务问题》，载唐国华主编《律师实务研究（第四卷）》，浙江大学出版社，2010，第 200~202 页。类似观点认为：“实际施工人的优先受偿权并非源于合同约定，否定实际施工人的优先受偿权违反了权利与义务的对等性，与保护建筑工人利益的立法目的相抵牾。由此，承认实际施工人的优先受偿权具有正当性。”参见杨劭禹《实际施工人的优先受偿权之证成——以〈建工司法解释一〉第 35 条为中心》，载刘云生主编《中国不动产法研究（2021 年第 1 辑·总第 23 辑）：农村集体产权制度改革》，社会科学文献出版社，2021，第 289~311 页。

③ 参见马永龙、李燕《建筑工程款优先受偿权法律适用问题探析——从担保法的视角出发》，《现代法学》2003 年第 6 期。类似观点认为：“合同无效意味着法律对合同的否定性评价，此时仍赋予工程债权优先效力无疑会造成法律自身的矛盾，同时对其他债权人之利益维护不利。”参见王玮玲《合同无效时建设工程优先受偿权的教义学探析》，《法学论坛》2020 年第 1 期。

④ 参见孙科峰、杨遂全《建设工程优先受偿权主体的争议与探究——〈合同法〉第 286 条之分析》，《河北法学》2013 年第 6 期。

⑤《最高人民法院关于审理建设工程施工合同纠纷案件适用法律问题的解释（一）》（法释〔2020〕25 号）第 43 条第 1 款规定：“实际施工人以转包人、违法分包人为被告起诉的，人民法院应当依法受理。”

偿权，只明确实际施工人享有直接诉权。

笔者认为这两种说法都过于绝对，实际施工人并不是当然不享有优先受偿权。如今，公民的法治意识日益增强，更加注重用法律手段来维护自身的合法权益，实际施工人在对发包人主张债权的同时一般也会主张优先受偿权，但由于法律规定不明，法官的判决意见也存在明显差异，类似案件不同判决的现象比较突出，有损司法权威和实际施工人的权益。而且在实践中，实际施工人虽未与发包人签订书面合同，但已经和发包人形成事实合同关系，因为实际施工人在建筑项目中已经投入劳动力并创造了市场价值。且即使建设工程价款优先受偿权最长有 18 个月的行使期限，但一旦超过此期限，权利便丧失。因此实际施工人享有优先受偿权对其债权的实现十分重要。①

《民法典》第 807 条和新《建设工程司法解释（一）》第 35 条都规定了建设工程优先受偿权的行使主体。但《民法典》第 807 条侧重的是发包人逾期支付工程价款的责任，而新《建设工程司法解释（一）》第 35 条对《民法典》第 807 条作了主体范围的限制，将优先受偿权的主体限定在“与发包人订立建设工程合同的承包人”。但是不能因此认为合同无效时，实际施工人必然不享有优先受偿权。

工程款优先受偿权的请求权基础源于工程债权，在转包和违法分包的情况下，实际施工人和转包人以及分包人之间的合同是无效的，但承包人与转包人、违法分包人之间的合同并不受影响，仍然有效。对借用资质的承包人与发包人之间的合同效力也要区分不同情况来认定。例如，承包人存在暂时性资质缺陷或仅违反资质管理规定，但可以在规定期限内进行整改，且不影响工程质量和安全的情况下，实际使用该资质的施工单位与发包人签订的施工合同不一定无效。②《民法典》第 535 条规定了代位权制度，新《建设工程司法解释（一）》第 44 条也明确了违法分包人和转包人的代位诉讼的权利。新《建设工程司法解释（一）》第 35 条规定了与发包人订立建设工程合同的承包人的优先受偿权。所以，综合这三个条文，笔者认为，在工程质量合格的情形下，实际施工人依据新《建设工程司法解释（一）》第 44 条提起代位权诉讼时，可一并主张优先受偿权。③ 首先，实际施工人虽然属于违法施工，但实际施工人是实际参与施工、投入大量劳动力的主体，尽管存在非法转包、分包、借用施工资质等违法情况，但在无效建工合同中，若工程竣工且验收合格表明实际施工人对工程项目的增值，结

① 参见冯小光《〈关于审理建设工程施工合同纠纷案件适用法律问题的解释〉的理解与适用》，《建筑经济》2005 年第 1 期。

② 参见唐倩《挂靠施工合同的效力分析》，《法律适用》2019 年第 5 期。

③ 根据《民法典》第 535 条的规定，行使代位权要满足三个条件：一是债权人的债权到期且合法；二是该债权的性质没有人身专属性；三是因债务人怠于行使其到期债权，对债权人产生了损害的后果。显然实际施工人要想实现优先受偿权，第三个条件已经满足，下文探讨前两个条件。

合增值理论和优先受偿权制度的立法目的来看，实际施工人的劳资和其他合理费用应当由发包人支付，即其享有的债权是合法的，亦应享有优先受偿权。当然，行使该权利的前提是工程竣工验收质量合格达到使用标准。其次，建设工程价款优先受偿权是以保障处于弱势地位的承包人和劳动者的利益为目的，其并不具有人身专属性。综上，在施工工程质量合格的前提下，转包、违法分包及借用资质中存在暂时性资质缺陷或仅违反资质管理规定，但可以在规定期限内进行整改，且不影响工程质量和安全，不违背资质管理规定的立法目的的三类实际施工人可以享有优先受偿权。

（二）建设工程价款优先受偿权可以随债权一并转让

学界认为要想厘清建设工程价款优先受偿权可否随债权一并转让这一问题，首先应当确定建设工程价款优先受偿权的性质。关于建设工程价款优先受偿权的性质目前存在三种不同的看法：一是法定的抵押权说；[①] 二是留置权说；[②] 三是法定优先权说。[③] 笔者认为，优先受偿权性质与能否随债权人债权的让与而一并转让并无当然的关系。第一，若被定性为抵押权或者留置权，二者均属担保物权，具有处分上的从属性，依附于主债权的工程款债权，故主债权转让，从权利一并转移。[④] 然而，实践中大量的建设工程合同为无效合同，主合同无效，优先受偿权因为具有从属性而当然无效。这将使建筑工程的承包人、施工人的权利无法得到保障，与设立优先受偿权的目的相违背。我国抵押权是登记要件主义为主，登记对抗主义为辅。如果认定为优先受偿权是抵押权，则有可能导致一般买受人的物权期待权会排除抵押权人的执行，那么承包人的权利仍然得不到保障。[⑤] 第二，如果认为是法定的优先权，优先受偿权是通过“插队”的方式获得债权的优先顺位，甚至是优先于抵押权，突破了债权的平等性。其实质是法律特别创设的一种救济性权利。[⑥] 它是对承包人和施工人劳动的保护，是保障社会资源公平分配的一种手段。承包人将享有的债权让与他人之后，如果享有的优先受偿权没有一并转让，那么承包人可能会针对发包人请求债权，同时因为将债权让与而未承担债务，从而获得双倍的利益。这会导致社会关系的混乱，违背了民法的诚实信用原则，

---

① 参见梁慧星《是优先权还是抵押权——合同法第286条的权利性质及其适用》，《中国律师》2001年第10期；余能斌主编《现代物权法专论》，法律出版社，2002，第314页。

② 参见江平主编《中华人民共和国合同法精解》，中国政法大学出版社，1999，第223页。

③ 参见王建东《评〈合同法〉第286条》，《中国法学》2003年第2期；梅夏英《不动产优先权与法定抵押权的立法选择》，《法律适用》2005年第2期。

④ 参见李后龙、潘军锋《建设工程价款优先受偿权审判疑难问题研究》，《法律适用》2016年第10期。但《民法典》407条规定：“……债权转让的，担保该债权的抵押权一并转让，但是法律另有规定或者当事人另有约定的除外。”所以当债权发生转移时，如当事人约定只转让债权而不转让优先受偿权，其约定有效。

⑤ 参见余长智《一般买受人物权期待权与抵押权的困境及路径分析——基于最高人民法院441份裁判文书》，载刘云生主编《中国不动产法研究（2020年第2辑·总第22辑）：〈民法典〉物权编的理解与适用》，社会科学文献出版社，2020，第210页。

⑥ 参见田野《优先权性质新论》，《郑州大学学报》（哲学社会科学版）2016年第2期。

设立优先受偿权制度的意义也得不到实现。

从现行的法律来看，《民法典》第547条规定，除专属于债权人自身的从权利，都可以转让。新《建设工程司法解释（一）》第35条虽然规定了承包人的优先受偿权，但是并不能得出此项权利就具有人身专属性。现行立法及司法解释也并未就优先受偿权是否具有人身专属性作出规定。就算是按照之前《合同法司法解释（一）》第12条的规定，建设工程价款优先受偿权也并未包含在专属于债务人自身的债权内。

从建设工程优先受偿权范围构成来看，建设工程款主要包括建筑工人的劳动工资和承包人应得利润两部分，[①] 这其中还包括材料费、企业管理费、税金等。也即劳动工资只是优先受偿权范围的一部分。即便现代民法将基于人身关系存在的专属性债权进行扩张解释到包括特定弱势群体特定社会关系，[②] 其中的劳动工资请求权的“人身专属性”也不能决定建设工程价款优先受偿权的专属性。

从立法目的来看，建设工程价款优先受偿权设定的目的是保护承包人和建筑工人的“生存权益”。实践中频繁出现发包人拖欠工程款的现象，得不到工程款的承包人就会拖欠建筑工人的工资，由此形成恶性循环。即使通过诉讼方式追讨工程款，诉讼时间成本过高，支付建筑工人劳动工资的时效性仍难以保障。若将优先受偿权解释为承包人的专属性权利只会阻碍债权的流转，减少一条承包人快速获得工程款的路径。且优先受偿权与工程款债权的分割将削弱前者的立法效果。相反，通过工程款债权转让，则可以有效解决这一难题。因为权利的内容可以决定权利特有属性，[③] 若设计特别法律规制，明确可一并转让，不仅可使投资人“以共益债务形式出资+续建+折价购买工程款债权”的形式促进工程款债权变现，利于资源的优化配置，减少烂尾工程，也可以使优先受偿权的法效果增强，凸显优先受偿性。

（三）明确装饰装修工程合同承包人优先受偿权行使条件

一个法律生效实施后，应当尽可能从解释论上使其妥当地加以适用，即从立法论转向解释论。[④] 由于最高人民法院尚未发布相应的解释与指导意见，无法对“装饰装修工程具备折价或者拍卖条件”作出权威的价值判定，因此仅限于文义解释并结合相关司法实践作出理解。装饰装修工程承包人的优先受偿权为承包人的劳动成果和债权实现提供了保障，但其劳动成果仅是装饰装修的增值部分，依附于建筑物上，如果装饰装修工程不能拆除则建筑物和装饰装修工程只有一个所有权。然而，有些建筑物不适

---

① 参见王英帅、刘帅《对建设工程价款优先受偿权的实务思考》，《工程技术研究》2020年第20期。

② 参见徐国栋《“人身关系”流变考（上）》，《法学》2002年第6期。

③ 参见张先贵《中国语境下土地开发权内容之法理澄清——兼论土地资源上权利群与权力群配置基点的转型》，《法律科学（西北政法大学学报）》2020年第5期。

④ 参见王成《〈民法典〉与法官自由裁量的规范》，《清华法学》2020年第3期。

合折价或拍卖，因此很难按照《民法典》的规定对装饰装修工程适用优先受偿权。在这种情况下，承包人的合法权益更难得到保护。因此，我们在确定不适合折价或拍卖的建设项目的范围时应尽可能谨慎。根据新《建设工程司法解释（一）》的规定，区分装饰装修工程的发包人是否为建筑物的所有权人，综合考虑装饰装修工程是否具有可拆除性、装饰装修物的贬损等问题，进行如下讨论。

第一，发包人是建筑物的所有权人。此种情形下，其对整个建筑物拥有所有权。债务人应以其所有财产用于清偿债务，故除建筑物本身不宜折价、拍卖外，此情形当然属于装饰装修工程具备折价或者拍卖的条件。

第二，发包人不是建筑物所有权人。当事人约定由原建筑物所有权人取得对装饰装修工程的所有权，根据《民法典》第 322 条添附规则的规定,[①] 可以认定装饰装修工程不具备折价或者拍卖的条件。如果没有约定，可以根据装饰装修的设备、材料等与建筑物是否形成附合作出如下判断。其一，尚未形成附和，即有关设备和材料直接拍卖或者折价即可；其二，已经形成附合且不能或不适宜拆除，若发包人就建筑物享有担保物权，那么此种情形承包人可就装饰装修的工程价款优先受偿；其三，已经形成附合，但可以恢复原状，且拆除不会损坏材料设备本身，拆除成本也较低，此种情形可以认为具备折价或拍卖的条件。需要注意的是，一般情况下，拆除后的装饰装修物很难再有附合前的价值，且与建筑物分离后，不再是建设工程的组成部分，此时承包人不享有优先受偿权，也即不具备折价或拍卖的条件。有观点认为，为避免恢复原状对社会经济造成不良影响，即使双方有恢复原状的协议，亦应视为违反公共秩序而无效,[②] 如果该观点成立，装修成果的归属应当根据当事人未约定的情况确定，即装修部分的所有权属于房屋所有人。即在这种情况下，仍然可以认为不符合折价或拍卖的条件。

（四）行使期限起算点类型化与“合理期限”的确定

优先受偿权的一项重要内容就是要在合理合法的期限范围内行使。合理期限起算点的确定首先要看合同对此是否有约定。[③] 结合审判实践和建设工程施工合同结算实践，笔者认为，“发包人应当给付建设工程价款之日”可按如下两种标准作类型化处理。

---

① 《民法典》第 322 条规定：“因加工、附合、混合而产生物的归属，有约定的，按照约定；没有约定或者约定不明确的，依照法律规定；法律没有规定的，按照充分发挥物的效用以及保护无过错当事人的原则确定。因一方当事人的过错或者确定物的归属造成另一方当事人损害的，应当给予赔偿或者补偿。”此时，由于发包人对装饰装修成果及其附属的建筑物没有所有权，就无法对该装饰装修工程进行折价、拍卖。

② 参见单平基《添附入典的立法表达——〈民法典物权编（草案）〉第 117 条检讨》，《现代法学》2019 年第 6 期。

③ 参见王永祥《建设工程优先受偿权的几个行使要点》，《人民论坛》2019 年第 11 期。

第一，建设工程合同对付款之日有明确约定的，以当事人约定之日为应付款之日。当事人之间的法律行为是实现私法自治、意思自治的工具，是法律行为制度在法政策上的价值目标。所以，即使之后出现了发包人和承包人另行签订补充协议，重新约定应付款时间，也是当事人真实意思表示，符合《合同法》的基本原则，应当遵从当事人之间的约定。① 如果发包人进入了破产程序，在破产程序前已经和承包人完成工程结算并且约定付款时间早于法院受理破产申请时间，同样应将双方约定的时间作为起算点；如果约定的时间晚于法院裁定破产申请时间，依据《企业破产法》的特别规定，宜将法院裁定受理破产申请之日作为应付款之日的起算点。② 但是，如果发包人在进入破产程序时未与承包商结算工程款，在法院裁定受理破产申请并同时指定破产管理人时，以法院决定受理破产申请的日期为优先受偿权的起算点是合理的，这不仅可以避免承包人与其他债权人的债权先后顺位处于不确定的状态，也能督促债权人积极行使优先受偿权。

第二，建设工程合同对付款日期没有约定或约定不明的，应当作出如下区分。一是，工程款尚未结算，但工程已竣工交付的，以工程实际交付日为应付款之日。若承包人将建设工程交付发包人使用，或者发包人未经承包人许可使用有争议的建设工程，此时发包人已经享有占有权、使用权和收益权。此时，发包人可以从工程中获得价值或收入，承包人有权向发包人追索未支付的工程款和优先受偿权。因此，将工程的实际交付日作为应付款之日较为合适。二是，工程尚未结算，也未交付，最高人民法院认为，承包人的起诉之日为应付款之日。③ 笔者赞同此观点，此种情形下，以承包人的起诉之日为应付款之日有助于提升承包人行使优先受偿权的积极性。三是，工程项目未竣工，工程价款亦未结算，但施工合同已经解除或终止履行，对于因承包人原因造成项目停止施工，且双方没有签订复工协议的，承包人不能要求支付全部工程价款和优先受偿。④ 因发包人原因解除或者终止建设工程合同的，承包人行使优先受偿权的起点为合同解除或者终止之日，比工程价款结算之日提前，更能较早地确定承包人和建筑工人等弱势群体的工程债权优先于发包人的其他债权人，有利于减少工资和薪酬等

① 参见姚明斌《民法典体系视角下的法律行为制度》，《东方法学》2021 年第 3 期。

② 最高人民法院（2020）最高法民申 2593 号民事裁定书中指出：《建设工程司法解释（二）》关于建设工程价款优先受偿权的问题系关于行使建设工程价款优先受偿权的一般规定，与《企业破产法》第 46 条第 1 款关于到期债权的具体规定，“未到期的债权，在破产申请受理时视为到期”，二者并不冲突。所以，若双方约定付款时间晚于法院裁定受理破产申请时间的，即使付款时间尚未届满，但是承包人对发包人享有的工程款债权视为到期。此种情形下，将法院裁定受理破产申请之日作为应付款之日是不违背法律规定的。

③ 最高人民法院（2020）最高法民终 496 号民事判决书。

④ 参见肖峰、严慧勇、徐宽宝《〈关于审理建设工程施工合同纠纷案件适用法律问题的解释（二）〉解读与探索》，《法律适用》2019 年第 7 期。

劳动争议问题。

关于优先受偿权行使期限的性质，有的观点认为，该期限是诉讼时效。[①] 有的观点认为该期限的性质为除斥期间。[②] 笔者认为，两者观点都存在一定的不足。如果定义为诉讼时效，诉讼时效经过的后果是丧失胜诉权，实体权利并未消失，但是优先受偿权行使期限经过的后果是权利的灭失。如果定义为除斥期间，除斥期间不允许当事人意思自治，但是新《建设工程司法解释（一）》实质上是赋予了当事人对优先受偿权行使期限的自行约定的权利。所以，优先受偿权行使期限其实是一种法律拟制的期限，既不属于诉讼时效，也不属于除斥期间。如前分析，法律虽然赋予建设工程价款优先受偿性，但是它的本质属性仍然是私权。所以，在不违背优先受偿求权制度设立保护建筑工人等劳动者利益的初衷和不损害发包人的其他债权人利益的前提下，发包人和承包人有权在法律规定的 18 个月范围内自行确定优先受偿权行使的“合理期限”。此外，这一“合理期限”可以根据不同案件中建设工程款数额的大小以及建设工程建造的时间长短来确定，这亦符合“制度样态受立法理念的支配”这一原理。[③]

四 结语

现行立法的规则与建筑市场的丰富实践存在差异，司法规则的理解与适用弹性较大，如何根据建筑市场特点，正确解读建设工程价款优先受偿的现行法律规定，已成为建设工程领域法学理论和实践的评析焦点，也是推动我国建筑业现代化发展的必要保障。新《建设工程司法解释（一）》是对某些具体法律条款进行明晰的司法解释，因有立法机关的批准授权而具有与法律同等的效力。[④] 它较以往的法律规定，更加具体和全面，但对建设工程价款优先受偿争议比较大的问题仍需要进一步反思：一是实际施工人的法律地位没有清晰的定位；二是建设工程优先受偿权可否随工程款债权一并转让；三是装饰装修工程合同承包人优先受偿权行使条件的区分；四是行使优先受偿权的起算点以及“合理期限”的确定。厘清这些问题，既有助于深入研究建设工程价款优先受偿权的原则与立场问题，也有助于一般地或在个案中妥当地对建设工程相关

---

① 梁慧星教授认为：“优先权具有排除他人干涉，直接支配的性质，所以其性质类似于法定抵押权。而抵押权属于物权的一种，根据我国《民法典》物权编的规定，抵押权同主债权一样适用诉讼时效。所以可以将优先受偿权的期限性质界定为诉讼时效。”参见梁慧星《是优先权还是抵押权——合同法第 286 条的权利性质及其适用》，《中国律师》2001 年第 10 期。

② 最高人民法院在给广东省高级人民法院《建设工程价款优先受偿权适用法律的复函》（〔2007〕执他字第 11 号）中对这一问题进行了回复：“……承包人行使优先权的期限为六个月，且为不变期间，不存在中止、中断、延长的情形。”自此，主张行使期限属于除斥期间的观点逐渐成了主流。

③ 参见张先贵《我国土地用途管制改革的法理求解》，《法学家》2018 年第 4 期。

④ 参见曹士兵《最高人民法院裁判、司法解释的法律地位》，《中国法学》2006 年第 3 期。

法律条文进行解释。①

The Predicament and the Way Out of the Exercise of the Right to Receive Priority Compensation for Construction Project Prices
—Taking the New "Construction Project Judicial Interpretation (1)" as the Analysis Object

Ye Qian　Ouyang Guo

Abstract: The new "Construction Project Judicial Interpretation (1)" has a more rigorous content and a more complete system as a whole. However, there are still disputes over the application of certain specific provisions on the priority compensation for construction project prices, and the phenomenon of inconsistent execution of judgments by local courts and unclear explanations. From the perspective of interpretation theory, from the perspective of the new "Construction Project Judicial Interpretation (1)" and the purpose of establishing the right to receive priority compensation for construction project prices to protect the interests of vulnerable groups such as contractors, consensus can be reached on the following issues: The first is to clarify that on the premise that the quality of the construction project is qualified, the three types of actual constructors who meet the conditions of subcontracting, illegal subcontracting and borrowing qualifications have the right to claim priority compensation for the project prices when they file a subrogation lawsuit; Second, the right to receive priority compensation for construction project prices is not personal and can be transferred with the transfer of the creditor's rights; The third is that the conditions for the exercise of the contractor's payment right to receive priority compensation of the decoration and decoration project contract should distinguish whether the developer is the owner of the building or not; The fourth is the type of the starting point of the exercise period, which is not limited to the date of settlement of the project payment, and the "reasonable period" can be agreed by the parties according to the actual situation of the construction project.

Keywords: Priority Compensation; Construction Project; Exercise of Rights

① 参见陈坤《"法律解释"的概念厘定》，《法学家》2022 年第 2 期。

编者手记

作为法权单元的祠堂

根据裁判文书网所载案例，前民法典时代的祠堂属于《最高人民法院关于确定民事侵权精神损害赔偿责任若干问题的解释》第 4 条所保护的具有人格象征意义的“特定纪念物”。《民法典》颁行后，祠堂则属于第 1183 条第 2 款保护的具有人身意义的“特定物”。无论何种定位，作为一种特殊的不动产，我国都将传统祠堂归位于“物”的范畴。但从限定词“人格象征意义”或“人身意义”的立法表述考察，对祠堂之类特定物的保护，表面上是为了保护物，实则保护的是相关权利人的身份性、人格性权利，更是对祠堂所蕴含的伦理精神的一种法权维护和制度保障。

究其实，传统祠堂通过特定的场景设计和空间呈现，不仅实现了家族内部的自我认同和差异布局，还进一步实现了可贵的社会接纳和必要的礼仪互动，是独立于国家成文法之外的显性法权单位和法治场域。

按照齐美尔、北川东子等人的空间哲学理论，空间本身并无意义，既不反映社会生活的本质也不生产社会生活，但空间的各个组成部分基于人类心理和行为的填充具有了社会意义。祠堂不仅是族众的生活空间，也是社会空间和政治空间；不仅是客观的自我空间安放，更是一种身份融入和心灵体验；不仅是物质性的结构存在，更是精神建构的公共场域，是对传统道德和法律的仪式化演绎和场景化再现。

作为一种特殊不动产，传统祠堂的法权功能可以归纳为如下六个方面。

第一，族群认同。祠堂供奉祖先牌位，排列子孙世系，举办祭祀大典，存放家族谱牒，是整个族群建筑的核心区域和精神圣地，是族群心理认同和社会接纳的物质载体。子孙外出做官、经商，都必须到祠堂禀明行踪、事项，祈求祖先庇佑。凡遇嫁女娶媳、添丁进口等重大事项，更须到祠堂祭祖拜庙。即如新郎迎娶新娘，最重要的仪式不是三拜之礼，而是“庙见之礼”。作为喜主，新郎的父亲或直系父祖辈率领新郎到祠堂告庙祭祀；然后新郎带领新娘拜家神、祭祖先、拜公公婆婆和亲戚长辈。只有完成了上述礼仪，新娘才能正式成为男方家族的一员，才能登录夫家祠堂名录，死后亦才能进入夫家祖茔。

第二，文化传承。无论是族谱记载的祖德宗功，还是家规家法，抑或外在的建筑、祠联、藏书、遗物，都是民族文化、家族文化传承的重要场域。比如宗族祠堂的设计都是围绕祖先神主供奉点——正厅依序排开；许多大家族家中的正厅不仅供奉祖先神位，还是一家其他建筑的核心，子孙居住的地方，从台阶的设计、到墙角线的退缩、到方位的选择，都必须严格恪守礼法和家法家规。比如台阶的级数，辈分越高，级数越多，不能僭越，此即所谓“阶级”；比如父母居住的房屋和子女居住的房屋不能在一个水平线上，子女的房屋必须后退一定的尺寸，代表礼敬谦恭。这些既是家族文化的律动延续，也是民族文化的固体凝聚。

第三，人才培育。祠堂是家族人才培育，特别是启蒙教育的发源地和主阵地。一般有两种形式。第一类，初级教育由家族塾学负责，简称“家塾”。比如《郑氏规范》就规定设立家塾，家族子弟免费入学。除了正规的儒家经典外，还必须背诵家族谱图和家法家规，每十天考察一次。第二类，子弟长成外出学习，或入官学，或拜名师，由祠堂代表家族进行补贴、奖励。比如《硖石蒋氏义庄庄规》就规定，对于家族子弟有从四元到五十元不等的读书补贴。

财产富厚的家族则可以从初级教育到中等教育实现全方位服务，培育家族子弟博取功名。如《义门陈氏家训》规定：设立初级书屋，训教童蒙。每年正月起馆开学，冬月散学，子弟7岁入学，15岁出学；如果学业成绩优异，就升入家族设立的东佳书堂“修学”，进一步深造求取功名。家族办学，对家族、社会、国家的贡献不言而喻。清代王鸣盛认为，家族教育不仅为国育才、储才，还可以保护家族的血脉、文化的有效延续：饱读诗书，能外出为官为宦，必然报国保家；即便不能做官，也能通情达理，维系家族稳定团结。

第四，道德教化。祠堂是道德教化之所，也是维护风纪之源。具体来说，祠堂在道德教化方面有以下几个功能。

首先，宣讲、传播族规、家法，弘扬团结和睦尊老爱幼的家族精神。郑氏家族每月的初一和十五，家长都要率领子弟分男女立于堂下，传唱、讲解家法家规，从孝恭节义各个方面弘扬祖德，要求子弟记诵实施。

其次，开展初级审判，规范子弟言行。旧时祠堂都悬有竹板或棍子，专门用于惩戒不良子弟。小到子弟违反禁条，犯上作乱，不孝父母、乱择婚配，大到破坏水源、砍伐祖林、污秽族谱，都要受到严厉的处罚。今天看来，这些习惯法虽然有身份性的局限，也具有人权风险，但毕竟有利于规范子弟言行，有利于维护公共秩序和善良风俗。

最后，嘉旌与奖励。有惩罚必有奖励。郑氏家族在祠堂设有两份登记簿和两块大牌子，一个是“劝”，一个是“惩”，由专门的“监视”每月进行登录、宣示、更新。

除经济奖励外，张榜、钉匾、立杆是祠堂重要的精神奖励手段。凡是中举、中进士、入翰林这些喜庆大事，家族祠堂都会燃放鞭炮、张贴红榜、悬挂匾额、树立桅杆予以表彰，示范效应特别明显。

第五，公益维护。祠堂作为一个家族的基本管理单位，还承载着维护家族和地方公益的职能。从修桥铺路到水利设施再到环境保护、赈灾救荒，全方位地维系着家族利益，最大程度防范家族子弟陷于贫困、荒怠和危险。

为实现这种功能，很多家族内部明确规定有公产，常见的有祭田、学田、义田。祭田用于祖先祭祀，学田用于族中子弟入学补贴、奖励，义田则用于赈济族中及地方贫困家庭。对于这三类田产，各家各族都在族谱、家规中明令不得买卖、抵押。如家族子弟私卖祭田，家长联合全族申控官府并祭告祖宗，终生不许进入祠堂，名字从宗谱中涂销（削谱）。

如此一来，“业不出户”自然就成了传统。有学者认为，这种理念和传统会严重阻碍自由市场。但细加考稽，传统社会中，正是这种接近于韦伯所谓的“家产制”成为维护家族基本伦理秩序、心灵皈依和基本生存条件的物质基础。

第六，地方自治。从内部治理角度考察，祠堂从人口统计、财产管理、行为规范各方面有效地实现了家族自治和地方自治；从外部应对角度考察，祠堂还承担着家族安全防御的职责。一旦地方出现灾荒、兵匪以及其他意外，家族就会与其他家族共同联合，一致行动，确保地方安全和社会稳定，实现国家治理、社会治理、家族治理的有效互动。

家族自治和地方自治是中国社会治理的原点和核心。汉代以孝治天下，除家长外，专设三老一职，掌管地方教化，连同家国。一户人家、一个地方，只要有孝子贤孙、贞女义妇，舍财救荒赈灾，或者学业优良的人家或个人，三老都可以上报官府，予以旌表，作为道德楷模。由此，一家兴，百家善，万家安，实现了家长—三老—地方官员—天子的纵向关联，齐家—治国—平天下理念很快就转化为强大的社会动员力量（《后汉书·百官志五》）。顾炎武极其推崇这种由家而国、由里胥而天子的治理结构，以至于得出一个惊人的判断：“故自古及今，小官多者，其世盛；大官多者，其世衰。兴亡之途，罔不由此。”（《日知录》卷八）

如前所论，传统祠堂不仅具有价值传输功能、精神抚慰功能，还有极为重要的规范功能。祠堂文化从生物学上确保了一个家族的血缘正统和血缘认同，在凝聚人心的同时，确立了基础的人伦秩序、道德法则和行为准则，使整个家族长幼有序、分工明确，严防行为失范和极端化行为的出现。就祠堂治理绩效考察，古代乡村在和平时期为什么很少出现反社会势力和邪教组织？因为家法和族规都严厉禁止此类现象发生，一旦出现，祠堂就成了惩戒凶顽的正义场所，上应国法，下规族众。到了战乱时期，祠堂的家族治理功能会不断弱化、淡化，无数的反社会势力甚至邪教组织乘虚而入，很快就会替代家族治理的功能，乡村凋敝，文化断层，道德沦丧，最后的结局就是王朝的衰败和灭亡。

时光轮轴已然转向 21 世纪，祠堂的法权功能早已衰变，其自身的存在也蜕变为一种历史风貌建筑或者文物，但祠堂隐含的文化基因及其价值理念和制度功能不仅没有凋丧，在华南地区反倒焕发出新的活力，迎来了现代活化的历史机遇。广府、潮汕、客家三大文化圈的祠堂文化培育了子孙后代感恩与敬畏之心，知本知足，能够随时自觉调控内在心理和外在言行。从物理、生理、心理，从性格、人格、品格，从世界观、人生观、价值观，实现了对家族个体的全方位、立体化正向塑造，不仅有益于个体身心健康成长，也有益于地方秩序稳定，更有助于国家的长治久安！

南方炎天，暑溽异常；加以疫情反复，旅行不便。《中国不动产法研究》第 26 辑付梓在即，小岛闲居，改易旧文，羼入新知，以代跋语。感恩各位师友赐稿荐稿，感谢家路、昭军、开星众弟子的辛勤努力！

刘云生

倚莲半岛 · 排云轩

2022 年 7 月 18 日

稿　约

《中国不动产法研究》系中文社会科学引文索引 CSSCI 来源集刊，为中国房地产法律实务研究论坛纸质版定期刊物，向国内外公开发行。中国房地产法律实务研究论坛系由广州大学不动产研究院、上海邦信阳中建中汇律师事务所、瑞威资本、重庆市市场交易法律制度研究基地、上海易居房地产研究院、西南政法大学民商法学院联合举办的房地产法律理论阵地，每年定期在北京、上海、香港等地举办房地产论坛。

《中国不动产法研究》系广州大学法学院刘云生教授主编，每年两辑。本集刊主要针对不动产法律理论和实务等所涉各领域进行专题研究，每辑设有主题聚焦、理论前沿、学术争鸣、不动产实务等栏目。现诚挚期待海内外学者惠赐稿件。

本集刊已加入 CNKI 等数据库，所有文章全文入网。作者著作权使用费与本集刊稿费一次性给付。凡投稿本集刊的文章，均视为同意本集刊授权的合作单位使用，文章发表的行为即视为同意本集刊上述声明，如有不同意者请在来稿时声明。

凡来稿应符合以下要求。

一、来稿体裁和字数不限，文稿选题新颖，立论科学，论据充足，论证严密，层次清晰，语言流畅。

二、文稿必须包括题目、作者简介（姓名、所在单位、职务或职称、研究方向、邮寄地址、邮编、联系电话）、摘要、关键词、正文。

三、来稿须是未经发表的学术论文。请尊重他人知识产权，保证作品独创性，文稿内请勿引用未公开发表的资料，请勿一稿多发。本集刊尊重作者的著作权，但根据著作权法的有关规定，编辑部有权对来稿作文字性和技术性的修改、删节，不同意者务请声明。

四、本集刊坚持以质取稿、质量面前人人平等的原则，采用专家匿名审稿和三审制，进行同行评议。来稿一经刊用，会及时通知作者，并敬奉稿酬及样书。作者自来稿之日起两个月内未收到编辑部用稿通知，有权对稿件另行处理。对来稿不采用的，编辑部一般不予退稿，请作者自留底稿。

五、本编辑部不委托任何组织和个人作为本集刊组稿、发表之代理，发表稿件不收取版面费、审稿费。

六、来稿文责自负，本集刊所载文章仅代表作者个人观点。

七、本集刊倡导学术诚信，欢迎个人单独署名，接受必要的有实质合作关系的集体署名和合作署名，反对挂名和多人署名。集体署名应说明分工情况，合作署名应明确各自贡献。

八、任何来稿视为作者、译者已经知悉并同意《中国不动产法研究》的约稿条件。

本集刊常年征稿，来稿请采用电子文本。

投稿请登录中国知网稿件采编系统（http：//bdcy. cbpt. cnki. net），电子投稿。

编辑部地址：重庆市渝北区宝圣大道215号西政国际学术交流中心3幢2层《中国不动产法研究》编辑部。

电话：023-67489116。

邮箱：realestate_law@ 126. com。

严正声明：本集刊未开设网站，投稿请认准中国知网稿件采编系统，勿上当受骗。

《中国不动产法研究》编辑部

2022年3月

附:《中国不动产法研究》 注释体例

一、一般规定

1. 全文采用脚注，注释序号以阿拉伯数字上标；标题及作者简介信息注以星号上标。

2. 引用文献的必备要素及一般格式为“责任者与责任方式:《文献标题》(版本与卷册)，出版者，出版时间，起止页码”。国外作者标明国籍。

3. 所引文献若为著，不必说明责任方式，否则，应注明“编”“主编”“编著”“整理”“编译”“译”“校注”“校订”等责任方式。

4. 非引用原文者，注释前应以“参见”引领；非引自原始资料者，应先注明原始作品相关信息，再以“转引自”引领注明转引文献详细信息；凡有“参见”“转引自”“摘自”等引领词者，作者与书名之间不用“:”隔开。

5. 引证信札、访谈、演讲、电影、电视、广播、录音、馆藏资料、未刊稿等文献资料，应尽可能明确详尽，注明其形成、存在或出品的时间、地点、机构等能显示其独立存在的特征。

6. 外文文献遵循该语种通常注释习惯。

二、注释范例

1. 著　作

王利明:《法治：良法与善治》，北京大学出版社，2015，第66页。

2. 论　文

左卫民：《地方法院庭审实质化改革实证研究》，《中国社会科学》2018 年第 6 期，第 116 页。

3. 集　刊

方印、王明东：《国土空间规划立法：理念与方法》，载刘云生主编《中国不动产法研究（2021 年第 1 辑 · 总第 23 辑）：农村集体产权制度改革》，社会科学文献出版社，2021，第 224~242 页。

4. 文　集

陈光中：《中国刑事诉讼法的特点》，载《陈光中法学文集》，中国法制出版社，2000，第 123 页。

5. 教　材

高铭暄、马克昌主编《刑法学》（第八版），北京大学出版社、高等教育出版社，2017，第 93 页。

6. 译　作

〔美〕迈克尔 · D. 贝勒斯：《法律的原则——一个规范的分析》，张文显等译，中国大百科全书出版社，2002，第 13 页。

7. 报　纸

徐显明：《增强法治文明》，《人民日报》2017 年 12 月 27 日，第 7 版。

8. 古　籍

（清）姚际恒：《古今伪书考》卷 3，光绪三年苏州文学山房活字本，第 9 页 a。

9. 学位论文

石静霞：《跨国破产的法律问题研究》，武汉大学博士学位论文，1998，第 26 页。

10. 会议论文

龚浩鸣：《乡村振兴战略背景下人民法庭参与社会治理的路径完善——基于法社会学、法律史学双重视角》，全国法院第 30 届学术讨论会，北京，2019 年 6 月 20 日。

11. 学术报告

薛捍勤：《依法治国与全球治理》，中山大学“方圆大视野”法科 110 周年纪念高端论坛，广州，2015 年 11 月 10 日。

12. 研究报告

刘青峰：《司法判决效力研究》，中国社会科学院博士后研究报告，2005，第 16 页。

13. 网络文献

《最高人民法院院长周强作最高法工作报告》，中国法院网：https://

www. chinacourt. org/article/detail/2018/03/id/3225365. shtml，最后访问日期：2018 年 12 月 9 日。

14. 外文文献

D. James Greiner, Cassandra Wolos Pattanayak and Jonathan Hennessy, "The Limits of Unbundled Legal Assistance: A Randomized Study in a Massachusetts District Court and Prospects for the Future", *Harvard Law Review*, Vol. 126, 2013.

Larissa van den Herik and Nico Schrijver (eds.), *Counter-Terrorism Strategies in a Fragmented International Legal Order: Meeting the Challenges*, Cambridge: Cambridge University Press, 2013, pp. 123-125.

图书在版编目(CIP)数据

中国不动产法研究. 2022 年. 第 2 辑 : 总第 26 辑, 国土空间治理的法治保障 / 刘云生主编. -- 北京 : 社会科学文献出版社, 2022. 12

ISBN 978-7-5228-1175-8

Ⅰ. ①中… Ⅱ. ①刘… Ⅲ. ①不动产-物权法-研究-中国-丛刊 Ⅳ. ①D923. 24-55

中国版本图书馆 CIP 数据核字(2022)第 225620 号

中国不动产法研究（2022 年第 2 辑 · 总第 26 辑）：
国土空间治理的法治保障

主　　编 / 刘云生
副 主 编 / 欧家路　吴昭军

出 版 人 / 王利民
责任编辑 / 芮素平
责任印制 / 王京美

出　　版 / 社会科学文献出版社 · 联合出版中心(010) 59367281
地址：北京市北三环中路甲 29 号院华龙大厦　邮编：100029
网址：www. ssap. com. cn
发　　行 / 社会科学文献出版社（010）59367028
印　　装 / 三河市东方印刷有限公司

规　　格 / 开　本：787mm × 1092mm　1/16
印　张：20　插　页：0. 5　字　数：383千字
版　　次 / 2022 年 12 月第 1 版　2022 年 12 月第 1 次印刷
书　　号 / ISBN 978-7-5228-1175-8
定　　价 / 128. 00 元

读者服务电话：4008918866